Johann Christoph. aut Stockhausen

Johann Christoph Stockhausens Grundsatze wohleingerichteter Briefe : nach den besten Mustern der Deutschen und Ausla?nder nebst beygefu?gten Erla?uterungen und Exempeln

Johann Christoph. aut Stockhausen

Johann Christoph Stockhausens Grundsatze wohleingerichteter Briefe : nach den besten Mustern der Deutschen und Ausla?nder nebst beygefu?gten Erla?uterungen und Exempeln

ISBN/EAN: 9783741172564

Hergestellt in Europa, USA, Kanada, Australien, Japan

Cover: Foto ©Andreas Hilbeck / pixelio.de

Manufactured and distributed by brebook publishing software (www.brebook.com)

Johann Christoph. aut Stockhausen

Johann Christoph Stockhausens Grundsatze wohleingerichteter Briefe : nach den besten Mustern der Deutschen und Ausländer nebst beygefügten Erläuterungen und Exempeln

Johann Christoph Stockhausens

Grundsätze

wohleingerichteter

Briefe,

nach
den besten Mustern der Deutschen und
Ausländer; nebst beygefügten Erläuterungen
und Exempeln.

BOREET FAVORE.

gedruckt bey Johann Thomas Edlen v. Trattnern,
k. k. Hofbuchdruckern und Buchhändlern.

1 7 7 3.

Die gute Aufnahme, welche das Publikum diesen Grundsätzen zum Briefschreiben geschenket hat, bietet mir jetzt eine angenehme Gelegenheit an, mich derselben würdiger zu machen, und meiner Verbindlichkeit dazu, bey der zwoten Ausgabe dieses Buchs, etwas mehr genug zu thun. Ich weiß nicht, wie weit ich darinn glück-

glücklicher seyn werde, als das erstemal: so viel weiß ich gewiß, daß ich diese Anweisung nützlicher, vollständiger und in vielen Stellen genauer und richtiger zu machen gesucht habe. Dadurch sind denn mancherley Veränderungen entstanden, die ich der ersten Ausgabe zu gefallen nicht unterdrücken durfte, wenn ich nach der Hochachtung für die Welt, nach meinen eigenen Beobachtungen, und nach den gegründeten Erinnerungen einiger Freunde handeln wollte. Diese Veränderungen sind es, wovon ich dem Leser, anstatt eines weitläuftigen Kompliments, hier Rechenschaft geben werde.

Die Grundsätze, die fast alle aus der Natur eines Briefes, aus der Seelenlehre, Moral und Redekunst hergeleitet worden, sind ganz unverändert geblieben. Dagegen ist destomehr in der Einleitung, in den Anmerkungen und Exempeln verändert worden. Ich habe die Einleitung, und den ersten Theil dieses Buchs, worinn das meiste Nothwendige und Wesentliche zum Briefschreiben vorkömmt, viel weitläuftiger

ge-

gemacht, ungeachtet ich manches aus der ersten Ausgabe, das mir überflüßig oder nicht richtig genug schien, weggelassen habe. Insonderheit ist das meine Sorge gewesen, daß ich das Buch noch praktischer einrichten möchte, als es vorhin war, so daß es denen, welche jungen Leuten etwa nach diesen Grundsätzen Anleitung zum Briefschreiben geben, noch mehr Gelegenheit darbieten könnte, den Endzweck meiner Arbeit vollkommener zu machen. Verschiedenes ist aber auch ihrer eigenen Ergänzung, oder ausführlichern Erklärung überlassen, und nur kurz berühret worden. Das Hauptstück von der Schreibart wäre beynahe ganz umgearbeitet worden: ich bemerkte in diesem wichtigen Theile nicht nur viele Lücken, sondern auch einen gar zu großen Mangel an Exempeln, wodurch eine Materie, wie diese, die nicht bloß theoretisch seyn soll, nothwendig erläutert und aufgekläret werden muß. Allein es würde mehr zu einem besonderen Buche, als zu einem eingeschalteten Hauptstücke angewachsen seyn, wenn ich mich

mich dieser Begierde ganz überlassen hätte. Ich habe also nur das, was mir am nothwendigsten schien, ergänzet, und einige Exempel mehr eingestreuet, in der Zuversicht, daß diejenigen, welche Anfänger darnach unterrichten, durch ihren gelehrten Fleiß ihnen dieses Hauptstück noch weit brauchbarer machen würden. Mit den meisten Briefen selbst, die als Exempel aufgestellet sind, habe ich einen Tausch gemacht, worunter die Leser gewiß nichts verlieren, aber desto mehr gewinnen. Ich habe meine eigenen Aufsätze, bis auf etliche wenige herausgenommen, und dagegen fremde eingesetzet, die mir von dem besten Geschmacke zu seyn schienen. Wie konnte ich doch wohl Anfänger auf bessere Muster verweisen, als auf die Briefe des Cicero und des Plinius? Ich weiß keinen Fehler dabey, als daß ihrer nicht mehrere angebracht worden: aber ich wollte zur Abwechselung auch etwas von den Franzosen nehmen. Die fremden deutschen Originale sind alle stehen geblieben, und noch mit einigen Briefen des Herrn

Vorrede.

Professor Gellerts vermehret worden. Nur unter den poetischen Briefen ist das Stück an Damon weggelassen, weil es zu odenmäßig war, und zu viel Hochachtung verdiente, als daß man es bloß für einen poetischen Brief zum Exempel geben wollte; und unter den Staatsbriefen wird man auch die vorigen Exempel nicht mehr finden, aber dagegen wohl eine Anzeige von Schriften, daraus sie weit besser und angenehmer, was die Schreibart betrifft, können herausgezogen werden. Vielleicht erfüllt einmal jemand den Wunsch, daß er uns eine Sammlung solcher Briefe von der besten Wahl auch im Deutschen zu lesen giebt. Ich war fast Willens, die Hauptstücke von Obrigkeitlichen, Staats- und Gerichtlichen Briefen ganz wegzulassen: denn dem Sekretär, dem Anwald und Notarius, dachte ich bey mir selbst, dienen sie doch zu nichts, und für junge Leute, die einmal in einen solchen Beruf treten könnten, sind sie viel zu unvollständig. Doch weil das Buch nicht ganz seine erste Gestalt verlieren sollte, und weil

weil doch auch diese angehängte kurze Abhandlung manchen Lesern von solchen besonderen Briefen wenigstens einen Begriff geben, und unter verschiedenen Umständen angenehm seyn können; so sind sie diesesmal noch von der Verweisung frey geblieben. Wem sie nicht gefallen, der wird sie, ohne sich zu beunruhigen, leicht überschlagen. Es sollen übrigens verschiedene meine Anweisung aus dem Grunde getadelt haben, daß sie Anfängern die Erfindung nicht leicht und deutlich genug zeigte: aber ich gestehe, daß ich darinn, außer einigen eingeschalteten Zusätzen zur Erläuterung, nichts geändert habe, weil ich noch keine richtigere Wege zur Erfindung eines Briefes kenne: und man kann vermuthlich von keinem Schriftsteller fodern, daß sein Buch zugleich die Ausübung seiner Lehrsätze und die Fertigkeit mittheilen soll.

Einleitung.

§. 1.

Briefe sind schriftliche Unterredungen, die wir mit abwesenden Personen in gewissen Angelegenheiten oder Absichten anstellen. Einer, der Briefe schreibt, oder im engeren Verstande, der dazu Anweisung giebt, heißt ein Briefsteller.

Anmerkung.

Die Erklärung, die wir von den Briefen festgesetzet haben, ist allgemein und bestimmet noch nicht alles dasjenige, was man von einem jeden Briefe insonderheit denken kann. Sowohl die Art der Unterredung, als auch die Umstände der Personen, und die Absichten oder Angelegenheiten selbst können verschieden seyn; und daher sind die verschiedenen Arten der Briefe entstanden, wovon unten ein mehreres vorkommen wird. Wir wollen uns übrigens hier in keinen Streit von dem Alterthume der Briefe einlassen, noch vielweniger auf die ausschweifende Frage antworten, ob Adam bereits Briefe geschrieben habe. Wer eine Geschichte des Briefschreibens liefern will, dessen Absicht erfodert es auf die Erfindung und Schicksale desselben sorgfältig Acht zu geben. Allein unsere Leser sollen hier keine Geschichte, sondern eine Anweisung zu Briefen erhalten, und in dieser Absicht wird es ihnen zimlich gleichgültig seyn, zu wissen, wer den ersten Brief geschrieben habe. Indessen ist es ihnen doch vielleicht nicht gleichgültig, wenn ich hier ein kurzes Verzeichniß von Briefstellern, nach der zweyfachen Bedeutung, anfüge.

Die Deutschen haben bisher mehr Lehrer im Briefschreiben, als gute Muster gehabt. Ich nenne diejenigen, die mir bekannt sind, und die meisten sind nur nach dem Titel bekannt; als

Weis

Einleitung.

Weisens curiöse Gedanken von deutschen Briefen, und politische Nachrichten von sorgfältigen Briefen. Talanders allzeit fertiger und neu erläuterter Briefsteller, eben desselben curiöses Handbuch allerhand auserlesener Sendschreiben, und gründliche Einleitung zu deutschen Briefen; Spadens (Stieler) Briefsteller; Salanders (Schadens) allzeit fertiger Briefsteller; Rulands Briefsteller; Melethaons Manier deutsche Briefe zu schreiben; Placii nach heutiger Art wohleingerichtetes Briefbuch; Harzdörfers deutscher Secretarius; der neu ankommende Secretarius mit 800. artigen Sendschreiben; Albinors auserlesene Briefe aus englischen Autoren; die remarquablen curiösen Briefe; B. Neukirchs Anweisung zu deutschen Briefen; Menantes und Johann Georg Neukirchs Anleitung, in den allermeisten Begebenheiten die Feder nach dem Wohlstande und der Klugheit zu führen; Volks von Wertheim allzeit fertiger Briefsteller; Junkers wohl unterwiesener Briefsteller; Schröters Briefsteller ec. Darf ich mein Urtheil über alle diese Bücher sagen, wenn ich nicht für neidisch gehalten werde; so glaube ich, daß sie alle mehr den Geschmack verderben, als bessern und reinigen können, und daß man die Jugend nicht genug davor hüten könne, mit ihnen vertraut zu werden. Ihre Anweisungen gehen noch dazu fast blos auf das Aeußerliche und Zufällige der Briefe. Benj. Neukirch ist noch der leidlichste, und ob er gleich ebenfalls nach dem Zwang der Chrie unterrichtet; so verdienet doch seine Arbeit allemal einen Lobspruch. Ich werfe mich über diese Männer, die sonst ihre Verdienste haben können, gar nicht zum Richter auf. Hätten sie zum Theil in schöneren Zeiten gelebt, oder wären ihnen die Muster der Ausländer mehr bekannt gewesen; hätten sie sich nur mehr nach den Mustern des Cicero und Plinius, mehr nach der Natur richten wollen; so würden sie gewiß was vollkommners geliefert, und meine Arbeit durchaus entbehrlich gemacht haben. Die vor ganz kurzer Zeit herausgegebenen Briefe des Hrn Prof. Gellerts gehören unter die guten, die wir jemals von dieser Art bekommen haben. Ich gedenke ihrer theils wegen der vorangesetzten sehr lesenswerthen praktischen Abhandlung, die zwar kurz ist, aber alle Regeln eines guten Briefes in sich fasset; theils wegen der angenehmen Briefe selbst. Im Lateinischen hat man des Erasmus Anweisung *de conscribendis epistolis*, welche viele schöne Anmerkungen in sich faßt, wie denn auch seine Briefe selbst zum Lesen anzupreisen sind. Im Französischen hat mir des Hrn. von Mauvillons Traité général du stile, sehr wohl gefallen.

Ich komme auf die Briefe selbst, und hier will ich nur die schönen nennen, und die ich wünschte in den Händen junger Leute zu sehen. Das sind also erstlich die Briefe des Cicero und des Plinius, die Muster unter den Römern. Unter den Franzosen, die Briefe der Frau von Sevigne, welche

1762. zu Haag in sechs Bänden wieder aufgelegt worden, und die Briefe des Grafen von Bussy, die ebenfalls zu Amsterdam in einer neuen Edition von sechs Bänden erschienen. Man wird sie desto leichter verstehen, und viele Schönheiten darinn lebhafter empfinden, wenn man sich von den Umständen ihrer Personen, von der Geschichte ihrer Zeit, und des damaligen Hofes etwas unterrichten läßt. Die Briefe des Balzac und Voiture enthalten viel gutes, aber auch viel schlechtes, und man muß sie jungen Leuten nicht ohne alle Aufsicht in die Hände geben, wenn sie sich nichts gekünsteltes angewöhnen sollen. Die Briefe der Babet verdienen das Lob, das sie erhalten haben; man findet sie bey den Briefen der Ninon von Lenclos, die kürzlich ins Deutsche übersetzt worden*). Die *Lettres historiques & galantes* der Frau Noyer sind sehr angenehm zu lesen. Sie geben eine ziemliche Kenntniß von den Sitten der damaligen Zeit, und die Briefschreibart, worinn die Erzählungen eingekleidet sind, giebt ein recht gutes Beyspiel, wie man in dieser Art erzählen soll. Man hat die *Lettres choisies de Mess. de l' Académie Françoise*, darinn viel schönes und zum Theil viel merkwürdiges vorkömmt, wie bereits der Titel versprechen kann. Wenigstens scheinet mir diese Sammlung mit besserer Wahl gemacht zu seyn, als des Richelets seine. Die Briefe des Racine sind in den *Memoires*

Leipz. in klein 8. 1755.

res de Jesu Racine anzutreffen, die sein Sohn zu Haag 1750. in 12. herausgegeben hat. Sie sind dem zärtlichen Character des Racine gemäß, und die vorgesetzten *Mémoires* helfen vieles darinn erklären. Die Briefe des Flechier sind zwar meistentheils kurze Complimentbriefe, aber es sind doch verschiedene darunter, die das Herz dieses großen Mannes besonders kenntlich machen. Man hat vor kurzem die Briefe der Maintenon erhalten, die angenehm und merkwürdig sind. Der Herausgeber wird, wie er verspricht, noch eine ansehnliche Sammlung dieser Art von verschiedenen Personen ans Licht stellen. Es giebt noch mehr schöne französische Briefe, die ganze Materien abhandeln, und die man in den Werken ihrer berühmten Verfasser suchen muß, denen sie einverleibet sind. Unter den Engelländern trifft man viel schöne Briefe an; und wenn die Pamela, Clarissa und Grandison für gute Romane sind erkläret worden; so muß man sie gewiß auch für schöne Briefe halten. Unter den Italienern sind die Briefe des Caro, Bonfadio und Leti, hochzuschätzen. Und was soll ich von den Deutschen anführen? Ich wünschte, daß ich hier ein großes Verzeichniß machen könnte: aber wie viele, die etwas gutes hätten liefern können, sind bisher entweder zu vornehm, oder zu gemächlich, oder zu eigensinnig und zu behutsam gewesen, sich bis zu einer so geringen Arbeit, als Briefe scheinen, her, abzulassen! Denn die meisten, die wir haben, sind

Einleitung.

sind gerade von solchen Verfassern, welche in diesem Fache gar nichts hätten schreiben sollen, und haben den Ausländern nothwendig einen schlimmen Begriff von dem Geschmacke der Deutschen beybringen müssen; weil man gewiß von dem allgemeinern Geschmacke eines Volks nicht besser urtheilen kann, als nach seinen Briefen. Indessen nenne ich hier einige Sammlungen mit Vergnügen, als des obgedachten Hrn. Prof. Gellerts Briefe, die freundschaftlichen Briefe, welche vor einigen Jahren zu Berlin herausgekommen, und die Sendschreiben, welche in Danzig ans Licht getreten sind. Noch ist die Sammlung vermischter Briefe bekannt; die Briefe über verschiedene Gelegenheiten und Vorfälle. Hrn. Bertrams Briefe, die Briefe an Freunde, 8. Danz. 1755. u. a. m.

§. 2.

Der Nutzen, welchen die Briefe den Menschen leisten, ist von großer Wichtigkeit. So viele Vortheile aus der Mittheilung der Gedanken fließen: so viel gutes kann man auch durch Briefe erlangen. Sie haben einen großen Einfluß in das gesellschaftliche Leben, und sie geben das bequemste Mittel, solches auch mit den entferntesten Personen zu unterhalten.

Anmerkung.

Diejenigen Briefsteller, welche die Art seine Gedanken schriftlich auszudrücken, für eine große Wohlthat Gottes erklären, irren in der Sache selbst nicht. Nur sollten sie, wie mich dünkt, diese erbaulichen Gedanken etwas weiter ausdehnen, und den Nutzen der Briefe umständlicher zeigen. Vielleicht lassen sich die Vortheile am füglichsten in zwo Klassen bringen, nach welchen man sie entweder als allgemeine, oder als besondere betrachtet.

I. Die allgemeinen Vortheile des Briefschreibens äußern sich hauptsächlich darinn, daß wir andern unsere Gedanken auf eine sehr bequeme Art mittheilen können. Es ist wahr, die mündliche Unterredung hat in Ansehung der Mühe etwas zum voraus. Bey einem Briefe hält man sich länger auf, und seine Ausarbeitung kostet mehr Mühe. Allein diese Mühe fällt dem Geübten nicht so schwer, und man erhält dagegen allemal die Hoffnung, seine Absicht eher zu erreichen, weil man die Ausdrücke mit größerer Ueberlegung und mit mehrerm Nachdrucke hat wählen können, als in der mündlichen Unterredung. Die Worte, welche sich gleichsam mit ihrem Schall in der Aussprache verlieren, bleiben uns in dem Briefe beständig vor Augen; und wir können die damit verknüpften Begriffe nach Gutbefinden immer erneuern.

Wie

Einleitung.

Wie sehr würden unsere Geschäffte leiden, wenn wir mit allen denen Personen nur mündlich reden müßten, die unsere Gedanken wissen sollen! Welche Verwirrungen, welche Langsamkeit, welche Wiederholungen, und vielleicht welche Uebereilungen würden daraus entstehen! Da sich die meisten auf eine sehr kleine Anzahl von Menschen einschränken müssen, die sie persönlich kennen: wie unbekannt würde man nicht mit der Welt bleiben, wenn man seine Gedanken nicht schriftlich entwerfen könnte!

Wie sehr würde die Freundschaft leiden, die Seele des gesellschaftlichen Lebens, wenn man ihr nicht auch abwesend die Pflichten leisten könnte, die man ihr schuldig ist, und in deren heiligen Beobachtung sie ihre Nahrung findet! Die scheinen freylich in ihrem Urtheile zu irren, welche sich einbilden, daß keine Freundschaft dauerhaft sey, welche nicht unabläßig in Briefen redet. Es ist wahr, edle Gemüther verlieren durch die Entfernung von den Trieben der Freundschaft nichts, wenn sie auch verhindert werden, ihre Gedanken einander schriftlich mitzutheilen. Sie bleiben sich allemal einander durch andere Wege bekannt. Allein die Verhinderungen müssen groß seyn, die ihren schriftlichen Umgang unterbrechen können. Ihr Stillschweigen wird niemals eine gewisse Leichtsinnigkeit und niederträchtige Faulheit, oder eine kaltsinnige Denkungsart zur Quelle haben. Sie kennen einmal den vorzüglichen

chen Werth der Freundschaft, und wissen, daß ihr die allzugrosse Ruhe etwas gefährlich sey. Mit einem Worte, ein wohlgeschriebner Brief ist noch weit mehr fähig die Freundschaft zu unterhalten, als zu ihrer Stiftung Gelegenheit zu geben.

Die Bequemlichkeit von dieser Art zu reden ist so unläugbar, und fließt so deutlich aus dem Vorhergehenden, daß wir fast nichts weiter hinzu zu setzen brauchen. Die entlegensten Welttheile mit einander zu vereinigen, den entferntesten Personen seine Gedanken zu sagen, und dieß alles ohne Reisen zu thun; das ist ein Vortheil, den man in den Briefen ungemein hochzuschätzen hat. Es ist aus den Reisebeschreibungen bekannt, wie sehr sich einige wilde Völker über dieses Geheimniß verwundert haben; und sie hatten allerdings Recht dazu, so lange es ihnen ein Geheimniß war.

II. Die besonderen Vortheile, welche die Briefe betrachtungswürdig machen, unterscheiden sich nach den verschiedenen Ständen und Verhältnissen der Menschen. Der Gelehrte wird vieles entbehren müssen, wenn er sich nicht mit abwesenden Kennern der Wissenschaften unterreden kann. Der Geschichtschreiber wird den größten Unwissenheiten unterworfen seyn, wenn er nicht durch Briefe von manchen Begebenheiten, und den wahren Umständen derselben, unterrichtet wird. Der Staatsmann, der die Schicksale ganzer Länder abwägen muß, besitzet eine unbrauchbare Klugheit

Einleitung.

heit, wenn er nicht von allen Vorfällen, die einigen Einfluß in das Staatsinteresse seines Fürsten haben, ohne Zeitverlust belehret wird. Und wie kann dieses bey der Entlegenheit der Oerter, geschwinder und geschickter ausgeführet werden, als durch Briefe?

Diejenigen, die sich nicht deutlich, nicht angenehm und ordentlich in der mündlichen Rede ausdrücken können, die in diesem Stücke von der Natur versäumet worden: und die in vielen Fällen nicht Unerschrockenheit oder Gegenwart des Geistes genug besitzen, eine persönliche Unterredung zu unterhalten, können doch oft das Gegentheil von dem allen in Briefen thun, und alles sagen, was ihre Absichten erfodern. Und wie groß ist dieser Vortheil für sie! Was sollen wir endlich zum Lobe der Briefe bey denen hinzufügen, die oft einem einzigen wohlverfertigten Aufsatze ihr ganzes Glück schuldig sind? So machte z. E. die Maintenon ihr Glück durch einen einzigen kleinen Brief. Die Exempel sind nicht erdichtet, die wir hier zum Beweise anführen könnten, wenn wir Leser vermuthen müßten, die mit der Erfahrung so unbekannt wären. Kann man vieles von den Gemüthsumständen der Menschen aus ihren Reden schließen: so ist dieses noch vielmehr bey Briefen möglich, woran die Seelenkräfte besonders gearbeitet und sich kenntlich gemacht haben. Eine mündliche Rede verschwindet mit der Aussprache, und läßt nur noch einige

Fuß-

Fußtapfen in der Einbildungskraft zurück, uns ihrer zuweilen zu erinnern. Hingegen ein Brief kann die Empfindung länger unterhalten. Wir können die Fügung der Gedanken besser untersuchen, da uns nichts entgehet, wenn wir unsre Aufmerksamkeit gleichsam Schritt vor Schritt fortsetzen. Die Sittenlehrer glauben dahero, daß sich aus einem Briefe vieles von dem Temperament, und von dem Charakter seines Urhebers, entdecken lasse. Sie geben nur zuweilen Merkmale an, die eben deswegen betrüglich sind, weil sie zu sehr auf einzelne Umstände gerichtet sind.

§. 3.

Eine Sache, die uns Nutzen bringet, setzet uns in eine Verbindlichkeit nach ihrem Besitze zu streben. Da sich aber die Grade des Nutzens allezeit nach dem Grade der Vollkommenheit bestimmen lassen, und wir verbunden sind uns so vollkommen zu machen, als es möglich ist: so sind wir auch verpflichtet nach dem grösten Nutzen der Briefe zu streben, und sie mithin so vollkommen einzurichten, als es der davon zu erwartende Nutzen erfodert.

Anmerkung.

Hieraus fließet die Nothwendigkeit der Briefe, und zwar der wohlgeschriebenen Briefe. Es ist ein sehr unanständiges Vorurtheil, wenn man glaubet, zu einem Briefe sey weiter nichts nöthig, als seine Gedanken ohne Wahl der Ausdrücke zu sagen, und ohne auf die Verbindung sorgfältig Acht zu geben. Man entschuldiget dieses oft aus andern Ursachen in einer mündlichen Unterredung; aber in Briefen setzet man diese Nachsicht billig beyseite. Und was kann man von einem denken, der einen elenden Brief schreibt. Dieses, daß er in dem persönlichen Umgange noch viel schlechter reden werde, weil er alsdann weniger Zeit hat, seine Gedanken zu überlegen und zu ordnen; daß entweder sein Verstand sehr übel beschaffen sey, oder daß er die Sprache nicht verstehe. Alle diese Urtheile gereichen dem, den sie treffen, mehr zum Schaden als zum Nutzen. Sind es sogar Leute von Stande, die sich durch schlechte Briefe verächtlich machen: so sind die Folgen noch weit bedenklicher. Was kann man sich für Begriffe von ihrer Erziehung, und von ihren Gemüthseigenschaften machen, da sie nicht einmal ordentlich denken, und ihre Gedanken auf eine gefällige Art ausdrücken können? Viele achten die Sache so geringe, daß sie alle Anweisungen zu Briefen für Kleinigkeiten halten, und unter einem Briefsteller das verächtlichste Buch gedenken. Sie können

nen freylich zu diesem Urtheile durch manchen elenden und schlechten Briefsteller verleitet werden; aber sie vergessen dabey der nöthigen Klugheit, daß man sich in einer Wissenschaft eben desto fester setzen müsse, je leichter man darin vielen Fehlern unterworfen seyn kann. Sie lernen gar keine Regeln, weil sie entweder schlechte Regeln und fehlerhafte Ausübungen derselben in die Hände bekommen haben, die ihnen einen Widerwillen machen; oder weil sie es für so etwas leichtes halten, als ob man die Bildung eines Briefes blos der natürlichen Fähigkeit überlassen müsse. Viele lassen sich von der Gewohnheit hinreissen, und binden sich an geschworene alte Formeln; und viele, wenn sie ihren Fehler zu spät einsehen, wollen sich dann endlich durch die Briefsteller klug machen, die sie sonst verachtet hatten. Dahero kommen so viele schlechte Briefe, die sich gar zu unsren Zeiten nicht schicken, wenn man etwa mit dem Talander, Weise, Menantes ꝛc. zu vertraut umgegangen ist. Wie viel Einsicht, Fleiß und Uebung wird dazu erfodert, wenn man eine Fertigkeit wohl zu schreiben erlangen will! Es ist nichts nöthiger als diese, zumal bey einem weitläuftigen Briefwechsel und bey einer geschäfftigen Lebensart. Allein sie gründet sich auf eine Fertigkeit ordentlich schön zu denken, woran es den meisten fehlet. Jener junge Mensch, der von Universitäten nach Hause kam, und Gelegenheit fand, bey einem vornehmen Manne

Se-

Einleitung.

Secretär zu werden, sollte in dessen Gegenwart einen kurzen schriftlichen Aufsatz zur Probe machen. Seine Gedanken verließen ihn so weit, und er war im Briefschreiben so unwissend, daß er sich nichts als des Vaterunsers erinnerte, welches er auch niederschrieb. Man wird ohne mein Zuthun errathen, was er für eine Entschließung wegen der gesuchten Stelle von dem Minister zurückbekommen habe. Und dennoch verwundert man sich, wenn man auf hohen Schulen Anweisungen zu Briefen geben will. Dieß sind Dinge, sagt man, die in den niederen Schulen, wo man noch auf den bestäubten Bänken sitzt, gelernet werden müssen. Ja; aber werden denn alle junge Leute auf den Schulen reif genug, ehe sie die Akademie beziehen? Sieht man nicht selbst in den meisten Schulen mehr auf die Zierlichkeit der lateinischen Sprache, als auf die Schönheit der deutschen, in welcher man doch am meisten redet und schreibet? Wird auch bey allen auf eine Ordnung und Schärfe im Denken gesehen; oder hat man nur die Absicht Anfänger dahin zu bringen, daß sie in Ciceronianischen Perioden viel schlechtes Zeug vortragen, und mit dem Geist dieses großen Römers unbekannt bleiben? Aus dem allen wird endlich die Frage leicht zu entscheiden seyn, ob man die Anweisungen zu wohleingerichteten Briefen, als geringe und überflüßige Arbeiten, betrachten könne.

§. 7.

Einleitung.

§. 7.

Wer sich eine Anweisung zu Briefen nützlich machen will, der muß zugleich gewisse Hülfsmittel nicht vergessen, die ihm zu einer glücklichen Ausübung der erkannten Regeln beförderlich sind. Eine bloße Erkenntniß der Vorschriften macht noch keine Fertigkeit in ihrer Ausübung. Man muß seine eigenen Kräfte mit wirken lassen, wenn uns ein Lehrbuch von der Art nützlich seyn soll.

Anmerkung.

Diese Hülfsmittel, deren wir eben gedacht haben, sind von einiger Wichtigkeit. Wir wollen die vornehmsten stückweise anführen:

1. Man muß sich bey Zeiten angewöhnen, gute Muster von Briefen zu lesen. Man bereichert durch das Lesen die Einbildungskraft und den Witz, und man bekommt eine weitläuftigere Erkenntniß von Sachen, die bey dem Briefschreiben ungemein nöthig ist. Denn von nichts läßt sich nicht viel schreiben. Man lernet die Verbindungen und den Schwung kennen, der das Annehmliche in den Briefen ausmacht. Aber die Wahl solcher Briefe, die man sich zu Mustern aus

Einleitung.

ausseßet, muß mit vieler Vorsichtigkeit geschehen. Hat man das Unglück auf schlechte Schriften zu verfallen: so kann man den Geschmack völlig verderben, oder es bleibet zum wenigsten etwas hängen, das wir niemals hernach ganz verleugnen können. Ist man selber nicht geschickt, diese Wahl mit Sicherheit anzustellen: so muß man solche Männer zu Rathe ziehen, die aufrichtig sind, und die einen guten Geschmack besitzen. In der lateinischen Sprache kann man fast allezeit dem Urtheil alter Schullehrer sicher trauen. In der deutschen hingegen muß man sich an solche wenden, von welchen es bekannt, daß sie eine schöne Schreibart haben. Denn oft schreibt ein Mann den besten lateinischen Brief, der in der deutschen Sprache einen elenden Aufsaß macht. Es ist ein Ueberbleibsel aus den vorigen Zeiten, da man glaubte, auf die Muttersprache habe man die wenigste Mühe zu wenden; weil derjenige schon für gelehrt genug gehalten ward, der etwas Latein verstund. Hiezu kömmt noch dieses, daß man bey den Alten fast durchgängig antreffen wird: wie sie in der deutschen Sprache schlechte Lehrer und Muster gehabt haben, also suchen sie diese hernach oft aus einem kleinen Eigensinne anzupreisen, weil sie nichts schlechtes gelernt, oder überhaupt nicht unrecht haben wollen. Wenn man indessen den Reiz wohlgesetzter Briefe empfinden, d. i. wenn man sie als Muster kennen lernen will: so muß man sie in derjenigen Sprache lesen, die uns am bekanntesten ist. Woher kommt es, daß junge Leute in Schulen so wenig schmackhaftes an den Briefen des Cicero und des jüngern Plinius finden? Sie verstehen die Sprache, den Nachdruck der Worte nicht recht; sie sind noch dazu fremd in den Alterthümern, in den Geschichten und Umständen der damaligen Zeiten, in der Kenntniß des menschlichen Herzens; welches alles man ihnen zeigen muß, wenn sie diese Schönheiten recht empfinden sollen. Dahero darf man sich nicht wundern, warum diejenigen, denen es an dieser Grundlegung fehlet, mit Zwang und Verdruß diese Schriften durchblättern, weil sie nämlich nur die Sprache erst daraus lernen wollen, welche sie vielleicht mit mehrerm Vergnügen aus guten Geschichtbüchern lernen würden. Ist man über diese Hindernisse weg: so sieht man erst, worauf man gleich zu Anfange hätte sehen sollen. Z. E. einer der im dreyßigsten Jahre den Virgil lieset, wird darinn weit mehr Vollkommenheiten antreffen, als da er ihn im zwölften Jahre hat obenhin erklären müssen. Einem Deutschen sind also wohlgesetzte deutsche Schriften und Briefe bey guter Zeit in die Hände zu geben, worinn er sowohl auf die inneren wesentlichen Schönheiten, als auch auf den Geschmack in der Schreibart Achtung geben muß. Die Erinnerung würde überflüßig seyn, wenn wir noch dieses hinzu setzen wollten, daß die Lesung mit der gehörigen Aufmerksamkeit und Beurtheilungskraft geschehen müs-

müsse, wenn sie die obige Absicht befördern soll. Ein jeder siehet von selbst, daß man hiedurch nicht sowohl für das Gedächtniß, als für die Aufklärung des Witzes und Verstandes sorgen will.

II. **Man muß aus fremden Sprachen schöne Briefe übersetzen.** Ehe man selber laufen kann, muß man sich andern noch zur Führung anvertrauen. Ein Anfänger thut also wohl, daß er den Gedanken anderer geschickten Männer so lange folget, bis er selbst eine Fertigkeit hat ihnen ähnlich zu werden. Er macht sich in den Uebersetzungen nicht nur den Geist und die Art zu denken seines Urbildes bekannt; er gewöhnet sich nicht nur an die natürlichen und schönen Leitungen der Sätze: sondern er hat auch noch diesen Vortheil, daß ihm dadurch zwo Sprachen desto geläufiger und eigener werden. Nur sind bey dieser Bemühung zwey Stücke zu bemerken: 1) Daß man eine gute Wahl unter denen Briefen treffe, die man übersetzen will. Die Ursachen dieser Erinnerung sind eben die, welche wir schon oben bey der ersten Regel angeführet haben. So sind z. E. die Briefe des Seneca nicht für einen Anfänger zum Uebersetzen. Ungeachtet viel Lehrreiches und Schönes darinn gesagt ist: so sind doch auch oft die Scharfsinnigkeiten dieses Spaniers zu sehr gehäuft, und nicht selten übertrieben. Die Eindrücke der ersten Muster, die wir uns zur Nachahme vorsetzen, sind die stärksten. Man kann durch den Seneca bey einer unbedachtsamen Nachahmung dahin gebracht werden, daß man in die spruchreiche Schreibart verfällt, daß man beständig vergnügen will, daß alles eine Blume werden soll, was man nur anrühret, oder daß man beständig aus einem belehrenden Tone redet. Und das alles ist fehlerhaft*). Wer seine

*) Seneca war, nach dem richtigen Urtheile des Hrn. Rollins, in seinen eigenen Witz gar zu sehr verliebt. Er konnte sich nicht entschliessen, eine von seinen Geburten zu verlieren, oder aufzuopfern: und durch geringe und kleine Gedanken schwächte er viemals die Stärke, und verringerte den Adel derjenigen Sachen, von welchen er redete. Seneca, sagt der Cardinal Pallavicini auf gut italienisch, parfumirt seine Gedanken mit Ambra und Zibeth, welches mit der Zeit Kopfschmerzen macht; sie vergnügen im Anfange, und ermüden einen in der Länge sehr stark. Er mußte sich nicht zu rechter Zeit Einhalt zu thun, und nach Horazens Regel

--- recideret omne, quod ultra
perfectum traheretur - - -

den Punkt in acht zu nehmen, unter welchem und über welchem keine Vollkommenheit ist. Kurz, er gieng mit seinem Witze gar nicht ökonomisch um. Es hat mich oft gewundert, wie der Mann in seinem 75ten Briefe an den Lucil hat schreiben können: *qualis sermo meus esset, si una sederemus, aut ambularemus, illaboratus & facilis; tales esse epistolas meas volo, quae nihil habeant accersitum, nec fictum.* Entweder sein Umgang muß sehr ermüdend gewesen seyn, welches ich aber doch nicht glaube, oder es ist hier der Fall, da man sagen kann: Man thue nach seiner Regel, und nicht nach seinen Werken. Indessen kann Seneca denen, die schon durch den Cicero, Plinius und andere gute Schriften im guten

ne ersten Muster von dem du Pays entlehnet, der wird in die allzufreye und scherzhafte Schreibart verfallen, welche bey den Deutschen nicht allemal so aufgenommen wird, als bey den Franzosen. Diese besonderen Arten der Briefe können alsdann erst nützlich werden, wann man sich zuvor einen gewissen Geschmack erworben hat. Eben das behaupte ich von den Briefen des Balzac, und Voiture. Ich sehe nicht gerne, wenn man sie jungen Leuten, ohne alle Aufsicht über ihren Geschmack, in die Hände giebt: sie lesen ohne Zweifel diese Briefe lieber, als des Cicerons seine; aber das macht, sie verlieben sich leichter in den falschen Witz, als in den wahren. Ich will hiemit nicht sagen, als ob Balzac und Voiture ganz verwerfliche Briefsteller wären; nein, man findet viel schönes bey ihnen, aber weil sie gar zu viel Witz haben wollen, so fällt es nur schwer, das wahre Schöne auszusuchen, und von dem Scheinbaren zu unterscheiden. Sie gehören zur Secte des Seneca. Man gebe Anfängern daraus zuweilen einen Brief zu übersetzen; das dienet ihnen zur Ermunterung; aber man überlasse ihnen nicht die Wahl, und man gebrauche diese Arbeit

nur

ten Geschmacke ziemlich gesetzt sind, nützlich seyn. Er ist ein Original, welches geschickt ist, andern einigen Witz zu geben, und ihnen die Erstattung zu erleichtern. Quintilian bestättiget dieses Lib. X. c. 1 *Verum sic quoque iam robustis, & severiora genere iam firmatis, legendus vel ideo, quod exercere potest stringue iudicium.*

nur zur Würze ihres Fleißes, wenn sie etwa anfangen, bey dem Cicero zu ermüden. Aus den Briefen des Bussy, und besonders der Frau von Sevigne können sie sicherer übersetzen; unter den Italiänern aus dem Caro und Bonfadio: aber Cicero und Plinius müssen nach meiner Meynung ihre Hauptoriginale bleiben. 2) Daß man die Uebersetzung natürlich mache, ohne beyden Sprachen Gewalt zu thun. Wer eine richtige, angenehme und reine Uebersetzung machen will, der muß nicht allein die Natur beyder Sprachen vollkommen verstehen, sondern auch selbst mit dem Geiste des Originals denken können. Er wird richtig übersetzen, wenn er allemal die Gedanken in der Grundsprache so darstellet, daß sie von ihrer Wahrheit oder von ihrem Gewichte nichts verlieren; angenehm, wenn er nicht auf eine buchstäbliche Art übersetze, und in keine gezwungene und widersinnische Wortfügung geräth; rein, wenn er nicht fremde Wörter mit einmischt oder eine Sprache in verschiedene andere zugleich übersetzet. Die schönsten Gedanken der Griechen und Römer werden uns oft auf eine so häßliche und frostige Art von ihren Uebersetzern vorgetragen, daß sie dieselben gewiß entweder nicht für die ihrigen erkennen, oder mit dem Uebersetzer sehr unzufrieden seyn würden, wenn sie noch lebten. Ich könnte hier einige weitläuftige Betrachtungen über die Pflichten eines Uebersetzers machen, wenn sie nicht schon von vielen andern gemacht wären. Doch
will

Einleitung.

will ich nur eins und das andere erinnern, welches sowohl den Lehrenden als Lernenden am meisten bemerkenswerth ist. Wenn man fragt, ob der Uebersetzer nur ein bloßer Copierer seines Originals sey: so kann man die Antwort nicht sorgfältig genug bestimmen. Er muß getreu übersetzen, das ist wahr; wenn ich meinen Verfasser mit Zierrathen ausputze, sagt Toureil der glückliche Uebersetzer des Demosthenes, weil er sie verachtet hat; wenn ich die Schönheiten darinn verdunkle, oder die Fehler darinn bedecke, wenn sich seine Eigenschaft nicht in den Worten befindet, die ich ihm leihe: so ist er es nicht mehr. Ich stelle mich selber vor; ich betrüge unter dem Namen eines Dollmetschers. Allein wie würde ich eben meinem Muster gleich kommen, wenn ich es nach einem knechtlichen Zwang in seine fremde Sprache einkleiden wollte? Eine Uebersetzung, die den Buchstaben beständig erhalten will, verderbt den Verstand, und wird bey einer gar zu sorgfältigen Treue sehr ungetreu. Es ist mit einer edlen und ungezwungenen Uebersetzung ganz anders, als mit einem Gemälde, das man nach allen seinen geringsten Zügen und Ordnungen nachmalen soll. Es kömmt nur darauf an, daß man sich in den Character seines Autors, den man übersetzt, gleichsam verwandele, und seiner Annehmlichkeit nichts vergiebt um der Richtigkeit willen, und umgekehrt. Man muß die Worte eben nicht ängstlich zuzählen, wie Cicero sagt, sondern zuwägen. Die

ganze Stelle ist werth, daß ich sie herseße: Conuerti ex Atticis, nec conuerti vt interpres, sed
vt orator sententiis iisdem et earum formis, tanquam figuris; verbis ad nostram consuetudinem
aptis: in quibus non verbum pro verbo necessum
habui reddere, sed genus omnium verborum vim-
que seruaui. Non enim ea me adnumerare lecto-
ri putaui oportere, sed tanquam appendere *)

Wie Schade ist es, daß wir zu dieser durchaus
schönen Regel nicht auch das Muster von ihm behalten haben! Sie würde ohne Zweifel viele Kriege verhütet haben, die man wegen der freyen
Ueberseßungen führet. Ich wünschte, daß man
einen Anfänger allemal vorher auf die Sachen,
auf den Affekt, und auf die Schönheiten des Stückes recht aufmerksam machte, das er übersetzen
will: daß man nachmals eine Kritik seiner Ueberseßung vornähme, die nicht bloß über die
Sprache, sondern über das Innere hauptsächlich
gerichtet wäre, wie er z. E. bald dieses nach dem
Sinne des Originals zu matt gegeben, bald dort
zu viel gesagt, bald jenes zu dunkel ausgedrückt
u. s. w. und daß man endlich seine Arbeit mit einer andern Ueberseßung vergliche, um ihm zu
seiner Besserung oder zur Schärfung seines Muths
den Unterschied zu zeigen. So pflege ich zuweilen denen, die mir einen Brief aus dem Plinius
bringen, eine andere Ueberseßung von Sartorius oder von Seckendorfen dagegen zu legen. Ich
will

*) De optim. gen. orat. n. 14.

will selbst davon ein Exempel hieher setzen. Es sey der neunte Brief aus dem siebenten Buche, worinn ohnedem viele schöne Anmerkungen vorkommen, die zur gegenwärtigen Materie gehören.

C. PLINIVS FVSCO SVO S.

Quaeris, quemadmodum in secessu, quo iam diu frueris, putem te studere oportere. Vtile inprimis et multi praecipiunt, vel ex Graeco in Latinum, vel ex Latino vertere in Graecum: quo genere exercitationis proprietas splendorque verborum, copia figurarum, vis explicandi, praeterea imitatione optimorum similia inueniendi facultas paratur: simul quae legentem fefellissent, transferentem fugere non possunt. Intelligentia ex hoc et iudicium adquiritur.

Nihil obfuerit, quae legeris hactenus, vt rem argumentumque teneas, quasi aemulum scribere, lectisque conferre, ac sedulo pensitare, quid tu, quid ille commodius. Magna gratulatio, si nonnulla tu, magnus pudor, si cuncta ille melius.

Licebit interdum et notissima eligere et certare cum electis. Audax haec, non tamen improba, quia secreta, contentio; quamquam multos videmus ejusmodi certamina sibi cum multa laude sumsisse, quosque subsequi satis habeant; dum non desperant antecessisse. Poteris et quae dixeris, *post obliuionem retractare, multa retinere, plura transire; alia interscribere, alia rescribere.*

Laboriosum istud et taedio plenum, sed difficultate ipsa fructuosum, recalescere ex integro, et resumere impetum fractum omissumque postremo, noua velut membra peracto corpori intexere, nec tamen priora turbare. Scio nunc tibi esse praecipuum studium orandi; sed non ideo semper pugnacem hunc et quasi bellatorium stilum suaserim. Vt enim terrae variis mutatisque seminibus, ita ingenia nostra nunc hac, nunc illa meditatione recoluntur.

Volo, interdum aliquem ex historia locum apprehendas: volo, epistolam diligentius scribas, volo carmina. Non saepe in orationes quoque non historicae modo, sed prope poeticae descriptionis necessitas incidit; et pressus sermo purusque ex epistolis discitur. Fas est et carmine remitti, non dico continuo et longo, (id enim perfici nisi in otio non potest) sed hoc arguto et breui, quod apte quantaslibet occupationes curasque distinguit. Lusus vocantur; sed hi lusus non minorem interdum gloriam, quam seria consequuntur: atque adeo (cur enim te ad versus non versibus adhorter?)

Vt

Einleitung.

Vibus est cerae, mollis cedensque sequatur.
Si doctos digitos, jussaque fiat opus;
Et nunc informet Martem, castamque Mineruam
Nunc Venerem effingat, nunc Veneris puerum:
Vtque sacri fontes non sola incendia sistunt,
Saepe etiam flores vernaque prata iuuant;
Sic hominum ingenium flecti ducique per artes
Non rigidas docta mobilitate decet.

Itaque summi oratores, summi etiam viri sic se aut exercebant aut delectabant, immo delectabant exercebantque. Nam mirum est, ut his opusculis animus intendatur remittaturque. Recipiunt enim amores, odia, iras, misericordiam, vrbanitatem, omnia denique, quae in vita atque etiam in foro caussisque versantur. Inest his quoque eadem, quae aliis carminibus vtilitas; quod metri necessitate deuincti soluta oratione laetamur, et quod facilius esse comparatio ostendit, libentius scribimus.

Habes plura etiam fortasse, quam requirebas; unum tamen omisi. Non enim dixi, quae legenda arbitrarer: quanquam dixi, quum dicerem, quae scribenda. Tu memineris, sui cuiusque generis auctores diligenter eligere. (Aiunt enim, MVLTVM LEGENDVM ESSE, NON MVLTA). Qui sint hi,

adeo

adeo notum prouocatumque est, ut demonstratione non egeant: et alioqui tam immodice epistola me extendi, ut dum tibi, quemadmodum studere debeas, suadeo, studendi tempus abstulerim. Quin ergo pugillares resumis, et aliquid ex his, vel istud ipsum, quod coeperas, scribis. Vale.

Uebersetzung dieses Briefes von dem Herrn Prof. Sartorius.	Uebersetzung eben desselben von dem Herrn von Seckendorf.
Er fraget mich, welcher gestalt ihm bey seiner schon lang genossenen Bequemlichkeit auf dem Lande seine Studien einzurichten einräthig wäre? Es ist eine vor andern nützliche, und von vielen angewiesene Sache, entweder aus dem Griechischen was ins Lateinische, oder aus dem Lateinischen ins Griechische zu übersetzen: als durch welche Uebung man die eigentliche Bedeutung und Pracht der Wörter in den Kopf kriegt, in verblümten Redensarten lausig wird, hinter die Kraft des ti-	Sie ersuchen mich um mein Gutachten, wie sie in der Einsamkeit, deren sie schon lange geniessen, ihr Studieren angreifen müßten? Es ist überaus nützlich, wie viele dafür halten, entweder was Griechisches ins Lateinische, oder was Lateinisches ins Griechische zu übersetzen. Durch dergleichen Uebung bringt man sich die eigene Bedeutung und Pracht der Wörter, eine Menge von Figuren, die Gabe der Deutlichkeit, ja über das, durch die Nachahmung der besten Scribenten, ein Vermögen gent-

Einleitung.

gemächen Nachdrucks kömmt, ja auch bey Abbildung staatlicher Schriften in netten Erfindungen auf gleiche Sprünge kann gebracht werden. Wozu noch dieser Vortheil kömmt, daß was man sonst im Lesen nicht so genau gemerkt hätte, man im Uebersetzen unumgänglich gewahr wird. Dadurch bringt man sich eine fertige Wissenschaft und geschärftes Nachsinnen zuwege.

zuwege, eben dergleichen zu erfinden. Ja, was ein Leser übersieht, das kann dem Uebersetzer nicht entwischen. Hierdurch wird man geschickt, was einzusehen und zu beurtheilen.

Es dürfte nicht schaden, wenn er dasjenige, was er zu dem Ende gelesen, um die Sache nebst deren Inhalt sich desto besser bekannt zu machen, auch als ein Nachahmer schreiben, dem Gelesenen entgegen halten und genau bey sich selbst überlegen möchte, was an seiner, was an jenes Seite besser gegeben. Hat er irgendwo die Sache näher getroffen, mag er sich darüber erfreuen: im Gegentheil, so bey jenem alles netter gesetzet, kann ihm das eine Schamröthe abjagen.

Es kann auch nicht schaden, wenn man das, was man so gelesen hat, daß uns der Inhalt davon völlig bekannt ist, gleichsam mit dem Verfasser um die Wette beschreibt, mit dem Gelesenen zusammen hält, und ernstlich überleget, worinnen er, oder wir, es besser getroffen. Da freuet man sich, wenn man etwas; da schämet man sich, wenn er alles besser gemacht hat.

Unterweilen mag man bekannte Sachen auslesen, und dem auserlesenen in die Wette nachahmen.

Man kann sich bisweilen was gemeines erwählen, und dadurch eine auserlesene Stelle ahmen.

ahmen. Welches ein zwar kühner, doch weil es nur bey uns verbleibt, gar nicht scheltbarer Wettkampf ist: Wiewohl wir viele vor Augen haben, die sich dergleichen Wettstreite freywillig, nicht sonder Ruhm, unterfangen, und diejenigen, denen sie es auch nur gleich zu thun genug hielten, da sie den Muth nicht sinken liessen, gar übertroffen. So kann er auch, dafern er etwas in seinen Reden vergessen, solches wieder verbessern, viele Sachen behalten, viele andere auslassen, zwischen setzen oder gar

zu übertreffen suchen. Dieß ist ein kühnes, doch kein sträfliches Unternehmen, weil es in geheim geschiehe. Wiewohl man sieht, daß viele dergleichen Wettstreit mit grossem Lobe unternommen, und da sie es unverzagt angegriffen, diejenigen übertroffen haben, denen sie vorhin nur zu folgen wünschten. Man kann auch vieles, was man gesetzet, wenn man es fast vergessen, wieder außstreichen, und vieles davon behalten.

nach Belieben etwas darändern.

Es ist zwar eine mühesame und verdrüßliche, doch auch durch ihre Schwierigkeit zuträgliche Sache von neuem auf eine sinnreiche Ausbildung zu fallen, und den einmal gelegten und unterlassenen Gemüthszug wiederum hervorzunehmen; ja endlich dem gleichsam schon völlig abgedruckten Satz neue Stücke, sonder Zerrüt-

Es ist zwar was mühsames und verdrüßliches, doch ungeachtet aller Schwierigkeiten sehr nützlich, sich von neuem zu erhitzen, den vorigen und nachgelassenen Eifer zu erwecken, und endlich gleichsam dem vorher schon fertigen Körper neue Glieder einzusetzen, ohne die alten zu verrücken. Ich weiß, daß sie sich
tung

Einleitung. 39

tung der vorigen mit einzurücken. Ich weiß, sein vornehmstes Studium sey itzt die Rednerkunst, doch wollte ihm nicht immer zu dieser streitenden und gleichsam haberfüchtigen Redensart rathen. Denn gleichwie die Erde durch mannigfaltigen Samen, so wird auch unser Gemüthe bald durch diese bald durch jene Betrachtung erweckt.

sonderlich auf gerichtliche Reden legen; doch wollte ich ihnen diese zänkische und beißige Schreibart nicht immer rathen. Denn wie eines Ackers Fruchtbarkeit immer erneuret wird, wenn man mit allerley Samen abwechselt: so werden auch unsere Köpfe bald durch diese, bald durch jene Art des Nachsinnens geübt.

Mein Rath wäre, er sollte bald ein Stück aus der Historie heraus ziehen, bald einen Brief aufsetzen, bald sich an ein Gedichte machen. Denn öfters trifft sich in denen Reden nicht nur eine historische, sondern da fällt man zuweilen unumgänglich auf poetische Beschreibungen, und man muß einen reinen, und eingezogenen Wörtersatz aus Briefen herholen. Man kann sich auch einmal mit einem Gedichte ergötzen, nicht zwar eben mit einem weitläuftigen und lan-

Ich wollte also, daß sie zuweilen eine gewisse Begebenheit beschrieben; ich wollte, daß sie mit Fleiß Briefe schrieben, ja ich wollte, daß sie Verse machten. Denn öfters müssen auch im Reden nicht nur historische, sondern fast poetische Beschreibungen vorkommen: die kurze und natürliche Schreibart muß man aus Briefen lernen. Billig ist es auch, sich bisweilen durch einen Vers zu ergötzen. Ich meyne kein weitläuftiges Gedichte; denn dazu gehöret viel

gen,

gen, (denn das nähme viel Zeit weg) sondern kurzen und scharfsinnigen, welches, so es zu rechter Zeit angebracht wird, auch die wichtigsten Geschäffte und Sorgen an den Nagel hängt. Sie werden sonst Scherzgedichte genannt, aber solche Scherzgedichte tragen manchmal grössern Ruhm, weder ernsthafte, davon: daß freylich, wie man spricht denn Poesie nicht durch Verse Zeit: sondern ein sinnreiches und kleines, womit man allerley ernsthafte Sorgen und Geschäffte abwechseln kann. Mann nennt das Spielwerke: aber diese Spielwerke erlangen bisweilen nicht geringern Ruhm, als was ernsthaftes. Derowegen, (denn warum sollte ich sie nicht zur Poesie poetisch ermahnen?) warum sollte ich ihn zur anhalten?)

So wie ein gelbes Wachs
   alsdann den Preiß erhält,
Wann es dem Künstler läßt
   weich durch die Hände
   geben;
Und bald den Kriegesgott
   in seiner Rüstung stellt,
Wie Donnerwolken sich um
   seinen Wirbel drehen;
Bald mit dem Schlangen-
   kopf der Weisheit Göttin zeigt,
Bald gar die Venus läßt
   mit ihrem Sohne spielen,
Wie ihr gewölbter Schoos
   sich seinen Seufzern neigt,
Und beyde einen Zug ge-
   brannter Herzen fühlen:

Ist es dem Wachs ein Lob,
   daß es geschmeidig weiche;
Sich nach des Künstlers
   Hand und Einfall anzuschicken;
Und bald den Kriegesgott,
   bald Pallas Bilde gleiche,
Bald Venus und ihr Kind
   geschickt ist auszudrücken.
Löscht ein geweihter Quell
   nicht nur die Feuersbrunst.
Und nützt auch seine Kraft
   den Auen auf der Erden.
So muß auch sein Gemüth
   durch Züge sanfter Kunst
In edler Wissenschaft zu al-
   len fähig werden.

So

Einleitung.

So, wie ein falſcher Bach, der durch die Felſen ſließt,
Wenn ſich ein Fichtenwald von ſtarkem Blitz entzündet,
Nicht nur durch Dampf und Glut mit wilden Flu-
ten ſchießt,
Und ſelbſt dem Jupiter die Donnerhände findet,
Beſonders auch den Strom durch Blumenthäler zieht:
So muß auch Menſchenwitz ſich zu der Weisheit ſchwingen,
Und weil noch ſein Verſtand in Frühlingsjahren blüht,
Nicht fort mit Ungeſtüm auf ſchwere Künſte dringen.

Derohalben haben ſich die ſtatlichſten Redner und größten Leute dergeſtalt geübt und ergötzt, ja auch andere ergötzt und geübt. Denn es iſt zu verwundern, wie das Gemüth durch ſolche Sachen geſchärft und zugleich beluſtigt werde. Maſſen ſie auf alle Leidenſchaften verfallen, bald auf die Liebe, bald auf Haß, bald auf Zorn, Mitleiden, höfliche Scherze, ja alles, was im Leben einer Privatperſon und im Gerichte vorgeht, Rechtsſachen Und hat dieſe Art Gedichte gleichen Vortheil mit andern, daß, da wir ſonſt an die Reimmaaß gebunden ſind, in ungebundener Rede geben, und diejenige Schreibart, die uns nach

Darum haben die größten Redner, und vornehmſten Männer ſich auf ſolche Weiſe entweder geübt oder ergötzt, ja vielmehr ſo wohl geübt, als ergötzt. Denn es iſt zu bewundern, wie durch ſo kleine Bemühungen das Gemüth zugleich angeſtrengt und erquickt wird. Sie ſind nämlich fähig Liebe, Haß, Zorn, Barmherzigkeit, Scherzreden, kurz alles, was im gemeinen Leben, ja ſo gar in Gerichtshändeln vorkömmt, in ſich zu faſſen. Man hat auch dabey, wie in andern Gedichten, dieſen Nutzen, daß man ſich, an ſtatt des Zwanges bey dem Sylbenmaße, über die ungebundene Rede freuet, und dasjenige am liebſten ſchreibt, was

We-

Beschaffenheit der Sa-
chen leichter vorzukom-
men scheinet, erwählen
können.

man bey ihrer Gegenein-
anderhaltung am leichte-
sten zu seyn befunden hat.

Nun hat er einen so überflüßigen Bericht, als er vielleicht selbst nicht einmal verlanget: doch eines habe ich nicht gesagt, was ich zu lesen rathsam hielte: wiewohl ichs oben schon angedeutet, da ich gemeldet, was zu schreiben dienlich erachtete. Er geruhe nur, einen jeden Scribenten, nach dem Enthalt seiner Schriften genau zu unterscheiden. Denn man pflegt im Sprüchworte zu sagen, man muß zwar viel lesen, aber nicht von vielen. Welche nun diejenigen seyn, ist so bekannt und ausgeschrien, daß es keiner Anzeige bedarf. Zudem hat sich mein Brief auch so lange verzogen, daß, da ich ihm die Art und Weise zu studieren, rathen will, ihm fast die Zeit selbst zum Studiren benehme. Lieber nehme er seine Codicill-bücher zur Hand, und	Ich schreibe ihnen vielleicht wohl mehr, als sie verlangten: doch etnes habe ich vergessen. Ich habe ihnen nicht gemeldet, was sie meiner Meynung nach, lesen sollen: Ob ich ihnen gleich in meinem Briefe gesagt habe, was sie schreiben sollen. Sehen sie nur zu, daß sie in jeder Art die hauptsächlichsten Scribenten wählen. Denn man sagt, man müsse viel, aber nicht vielerley lesen. Wer sie aber sind, ist so bekannt und ausgemacht, daß ich sie auch nicht nennen darf. Ich habe ohnedem den Brief so weitläuftig geschrieben, daß ich sie der Zeit zum Studieren werde beraubt haben, da ich ihnen rathen wollen, wie sie studieren sollten. Was gilts, sie nehmen ihre Schreibtafel wieder zur Hand, und schrei-

ben etwas davon auf-
schrei-

schreibe entweder das, oder fahren in dem fort, wozu ihm gerathen, oder was sie angefangen ha-
was er sonst bereits an den?
gefangen. Er lebe wohl.

Der geringste Anfänger wird mir gleich nach seiner Empfindung sagen können, daß die Seckendorfische Uebersetzung weit schöner sey, als die andere. Ich führe ihn dadurch auf die Ursachen, und auf die Vergleichung mit dem Original zurück, wobey seine Empfindung in einen ordentlichen Geschmack verwandelt wird. Aus dem Cicero, dessen Briefe an den Atticus, Quintus und Luccejus, Anfängern vorzüglich bekannt zu machen sind, weil wenige darinn vorkommen, die sie wegen der Trockenheit ermüden könnten, will ich doch auch ein Exempel nach Hofmanns Uebersetzung beyfügen. Es ist der zwölfte Brief aus dem siebenten Buche:

CICERO TREBATIO.

Mirabor quid esset, quod tu mihi litteras mittere intermisisses. Indicauit mihi Pansa meus, Epicureum te esse factum. O castra praeclara! Quid tu fecisses, si te Tarentum et non Samarobriuam misissem? Iam tum mihi non placebas, cum idem intuebare, quod et Seius familiaris meus. Sed quonam modo ius ciuile defendes, cum omnia tua caufa fa-
cies;

rias, non civium? vbi porro illa erit formula fiduciae, vt inter bonos bene agier oportet? quis enim est bonus, qui facit nihil, nisi sua causa? Quod ius statues communi diuidundo, cum commune nihil possit esse apud eos, quia omnia voluptate sua metiuntur? Quomodo autem tibi placebit Iouem lapidem iurare, cum scias Iouem iratum esse nemini posse? Quid porro fiet populo Vlubrano, si tu statueris πολιτεύεσθαι non oportere? Quare si plane a nobis deficis, fero: sin Pansae adsentari commodum est, ignosco; modo scribe aliquando ad nos quid agas, et a nobis quid fieri aut curari velis.

Cicero an den Trebatius.

Ich wunderte mich, warum du abgelassen hattest, an mich zu schreiben, bis mir mein Pansa bedeutete: Du seyst ein Epicureer worden. Da bist du unter einen trefflichen General getreten! Was würdest du nicht gethan haben, wenn ich dich gen Tarent und nicht gen Samarobrivien gesandt hätte! Es gefiel mir schon an dir nicht, daß du eine gleiche Absicht mit meinem guten Freunde Sejus fassetest. Aber wie wirst du das bürgerliche Recht vertheidigen, wenn du alles nur um deinet, nicht aber um der Bürger willen thust? oder wird das alte Sprüchwort bleiben: Mit ehrlichen Leuten muß man ehrlich handeln? Wer ist unter euch Epicureern, der etwas, ohne nur um sein selbst willen,

Einleitung.

willen, thut? Wie wirst du beym Ausspenden des allgemeinen Guts verfahren, da denen nichts gemein seyn kann, welche alles bloß nach ihrer eigenen Lust abmessen? Wie wird es dir gefallen zu schwören, daß dich Jupiter verwerfen soll, wie den Stein aus der Hand; wenn du dir einbildest, daß Jupiter gegen niemand zürnen könne? Wie wird es den armen Usubranern unter dir ergehen; wenn du dafür hältst, daß man sich ums gemeine Beste nicht bekümmern dürfe? Drum bin ich verdrüßlich darüber, daß du von uns abgefallen bist! Achtest du es aber für deinen Vortheil, auf solche Weise dem Pansa zu heucheln: so halte ich dirs zu gute. Doch schreibe mir einmal, was du machest, und was du gerne willst, daß ich für dich ausrichten soll.

Wie schön hat Hofmann die Denkungsart des Cicerons getroffen! H. P. Gottsched und Hr. Prof. May haben ebenfalls verschiedene Stücke dieses grossen Römers sehr gut übersetzet; wovon jener in seiner Redekunst, dieser in dem Redner, auch hin und wieder in den kritischen Beyträgen, und in den Schriften der deutschen Gesellschaft zu Leipzig nachzusehen. Da ich die Briefe des Cicerons und Plinius lobe, und im folgenden noch öfters loben werde; so will ich bey dieser Gelegenheit etwas von ihrem Charakter sagen, so wie oben schon von dem Seneca geschehen ist. Cicero schreibt sehr natürlich und fließend: nichts scheinet an ihm gekünstelt oder gesucht: alles hat das Ansehen, als ob er so hätte reden müssen, wie er redet, um seine Sache auszudrücken. Eben darum scheinet uns seine Schreibart beym ersten Anblicke so leicht, daß wir glauben, es sey nichts leichter, als eben so zu schreiben; aber in der Ausübung finden wir, daß er sehr schwer nachzuahmen sey, und darinn steckt die Kunst der niedrigen Schreibart. Sein Ausdruck ist voll, und seine Perioden sind wohlklingend; wiewohl sie zuweilen etwas zu weitschweifig sind. Er kann von denen, die leicht in die Sucht verfallen, immer sinnreich zu schreiben, als ein Verwahrungsmittel nie genug gelesen werden. Quintilian, der sich auf die Beurtheilung des Schönen in den Werken des Wißes gewiß gut verstand, preiset ihn uns als ein Muster an, und hält denjenigen schon für gelehrt, der an dem Cicero einen Geschmack findet. Plinius, der selbst so schöne Briefe schrieb, erhebt, wider die Gewohnheit stolzer Gelehrter, die Briefe des Tullius ungemein: und was für einen schönen Lobspruch giebt nicht Nepos den Briefen an den Atticus? Niemals hat Scioppius in seinen Urtheilen über den Cicero etwas richtigers gesagt, als daß derjenige, der die Ciceronischen Briefe, mit gehörigem Fleiße lese, nicht unzierlich schreiben könne, wenn er gleich wollte. Plinius ist in seinen Briefen aus einem andern Gesichtspunkte schön. Seine Ausdrücke sind reicher, als des Ciceronis seine, weil er viele Gedanken in wenig Worte zusammenbringt; die Kunst läßt sich schon mehr bey ihm spüren, als bey jenem, aber er

setzt

Einleitung.

setzt doch die Natur selten aus den Augen: er ist scharfsinnig und scherzet öfters sehr artig. Seine Schreibart ist kurz und körnigt, ohne undeutlich zu werden, mit einem Worte attisch; sie hält das Mittel zwischen der Einfalt des Cicero, und zwischen der schimmernden Kunst des Seneca, und ist voller zärtlichen und lebhaften Empfindungen.

III. Man muß sich in geschickten Nachahmungen der vorgesetzten Muster fleißig üben. Diese Regel kann sehr streitig gemacht werden: ich will also etwas von ihren Gränzen und von ihrem Mißbrauche sagen. Es giebt eine zweyfache Art der Nachahmung, eine kindische und eine männliche. In jener ändert man außer einigen Begriffen in den Perioden des Urstückes und in der Wortfügung gar nichts. In dieser ist man freyer, und sucht hauptsächlich der Verbindung der Gedanken, und der Schreibart seines Originals ähnlich zu werden. Einige setzen noch eine dritte Art der Nachahmung hinzu, welche sie die Oratorische nennen, und welche darinn bestehen soll, daß man den ganzen Charakter und die Denkungsart eines Scribenten sich eigen zu machen sucht, ohne ihm seine Worte abzuborgen, und ihm seine Perioden nachzuzählen. Von der ersteren kann man Anfänger nicht frühe genug abziehen, und sie ist nur zuweilen bey den allerersten Proben zu verstatten, um ihnen zu zeigen, wie sie einen Gedanken förmlich ausdrücken können. Die andere Art

der

der Nachahmung ist schon besser; aber man halte sich ja nicht zu lange dabey auf, weil sie den Geist leicht dämpfen und in eine knechtische Art zu denken stürzen kann. Die dritte ist die zuträglichste, weil sie nur dem guten Geschmacke Vorschriften darstellet, und ihm überall nachahmet, wo sie ihn findet, ohne den Geist nach einer einzigen Form zu zwängen. Ich pflege mit Anfängern nach dieser Regel einen Weg zu gehn, den ich sehr vortheilhaft befunden habe. Ich gebe ihnen eine Materie zur Ausarbeitung, die sie mir nach ihrer Art einkleiden müssen; dann zeige ich ihnen ein gutes Muster, wo eben diese Materie ausgeführet ist; ich lasse sie durch die Gegeneinanderhaltung beyder Stücke den Unterschied bemerken; ich zeige ihnen, wo und warum das ihrige nicht so schön sey, als das andere, und dabey suche ich sie in den völligen Geschmack des guten Stückes zu setzen. 3. E. ich sage Kleanthen, er soll sich gegen einen Freund entschuldigen, daß er ihm lange nicht geschrieben, und ihn bey einem empfindlichen Verlust nicht getröstet hätte. Er wird also ungefähr so schreiben:

Sie werden mich geneigt entschuldigen, daß ich so lange meine Pflicht im Antworten gegen Sie verabsäumet habe, weil es mir bey allem meinem guten Willen wegen häufiger vorgefallenen Verhinderungen bisher nicht möglich gewesen ist. Ich war verreiset, und da ich nicht so geschwind wieder zurückkommen konnte, als ich vermumuthete, so ist auch mein Vorsaz, Ihnen zu schreiben, dadurch immer länger aufgehalten worden. Ich bedaure den großen Verlust, den Sie indeß erlitten haben, aufrichtig, und da ich glaube, daß mein Trost zu spät kommen würde, wenn Sie nicht schon getröstet sind: so will ich Ihnen vielmehr ein nahes und eben so großes Glück wünschen, als es seyn muß, um jenen Verlust reichlich zu ersetzen rc.

Ich lasse Kleanthen erst bemerken, daß der Ausdruck geneigt entschuldigen nicht recht gut sey. Wenn mir jemand nicht geneigt ist, so wird er mich nicht wohl entschuldigen. Verabsaumen gehöret mehr in die Kanzleysprache, als in einen schönen Brief: die wörtliche Verbindung des Nachsatzes Weil klinget nicht gut; man vermuthet, als ob der ganze Brief nur eine Periode ausmachen würde; Vorsatz-aufgehalten worden; das ist eine schlechte Entschuldigung. Wenn die Hindernisse schon die Ausführung des Vorsatzes aufhalten können; so müssen sie doch den Vorsatz selbst nicht aufhalten. Der übrige Theil des Briefes, darinn doch für den Freund das beste Compliment seyn soll, sieht zu leichtsinnig aus; er scheinet nur so beyläufig geschrieben zu seyn: und wenn für den Freund ein Glück möglich ist (denn man muß doch was mögliches wünschen) das seinen Verlust reichlich ersetzen kann; so muß der Verlust nicht so groß gewesen seyn; aber das heißt nach dem angenom-

Stockhausens Grundsäz.   C   menen

menen Falle ein schlechtes Compliment. Nun siehet Kleanth, obgleich noch etwas verwirrt, ein, was seinem Briefe fehlet. Um seiner Empfindung das ganze Licht zu geben; so lasse ich ihn diesen Brief des Herrn Prof. Gellerts lesen.

Ich bin Ihnen sehr lange eine Antwort schuldig. Was denken Sie von mir? Ich könnte mich weitläuftig entschuldigen, und unter vielen Hindernissen eine weite Reise nach Niedersachsen anführen; aber ich will es lieber Ihrer Freundschaft überlassen, mir meine Langweiligkeit auf Treu und Glauben zu vergeben. Sie haben in Ihrem letzten Briefe einen Trost von mir verlangt, und ich will wünschen, daß Sie ihn jetzt nicht mehr bedürfen, und daß die Zeit das bey Ihnen ausgerichtet haben mag, was im Anfange die stärksten Gründe nicht von uns erhalten können. Wenn sie auch noch zuweilen klagen müssen; so bin ich doch zu sehr Ihr Freund, als daß ich Sie in Ihren gerechten und süßen Klagen stören wollte. Nein, verehren Sie immer ein Herz durch Betrübniß und Sehnsucht, das Ihrer Liebe so sehr werth war, und verdienen Sie sich dadurch eines, das dem verlohrnen gleiche. Ich wünsche und gönne es Ihnen vor vielen andern, und bin mit aller Hochachtung ꝛc.

Ich zeige Kleanthen, daß die Redensart: Was denken Sie von mir? überaus naif sey; daß sich der Verfasser eben so gut, aber noch kürzer, als er, entschuldiget, und doch dabey seinem Freunde etwas verbindliches sagt, indem

er

er seine Entschuldigung bloß auf seine Freundschaft will ankommen lassen. Dadurch gewinnt er wirklich mehr, als wenn er noch so viele Hindernisse angeführet hätte. Daß Sie ihn izt nicht mehr bedürfen; dieser Wunsch so unstudiert er scheint, ist schön und zeigt von vieler Güte des Herzens; in dem folgenden Satze: daß die Zeit ꝛc. liegt eine gute Kenntniß des menschlichen Herzens. Wenn Sie auch noch zuweilen klagen müssen ꝛc. Diese ganze Stelle enthält eine sehr edle Empfindung, und faßt mit wenigen Worten eine Menge von Erläuterungen unter sich, die man über die Wichtigkeit des Verlustes, über den schönen Character des Freundes, und über die Klugheit und Zärtlichkeit des Verfassers machen kann. Und verdienen Sie sich dadurch eins, das dem verlohrnen gleicht. Dieser Wunsch ist mit einer neuen unvermerkten und sehr guten Art angebracht, dabey aber doch noch die Traurigkeit des Freundes geschmeichelt wird. Ueberhaupt redet der ganze Brief die Sprache des Herzens und der Freundschaft; er ist natürlich, fließend, einnehmend. Und das ist es also, worauf ich Kleanthen aufmerksam mache, und was ich ihm nachzuahmen rathe. Wird die Nachahmung von dieser Seite angestellet, so kann sie nicht wohl schädlich seyn, weil man hier nicht an den Worten oder an der Schreibart eines andern klebt, sondern überhaupt den guten Geschmack nachzubilden

bilden sucht. Und so haben Cicero, Plinius, Quintilian, und alle grossen Lehrer der Beredsamkeit die Nachahmung gebilligt. Ich pflege außerdem noch eine Uebung mit Anfängern vorzunehmen, die man zur Nachahmung rechnen kann. Ich gebe ihnen nämlich ein Stück aus dem Cicero, Plinius oder aus einem guten deutschen Briefe; ich erkläre ihnen vorher die ganze Stärke desselben, oder sie müssen versuchen es selber zu thun: dann laße ich ihnen die Freyheit, wenn ihre Einbildungskraft und ihr Witz so davon eingenommen ist, dieses Stück nach ihrer eigenen Art einzukleiden, davon zu thun, oder zuzusetzen, was sie wollen, jedoch die Originalschönheiten beyzubehalten, und sie noch, wenns möglich ist, zu vergrössern. Dadurch macht man sie mit dem guten Geschmacke eines schönen Schriftstellers recht bekannt, und man läßt ihren eigenen Witz zugleich arbeiten. Ich kann sagen, daß ich durch dieses Mittel schon manche gute Proben erhalten habe.

Diejenigen, welche die Nachahmung weiter treiben, und auf eine kümmerliche Art den Ausdruck und die Schreibart eines andern nachäffen wollen, setzen sich in einen knechtischen Zwang. Sie werden niemals ein Original, und gesetzt sie hätten selbst die Fähigkeit nicht, jemals ein gutes Original zu werden; so ist es doch besser auch nur ein mittelmäßiges Original in seiner Art zu seyn, als eine Copie; der man es gleich

über-

überall ansiehet, daß sie eine Copie ist. Boileau sagt:

Chacun pris dans son air est agréable en soi:
Ce n' est que l' air d' autrui qui peut déplaire
en moi:

IV. Ein Anfänger muß den Zusammenhang seiner Gedanken zuvor kurz entwerfen, ehe er ihre Einkleidung in dem Briefe selbst vornimmt. Eine ordentliche Denkungskraft macht die erste Grundlehre zu einem guten Briefe aus. Wie viele Briefe würden deutlicher und angenehmer seyn, wenn diese Regel bey Zeiten beobachtet würde! Gewöhnt man sich nicht gleich im Anfange dazu: so wird die Verwirrung endlich so natürlich, als ob man vielen Fleiß darauf gewendet hätte. Man kann nämlich in der Gabe der Unverständlichkeit eben so gut fortrücken, als man es durch unermüdete Uebung in dem deutlichen und zusammenhangenden Denken zu einer Fertigkeit bringen kann. Und alsdann helfen alle Sprachkünste, alle Schatzkammern, alle Blumenlesen nichts. Man muß einen Grundriß vor sich haben, darinn bloß die Gedanken zusammen geordnet sind; diese machen die Seele des Briefes aus, eben so wie die Zeichnung bey einem Gemälde. Die schönsten Farben betrügen den Kenner nicht, wenn die Zeichnung falsch ist. Ich rede hier bloß von

An

Anfängern, denen man in einem Entwurfe zeigen muß, wie sie denken sollen. Man würde leicht in einen Zwang fallen, wenn man dieses immer thun wollte: und wie übel würden diejenigen daran seyn, die in einer geschäfftigen Lebensart stehen! Wenn man es zu einer Fertigkeit im Denken gebracht, und wenn sich der Geschmack gesetzt hat; so ist es auch nicht mehr nöthig. Man legt das Laufband weg, wenn man gehen kann. Es ist sonst noch eine Regel der Klugheit bey den geübtesten Briefstellern, daß man den Hauptinnhalt seines Briefes zur Nachricht anmerke, wenn er etwa von Wichtigkeit ist, und uns zu weitern Untersuchungen Anlaß geben kann.

V. Ein Anfänger thut wohl, daß er sich zuvor ein ordentliches Concept von dem ganzen Briefe macht, ehe er ihn ausfertigt. Die ersten Aufsätze sind selten die besten. Je mehr und je länger man sie nach einer reifen Ueberlegung beurtheilet: desto mehr findet man darinn zu ändern. Nun schickt es sich nicht, zumal in Briefen an vornehmere Personen, daß man darinn ausstreichet, verbessert, hinzusetzet: folglich müssen Anfänger, ehe sie zur Fertigkeit kommen, keine Mühe sparen; alle ihre Briefe vorher in einem Concepte aufzusetzen, sie gehörig zu beurtheilen, oder andern zur Prüfung zu übergeben, und alsdann mit den Verbesserungen abzuschreiben. Thun sie dieses aus allzugrossem

Ver-

Einleitung.

Vertrauen zu sich selbst, oder aus Bequemlichkeit nicht: so werden sie mit ihren Fehlern unvermerkt alt, und lernen niemals schön schreiben. Was hier die Nothwendigkeit bey Anfängern gebietet, befiehlt auch die Klugheit bey Briefen von wichtigem Innhalt.

VI. Man untersuche fremde Briefe mit allem Fleiß, und gebe sowohl auf die Fehler als auf die Schönheiten Acht, die etwa in ihnen anzutreffen sind. Dies ist eine der allernützlichsten Regeln, die ich geben kann. Man zergliedre einen guten Brief in seine Theile und in seine Erfindung; man lasse den Anfänger einen Hauptsatz daraus ziehen, man zeige ihm, wie ihn der Verfasser des Briefes ausgefüllt und belebet habe, wie er ihn würde verdorben haben, wenn er mehr oder weniger davon gesagt hätte, was für eine Schönheit in dieser oder jener Wendung des Gedankens stecke, wie er würde alt, verbraucht, schlecht und unförmlich ausgesehen haben, wenn er ihn so und so ausgedrückt hätte u. s. w. Die Frau von Sevigné will z. E. ihrem Vetter dem Grafen von Bussy auf die Frage antworten, wo und wie sie sich itzt befinde. Sie hätte hierauf sehr kurz und schlecht schreiben, oder eine lange verdrüßliche Erzählung machen können, so wie wir sie von mancher Frau im ähnlichen Falle sehen würden; aber sie schreibt mit der ihr eigenen Munterkeit und Anmuth so:

„Sie fragen mich, wo ich sey, wie ich mich befinde, und womit ich mir die Zeit vertreibe. Ich bin zu Paris, ich befinde mich wohl, und ich halte mich mit Kleinigkeiten auf. Doch diese Schreibart ist ein wenig lakonisch, nicht wahr? Ich will mich also etwas umständlicher erklären. Ich würde freylich in Bretagne seyn, wo ich tausend Dinge zu besorgen habe, wenn es in diesem Lande wegen der vielen Unruhen nicht so unsicher wäre.„

Ich habe sehr viele Kopfschmerzen gehabt, und diese schöne Gesundheit, die Sie sonst so herrschend sahen, hat einige Anstöße bekommen, dadurch ich so gedemüthigt gewesen bin, als wenn mich jemand ordentlich beleidiget hätte.

Meine Lebensart ist Ihnen bekannt. Man bringt sie mit fünf bis sechs Freundinnen zu, deren Gesellschaft angenehm ist, und mit tausend nöthigen Sachen, und das ist gewiß nichts geringes. Aber was mich verdrießt, ist dieses, daß, indem man doch nichts thut, die Tage so hingehen, und daß man alt wird und stirbt. Ich halte das für sehr schlimm. Das Leben ist nach meiner Meynung viel zu kurz: kaum sind wir über die Jugend weg; so sind wir schon im Alter. Ich wünschte, daß man zum wenigsten hundert Jahre gewiß hätte, und die übrigen, so wie es fiele. Wünschten Sies nicht auch, mein lieber Herr Vetter? Aber was können wir machen?

Wenn man diesen Brief mit einem Anfänger, stückweise durchgehet, so kann es nicht fehlen daß er das Leichte, das Natürliche, das Muntere, mit einem Worte, den Geschmack und den Character rakter der schönen Verfasserinn nicht deutlich empfinden sollte, ob er ihn gleich im Französischen noch besser empfinden würde. Auch die Fehler können uns zuweilen nützlich seyn, wenn sie uns klug machen. Da man nun ingemein bey andern schärfer siehet, als bey sich selbst: so ist diese Bemühung in so ferne gut, daß man dadurch die Schönheiten von den Fehlern unterscheiden lernet; jene nachzuahmen, und diese zu vermeiden. Man muß indessen schon gute Gründe und einen ausgebesserten Geschmack besitzen, wenn man in dieser Uebung sicher gehen will, oder sie zum wenigsten nicht ohne eine gute Aufsicht unternehmen. Man sehe übrigens, was oben schon (n. III.) von der Nachahmung erinnert worden.

§. 5.

In einem Lehrbuche scheinet die Ordnung sehr zuträglich zu seyn, daß man allgemeine Regeln voraussetzet, und daraus die besonderen herleitet; daß man zeigt, wie dieselben zur Uebung zu bringen seyen, und wie man überhaupt das Wesentliche von dem Zufälligen absondern müsse. Es soll dieses zum wenigsten den Zusammenhang unserer Anleitung bestimmen.

Anmerkung.

Wir lassen einem jeden gerne die Ordnung, welche ihm gefällt, wenn man uns nur gleiche Rechte zukommen läßt. Um unsern Lesern einen Abriß von dem gegenwärtigen Werke zu geben; so müssen sie wissen, daß wir alle unsere Regeln in drey Theile bringen werden, welche zu desto größerer Deutlichkeit wieder aus besonderen Hauptstücken bestehen sollen.

Der erste Theil handelt von den allgemeinen Eigenschaften wohl eingerichteter Briefe,

und zerfällt in folgende Hauptstücke:

I. Von der Erfindung eines Briefes überhaupt.
II. Von dem Eingang der Briefe.
III. Von dem Inhalt und Beschlusse.
IV. Von der Schreibart in Briefen.
V. Von den Curialien und Eintheilungen der Briefe überhaupt.

Einleitung.

Der zweyte Theil handelt von den verschiedenen Arten der Briefe, und ihren besondern Regeln; und zwar

I. Von Complimentschreiben und scharfsinnigen Briefen.
II. Von Geschäfftsbriefen.
III. Von scherzhaften Briefen.
IV. Von gelehrten, moralischen und poetischen Schreiben.
V. Von verbrüßlichen und gefährlichen Briefen.
VI. Von Staats= und Obrigkeitlichen Briefen.
VII. Von gerichtlichen Briefen.
VIII. Von Zueignungs= oder Dedications=schriften.
IX. Von Antwortschreiben.

Der dritte Theil handelt von den äußerlichen Bestimmungen, oder von der sogenannten Courtoisie der Briefe insonderheit.

I. Von der Rechtschreibung und äusserlichen Zierde eines Briefes nach dem Wohlstande.
II. Von der Titulatur.

III.

III. Von der Unterschrift, Siegelung und dergleichen eines Briefes.

Ueberall werden zur Deutlichkeit für Anfänger, wo es nöthig ist, einige Exempel, nebst einem Verzeichniß der heut zu Tage üblichen Titulaturen an seinem Orte, mit eingeflochten werden.

Der

Der erste Theil.
Von den
allgemeinen
Eigenschaften
wohleingerichteter Briefe.

Des ersten Theils
erstes Hauptstück.

Von der Erfindung eines Briefes überhaupt.

§. 1.

Worte sind Zeichen der Gedanken. Wer also wohl reden und schreiben will, der muß zuvor wohl und ordentlich denken lernen (vergl. §. 4. n. 4.). Die Weltweisheit lehret uns ordentlich und zusammenhängend denken. Folglich ist die Weltweisheit einem jeden als ein schönes und bewährtes

tes Hülfsmittel anzupreisen, der einen ordentlichen Brief schreiben will.

Anmerkung.

Aus einem Briefsteller muß man nicht erst denken lernen wollen, ob er gleich von der guten Wahl der Gedanken unterrichtet; und man betrügt sich, wenn man glaubt, daß die Dispositionen im Taslander oder Neukirch die Ordnung zu denken geben sollten; das sind nur Entwürfe, die als Exempel auf einzelne Fälle gemacht sind, und an die man sich auch nicht einmal gewöhnen muß, wie wir bald zeigen wollen, wenn man seine Briefe nicht steif und ängstlich machen will. Wer keine allgemeinere Regeln zu denken im Kopfe hat, der wird sehr übel dabey zu rechte kommen. Man muß nur die Jugend bey Zeiten anführen, so zu denken, wie sie ihre Vernunft leitet, ohne ihr durch gesuchte Nebenwege gleichsam auszuweichen. Aber was heißt vernünftig denken anders, als nach der Weltweisheit denken? So bald einer einen ordentlichen, zusammenhängenden, d. i. vernünftigen Gedanken von einer Sache hat; so bald nenne ich ihn einen philosophischen *). Wer also leugnet, daß die Weltweisheit zur Erfindung eines Briefs nöthig sey,

*) S. Meine Gedanken von der Weltweisheit, 4. Helmstätt. 1748.

sey, der sagt eben so viel, als daß man nicht
brauche vernünftig zu denken, um einen guten
Brief zu schreiben. Da es nun gar meine Sorge
nicht ist, daß jemand dieses behaupten sollte (wenigstens würde er einer Widerlegung weder werth
noch fähig seyn); so bleibt der Grundsatz gewiß,
den ich oben angeführt habe. Man kann hier
Anfängern zeigen, was die Theile der Weltweisheit, an und für sich in ihrem System betrachtet, für einen grossen Einfluß in das Briefschreiben haben; wie man sich z. E. an gute
Regeln im Denken nach der Vernunftlehre gewöhnen müsse, was uns die Metaphysik, und
besonders die Seelenlehre für einen Nutzen leiste;
wie uns die Physik zu einer anmuthigen Erkenntniß und zu einer sorgfältigen Betrachtung der
Natur verhelfe, wie uns die Sittenlehre endlich
grosse und edle Gedanken und viele Klugheit in
Beurtheilung der menschlichen Gemüther beybringe u. s. w. Aber gehöret denn dazu nothwendig eine kunstmäßige Kenntniß der Philosophie? Muß man unumgänglich wissen, was
Leibniz und Wolf gesagt haben, um einen guten
Brief zu schreiben? Nein: Ich weiß, daß hiedurch vielen unter dem schönen Geschlechte, vielen
Ungelehrten unrecht geschähe. Die kunstmäßigen
Philosophen schreiben nicht allemal den besten
Brief; denn wenn sie ihn schon ordentlich schrei-
ben, so darf er doch nicht zu abstrakt, noch eine
Demonstration seyn. Das ist auch die einzige Ei-

gen-

genschaft eines Briefes nicht. Leute, die nicht studiert haben, die aber Geschmack besitzen, schreiben oft eben so ordentlich und dabey angenehmer, als jener grosse Demonstrant; und von Frauenzimmern darf man nur das lesen, was la Bruyere von ihnen sagt *). Aber wenn sie schon im engeren Verstande keine Philosophen sind, so können sie doch philosophisch denken, und sie müssen allemal so denken, wenn sie ordentlich denken wollen, man untersuche nur, was ein ordentlicher Geschmack heißt. Es kömmt nicht darauf an, daß sie mit weitläuftig erklären und mit Kunstwörtern demonstriren können, warum sie dies so und so gesetzt haben; genug, daß sie nach ihrem guten natürlichen Verstande, nach ihrer natürlichen Philosophie, nach ihrer guten Empfindung richtig denken; und diese richtet oft bey einem Briefe mehr aus, als die kunstmäßige Philosophie, weil mancher ein grösserer Philosoph von Natur ist, als ein anderer armer Geist durch die Kunst. Philosophie ist nicht bloß Methode: sie ist überhaupt da, wo Ordnung und Gründlichkeit im Denken ist. Ich habe also meinen obigen Grundsatz gar nicht blos auf die gewöhnliche kunstmäßige Philosophie eingeschränket, und ich würde darüber diese Erläuterung nicht gemacht haben, wenn sich nicht viele Leser

wie

---

*) Er sagt unter andern: *Elles ont un enchainement de discours inimitable, qui se suit naturellement, et qui n'est lié que par le sens.*

wider mein Vermuthen an dieser Stelle gestossen hätten, und vor dem Namen der Logik erschrocken wären. Wiewohl ich es doch allemal auch für ungelehrte Personen, für nützlich halte, und zwar desto nützlicher, je mehr sie natürlichen Verstand haben, wenn sie ein System der Philosophie lesen können, dergleichen man ja auch im Deutschen hat.

§. 2.

Derjenige, der einen guten Brief schreiben will, muß der Sprache, darin er ihn schreibt, mächtig seyn und seine Gedanken verständlich auszudrücken wissen.

Anmerkung.

Der Sprache mächtig seyn heißt nicht bloß den Sinn der Worte auslegen können, sondern auch selbst eine Fertigkeit besitzen, sich vernehmlich auszudrücken, richtige Wortfügungen zu machen, und die Natur oder den unterscheidenden Character der Sprache einzusehen. Vielen fehlet es daran ungemein. Sie verstehen die ächte deutsche Sprache nicht, sondern sie haben sie nur so, wie der Pöbel, gelernet, und daher darf man sich oft

nicht

nicht sehr wundern, daß sie kaum drey verständliche Perioden schreiben können. Dieser Fehler kann noch aus andern Quellen entstehen, wenn man sich in fremde Sprachen gar zu eitel verliebt hat, und bald lateinische, bald französische, italienische und englische Redensarten in die deutsche Sprache einmischet, die sich doch zu der Natur derselben gar nicht schicken; als wenn man z. E. sagen wollte: es macht itzt schönes Wetter; er will seine Freunde suchen gehen; er ist in dem Unrecht, und dergleichen. Es klingt ziemlich seltsam; und doch siehet man sehr oft dergleichen undeutsche Wortfügungen bey denen, die sich eine Ehre daraus machen, die deutsche Sprache zu beschimpfen und darinn unwissend zu seyn, um in den Verdacht zu kommen, daß sie auch einmal französisch ꝛc. gelernet hätten. Ich sehe gerne, daß man der Jugend bey Zeiten eine gewisse Hochachtung für ihre Muttersprache beybringe, die sie ermuntert, sie nicht nur richtig reden, sondern auch richtig schreiben zu lernen; und daß man ihre Sprache nicht der bloßen Gewohnheit oder dem eingeführten Gebrauch überlasse; sondern daß man sie auch nach einer guten Grammatik unterrichte, wozu z. E. des Hrn Prof. Gottscheds deutsche Sprachlehre, die vor einigen Jahren herausgekommen ist, gebrauchet werden kann.

§. 2.

§. 3.

Die Briefe sind eine Gattung unvollständiger Reden. In den meisten hat man die Absicht seinen Lesern zu gefallen, sie zu belehren oder zu bewegen. Die Redekunst giebt uns die Regeln, nach welchen man alle diese Absichten am glücklichsten und allgemeinesten erreichen könne. Folglich thut die Redekunst sehr viel zur guten Erfindung eines Briefes.

Anmerkung.

Die Redekunst zeiget uns, wie man seine Absichten im Reden erhalten soll. Nun sind die Briefe eine Gattung von Reden (Einl. §. 1.); folglich verdienen sie einen Platz unter den Lehrsätzen der Redekunst. Dieses ist die Ursache, warum einige Lehrer der Beredsamkeit es für dienlich gehalten haben, in ihren Anweisungen auch der Briefe zu gedenken. Ihre Regeln sind gut; und sie können sich auch nach ihrer Absicht nicht ausführlicher dabey aufhalten, oder satsame Exempel zur Erläuterung hinzufügen. Ein Anfänger muß sich indessen die Vorschriften des Redners bekannt machen, und insonderheit die von

der

der Wohlredenheit, damit er sowohl in den Leitungen der Gedanken, als auch in der Schönheit des Ausdrucks und der Schreibart die rechten Wege treffe *) wobey die oben berührten Hilfsmittel (E. §. 4. n. 1. 2. 3.) nicht zu vergessen sind. Wir wollen aber hiedurch nicht behaupten, daß ein jeder Brief müsse rednerisch geschrieben seyn; wenn man etwa unter diesem Worte so viel verstehet, daß ein jeder Brief alle Theile einer ordentlichen Rede in sich haben solle, oder in einer prächtigen und erhabenen Schreibart erscheinen. Nein, sondern wir sehen nur auf die allgemeinen Eigenschaften, darinn die Regeln einer Rede und eines Briefes eins sind.

§. 4.

Zur guten Erfindung und Einrichtung eines Briefes überhaupt gehöret auch dieses, daß man eine genaue Bekanntschaft mit dem menschlichen Herzen und einen gesunden Witz habe, daß man die Person, an welche man schreibet, nach ihren Verhältnissen sowohl mit dem Inhalt des

---

*) Unter den vielen bekannten Redekünsten ist des Herrn M. Lindners Anweisung zur guten Schreibart, die neulich zu Königsberg heraus gekommen ist, und viele gute Anmerkungen und Exempel enthält, nicht zu vergessen.

des Briefes, als auch mit sich selbst sorgfältig vergleiche.

Anmerkung.

Es ist kaum zu sagen, wie nöthig und wichtig die Ausübung dieser Regel einem Briefsteller sey. Wer sich gar nicht bemühet, denjenigen, an welchen er schreiben soll, und sich selbst genau kennen zu lernen, der wird sehr oft Briefe zu seinem größten Nachtheil erfinden. Die mancherley Gemüthsneigungen der Personen, ihr Stand, ihr Alter, ihr Vaterland, ihr Verstand, ihre Sitten und Lebensart, ihre Vorurtheile, ihr Eigennuß, ihre verschiedenen Umstände, Geschäffte und selbst ihre Schreibart ꝛc. dies alles verdienet unsere Aufmerksamkeit, wenn wir unsern Absichten gemäß schreiben wollen; und je wichtiger dieselben sind, desto nothwendiger wird uns diese Betrachtung. Wir wollen bewegen, wir wollen unterrichten, mit einem Worte, wir wollen gefallen; und wie können uns überreden, daß dieses alles geschehen werde, wenn wir bloß unserer Denkungsart und unserer Neigung folgen? Neukirch hat es daher der Mühe werth gehalten, wegen dieser Dinge ziemlich ausführliche Vorschriften zu geben *), die wir allen denen anpreisen, die darinn einen

Un-

---

*) In seiner Anweisung zu deutschen Briefen 1. B. K. 1. u. f.

Unterricht nöthig haben. Unsere Absicht leidet es nicht, allhier so weitläuftig zu seyn. Es sind Anmerkungen, die eigentlich in der Sittenlehre zu Hause gehören, und die, wenn sie mit der Erfahrung der Welt verknüpfet werden, erst das rechte Gewicht erhalten, und die kluge Anwendung zeigen. Daher ist es sehr gut, wenn man mit jungen Leuten ein kurzes System der Sittenlehre vornimmt, das nicht trocken ist *), daß man ihnen besonders die Wege, die menschlichen Gemüther recht kennen zu lernen, durch Exempel und gute moralische Betrachtungen, die in dieser Absicht geschrieben sind z. E. des la Bruyere Charaktere **), deutlich zu machen suche. Dieses wird ihnen einen großen Nutzen im Briefschreiben leisten. Wir müssen bey einem Briefe alles in diese drey Umstände abwiegen, unsere eigene Person, die andere, an welche der Brief gerichtet ist, den Inhalt des Schreibens selbst, und in welchem Zusammenhange oder in welcher Verhältniß diese Umstände mit einander stehen. Dies bestimmet die Klugheit eines Briefstellers. Schreiben wir im Namen eines andern: so ist es noch gefährlicher gegen diese Regel der Klugheit zu sündigen, als

wenn

---

*) Z. E. die Sitten ein angemein schönes Werk des Toussaint.

**) Betrachtungen über die verschiedenen Charaktere der Menschen, 8. Helmst. 1754. auch viele Charaktere, Briefe, die man hin und wieder in Sammlungen antrifft.

wenn wir es auf unsere eigenen Unkosten thun;
denn wir setzen uns einer gedoppelten und empfindlicheren Verantwortung aus. Unten werden am gehörigen Orte mehrere Erläuterungen folgen die wir anitzt bey der allgemeinen Betrachtung übergehen müssen.

§. 5.

Die Absicht oder die Gelegenheit, weswegen wir schreiben, giebt uns den Hauptgedanken und den ersten Stoff zur Erfindung eines Briefes; und wenn wir denselben nach den vorhergehenden Grundsätzen (§. §. 1. 2. 3. 4.) einrichten, und durch die Nebengedanken gehörig ausfüllen: so wird uns die Ausführung niemals schwer fallen.

Anmerkung.

Wenn wir an jemand schreiben wollen: so müssen wir vorher die Sache wissen und überdenken, die wir ihm schreiben. Daher muß man die Jugend allemal mit dem Gegenstande vorher genau bekannt machen, ehe man ihnen eine Ausarbeitung darüber aufträgt, und da ist es nicht genug, daß man ihnen bloß einen kurzen Entwurf giebt; denn sie wissen ihn oft gar nicht zu erweitern und auszuführen, und weil sie dann doch mehr sagen wollen als der Entwurf sagt, so verfallen sie ganz natürlich in die frostige und leere Schreibart; sondern man muß ihren Verstand etwas gründlicher und ausführlicher von der Sache einnehmen, davon sie schreiben sollen, und sie also auch alle Nebengedanken leicht finden lassen. Dies kann sehr gut geschehen, wenn man ihnen selber durch geschickte Fragen darauf hilft, und sie gewöhnet, allezeit auf die individuellen Umstände sowohl ihrer selbst, als der Person, an welche sie schreiben wollen, und ihr Verhältniß gegegen einander, zurück zu sehen (§. 4.). Diese Gedanken, welche daraus entstehen, bringe man dann nach einer guten Wahl zuerst in einen natürlichen Zusammenhang (§. §. 4. n. 4.) und entwerfe sie so, daß man noch auf keine Ausbildung und geschmückte Einkleidung siehet. Ist dieses geschehen: so giebt man dem Briefe hernach durch die Ausfüllung das Leben, d. i. man entwerfe ihn zuerst philosophisch, und kleide ihn hernach rednerisch ein. Vielleicht ist es nicht undienlich zur Deutlichkeit für die Anfänger ein Exempel zu geben. Wir setzen: es wollte einer seinem Freunde berichten, daß er bald auf die Universität kommen, und das Vergnügen haben würde ihn daselbst anzutreffen, die Ordnung der

Gedanken könnte alsdann in folgenden Sätzen ungefähr entworfen werden:

> Ich habe oft gewünschet, sie wieder zu sehen.
> Itzt findet sich ein angenehmes Mittel dazu;
> Denn ich werde in kurzem auf die Universität ziehen.
> Wie schön wird sich unsere alte Bekanntschaft erneuren!
> Ich will in dieser Hoffnung anitzt nicht weitläuftiger seyn;
> Denn bey einer so nahen mündlichen Unterredung, kann man der schriftlichen überhoben seyn.

Diese Gedanken könnten in der Einkleidung etwa so ausgedruckt werden:

M. H.

Die Neigung, womit ich Ihnen stets ergeben bin, lässet mich so oft wünschen, Sie wieder zu sehen, so oft ich mich Ihres werthen Umgangs erinnere. Wie angenehm ist es mir, Ihnen anitzt zu eröffnen, daß dazu ein Mittel ausgemacht sey! Ich habe die Erlaubniß erhalten, nach etlichen Wochen auf die Universität N. zu ziehen, um daselbst mich in den höhern Wissenschaften unterrichten zu lassen. Glauben Sie, daß dieser Entschluß mich kaum halb vergnügen würde, wenn er nicht mit der Hoffnung verknüpft wäre, einen Freund wieder zu finden, den ich so sehr liebe? Unsere alte Bekanntschaft verdienet eine Erneuerung. Ich würde weitläuftiger schreiben, um Sie in dieser Gesinnung zu unterhalten. Allein ich hoffe Sie nun bald selber zu sprechen; und bey einer so nahen mündlichen Unterredung kann man der schriftlichen leicht entbehren. Doch kann ich meinen Brief nicht ohne die Versicherung schliessen, daß ich mit der zärtlichsten Hochachtung sey ꝛc.

Man wird mich hoffentlich zu keiner Verantwortung ziehen, daß ich die Säße dieses Exempels nicht mit den gewöhnlichen Namen bezeichnet habe. Ich halte es für keine zur Erfindung nöthige Sache, bey die Säße, antecedens, connexio 1. amplif. connexio 2. consequens, zu schreiben wenn man die erste Regel der Erfindung (§. 1.) inne hat. Denn diese Zeichen machen in dem inneren Zusammenhange der Gedanken selbst nichts aus, sondern sie sollen uns nur bey dem ersten Anblicke denselben äusserlich andeuten. Weiß man gar nicht zusammenhängend zu denken: so weiß man auch nicht, wo ein antecedens und consequens gesetzt werden muß. Und ich will alle, die einen guten Brief wollen schreiben lernen, dafür warnen, daß sie nicht an das antecedens, connexio, amplif. consequens &c. eher gedenken, als sie selbst den Gedanken haben.

Bey dieser Gelegenheit muß ich etwas von der Einrichtung der Gedanken in einem Briefe sagen, wie sie andere Briefsteller angepriesen haben: die meisten haben daraus eine Chrie nach den Vorschriften des Chriß. Weisen gemacht. Dieser Mann, welcher sahe, daß die aphthonianischen Chrien nicht überall brauchbar wären, weil fast

eine

eine jede bereits ihren bestimmten Gegenstand hat, suchte eine leichtere und allgemeinere Ordnung der Gedanken vorzuschlagen, und daraus sind seine Chrien entstanden, die man nach seinem Nahmen die Weißianischen Chrien zu nennen pfleget, nicht als ob er der eigentliche Erfinder dieser Ordnung wäre, denn er hat schon Beyspiele der Alten vor Augen gehabt, die vielleicht dabey nicht an die Chrie gedacht haben, weil sie ohne Zwang so dachten; sondern, weil er sie zuerst in ein größeres Licht gesetzet hat. Weise sagt: Eine Chrie sey ein Hauptsatz mit seiner Ausführung oder mit seinen Nebensätzen. Die Nebensätze aber sind nach Beschaffenheit der Sache, entweder Erläuterungsgründe (Insinuation.) Dieser Hauptsatz kann auf eine gedoppelte Art mit seinen Nebensätzen verbunden werden, und daher entstehet eine zwofache Art der Chrie. Man trägt nämlich entweder den Hauptsatz zuerst, und hernach dessen Ausführung vor; oder man setzet erst die Gründe und verknüpfet damit hernach den Hauptsatz: in jenem Falle ist es eine ordentliche Chrie, in dem andern eine umgekehrte Chrie. Die letztere theilet sich wider in zwo Gattungen. Wird nämlich der Beweisgrund zuerst, und hernach der zu erweisende Hauptsatz vorgeleget: so ist es eine umgekehrte Chrie durch den Grund und die daraus hergeleitete Folge (per antecedens & consequens). Wird aber zuerst ein Erläuterungsgrund, und sodann der Hauptsatz beygebracht, so ist es eine umgekehrte Chrie durch einen Erläuterungsgrund und dessen Anwendung bey dem Hauptsaße (per thesin & hypothesin.) In beyden kann man zur Ausfüllung nach den Umständen mehrere Nebensäße einflechten; und es ist eben nicht nöthig, daß aus der ganzen Chrie nur eine einzige Periode werde. Dies ist also das Vornehmste von dem Lehrgebäude der Weisianischen Chrien, und man kann sie nicht schlechterdings verwerfen, weil sie allerdings mögliche Arten sind, den Zusammenhang der Gedanken auszudrücken. Nur diese Pedanterey ist zu groß, daß man sie andern als die einzigen und allerbesten Vorschriften ausbringen will, welches vielleicht der gute Weise selber nicht verlanget hat. Denn man kann ja auch die Ordnung der Weltweisen annehmen, oder nach einer oratorischen Schlußrede (Epicherema) seine Aufsäße machen u. a. m. Ich rathe, daß man sich auf keine slavische Art nach einer einzigen Disposition, oder nach einem gekünstelten Entwurfe von dem Zusammenhange der Säße richte, und alle Briefe darnach ängstlich zu zwängen suche, wenn man schön schreiben will. Wer nur ordentlich denket, der kann alle möglichen Arten der Ordnung gebrauchen; denn er wird darunter allemal die beste und schicklichste zur vorhabenden Sache wählen, ohne sich an eine einzige schlechterdings und ohne Ausnahme zu binden. Wo würde das Freye, das Lebhafte und Muntre bleiben, wel-

ches

Von d. Erfind. eines Brief. überh.

ches alles Kunstmäßige so ungern verträgt? Wo haben Cicero und Plinius, das schöne Paar von Briefstellern, eine Weisianische Chrie vor sich gehabt? Wo denken Frauenzimmer nach dieser Form, die doch oft so vortrefflich schreiben? Und wo wird einem Anfänger übrigens dadurch die Erfindung eines Briefes leichter gemacht? Das meiste muß er doch allemal noch selber hinzu denken, wenn er die Chrie nicht dürftig abschreiben will. Wir wollen doch indessen einige Exempel und Entwürfe von Briefen anrücken, die nach den obigen Chrien eingerichtet sind, damit verschiedene Leser desto besser von ihrem ganzen Werthe urtheilen können.

1. Einrichtung
eines Glückwunschschreibens nach einer ordentlichen Chrie.

1. **Hauptsatz**: Ich wünsche Ihnen Glück zu Dero abermals erlebten Geburtstage.
2. **Ausführung**: Denn ich bin Dero aufrichtiger Freund und ergebenster Diener, und habe darüber, wie alle Dero Angehörigen, eine grosse Freude.

2. Einrichtung
eines ausführlichen Glückwunschschreibens zu erhaltener Beförderung, durch eine umgekehrte Chrie
per antecedens & consequens.

1. **Beweisgr.** Dero Verdienste sind endlich durch die erlangte Ehrenstelle belohnet worden.

2. Zusammenhang: Weil ich nun an Dero Glück Theil nehme, und mich darüber ungemein erfreue:

3. Folge: So wünsche ich Ihnen von Herzen Glück und empfehle mich ꝛc.

3. Einrichtung

eines ausführlichen Glückwunschschreibens zu einer Vermählung, nach einer umgekehrten Chrie
per thesin & hypothesin.

1. **Erläuterungsgrund:** (thesis:) Der Ehstand muß eine Art einer vollkommenen Freundschaft seyn.
   a) Erklärung der Freundschaft und des Ehestandes, nebst den darinn liegenden Begriffen:
   b) Beweis, der aus diesen Erklärungen geführet wird, und nach Gelegenheit weiter kann ausgeführet werden.
   c) Bewegungsgründe, von dem, was die Vernunft, das Christenthum, die Betrachtung der Ehre, des Vergnügens, des Vermögens an die Hand giebt.

2. **Anwendung** (hypothesis:) Sie treten anitzt einen solchen Stand an, und ich finde, daß Sie darinn glücklich sind.
   a) Beweis, von den Vorzügen des Bräutigams und der Braut.
   b) Erläuterungsgründe: Durch allerhand Gleichnisse und sinnreiche Einfälle.
   c) Bewegungsgründe, durch Vorstellung des Nutzens, der Ehre und des Vergnügens so daher entspringet.

3. **Schluß:** Also wünsche ich ihnen dazu von Herzen Glück und empfehle mich ꝛc.

4. Einrichtung

eines kurzen Beyleidschreibens nach der ersten Art.

1. **Satz.** Ich bezeuge ihnen mein Beyleid wegen des Absterbens Dero Herrn Sohnes.
2. **Ausführung:** Ich weiß, Sie sind dadurch sehr betrübet worden, und das nicht ohne Ursache, und Ihre Traurigkeit gehet mir gleichfalls zu Herzen.

5. Nach der andern Art.

1. **Beweisgr.** Dieselben haben durch das Absterben Dero Gemahlinn einen grossen Verlust erlitten.
2. **Zusammenhang.** Weil ich ich nun weiß, wie sehr Sie sich darüber betrüben, und ich selbst an Dero Betrübniß Theil nehme.
3. **Folge:** So erfodert meine Schuldigkeit, Ihnen mein Beyleid zu bezeugen, zu wünschen, daß dieser große Verlust durch anderweitiges Vergnügen möge ersetzet werden, und mich zu empfehlen ꝛc.

6. Nach der dritten Art.

1. **Erläuterungsgrund:** Das Absterben eines Vaters ist unter allen Trauerfällen am schmerzlichsten.

a) **Erläuterung**: Von dem Begriffe eines Vaters, eines Sohnes, des Schmerzens und dal.
b) **Beweis**: daß ein Vater, als der beste Freund, uns durch seinen Tod den empfindlichsten Schmerzen verursache.
c) **Bewegungsgr.** Von dem Nutzen, der Ehre, dem Vergnügen und andern Vortheilen, welche uns ein Vater gewähret, die wir alle durch seinen Tod verlieren.
2. **Anwendung**: Erfahren Sie doch anitzt dieses selbst bey dem Tode ihres Hrn Vaters.
a) **Beweis**, von dem Lobe des Vaters und seinen Verdiensten.
b) **Erläuterung**, durch Erzählung, Gleichnisse und sinnreiche Einfälle ꝛc.
c) **Bewegungsgr.** Durch Vorstellung des Verlustes, der billigen Betrübniß ꝛc.
3. **Schluß**: Ich bezeuge Ihnen also mein Mitleiden, bitte sich nicht zu betrüben, und wünsche, daß Gott Sie vor dergleichen Trauerfällen in Gnaden bewahren wolle, empfehle mich anbey ꝛc.

7. Einrichtung

eines Bittschreibens nach der andern Art.
1. **Beweisgr.** Es ist die bekannte Stelle durch den Tod des Titii erlediget worden und soll wieder besetzet werden.
2. **Zusammenh.** Weil ich mich nun auf dergleichen geleget habe, als dazu nöthig ist, auch ein Landeskind bin ꝛc.
3. **Folge**: So bitte mir diese Stelle zugeben, und verspreche solches dankbarlich in treusten Diensten zu erkennen.

Diese Entwürfe habe ich bey dem Herrn Fabricius*) gefunden, und, weil sie mit Fleiß auf die Lehre der Weisianischen Chrien angewendet worden, hier aus Bequemlichkeit beybehalten. Daraus haben nun fast alle älteren Briefsteller, die in Weisens Bahn getreten sind, eine große Gelehrsamkeit gemacht, und gegl ubt, es müßten in einem jeden Briefe nach seiner bestimmten Chrie eben so viele Sätze und in eben der Ordnung seyn, als in einem andern. Ja der bekannte Menantes hat es sich ausdrücklich vorgenommen, seine Briefe nicht anders, als per antecedens et consequens einzurichten, wovon man aber doch ganz richtig urtheilet, daß er in manchen Exempeln von seinen eignen Vorschriften abgegangen sey, zu einem klaren Beweise, daß sich der Verstand und das Herz an keine einzige Chrie bindet. Man siehet übrigens, daß die Briefe nach einer ordentlichen Chrie, und nach einer umgekehrten per antecedens et consequens, die gewöhnlichsten im gemeinen Leben seyn sollen; so wie die per thesin et hypothesin oder Syllogismum Oratorium sich mehr zu grössern und öffentlichen Schreiben einrichten lassen.

In andern Briefstellern findet man die Entwürfe so: z. E.

---

*) In der philosophischen Redekunst II. Theil Kap. VII. §. 72.

Formula initialis. Sie nehmen es nicht ungütig, daß ich als ein Unbekannter an Sie schreibe.
Antecedens. Ich wünsche Dero Gewogenheit theilhaftig zu werden.
Connexio. Es werden mir daher viele Vortheile zuwachsen.
Consequens. Darum bitte, mich derselben zu würdigen.
Formula finalis. Ich werde solches mit Dank erkennen, und wünsche ꝛc.

Oft wird auch mehr als ein Antecedens, mehr als ein Consequens, gesetzet, wenn die Beweisgründe oder Folgen zusammengesetzte Sätze in sich halten, und oft werden sie untereinander vermischt z. E.

Antecedens. 1. Ich muß die Kollegia, Tisch und Stube bezahlen.
Antecedens. 2. Ich wollte gerne nach Jena, Halle und Leipzig reisen, um daßge Akademien zu besehen.
Antecedens. 3. Zugleich wollte ich mir einige Bücher anschaffen, die ich bey den neuen Kollegiis nöthig habe:
Connexio. Weil ich aber kein Geld dazu habe;
Consequens. So ersuche den Herrn Vater, mir bald einen Wechsel zu übermachen.

Oder.

Antecedens. Sie haben mir lange nicht geschrieben.
Connexio. Weil ich nun dadurch wegen Ihrer Gesundheit zweifelhaft bin:
Consequens. 1. So wünsche ich bald Nachricht zu haben.

Consequens. 2. Ich bitte Sie also, zu schreiben.

Oder.

Antec. Ich höre gar gerne, daß Sie eine Beförderung erlanget haben.
Consequ. Ich gratulire darzu.
Antecedens. Ihre Verdienste sind erkannt worden.
Consequ. Ich wünsche noch eine grössere Belohnung derselben.
Form. final. Ich verharre mit aller Ergebenheit.

Andere haben die Erfindungsentwürfe ihrer Briefe sogar nach den rationibus dubitandi & decidendi eingerichtet. Z. E.

Antec. Es soll das Stipendium wieder vergeben werden.
Ratio dubit. Zwar weiß ich wohl, daß sich sehr viele Competenten gemeldet haben.
Ratio decid. Dennoch lebe ich in der Hoffnung, es werde auf mich, als ein Landeskind, und der in grosser Dürftigkeit stecket ec. vor andern gesehen werden.
Consequens. Darum bitte ich um das Stipendium.

Würde es nicht lächerlich seyn, wenn man diesen Entwurf in allen Briefen zum Muster festsetzen wollte? Ich verwerfe diese Einrichtungen nicht, in so ferne ich sie nur als mögliche Arten betrachte, andern seine Gedanken zu eröffnen. Allein man muß aus solchen möglichen Arten keine

noch

nothwendige machen, man muß nicht glauben, daß sie das wahre Verdienst eines Briefes bestimmen, und daß sie bey allen Briefen zum Grunde liegen müssen. Das ist viel zu handwerksmäßig. Um Anfänger zu überzeugen, daß man ordentlich in einem Briefe denken könne, ohne sich an eine vorgeschriebene Ordnung nach der Chrie zu binden, und daß dieses für den Geschmack eine der zuträglichsten Regeln sey; so will ich aus Junkers Briefsteller eine Chrie nebst ihrer Ausführung hersetzen, und sodann eben dieses Exempel außer dem Zwang der Chrie, jedoch mit Beybehaltung aller Gedanken des ersten, nachsetzen. Das Schreiben stehet auf der 95ten Seite, der neuesten Ausgabe: es soll ein Complimentbrief an einen Freund seyn, der sich von der Schule auf die Universität begeben will. Wir wollen erst den Entwurf sehen:

Formula Init. Die bisher gepflogene Freundschaft verbindet mich diesen Brief an ihn zu schreiben.
Antecedens. Denn ich vernehme, daß er sich auf die Akademie begeben will.
Connexio. 1. Gleichwie ich nun diesen Vorsatz allerdings loben muß;
Ratio. Denn wer auf Schulen einen tüchtigen Grund der Gelehrsamkeit geleget hat, der thut wohl, wenn er weiter fortschreitet.
Amplificatur a contrario et comparatione. Dahingegen, wo der Grund in Schulen nicht geleget wird, das Gebäude der akademischen Studien entweder gar nicht fort will, oder doch

doch bald wiederu über Haufen fällt;
Connexio 2. Und ich von deſſen Fähigkeit genugſam verſichert bin;
Amplificatur a teſtimonio. Indem die abgelegten Proben ihrer Geſchicklichkeit ſolches klar machen.
Conſequens. Alſo wünſche zu dem bevorſtehenden Antritt auf die Univerſität von Herzen Glück
Formula finalis. Dieſe wird nach Belieben eingerichtet.

Hier iſt die Ausführung:

Die Freundſchaft, welche wir von langer Zeit her gepflogen, treibet mich an, Ihnen mit dieſem Briefe meine Ergebenheit zu zeigen. Die Nachricht von ihrer bevorſtehenden Reiſe auf die Univerſität, iſt das jenige, was ich vorizo mit beſonderem Vergnügen von Ihnen höre. Denn ich kann Ihnen nicht verhehlen, daß ich dieſen Ihren Vorſatz beſonders loben muß. Derjenige, der die gehörigen Gründe auf Schulen geleget, darauf er die höhern Wiſſenſchaften bauen kann, der thut wohl, wenn er, ohne fernern Mißbrauch der Zeit auf der Schule, die Univerſität unverzüglich beſuchet. Doch rede ich hiermit keinesweges denenjenigen das Wort, welche ohne genugſame Vorbereitung fortſchreiten; indem ſie auf den ſchlecht gelegten Grund ihrer nie gelernten Humaniorum ein ſehr hinfälliges Gebäude der Gelehrſamkeit ſetzen werden; ſondern ich habe die Abſicht auf Sie und ihres gleichen; da Sie bishero Dero Fähigkeit durch mehr als eine Probe Ihrer Geſchicklichkeit bewieſen haben. Derowegen habe Ich um beſtomehr Urſache Ihnen Glück zu Ihrer Uniververſitäts-Reiſe zu wünſchen; in der Hoffnung, daß ich Ihnen auch eheſtens zu erhaltenen akademiſchen Würden Glück zu wünſchen Gelegenheit haben werde. Ich bin ꝛc.

Würde dieſer Brief wohl darum ſchlechter ſeyn, wenn ich ihn auch ſo ſchriebe:

Ich höre, daß Sie auf die Univerſität reiſen wollen, und nach der Freundſchaft, womit ich Ihnen alles Gute gönne, höre ich das mit vielem Vergnügen. Es iſt wahr, die Univerſität hilft denen wenig, welche nicht einen guten Grund in den ſchönen Wiſſenſchaften von Schulen dahin mitbringen; aber bey Ihnen würde es gewiß ein Mißbrauch der Zeit geweſen ſeyn, wenn Sie ſich bey ſo guten Fähigkeiten und nach ſo vielen gezeigten Proben Ihrer Geſchicklichkeit, länger auf der Schule hätten aufhalten wollen. Ich muß alſo Ihre Entſchließung loben, und Ihnen zur bevorſtehenden Reiſe Glück wünſchen, in der angenehmen Hoffnung, daß Sie mir bald auf der Akademie, wohin Sie reiſen, noch mehr Gelegenheit zum Glückwünſchen geben werden. Ich bin ꝛc.

Dieſem Briefe fehlet vielleicht noch verſchiedenes: ich habe mit Fleiß keinen Gedanken, noch viele Ausdrücke des erſteren, verlieren wollen: aber er iſt doch ohne Zweifel freyer, und klingt nicht ſo lehrmäßig: er iſt auch kürzer, als der erſte.

Auf den Einwurf, den die Vertheidiger der Chrie machen, daß man doch der Jugend einen Leitfaden zu denken geben müſſe, läßt ſich leicht antworten, und iſt auch im Vorhergehenden ſchon hin

und

und wieder geantwortet. Kurz, es kömmt alles darauf hinaus, was ich im Anfange schon gesagt habe, daß sich nämlich der Verstand den Zusammenhang der Sätze gedenken müsse, und daß man bloß gewisse Punkte aufschreibe, darnach man den Brief einrichten will, wie denn auch **Erasmus Lipsius** und alle guten Lehrer des Geschmacks in Briefen diesen Weg für den besten gehalten haben.

§. 6.

Die **Kunst Briefe zu schreiben** kann in gedoppeltem Verstande genommen werden. Einmal bedeutet sie den Inbegriff der Regeln, nach welchen man die Briefe erfinden soll. Sodann zeiget sie auch oft so viel als die Fertigkeit an, diese Regeln geschickt auszuüben. Wir bleiben hier bey dem erstren Begriffe.

§. 7.

Die Regeln, nach welchen man einen Bief einrichten soll, gehen entweder nur auf das Wesentliche und auf die Natur eines jeden Briefes überhaupt, oder auf die besonderen mancherley Bestimmungen
und

und Arten derselben. Daher giebt es allgemeine und besondere Regeln der Briefe.

Anmerkung.

Es ist wahr, daß die nöthigsten Regeln zum Briefschreiben keine grosse Anzahl ausmachen können. Wenn man eine Fertigkeit erlanget hat gut zu denken, und seine Gedanken gut auszudrücken: so kann man fast außer diesem aller andern Regeln entbehren. Allein es giebt auch Briefe, die ihre besonderen Rechte haben, und bey denen die Klugheit einige Nebenwege gleichsam vorschreibet, ungeachtet in den Grundregeln der Erfindung keine neue Kunstgriffe nöthig sind. Für Anfänger, die sich noch keine Fertigkeit in der Ausübung erworben haben, scheinet es zuträglich zu seyn, daß man sie daran erinnert, wohin sie in jedem Falle ihre Erkenntniß zu wenden haben, damit eins dem andern in der guten Einrichtung eines Briefes zustatten komme. Man besinnet sich nicht gleich auf alles. Es giebt Leute, deren Verstand es sehr wohl vertragen kann, daß man ihnen gleichsam einen Leitfaden der Gedanken darreichet. Derjenige, der überhaupt die Regeln eines guten Briefes kennet, oder der in dieser und jener Gattung der Briefe nicht ungeschickt ist, schreibt deswegen nicht alle gleich gut. Wie groß ist, z. E. nicht der Unterschied in der Schreibart eines vertrauten freundschaftlichen Briefes, und eines Schreibens an einen vornehmen Gönner! Für Meister in der Kunst sind keine Anleitungen nöthig. Aber auch diese, wenn sie bloß die Uebung und der gute Geschmack zu Meistern gemacht haben, schöpfen aus der Erkenntniß der besonderen Regeln diesen Vortheil, daß sie ihren Geschmack an deutliche und gewisse Regeln binden, und daher ihre Begriffe zur Gründlichkeit gewöhnen. Zur vollständigen und ausführlichen Erkenntniß einer Sache überhaupt gehören zweyerley Stücke: einmal daß man auf ihre wesentlichen Eigenschaften Acht habe, und daß man sich für das andere von ihren besonderen Arten, Bestimmungen und Zufälligkeiten auch einen richtigen Begriff machen lerne.

§. 8.

Durch das Innere der Briefe verstehet man die vorzutragenden Gedanken selbst, und die gehörige Ordnung derselben (§. 1). Das Aeußerliche der Briefe aber gehet auf die Schreibart, Titulatur und gewisse Bestimmungen des angenommenen Wohlstandes. Die allgemeinen und besonderen Regeln der Briefe fe (§. 7.) erſtrecken ſich alſo ſowohl auf das Innere, als auch auf das Aeußere derſelben.

Anmerkung.

Wem dieſe Art zu unterſcheiden nicht anſtehet, der ſinne ſich eine beſſere aus. Mir iſt keine andere beygefallen, als dieſe, dadurch ich die Theile eines Briefes nach meiner Vorſtellung am beſten hätte auseinander ſetzen können. Es iſt kein Widerſpruch, wenn ich geſagt habe, daß die Regeln eines Briefes auch auf die vorzutragenden Gedanken ſelbſt gerichtet ſind. Man kann freylich die Fertigkeit gut zu denken nicht aus einem bloßen Briefſteller erlernen (§. 1. Anm.) Aber die Wahl der Gedanken, die Zubereitung derſelben, ſo, wie ſie ſich jedesmal zu der Abſicht des Briefes ſchicken, erkennen allerdings einige Regeln, die in ein ſolches Lehrbuch gehören. Behalten die Materien und ſelbſt die Perſonen ihren Einfluß in die Schreibart (§. 5.): ſo nimmt auch die Art zu denken daran verſchiedenen Antheil; und man muß allemal beydes in einem Briefe beurtheilen, wenn man nicht ſeine Regeln auf bloße Moden bauen will.

§. 9.

Nach dem Inneren fällt die Erfindung der vorzutragenden Gedanken natürlicher

cher Weise in drey Theile; nämlich in den Eingang, Innhalt, und den Beschluß.

Das zweyte Hauptstück.
Von dem Eingang eines Briefes.

§. 10.

Der Eingang hat die Absicht, daß er uns die Zuneigung und die Aufmerksamkeit desjenigen erwerbe, an den wir schreiben; oder daß er denselben zum Innhalt des Briefes einigermassen vorbereite.

Anmerkung.

Der Eingang ist um dieser Absichten willen in einem Briefe eben so nothwendig, als in einer ordentlichen Rede. Man wird selbst bey einem persönlichen Besuche in der mündlichen Unterredung zuvor eine Art des Eingangs machen, ehe man auf die vorzutragende Hauptsache kömmt,

kömmt, und es ist also ganz natürlich, daß man hierinn einem Briefe gleiche Verhältnisse zuschreibt. Hat man nicht Ursache, die Aufmerksamkeit oder die Gelehrigkeit des Lesers zu erregen: so ist es doch wohl schicklich, ihm ein Compliment zu machen, welches ihn sogleich mit einem vortheilhaften Gedanken für unsern ganzen Brief einnimmt. In vertrauten Briefen oder in geschäfftlichen Schreiben an gute Freunde findet diese Regel allein eine Ausnahme. Wie dergleichen Briefe überhaupt besondere Freyheiten für sich haben: also ist es dann da freylich nicht allemal nöthig dasjenige zu berühren, was man schon als erwiesen voraussetzet, und dasjenige nach der Strenge zu beobachten, was der Wohlstand gegen Unbekannte und Vornehmere fodert. Oft ist es in Berichtschreiben, worinn man dem andern eine unangenehme und unerwartete Sache eröffnet, gedoppelt nöthig, daß man ihn dazu durch einen Eingang vorbereite. Eine wohl gewendete Höflichkeit mißfällt überdas niemals, und unsere vertrautesten Freunde können solche Eingänge leiden, darinn man ihnen auch nur mit zwey Worten was angenehmes saget. Sollten sie also gleich kein wesentliches Stück der Briefe ausmachen: so sind sie doch ohne Zweifel unter die Vollkommenheiten derselben zu rechnen.

§. 11.

§. II.

Folglich muß der Eingang des Briefes eine Empfehlung in sich fassen, die diesem Endzwecke gemäß ist; oder einen Satz darlegen, mit dem sich der Innhalt selbst auf eine bequeme Art verbinden läßt.

Anmerkung.

Wir empfehlen uns andern alsdann am nachdrücklichsten, wann wir das Geheimniß wissen, ihnen zu gefallen. Denn, wie der Graf von Bussy an einem Orte sagt, le Secret est de plaire. Damit man nun in dem Anfangscompliment, oder, damit ich nach der gemeinen Sprache der Briefsteller rede, in der formula initiali sich glücklich ausdrücken möge: so muß man sich die Umstände der Person, an die man schreibet, mit einiger Aufmerksamkeit vorstellen (§. 5. Anm.). Man will sich nicht sowohl selber gefallen, sondern unsere Absicht ist erreicht, wenn die Empfehlung dem andern gefällt. Folglich müssen wir uns nach seinem Geschmacke richten, wenn er nur nicht gar zu verderbt ist. Die Schmeicheley würde alsdann zu offenbar seyn, und mit solchen Personen ist es überhaupt

haupt kein Vergnügen Briefe zu wechseln, denen man zur Rettung seines guten Geschmacks mißfallen muß. Schicken wir einen gewissen Satz voraus, der gleichsam zur Vorbereitung zu dem folgenden dienen soll: so muß er sowohl mit der zu berichtenden Sache, als auch mit der Absicht des Briefstellers selbst wohl zusammenhängen. Der Witz, der die Aehnlichkeiten der Dinge entdecket, thut hier das vornehmste, und eine aufgeklärte Vernunft untersuchet seine Richtigkeit. Z. E. ich sollte einem berichten, daß sein Sohn vor einigen Tagen auf der Universität gestorben wäre, und ich wüßte, daß die Gemüthsart des Vaters den Gesinnungen der Weisheit und der Religion ergeben wäre: so könnte der Anfang so lauten: Ew. Hochedelgeb. sind nicht von denen kleinen Seelen, die bey unangenehmen und schmerzhaften Empfindungen sogleich alle Vorschriften der Vernunft vergessen, die Religion verachten und die Schlüsse der weisesten Vorsehung anklagen. In diesem Zutrauen muß ich Ihnen anitzt berichten ꝛc. Ich weiß wohl, die Erfindung ist alt. Ich gebe sie auch nicht zum Abschreiben, sondern nur als ein Exempel; und es würde endlich so schwer nicht fallen, ihr ein neueres Ansehen zu geben, wenn man wollte. Die Erfindung könnte vielleicht auch so gemacht werden: Wenn meine meisten Briefe bisher so glücklich gewesen, sind, Ew. Hoch-

edel.

edelgeb. einiges Vergnügen zu machen: so wünschte ich gerne des gegenwärtigen überhoben zu seyn, oder seinen Innhalt verändern zu können. Allein die freundschaftsvolle Hochachtung, die ich Ihnen in allen Fällen schuldig bin, verpflichtet mich Ihnen auch etwas unangenehmes zu schreiben, welches Sie doch erfahren müssen, und welches ihre Gemüthsruhe zwar sehr unterbrechen, aber doch nicht ganz aufheben wird ꝛc. Die Verbindung solcher Sätze mit dem Innhalt selbst muß eben nicht durch einen Nachsatz einer einzigen Periode geschehen, und in ausdrücklichen Verbindungswörtern eingefasset werden, so daß man z. E. allemal daraus einen Periodum comparatiuam, consecutiuam, concessiuam etc. machen wollte. Dies würde sehr oft einen unleidlichen Zwang verursachen. Die logische Verbindung ist besser, als die grammatikalische: wovon unten jedoch ein mehreres vorkommen wird, damit es niemand wider meine Gedanken zu weit ausdehnen möge.

§. 12.

Weil Briefe keine vollständige und ausführliche Reden seyn sollen (S. 3. Anm.), sondern einen kurzen Vortrag in sich halten: so darf der Eingang der-

Stockhausens Grundsätze.   E   sel-

selben nicht zu lang seyn, sondern muß mit den übrigen Theilen in einer gehörigen Verhältniß stehen.

Anmerkung.

Man kennet Leute, die in dem Vorurtheil stehen, der längste Eingang sey der beste, zum wenigsten muß man es oft aus ihren Briefen schließen. Wie sehr ist doch dieses der edlen Einfalt der Alten zuwider, wenn man ja den französischen Lehrern nicht trauen will! Sie machten auch einen Eingang ihrer Briefe; aber er war kurz, und nach seinem Endzwecke einnehmend. Die Briefe des Plinius geben hievon sattsame Zeugnisse, und selbst Cicero, ob er gleich sonst in seiner Schreibart weitläuftig ist, macht bey meinem Urtheile keine Ausnahmen. So unnatürlich ein allzuweitläuftiger Eingang in einer ordentlichen größeren Rede ist; so verwerflich wird er noch mehr in einem Briefe. Es ist ein Körper, der sehr ungestalt ist, weil der Kopf den ganzen Leib überwieget. Jedoch, man hat noch einen Grund, der wider die Weitläuftigkeit des Einganges streitet. Da der Eingang Empfehlungen und Complimente in sich fasset (§. 11.): so würde man dieselben sehr weit ausdehnen müssen, wenn die Vorrede lang seyn sollte. Vernünftige Leute finden keinen Geschmack

schmack an einer Verschwendung von Complimenten. Gegen Vertraute würde es einen Scherz verrathen, aber im Ernste allemal unnatürlich seyn. Gegen Vornehmere halten es manche für nothwendig. Allein, da man an dieselben überhaupt kurz zu schreiben pflegt, um ihrer Geschäffte zu schonen: so ist es gar nicht rathsam, sie mit Complimenten aufzuhalten, dagegen ein vornehmer Mann von Verstand sich ohnedas schon gewöhnet hat, unempfindlich zu seyn. Die Empfehlungen sind nicht nach ihrer Menge, sondern nach ihrer Güte zu schätzen, und ein einziges wohlangebrachtes Compliment thut hier mehr, als alle gewöhnlichen Formeln. Will man aber ja seinen Witz in dergleichen Dingen zeigen: so mache man lieber ein ganzes Complimentschreiben daraus. Nur in geschäfftlichen Briefen gehet es nicht an, als in welchen der Leser begierig ist, sogleich den Hauptinnhalt zu erfahren; Sachen zu lesen, und keine Worte.

§. 13.

Ein Gedanke, der allzugemein ist, rühret selten. Folglich muß die Empfehlung im Eingange keinen gar zu gemeinen und niedrigen Gedanken in sich fassen. Es muß aber auch nicht schwülstig, oder gar falsch, oder der Denkungsart

art des andern, an den man schreibt, zuwider seyn, so lange man zu gefallen sucht.

Anmerkung.

Es sind zween Abwege, unter welchen man oft in den einen gerathen kann, wenn man den andern vermeiden will. Man muß daher eine Fertigkeit erlangt haben, sowohl lebhaft als auch richtig zu denken, um diesen beyden Ausschweifungen zu entgehen. Es ist nicht genug, daß der Gedanke natürlich, d. i. leicht und deutlich sey; denn das trifft man auch oft in der matten Schreibart und bey den gewöhnlichen Formeln an: er muß auch lebhaft seyn. Dieses giebt man ihm dadurch, daß er in wenig Worten viel ausdrückt, und etwas Unerwartetes ausdrückt. Z. E. wenn ich in einem Briefe an einen Freund so anfienge: Ihren angenehmen Brief habe ich erhalten, und ich beantworte ihn aus Dankbarkeit sogleich 2c. so ist zwar der Gedanke deutlich: aber wenn ich mit dem Hrn. P. Gellert sage: Sie haben mir einen recht schönen Brief geschickt, für den ich Ihnen nicht besser zu danken weiß, als daß ich ihn gleich in der ersten Stunde beantworte 2c. so ist er auch lebhaft, und doch eben so natürlich

lich als der erste *). Wie schlecht lautet es doch, wenn man mit der Formel anfängt: Es freuet mich von Herzen zu hören, daß Sie wohl und gesund sind; was mich anbetrifft, so bin ich Gott sey Dank noch wohl; oder: Ich habe Dero Schreiben vom 25. hujus den 30. ei. richtig und wohl erhalten, in Briefen, darinn es zu gar nichts hilft! Dergleichen alltägliche Formeln, wenn sie von Leuten gebraucht werden, denen man einen feinern Geschmack, einen grösseren Reichthum der Gedanken zutrauet, und zutrauen muß, setzen uns gewiß in eine mitleidige Verwunderung. Man würde für diese Formel vergebens bey den Alten Schutz suchen, wenn man sich auf das bekannte, si vales, bene est; ego adhuc valeo, berufen wollte. Cicero gebraucht es mehrentheils nur in kleinen Handbriefen, wo man so sehr nicht auf neue Leitungen der Gedanken siehet, und größtentheils an solche Personen, mit denen er nicht nöthig hatte eine witzige Sprache zu führen. Er braucht es aber in sehr vielen Briefen auch gar nicht. Ueberdem scheinet es zu seiner Zeit noch keine so veraltete Formel gewesen zu seyn. Soll der Eingang seine Absicht erreichen: so muß er gefallen (§. 10. 11.); und soll er gefallen, so muß er nicht auf sklavische Art nach der Gewohnheit gemacht seyn, sondern einen Gedanken in sich fassen,

*) Man sehe hier Gellerts praktische Abhandlung, vom guten Geschmack in Briefen, S. 33. u. f.

faſſen, der eine Empfindung zurückläßt. Man gewöhnet ſich insgemein an ſolche Formeln, wenn man ſeinen eigenen Witz gar nicht übet, entweder aus Furcht fehlerhaft zu ſchreiben, oder aus einer allzugroſſen Bequemlichkeit im Denken; und man iſt damit zufrieden, wenn man einen allzeit fertigen Briefſteller vor ſich hat, den man plündern kann. Allein man wird fragen: Sind denn darum die Gedanken ſelbſt verwerflich, wenn ſie das Unglück gehabt haben, der blinden Gewohnheit zu dienen und zu einer alten Formel zu werden? Ich antworte, nicht allemal. Es iſt oft ein Gedanke gut und in ſich ſelbſt richtig, ja er hat auch wohl im Anfang gefallen; aber die Gewohnheit hat ihm doch vieles von ſeiner Zierde genommen, ob ſie ihm gleich ſeine Richtigkeit gelaſſen hat. Der Witz oder der gute Geſchmack iſt eigenſinniger, als der Verſtand. Dieſer verliert niemals etwas bey einem Gedanken, wenn er auch noch ſo ſehr zur Mode wird; er kann ſich denſelben niemals anders vorſtellen, als er iſt, weil er ihn gleichſam in ſeiner Blöße und ohne Kleid betrachtet. Aber der Witz liebt das Mannigfaltige, die Abwechſelungen, das Ungewöhnliche und Neue, und läßt ſich nur dieſes angelegen ſeyn, daß er in ſeinen Bildungen den Verſtand nicht beleidige. Es iſt freylich nicht allemal nothwendig, auch nicht allemal möglich, daß man einen Gedanken darum zurück ſetze, weil ihn die Gewohnheit mißbrauchet hat. Es giebt

Fälle,

Fälle, wo wir uns nicht besser, als eben durch einen solchen Begriff ausdrücken können. Was ist alsdann zu thun? Ist kein Mittel vorhanden den guten Geschmack mit dem Verstande zu vereinigen, der Annehmlichkeit nichts um der Richtigkeit, und der Richtigkeit nichts um der Annehmlichkeit willen zu vergeben? Ich glaube, ja. Man kann den Gedanken beybehalten, und ihm nur eine neuere Einkleidung geben. Der Witz muß sehr arm seyn, dem es an Erfindungen fehlet, eben denselben Gedanken unter mancherley Gestalten so darzustellen, daß er sich nicht verliere. So wie ein Maler durch die Veränderung der Farben, durch die kluge Austheilung des Lichts und Schattens sein Bild immer lebhafter und neuer ins Auge bringen kann, obgleich die Grundzüge desselben allezeit kenntlich bleiben. Wir wollen setzen, daß man für gut fünde, den Gedanken in dem obigen Exempel zum Eingang zu nehmen. Einem lebhaften Witze wird es leicht fallen, eben das in einer neueren Verbindung zu sagen. Vielleicht könnte man sich so ausdrücken: Dero Wohlergehen macht mir allezeit ein besonders Vergnügen, und Sie können also leicht urtheilen, daß ich bey dem letzteren Zeugniß, welches Sie mir davon in Ihrem werthesten Schreiben gegeben haben, nicht gleichgültig gewesen bin ꝛc.

Man muß aber auch für das andere nicht gar zu sehr künsteln, damit man nicht in das Gezwungene, Unnatürliche, und Schwülstige verfalle. Ein Brief muß nicht allzu studiert aussehen; und man setzet sich der Gefahr aus, dunkel zu schreiben, wenn man beständig neue Leitungen des Witzes gebrauchen, oder keine einzige Redensart hinsetzen will, die schon bekannt ist, und zu deren Aufschluß der Verfasser selbst, und oft kaum selbst nicht, der einzige Ausleger seyn kann. Ausdrücke, von denen es heißt:

Ein Deutscher ist gelehrt, wenn er solch Deutsch
versteht,
Kein Wort komme an den Tag, das nicht auf
Stelzen geht.

Canitz.

Es ist dabey ein sehr leichter Weg lächerlich zu werden, wenn man der Einbildungskraft so weit die Oberhand läßt, daß man, wie im Traume, oft falsche Gedanken unterlaufen läßt, in der Meynung alsdann bewundernswürdig zu werden. Man lasse nur der Natur den Reiz, den sie hat, ohne ihr neue Schönheiten aufzubringen, wenn man sie nicht verstellen will.

§. 14.

Der Eingang ist alsdann vollkommen, wann er seine Absichten zu erreichen fähig ist (§. 10.). Man wird desto eher einen vollkommenen Eingang er=

erfinden können, wenn man den Innhalt sowohl in ein richtiges Verhältniß mit sich selbst, als auch mit demjenigen bringt, an welchen man schreibt (§. 11.).

Anmerkung.

Der Innhalt behält allemal seinen Einfluß in den Eingang. Man macht nicht leicht einen allzugemeinen Eingang, wenn man auf keine gewisse Formel geschworen hat; sondern man giebt nebst der Empfehlung zugleich einen Gedanken, der zur Vorbereitung dienet, und es hält so schwer nicht, beydes zu vereinigen. Ich bitte etwas von dem andern, ich wünsche ihm Glück, oder ich bezeuge ihm mein Mitleiden; so siehe ein jeder von selbst, daß ich in jedem Falle einen besondern Gedanken zum Eingang nehmen muß, der sich zu der Hauptabsicht des Briefes wohl schicket. Es würde sehr unnatürlich scheinen, wenn man z. E. einen scherzhaften Eingang zu einem ernsthaften Innhalt machen wollte, und es würde eben so lächerlich seyn, wenn man aus einem Trostschreiben ein Glückwünschungsschreiben machte. Es ist also nöthig, um den Eingang vollkommen einzurichten, daß man sich die Absichten desselben (§. 10.) lebhaft vorstelle, und allzeit auf die Verhältnisse sorgfältig Acht gebe, worinn er sowohl mit dem Innhalt, als auch mit den Perſonen ſelbſt, ſtehet. Demjenigen, der ſich in der Fertigkeit wohl zu denken übet, mißlingt es ſelten, ſeinen Eingang gut zu machen. Ein Gedanke wird ihn auf den andern führen, und er hat alsdann nur auf die gefällige Einkleidung des Eingangsbegriffs zu ſehen.

Das dritte Hauptſtück.

Von dem Innhalt und Beſchluß eines Briefes.

§. 15.

Der Innhalt des Briefes entdecket die Angelegenheit oder Abſicht ſelbſt, weswegen man ſchreibet (§. 1.). Er kann alſo entweder einfach oder vielfach ſeyn, nachdem eine oder mehrere dergleichen Angelegenheiten vorzutragen ſind.

§. 16.

§. 16.

Die richtige Verbindung der Gedanken in einem Briefe befördert die Vollkommenheit desselben. Folglich muß der Innhalt sowohl mit dem Eingang, als auch mit dem Beschlusse des Briefes verbunden werden.

Anmerkung.

Wie überhaupt bey einem Briefe alles mit den Absichten desselben übereinstimmen muß, wenn er gut seyn soll: also müssen die Gedanken in den drey Haupttheilen des Briefes (§. 6.) insonderheit nicht gar zu weit von einander abstehen. Dies ist um desto leichter zu begreifen, da der Innhalt selbst zur Erfindung des Eingangs Gelegenheit geben soll (§. 14.). Man kann einen kurzen Uebergang machen, daraus die Verbindung der Gedanken erhellet. Man kann aber auch Abschnitte machen, zumal wenn man in gewissen Geschäfften oder an gute Freunde schreibet. Die Verbindung ist von einer zweyfachen Art; entweder sie liegt in den Gedanken selbst, oder sie wird durch gewisse Verbindungswörter angezeiget (connexio realis & verbalis.). Meine Meynung ist nicht, daß man die drey Theile des Briefes allemal nach der letztern Art verbinde. Die Annehmlichkeit würde nur gar zu oft darunter

unter leiden, und die Kunst würde sich manchmal verrathen: z. E. Wenn der Graf von Bussy an den Herzog von St. Aignan also schreibt*):

Ich freue mich ungemein, daß Sie jetzt so vollkommen gesund sind. Tragen Sie ja Sorge für sich, mein Herr; einmal ist das Leben eine sehr gute Sache, und dann ist auch der Aufnahme Ihres Hauses nicht wenig daran gelegen. Die Fräulein von St. Aignan kann Sie noch nicht entbehren; sie muß aus Ihrer Hand verheirathet werden. Ich habe Ihnen noch einen dritten Grund zu sagen, der Sie verbinden muß, das Leben hochzuschätzen, nämlich daß Sie noch lange den König lieben und ihm dienen können, einem so guten Herrn, den Sie, bey allem, was Sie auch thun, niemals zu viel lieben werden. Mein Gott! wie sehr würde ich ihn selbst lieben, wenn er mir Gutes erzeigte, da ich ihn ungeachtet aller seiner Härte gegen mich so sehr liebe!

So hängen zwar alle Gedanken ganz gut mit dem Hauptinnhalt zusammen; aber sie sind ohne Zwang dargestellt. Nach dem gemeinen Schlendrian würde man vielleicht dies Exempel so ausdrücken:

Da ich mich über Ihre gute Gesundheit allemal recht sehr freue: so bitte ich Sie dafür zu sorgen, anerwogen es sehr gut ist zu leben, und das Beste Ihrer Familie, besonders die Fräulein von St. Aignan solches nöthig hat: als welche
Sie

---

*) Lettres du C. de *Bussy* Tom. III. CCI.

Sie noch selbst verheirathen müssen. Auch wird es dazu gut seyn, damit Sie den König, den liebenswürdigsten Herrn, noch desto länger lieben und ihm dienen können ꝛc.

Der Leser urtheile, welche Art der Verbindung hier besser sey. Jene wird darum mehr gefallen, weil sie freyer ist. Doch diese Erinnerung gehöret eigentlich in das folgende Hauptstück von der Schreibart (s. §. 11. Anm.).

§. 17.

Ist der Innhalt einfach (§. 15): so ist die Verbindung desselben mit den übrigen Theilen des Briefes leichter, als bey einem vielfachen oder zusammengesetzten Innhalt. Jedoch muß man denselben nicht so vortragen, daß daraus nur eine einzige Periode entstehe.

Anmerkung.

Es ist fast überflüßig, zur Erläuterung dieses Satzes etwas mehr hinzu zu thun. Ein jeder siehet von selbst ein, warum die ausdrückliche oder auch die innere Verbindung der Sätze in dem beschriebenen Falle leichter sey, als in andern, nämlich weil sich die Erfindung des ganzen Briefes alsdann in ähnliche Gedanken auflösen lasse, deren Zusammenhang auch im Aeußerlichen gar leicht angezeiget werden kann. Es ist indessen hierbey die Behutsamkeit nöthig, daß man dieses alles nicht in eine einzige Periode bringe, zumal wenn der Innhalt etwas weitläuftig ist, und viele Zwischensätze dazu kommen, die den Vortrag ausdehnen und oft dunkel machen. Man wirft diesen Fehler oft denen vor, welche aus einem Vorurtheil auf diese Art kurz zu schreiben glauben, und nicht wissen, daß man auch bey wenigen Zeiten weitläufig seyn kann. Z. E. dieser Brief wird einem Leser von gutem Geschmack verdrüßlich seyn

Gleichwie mir nicht unbekannt ist, daß Sie, M. H. nach Dero gegen mich hägenden Freundschaft und Gewogenheit, die ich mit beständigem Dank verehre, von meinen Umständen zuweilen gerne einige Nachricht vernehmen: also berichte ich Ihnen anitzt, daß ich im Begriff stehe, morgen nach Hamburg zu reisen, in der Absicht einige Zeit daselbst zu verbleiben, auch wenn es möglich ist, bey dieser Gelegenheit etwas angenehmes für Sie in der bewußten Sache auszurichten, als wozu ich mich für sehr verpflichtet halte; bitte anbey zu glauben, daß ich jederzeit mit vieler Hochachtung verharre 2c.

Wem dieses Exempel noch zu erträglich scheinet, der wird sich leicht auf andere besinnen können, zumal unter gerichtlichen Schreiben, derer

Le-

Lesung oft einen unvermeidlichen Eckel mit sich führet.

§. 18.

Ein zusammengesetzter Innhalt fasset entweder Gedanken von einerley Art oder Gattung in sich, und alsdann laßen sich die Verbindungswörter leicht anbringen; oder er enthält Gedanken von ganz verschiedener Art; und da ist es besser, die zuberichtenden Sachen in besondern Absätzen vorzutragen.

Anmerkung.

Man soll nicht dunkel schreiben. Dies ist ein Satz, der durch die allgemeine Absicht eines Briefes bewiesen wird, nämlich weil ihn der andere verstehen soll. Nun ist es bey einem Briefe von vielfachem Innhalt ungleicher Art leicht möglich, daß man seine Gedanken verwirrt und räzelhaft vorträgt, wenn man alle diese verschiedenen Materien ordentlich zusammen knüpfen will; z. E. ich soll condoliren, eine Hochzeit berichten, und zu einer Reise einladen; oder wenn man auch dem Fehler der Dunkelheit entgehet: so verfällt man alsdann gemeiniglich in das Weitläuftige, durch weithergeholte Unterschreibungen und Zwischensätze. Es ist freylich möglich, die entferntesten Materien in eine Verknüpfung zu bringen, wenn man den Witz anstrengen will. So

has

haben einige Franzosen, unter denen selbst Balzac ist, hierinn einen Versuch gemacht und Exempel hinterlassen; aber sie haben wenige Nachfolger bekommen, weil sie in das Gekünstelte und Unnatürliche geriethen. Buffy schreibt an einem Orte an die Mad. Scudery, daß es besser und natürlich sey, durch Artikel oder Absätze zu schreiben. Vielleicht könnte man es in scherzhaften Briefen noch eher rechtfertigen, darinn man zuweilen zeigen will, wie weit sich der Witz ausbreiten könne. Aber in ernsthaften Schreiben, in historischen Briefen, welche vielerley berichten, ist es allemal nöthig, Abschnitte zu machen. Leute, die nicht fleißig schreiben, und deren zubereitende Sachen sich durch den Verzug häufen, stehen bey diesem Wege sehr wohl. Z. E. Ich befinde mich auf Reisen, und habe seit einem Vierteljahr nicht an meinen Freund geschrieben. Itzt bezeichne ich ihm ein kurzes Tagebuch von meinen Veränderungen, die sehr verschieden sind; so werde ich einer jeden ihren eigenen Abschnitt anweisen.

Es ist schon lange genug, daß ich Ihnen nicht geschrieben habe. Sie werden indessen zu meiner Entschuldigung bedenken, daß meine jetzige Lebensart mir nicht allemal Zeit lasset, Ihnen so oft Nachricht zu geben, als ich es wünsche.

Ich bin jetzt in London, in der größten und sehenswürdigsten Stadt. Die Besichtigung der kostbaren Büchersäle, der Umgang mit den gelehrtesten Männern, die Kenntniß der Staatsverfassung,

sung, der Schauspiele und dergleichen, machen itzt meine täglichen Beschäfftigungen aus. Es giebt hier so vieles, das der Aufmerksamkeit würdig ist, daß ich noch einige Monate hier zu bleiben gedenke.

Heute erhalte ich einen Brief aus Lübeck, darinn man mir berichtet, daß Hr. N. daselbst gestorben sey. Er war unser beyder Freund, und Sie werden also diesen Verlust mit mir bedauren.

Wenn ich von London nach Paris gehen werde, wie ich willens bin: so will ihnen zuvor noch schreiben, damit Sie die Aufschrift ihres Briefes darnach einrichten können.

Sie werden mich sehr verbinden, wenn Sie einlegende Briefe gütigst bestellen wollen. Es ist mir nicht wenig daran gelegen, daß Sie von einem Freunde übereichet werden.

Ich habe die Ehre zu seyn 2c.

Wie es nun an gute Freunde angehet, auf eine solche Art zu schreiben: so ist es auch gegen Vornehmere in dem gedachten Falle erlaubt. Der ganze Brief fällt ihnen auf diese Weise besser in die Augen, und macht ihnen mehr Eindruck. Es ist kein Einwurf, den man im Ernste vorbringen kann, also daß in einem Briefe gleichsam mehrere Briefe enthalten wären. Aber dies ist verwerflich, wenn man eine einzige Periode in besondere Abschnitte bringt, so daß erstlich das antecedens, hierauf etwa ein Erweiterungssatz, und dann das consequens, abgebrochen erscheinet. Diese Dinge gehören zusammen, und man trennet sie ohne zureichenden Grund. Mit einem Wort; die Abtheilung der

ver-

verschiedenen Materien in ihre Klassen ist der Natur gemäß, und erleichtert die Mühe eines Briefstellers ungemein. Indessen ist es ganz gut, wenn man zu einem solchen vielfachen Innhalt wenigstens einen allgemeinen Uebergang, oder eine allgemeine Verknüpfung mit dem Eingange macht, weil doch zwischen beyden nahe Verhältnisse sind (§. 14). Es kann dieses durch einen einzigen Gedanken geschehen.

§. 19.

Der Beschluß eines Briefes hat mit dem Eingang dieses gemein, daß man sich dadurch der Zuneigung des Lesers empfehlen will (§. 10.). Folglich kommen ihm auch in Ansehung dessen einerley Eigenschaften zu (§. 11. 12.).

Anmerkung.

Der Beschluß muß kurz, natürlich, einschmeichelnd und nicht gar zu gemein seyn. Es ist indessen nicht so schlimm, bey dem Beschluß eine bekannte Formel zu gebrauchen, als bey dem Eingang. Auf den Anfang, der den ersten Eindruck geben soll, kommt weit mehr an, als auf den Beschluß. So ist z. E. die gebräuchliche Redensart

art nicht verwerflich: Ich habe die Ehre zu seyn, ich bin, ich beharre mit aller Hochachtung ꝛc. Sie wird von den besten französischen Briefstellern beybehalten, denen man in diesem Theil des guten Geschmacks trauen kann. Es ist aber erlaubt, Veränderungen zu machen: nur müssen sie nicht gezwungen seyn, und etwa durch fremde Fälle mit der Unterschrift declinirt werden, als: Sie werden dadurch eine Freundschaft beweisen Dero ergebenstem Diener. Es thut mir leid, daß heut nicht in Ihre Gesellschaft kommen wird Dero ꝛc. Auch ist es besser, den Beschluß mit einer besondern Periode anzufangen, als ihn durch ein und, an, bey, oder als der ich ꝛc. mit dem Innhalt unmittelbar zu verknüpfen. Der Gedanke selbst kann zwar auch mit dem Eingang etwas Aehnliches haben, aber er darf nicht mit demselben völlig einerley seyn.

Das vierte Hauptstück.

Von der Schreibart in Briefen.

§. 20.

Der Ausdruck, die Redensart ꝛc. enthält Zeichen, wodurch wir andern unse=

unsere Gedanken zu erkennen geben. Die Schreibart ist der Zusammenhang mehrerer Ausdrücke und Redensarten.

Anmerkung.

Nachdem die Gedanken verschieden sind; nachdem muß man auch verschiedene Ausdrücke und Redensarten gebrauchen. Einen vollkommenen und schönen Gedanken wird man sehr entkräften, wenn man ihn mit matten und frostigen Ausdrücken vorträgt; so wie es lächerlich ist, einen sehr schlechten Gedanken in einem prächtigen Kleide darzustellen: deswegen ist eine Uebereinstimmung zwischen den Begriffen und ihren Zeichen nöthig. Folglich muß derjenige, der gut schreiben will, die Verhältnisse der Redensarten gegen die darunter verborgenen Gedanken, wohl abzumessen wissen, und ihre Tugenden sowohl, als auch ihre Fehler, kennen. Er muß das Gewichte, den Reichthum, den verschiedenen Gebrauch eines jeden Wortes recht wissen, wenn er glücklich wählen will. Ich bin nicht gesonnen, aus diesem Hauptstücke eine Sprachlehre zu machen. Die hierinn noch eines Unterrichts nöthig haben, müssen sich anderswo Raths erholen. Ich bin nur gesonnen, das Vornehmste von der Schreibart zu bemerken; und sollte ich auch davon noch zu wenig sagen: so verweise ich meine Leser auf des Hrn. Prof.

Prof. Gottscheds Redekunst *), der darinn ausführlich genug ist; und auf Rollins schöne Betrachtungen, darinn er von der Wahl der Gedanken, der Worte und Redensarten handelt **).

§. 21.

Die Ausdrücke sind alsdann vollkommen und schön, wann sie deutlich, vernünftig, lebhaft und edel sind. Da nun eine gute Schreibart auch gute Ausdrücke in sich halten muß: so sehe man, was von einer guten Schreibart zu fodern sey.

Anmerkung.

Ich habe zu einem vollkommenen Ausdruck verlangt

I. Daß er deutlich sey; d. i. daß der andere eben den Begriff damit verknüpfen könne, den ich darunter habe. Folglich muß man zur Erhaltung dieses Endzwecks die logische Lehre

---

*) S. insonderheit das 13. 14. 15. und 16. Hauptst. auch Hrn. M. Linders Anweisung zur guten Schreibart.

**) Im vierten Theil seiner Maniere d'étudier et d'enseigner les belles Lettres.

re von den Ausdrücken und Wörtern wohl verstehen, und der Sprache, worinn man schreibt, vollkommen kundig seyn. Man muß sich in Gedanken an die Stelle des andern versetzen, und sich fragen, was man dem zweifelhaften Ausdrucke für eine Bedeutung beylegen würde. Man muß aber auch alle Quellen sorgfältig verstopfen, daraus einige Dunkelheit in unserm Ausdrucke entstehen kann. Daher muß man

a) Die gar zu alten Wörter, welche der Gebrauch verlassen hat, verhüten. Es giebt Leute, die sich eine Art der Ehre daraus machen, wenn sie dergleichen altfränkischen und abgestorbenen Ausdrücken reden können, deswegen, weil sie etwa in einem alten Schriftsteller häufig vorkommen, dem sie einmal gewogen sind. Diese verdienen unstreitig mehr Tadel, als andere, die bloß aus Mangel einer bessern Kenntniß in solche Alterthümer der Sprache gerathen.

b) Die neuen und selbst gemachten Wörter müssen wegbleiben. Weil sie noch nicht als bekannt angenommen sind, so kann der andere in ihrer Auslegung fehlen, und dies streitet wider die Absicht. Die neuen Wörter können auf eine gedoppelte Art entstehn; einmal, wenn man mit den bekannten und durchgehends angenommenen nicht zufrieden ist, und aus einer allzu grossen Neuerungsbegierde etwas besonders haben will. So haben es z. E. die Pegnitzschäfer ehemals gemacht, wie man noch unter andern aus ihrem Floridan se-

hen

Von der Schreibart in Briefen.

ßen kann; und ihnen haben wir die seltsamen Wörter: der Lustwandelweg, Jungferzwinger, Spießprügel, Tageleuchter, Bankeschwestern u. a. m. zu danken. Hernach können sie auch daher kommen, wenn man eine Sache nennen will, die noch keinen Namen in der Sprache hat, darinn man schreibet. In diesem Falle ist entweder ein bekannter Name aus einer andern Sprache zu finden; und alsdann kann man diesen Namen füglich beybehalten, z. E. die Elektricität, die Kritik ɾc. Aus gleichem Grunde kann man auch das Wort Genie in die deutsche Sprache herüber nehmen; denn es ist nicht möglich, dieses Wort ohne Umschreibung zu übersetzen, eben so wenig, wie das Wort naif: oder ist man ja genöthiget, einen eigenen Namen zu erfinden, so muß man demselben sogleich eine kurze Erläuterung beyfügen, dadurch man die wahre Bedeutung des Wortes verstehen lernet. Gewisse Wörter sind auch nur von einer gewissen Seite neu, weil sie nicht von allen, sondern nur von einigen angenommen werden, z. E. ein Kunstrichter, anstatt Criticus, eine Spitzsäule, anstatt Pyramide ɾc. Solcher Wörter kann man sich nicht alle ohne Unterschied bedienen, sondern nur da, wo man vermuthen kann, daß sie bekannt sind, und wo man sich also nicht dem Verdacht, affectirt zu schreiben, ausstellt. Dahin gehören auch die Kunstwörter in den Wissenschaften, die nur den Gelehrten deutlich sind.

c)

c.) Die aus fremden Sprachen entlehnten Wörter sind verwerflich. Es war vor einem halben Jahrhundert eine weit eingerissene Seuche unter den Deutschen, daß sie aus der lateinischen, italienischen, französischen, und wohl gar aus der griechischen Sprache allerley Wörter einflickten, und ihre Schreibart dadurch ziemlich bunt machten: und wie viele lieben diese Schwachheit noch in unsern Zeiten! Unsere berühmtesten Sprachlehrer haben mit allem Recht dagegen geeifert, weil die deutsche Sprache dadurch nothwendig versäumet werden mußte, und ihre Bemühung ist auch nicht vergeblich gewesen. Die Vornehmen selbst fungen schon an, ziemlich rein zu schreiben, und überlassen das Vorurtheil gewissen kleinen Geistern, die ihre Kenntniß fremder Sprachen so gerne verrathen, und nur das hochschätzen, was ausländisch ist. Indessen giebt es auch Wörter aus fremden Sprachen, die man schon von langen Zeiten her in der deutschen angenommen hat, und die darinn gleichsam das Bürgerrecht erlanget haben; z. E. galant, Compliment, Testament, Candidat, Eremit, Ball, Opera, Musik ꝛc. Ich will nicht untersuchen, wie weit man dergleichen Wörter rein deutsch übersetzen könne; aber dies glaube ich wohl, daß man sie allemal ohne Sünde gebrauchen kann; und daß man oft guten Grund dazu findet, wenn man dem Lächerlichen entgehen will, indem

Von der Schreibart in Briefen. 121

dem solche Wörter, die noch an kein deutsches Gehör gewöhnet sind, selten Beyfall finden. Sind doch andere Völker so gewissenhaft nicht, z. E. die Engelländer, Franzosen und Italiener, die auch viele Wörter von den Deutschen bekommen haben *), daß sie dieselben aus ihrer Sprache ganz verbannen sollten; sondern sie schreiben sie nur mit den ihnen üblichen Buchstaben, und geben ihnen eine Endigung, die dem Charakter ihrer Sprache gemäß ist. Gleiche Rechte müssen sich billig die Deutschen bey den entlehnten Wörtern ebenfalls vorbehalten.

d) Alle Provinzialwörter, die nur in gewissen Mundarten gelten, oder auch nur in gewissen Städten gebrauchet werden, stehen oft der Deutlichkeit im Wege, und müssen daher vermieden werden. Die sogenannte hochdeutsche Sprache bindet sich an keine gewisse Oerter; sie ist in ganz Deutschland verständlich, und man gehet daher am sichersten, wenn man derselben überall folget **). Sie ist am besten durch die fleißige Lesung wohlgesetzter deutscher Schriften zu erlernen. Auch alle rauhen, unförmlichen und unreinen Ausdrücke müssen vermieden werden, die dem Sprachgebrauche zuwider sind, z. E. ich glückwünsche Ihnen ic: Endlich muß man

---

*) S. Gottscheds deutsche Sprachkunst S. 151. u. f.
**) E. Freyers Orthogr. S. 6. 7.

e) Die zweydeutigen Wörter der Redensarten weglassen, wenn man sich aller Gefahr der Dunkelheit entziehen will. Die Richtigkeit dieser Regel ist so offenbar, daß ich sie nicht zu beweisen brauche. Es ist möglich, daß uns zuweilen Worte entfahren, die der andere zu unserm größten Nachtheil versteht, weil er sie unrecht versteht. In Briefen von einiger Wichtigkeit ist es daher gedoppelt nöthig, daß man die Ausdrücke wohlbedächtig wählet. Will man aber zuweilen die Sache mit Fleiß etwas dunkel ausdrücken, oder scherzhaft und lebhaft schreiben: so ist es alsdann auch erlaubt, zweydeutige Redensarten zu nehmen, weil alsdann die Absicht wegfällt, nach welcher sie verboten sind. Wir finden ohnedas fast kein Wort in der deutschen Sprache, das neben seinem eigentlichen Verstande nicht auch zugleich eine uneigentliche Bedeutung annehmen sollte, wie die Werke unserer besten Redner und Dichter, die den Reichthum der Sprache befördern, sattsam bezeugen. Der Zusammenhang bestimmt fast alles in der Bedeutung der Ausdrücke. Nur ist dabey Klugheit nöthig, und der Witz muß sich wohl fürsehen, daß er in keine abgeschmackten Wortspiele verfälle.

s) Daß der Ausdruck vernünftig sey. Man wird sich alsdann vernünftig ausdrücken, wenn man nur solche Redensarten wählet, die sich zur Sache schicken, wenn man sich allemal richtig, ungezwungen und natürlich zu verstehen giebt. Manche wollen gerne ungewöhnlich schön reden, und da ihre Gedanken die Worte nicht erreichen können: so machen sie viele leere Worte, die wie die falschen Edelsteine glänzen, aber die Probe nicht halten; oder sie verfallen wohl gar in phantastische Ausdrücke, wenn sie zu kostbar werden wollen, z. E. so schrieb jener unter andern am Schlusse seines Briefes: Ich bringe mich an Ihre und Dero Frau Gemahlinn Gewogenheit ꝛc.

3) Daß der Ausdruck lebhaft sey. Dies geschiehet, wenn man zuweilen Bilder mit einmischet (§. 13. Anm.) welche die Sache sinnlich machen können, wozu die tropischen, metaphorischen und figürlichen Redensarten dienen. Z. E. wenn ich sagte: Das freye und freundschaftliche Landleben ist schöner, als das Hof- oder Stadtleben: so kann ich diesem Satze dadurch die Lebhaftigkeit geben, wenn ich mit dem Hrn. v. Hagedorn dichterisch sagen will.

Die Einfalt der Natur, die Hof und Stadt entbehren,
Der wahren Eintracht Lust, der wahren Liebe Zähren,
Das wesentliche Glück, frey und nicht groß zu seyn,
Verherrlichen das Feld und heiligen den Hain.

F 2

O Land! der Tugend Sitz, wo zwischen Trift
  und Auen
Uns weder Stolz noch Neid der Sonne Licht
  verbauen,
Und Freude Raum erblickt; wo Ehrgeiz und Betrug
Sich dem Strohdach nicht naht, noch Gift dem
  irdnen Krug ꝛc.

Oder wenn ich mit Plinius sagte: Minerva sey eben sowohl eine Bewohnerinn der Gehölze, wie Diana*), anstatt, es läßt sich in dem Gehölze eben so gut studieren, als jagen: so ist es durch die Dichtung weit lebhafter ausgedrückt. Ich will mich hier nicht beschäfftigen, alle Arten der figürlichen Ausdrücke, und alle Ursachen des Lebhaften durchzugehen. Man muß sie in den Anweisungen zur Wohlredenheit suchen, an welchen Deutschland jetzt nicht arm ist. Ich will nur einige Gränzen bestimmen, unter welchen es erlaubt ist, dergleichen Redensarten in Briefen anzubringen.

a) Wenn es unsere Absicht erfodert, den Begriff einer Sache nachdrücklich und sinnlich zu machen, wenn man an gute Freunde scherzhaft schreibet: so ist es nicht verwerflich, figürliche Redensarten zu gebrauchen. Dagegen, in allen Schreiben, die nach ihrem eigentlichen und wörtlichen Verstande erkläret werden sollen, müssen sie

---

*) Lib. I. Ep. VI. Experieris non Dianam magis in montibus quam Minervam inerrare.

sie wegbleiben, weil doch die uneigentlichen Ausdrücke zweydeutig sind (s. n. 1. e.). Oder sie müssen aus dem Zusammenhange eine bestimmte Bedeutung erlangen, und also von ihrem Doppelsinn befreyet werden.

b) Sie müssen die Vernunft nicht beleidigen, d. i. sie müssen keine leeren Töne ausmachen, und nicht schwülstig oder affektirt seyn (n. 2.)., sie müssen nicht der Natur, diesem grossen Urbilde des Schönen widersprechen, damit man nicht in die falsche sinnreiche Art verfalle, davon man in den Lohensteinischen Schriften, auch in des guten Neukirchs galanten Briefen manche Spuren findet.

c) Sie müssen nicht zu dicht gehäuft, und in die oratorische, oder gar in die poetische Ausbildung gebracht werden, indem sich ein Brief von einer mündlichen und natürlichen Unterredung nicht gar zu weit entfernen muß. Man muß sich allezeit vorstellen, daß man einen Brief, und keine Rede oder Gedicht schreibe. Was in diesem schön und prächtig ist, kann oft ein wahrer Fehler in jenem seyn. Man kann indessen noch auf eine andere Art auch aufgeweckt schreiben, wenn man eben keine tropischen Ausdrücke über die andern häuft, sondern nur die Verbindung der Gedanken bald in einer Frage, bald in einer Ausführung rc. darleget. Nur muß dieses nicht zu oft geschehen. Eine aufgeweckte Art zu denken, die mit einer aufmerksamen Lesung lebhafter Schriften verknüpfet wird, thut hier mehr, als wenn man alle gemeinen Rhetoriken auswendig lernen wollte.

4) Daß der Ausdruck edel sey. Dadurch verstehe ich so viel, daß die Redensarten nach der Höflichkeit der Sitten und dem Wohlstande, und nach der wahren Schönheit der Gedanken eingerichtet werden. Das Gegentheil zeigt sich im niederträchtigen Ausdruck. Folglich muß

a) Der Ausdruck nicht pöbelhaft seyn. Der Pöbel hat gleichsam seine eigene Sprache, die, ob sie schon den Edleren nicht ganz unbekannt ist, doch von denselben nicht gebrauchet wird, darum weil sie besser denken, und also sich auch besser ausdrücken; so wie die Sprache der Vornehmern auch dem Pöbel zwar verständlich, aber nicht geläufig ist. Wohlerzogene Leute von gutem Stande unterscheiden sich also gerne in ihren Ausdrücken von der Sprache, die nur dem Pöbel eigen ist, damit sie nicht gegen die Höflichkeit und gegen die Achtung fehlen, die sie sich selber schuldig sind.

b) Er muß nicht gegen die Ehrbarkeit und Tugend streiten. Es ist insonderheit in galanten Schreiben nichts seltnes, daß man oft ärgerliche Ausdrücke gebraucht, die denen Gemüthern ungemein anstößig sind, welche eine edle Schamhaftigkeit lieben. Man nennet auch oft Dinge, die zwar an sich selbst unschuldig und natürlich sind; allein der Wohlstand verbietet sie zu nennen, oder man muß sie wenigstens durch gewisse Umschweife und Einkleidungen sagen; die das Widrige und Anstößige derselben verdecken. So versichert Bussy in einem Briefe, daß er alle Dinge in der Welt ohne Anstoß nennen wolle, wenn er von ihnen nach seiner Art mit gewissen Einfällen rede.

c) Er muß allen Anstand zur Sache haben, und der Würde der Gedanken gemäß seyn. Wenn ich von einer grossen Sache, von einer erhabenen Empfindung rede, so darf sie der Ausdruck nicht anders als erhaben, prächtig und groß vorstellen. So sind z. E. folgende Verse des Hrn. Gellerts in seinem Menschenfreund.

Zum Prinzen fehlt ihm nichts, als ein gehorchend Land.
Kommt, Völker, gebet ihm den Zepter in die Hand,
Er wird, als Antonin, das Ruder weislich führen,
Gelinde wie Trajan, groß wie August, regieren.

Oder wenn Cicero in dem Lobe des Cäsars sagt: Es zeigt weder dein Glück etwas erhabeners an sich, als daß du allen Menschen helfen kannst, noch dein Herz etwas schöneres, als daß du es auch thun willst *). Wenn ich von anmuthigen Dingen etwas zu sagen habe, so darf mein Ausdruck darüber keine Schwermuth

*) Nihil habet nec fortuna tua maius, quam vt possis, nec natura tua melius, quam vt velis conseruare quam plurimos, Orat. pro Ligar. n. 38.

muth oder Gleichgültigkeit ausbreiten. Redende Gemälde, gute Schilderungen, Vergleichungen, die von blühenden und angenehmen Dingen hergeleitet werden, schicken sich zur Anmuth der Gedanken. Z. E. so sagt der Verfasser der Danziger Sendschreiben im funfzehnten Briefe: Ich begebe mich dann in einen kleinen Busch, welchen Natur und Kunst an das Ende meines Gartens gepflanzt haben, und wohin mich ein hoher und dichter Gang von wilden Kastanien aus meinem Hause führet. Da lege ich mich an einem kleinen Bache, welcher mit sanften Fällen über die glatten Kiesel rieselt, auf den weichen Rasen nieder.

§. 22.

Die Absicht einer guten Schreibart erfodert ferner, daß sie rein, vernünftig und wohlverknüpft, durch Unterscheidungszeichen wohl abgetheilt, und periodisch sey.

Erste Anmerkung.

Itzo sehen wir nicht mehr auf die Ausdrüke und Redensarten insbesondere, sondern auf ihre geschickte Verbindung. Es kann nämlich ein Ausdruk днuck für sich betrachtet, gut seyn, der in dem Zusammenhang mit andern häßlich wird. Zu den Tugenden der Schreibart zählen wir also

1) Daß sie rein sey. Man muß nicht glauben, daß ich hierunter blos die Vermeidung fremder Wörter aus andern Sprachen verstehe, wovon oben bereits gehandelt worden (§. 21. n. 1. c.). Nein; auch die Provinzialwörter und niederträchtigen Redensarten können die Schreibart unrein machen. Die Schriften des P. Abraham von St. Clara können hier zum Exempel dienen.

2) Daß sie vernünftig und wohlverknüpft sey. Unvernünftig wird die Schreibart auf vielerley Weise, hauptsächlich aber, wenn man die Natur verläßt, und in die gezwungene oder affectirte Schreibart verfällt, dadurch man unverständlich wird. Sie theilet sich in verschiedene Gattungen, in die nachäffende, gelehrtscheinende, pedantische, phantastische und schwülstige, wozu man die Exempel bey Herr Gottscheden*) suchen kann. Wohlverknüpft wird die Schreibart dadurch,

a) Wenn alle Redensarten und Sätze auf eine zusammenhängende Art vorgetragen werden. Es ist dies schon eine Eigenschaft der vernünftigen Schreibart.

b) Wenn man die Bindwörter am gehörigen Orte niemals ausläßt. Wir haben zwar bereits oben

---

*) In der Redekunst, 15. Hauptst.

oben erinnert, daß die Verbindung der Sätze nicht allemal ausdrücklich geschehen müsse (§. 16. Anm.). Aber diese Regel verträgt sich ganz gut mit der andern. Wenn man die Verbindungs- und Hülfswörter da ausläßt, wo sie überflüßig sind, und wo sie nur der Rede eine unnöthige Weitläuftigkeit, oder einen merklichen Uebellaut geben; so ist es kein Fehler. Hingegen wenn man sie am unrechten Orte auslassen wollte, wo sie doch einen besondern Nachdruck geben, oder die Deutlichkeit befördern: so würde man ohne Entschuldigung seyn. Z. E. wie unordentlich würde folgender Brief aussehen:

Nachdeme Ihnen anitzt zu berichten, daß morgen nach Braunschweig reisen werde, und denn vor einiger Zeit von Ihnen vernommen, daß Sie auch wohl gewillet, dahin zu reisen: also bitte mir zu eröffnen, ob es möglich, in Gesellschaft sothane Reise zu thun, woraus mir viel Vergnügen machen würde. Verbleibe übrigens 2c.

In den Briefen der Kaufleute ist dieses nichts seltenes. Und vielleicht könnte man es denen noch verzeihen, weil sie sich nicht sowohl vorsetzen, schön zu schreiben, als nur einander ihre Angelegenheit zu berichten. Wiewohl dennoch daraus oft eine Dunkelheit entstehen kann; denn man könnte leicht zeigen, wie manchmal an einem einzigen und oder seyn in dem ganzen Verstande viel gelegen sey. Aber wenn Gelehrte, und Leute die es wissen müssen, so schreiben: so kann man sie
mit

Von der Schreibart in Briefen.

mit Recht tadeln. Der obige Brief wird sogleich deutlicher, angenehmer, und wohlklingender, so bald man die ausgelassenen Wörter ergänzet. Z. E.

Ich habe Ihnen anitzt zu berichten, daß ich morgen nach Braunschweig reisen werde. Da ich nun von Ihnen unlängst vernommen habe, daß Sie auch wohl Willens wären, dahin zu reisen: so bitte ich Sie, mir zu eröffnen, ob es möglich sey, diese Reise in Ihrer Gesellschaft zu thun, als woraus ich mir vieles Vergnügen machen würde. Ich verbleibe übrigens ꝛc.

c) Wenn man richtige Wortfügungen macht. Dagegen pflegen diejenigen oft zu sündigen, die entweder solche Wortfügungen mit unterlaufen lassen, die nur in einer gewissen Provinz üblich sind, und sich mit den Regeln der Sprache nicht rechtfertigen lassen, z. E. ich will Geld holen und kaufen mir was; dieses kann nicht werden dargethan; er hat mich das gesagt; es hat mir sehr gefreut ꝛc. oder die sich zu sehr in fremde Sprachen verliebt haben, und die darin eigenthümliche Wortfügungen auch in der teutschen Sprache unter die Natur derselben gebrauchen. Z. E. ich habe gesehen nichts, ich gehe zu schreiben einen Brief, an statt, ich will einen Brief schreiben; ich komme von der Ausrichtung dieser Sache, anstatt, ich habe diese Sache gethan. (s. §. 2. Anm.) Solche seltsame Wortfügungen heben auch ohnedas alle Annehmlichkeiten der Schreibart auf.

d)

d) Wenn man sich hütet, viele Einschaltungen, Zwischensätze und unnöthige Beywörter zu machen. Es ist kaum zu sagen, wie sehr die Deutlichkeit und der Zusammenhang unter den Parenthesen leidet. In einer Schrift, darin viele Parenthesen vorkommen, muß nothwendig die Schreibart nicht nur weitläuftig, sondern auch unterbrochen werden. Folglich streitet es auch gegen die Zierlichkeit, dergleichen zu machen. Zuweilen ist man genöthiget, etwas einzuschalten. Aber erstlich muß dieses sparsam, und fürs zweyte mit möglichster Kürze geschehen, so, daß der Verstand des ganzen Satzes, oder der ganze Periode, nicht zu sehr aufgehalten werde. Außerdem ist es rathsamer, aus der Einschaltung eine eigene Periode zu machen. Eben dies ist auch von den vielen Zwischensätzen zu sagen, deren sich diejenigen stark bedienen, die gar zu wortreich seyn wollen, und dadurch den Hauptendzweck ihrer Rede oft selber vergessen. Dies Versehen ist desto verdrüßlicher, wenn etwa die Zwischensätze ohnedas nichts mehr sagen, als die Hauptsätze. Denn bey der Gradation sind sie sehr erlaubt. Die Beywörter können der Rede nicht nur eine Zierde, eine Lebhaftigkeit und einen Nachdruck, sondern auch einen bessern Zusammenhang geben, wenn sie jedesmal am rechten Orte gebraucht werden. Allein man ist oft gar zu freygebig damit, und man verlieret durch ihren Ueberfluß diesen gedoppelten Vortheil. Ja es entstehet wohl

Von der Schreibart in Briefen.

wohl gar daraus etwas lächerliches und unvernünftiges, wenn man durch das eine Beywort dem andern widerspricht.

3) Daß sie durch Unterscheidungszeichen wohl abgetheilet sey. Eigentlich könnte man diese Foderung schon zu der guten Verknüpfung einer Rede rechnen. Doch sie ist so wichtig, daß wir sie als eine besondere Tugend der Schreibart betrachten. Ein Brief fällt allemal nur halb in die Augen, wenn die Sätze durch gar keine Zeichen von einander abgesondert werden, und es geschiehet nichts leichter, als daß auf diese Art die Erläuterung ebenfalls dunkel, verwirrt und schwer wird. Zuweilen entstehet gar aus den weggelassenen Unterscheidungszeichen eine Zweydeutigkeit des Verstandes; denn da alles in einem fortgehet; so kann der Leser leicht solche Begriffe zusammenziehen: die man doch trennen müßte, wenn man richtig erklären wollte; oder auch umgekehrt.

Man kann indessen die Nothwendigkeit der Unterscheidungszeichen wohl einsehen, ohne den richtigen Gebrauch derselben zu wissen. Es giebt darin eben so viel verschiedene Meynungen, als in der Rechtschreibung. Doch dünkt mich, daß Freyer*) das, was die Natur der Rede erfodert, hierin ganz gut gezeiget habe, wie es denn auch mit der Gewohnheit der besten Deutschen am meis-

---

*) In seiner deutschen Orthogr. 6. Kap. S. 168. u. f.

meisten übereinkömmt. Einige glauben, es komme so viel nicht darauf an, ob man bald einen Beystrich, bald einen Strichpunkt, oder Colon mache; genug, sagen sie, daß die Säße von einander abgetheilet sind. Allein wie in einer guten Schreibart alles zusammen im Aeußerlichen übereinstimmen muß: also darf man diese Zeichen nicht völlig willkührlich, sondern nach den festgestellten Regeln gebrauchen. Die Gewohnheit kann in denselben nicht allemal Richter seyn, weil sie manchmal fehlerhaft ist. Z. E. Die meisten pflegen dem Anfangstitel in dem Briefe ein Ausrufungszeichen ohne Grund beyzusetzen, da doch ein Beystrich weit natürlicher da stehen könnte. Man muß die Absicht der Zeichen nach ihrer ersten Bestimmung, und nach dem bewährtesten Gebrauche der zuverlässigsten Schriftsteller einsehen lernen, wenn man nicht fehlen will.

4) Daß sie periodisch sey. Es ist nichts verdrüßlicher, als wenn alle Säße des Briefes beständig in einem fortgehen, so daß der Leser kaum Odem holen kann, so wie es in der Rede beschwerlich und unanständig seyn würde. Ein unleidliches Exempel davon findet man in dem ersten Theile des Biedermannes, auf der 177. Seite. Ja auch der Wohlklang und die gute Verknüpfung müssen nothwendig darunter leiden. Wir verlangen also dieses, daß der Brief verschiedene kurze Reden in sich halte,

die

Von der Schreibart in Briefen. 135

die ihren völligen Verstand haben, oder verschiedene Punkte, die auf eine fügliche Art erweitert worden. Dies geschiehet, wenn man das Subjekt und Prädikat erweitert, oder, wenn es ein zusammengesetzter Satz ist, den Vorsatz und Nachsatz auf eine gleichförmige Art. Folglich muß nicht nur ein jeder Haupttheil des Satzes überhaupt erweitert werden, sondern er muß auch in Absicht auf den andern auf eine proportionirte Art erweitert werden. Man muß nur die Periode nicht zu weit ausdehnen; und damit sie auch einen bessern Schwung bekomme, so ist es gut, wenn der letzte Theil am längsten ist. Es fräget sich aber, ob man, um periodisch zu schreiben, ein gewisses Maß der Perioden bestimmen müßte? Die meisten Briefsteller, die die Regeln der Perioden auf eine mechanische Art zeigen wollen, haben sich bemühet, die Länge und Ausdehnung einer jeden Periode mit einem Machtspruch festzusetzen. Andere haben von der Sache vernünftiger geurtheilet, und die Größe der Perioden der Freyheit zu denken überlassen. Nur haben sie mit Recht verlangt, daß sie nicht allzuweitläuftig oder ausschweifend, und auf der andern Seite nicht allzukurz gefaßt seyn müßten. Es ist wahr, die Kürze kommt der mündlichen Unterredung am nächsten, und es würde daher ein Brief in kurzen Perioden nicht so viel widriges haben, als einer in langen und weitläuftigen. Jedoch ist es am besten, die Mittelstraße zu hal-

halten, oder nach Maßgebung der Gedanken bald eine kurze, bald eine etwas längere Periode zu setzen. Denn es würde sehr affektirt aussehen, wenn man alle Perioden ohne Unterschied von einer Länge machen wollte. Man muß auch nicht glauben, daß es nothwendig sey, einen jeden Satz zu einer Periode zu machen: nein, dies würde nur gar zu oft eine Mattigkeit und verdrüßliche Trockenheit in die Schreibart bringen, besonders bey Briefen, die der mündlichen Unterredung so nahe bleiben sollen. In die Stellen, wo der Affekt redet, schicken sich keine Perioden, und wir verlangen also nicht, daß der ganze Brief nach jenem Verstande durchaus periodisch seyn soll; sondern die kurzen und langen Sätze müssen auf eine geschickte Art mit einander abwechseln. Z. E. so ist diese Stelle aus einem Briefe des Herrn Gellerts nicht periodisch:

Ich gefalle mir? aber wie lange? Ein einziger gegründeter Tadel reißt alle mein Vergnügen darnieder. Die Begierde, immer einen neuen Versuch zu wagen, und die erschrecklichen Gedanken: Wird er dir auch gelingen? Wirst du nicht vergebens, nicht zum Untergange deiner vorigen Werke, arbeiten? Ach was sind das für heimliche Peiniger der Poeten! Wollen sie ja das Vergnügen eines Autors schmecken: nun wohl! Folgen Sie mir nur, und wählen Sie die Prose.

Von der Schreibart in Briefen.

Hergegen ist folgende Stelle ganz periodisch:

Ich sah wohl, daß Ihnen mein Urtheil wehe thun würde; denn ich urtheile von meinem Herzen auf das Ihrige; allein ich sah auch, daß die Aufrichtigkeit meiner Absichten diesen Schmerz bald heilen würde. Ich verließ mich auf die Bescheidenheit, mit der ich Ihnen eine bittere Meynung entdeckte, und noch weit mehr auf Ihre eigene Stärke. Es ist in der That eine rühmliche Begierde, ein Autor zu werden. Allein, kaum ist man es; so ist man unruhiger als jemals: und so gern ich, in Ansehung der Welt, die Zahl der guten Scribenten vermehret sehe: so sehr bedaure ich oft das Schicksal eines Autors, der sich mit tausendfacher Mühe den ungewissen Beyfall der Welt erkaufet, der am Ende noch schwerer zu behaupten, als zu erlangen ist.

Zur Vollkommenheit der periodischen Schreibart gehöret auch der Wohlklang und die Beobachtung eines gewissen Wörtermaßes (numeri,) wie die geschicktesten Lehrer der Wohlredenheit angemerkt haben. Man muß zu dem Ende übel klingende Wörter vermeiden, nicht viel einsylbige Wörter hintereinander bringen, und die Wörter nicht zu oft wiederholen, die man eben gebraucht hat, oder solche setzen, die mit einem kurz vorhergehenden Worte gleiche Endung haben. Dies ist eine Sache, wobey es mehr auf das Urtheil eines feinen Gehörs ankommt, als auf weitläuftige Regeln. Damit man sich dieses erwerbe: so ist es dienlich, einen guten Schriftsteller laut und mit der gehörigen Abwechselung der Stimme zu lesen, oder auch seine eignen Aufsäße nach dem Gehör zu prüfen*). Oft trifft es ein, daß das, was der Zunge beschwerlich fällt auszusprechen, auch den Ohren unangenehm zu hören ist.

Dies sind die vornehmsten Tugenden der Schreibart. Es wird nöthig seyn, auch alle Fehler und Gebrechen derselben anzuführen, da wir hier nur das hauptsächlichste bemerken wollen. Man kann sich ohnedas schon einen Begriff davon machen, wenn man sich das Gegentheil von dem Guten vorstellet; und es ist endlich besser, einen einzigen Weg zu zeigen, der richtig ist; als für tausend Abwegen zu warnen, die man alle wissen kann, ohne jedoch den rechten Weg zu treffen.

Zweyte Anmerkung.

Man hat verschiedene Eintheilungen in der Schreibart gemacht, davon wir hier das hauptsächlichste kurz anführen wollen. Dieser Unterschied findet nämlich entweder in Ansehung der Wortfügung, oder in Ansehung des Ausdrucks und des Schwunges statt. Zu jenem gehöret die Eintheilung der Alten in die laconische, attische,

---

*) Graues Sententiae inconditis verbis elatae offendunt aures, quarum est iudicium superbissimum. Cic. in orat. n. 150.

sche, asiatische, und rhodische Schreibart: zu diesem ist das zu rechnen, was man von der erhabnen, niedrigen und mittelmäßigen Schreibart sagt. Die lakonische Schreibart bestehet in einem sehr kurzen, unverständlichen und räthselhaften Ausdruck, darin z. E. Seneca zuweilen verfällt. Die attische ist bey der Kürze verständlich, und mit Nachdruck und Scharfsinnigkeit begleitet, daher das attische Salz kömmt. Dieses Charakter haben besonders die Briefe des Plinius an sich. Die asiatische ist allzu weitschweifig, und sagt mit vielen ausgedehnten Worten wenig. Die rhodische hält das Mittel zwischen der attischen und asiatischen Schreibart: sie ist etwas völliger als jene, und also vor aller Dunkelheit verwahret, sie ist eingezogner als diese, und also nicht verdrüßlich. In dieser Schreibart wird man größtentheils die Briefe des Cicerons finden. Die besten Briefe der Franzosen sind meistentheils attisch. Man siehet also schon aus diesen kurzen Erklärungen, daß nur die attische und die rhodische unter die guten Schreibarten zu rechnen sind. Jene schickt sich recht gut in Briefen und kleinen Abhandlungen; diese in grösseren Schriften und Reden. Wir kommen auf den andern Unterschied. Die erhabene Schreibart fasset sehr grosse und edle Gedanken, prächtige Ausdrücke, viele Figuren in sich, und hat nicht sowohl die Ueberredung und das Vergnügen zur Absicht, als die Verwunderung und Entzückung. Man kann sich ihrer in feyerlichen Lobreden und in epischen Gedichten bedienen. Die niedrige Schreibart hat die Klarheit, die Einfalt und die Richtigkeit zu ihren Haupteigenschaften. Sie verachtet nicht alle Zierrathen, aber sie wählet nur die, welche sie auf ihrem Wege antrifft. Es herrschet in ihr eine gewisse natürliche Artigkeit, woran die Kunst desto vollkommener ist, je weniger sie sich blicken läßt; eine Zierlichkeit, die eben deswegen ungemein gefällt, weil sie nicht zu gefallen sucht. Man trifft sie in Cicerons Briefen an, und in den Erzählungen des Livius. Die mittelmäßige Schreibart, die man auch die geschmückte nennen könnte, hält gleichsam das Mittel zwischen der niedrigen und erhabenen Schreibart. Sie ist etwas zierlicher als jene: aber nicht so erhaben, als diese. Quintilian gebraucht ein schönes Bild, um das Wesentliche dieser Schreibart zu erläutern. Er sagt, sie fließe ungeachtet ihres Putzes ganz sanft, gleich einem reinen und klaren Bache, welcher auf beyden Seiten von grünen Wäldern beschattet wird *). Wer sie nicht recht in seiner Gewalt hat, der verfällt leicht in die ungleiche und affektirte Schreibart. So sehr übrigens dies

---

*) Medius hic modus & translationibus crebrior, & figuris erit iucundior; egressionibus amoenus, compositione aptus, sententiis dulcis: lenior tamen, ut amnis lucidus quidam, & virentibus vtrinque Siluis inumbratus. *Lib. XII. c. 10.*

diese drey Schreibarten unterschieden zu seyn scheinen, so kommen sie doch in dem Schönen auf einerley Grundsätze des guten Geschmacks zurück, welcher alles Uebertriebene, alles Unnatürliche und Falschglänzende verwirft. Und obgleich in einem Briefe die niedrige Schreibart herrschen soll; so thut man doch wohl, wenn man sich in den drey Gattungen übt, weil die verschiedenen Sachen und Empfindungen auch einen verschiedenen Ausdruck oft nothwendig machen.

Dritte Anmerkung.

Wenn man fragt, welches denn die beste Schreibart sey; so läßt sich darauf nicht schlechterdings antworten. Das kömmt alles auf die Beschaffenheit des Gegenstandes und einige äußerliche Umstände an, unter welchen man davon schreiben soll; und dann kann man nach festgesetzten Bedingungen von einer jeden sagen, daß sie die beste sey. Ueber die Schreibart in Briefen haben wir uns schon erklärt, und wir werden es im Folgenden noch etwas umständlicher thun. Wenn man aber fragt, wie man eine rechte gute Schreibart erlangen soll; so ist diese Aufgabe ungleich schwerer, als die erste, und für manche bleibt sie gar unauflöslich. Die gute Schreibart ist mehr eine Sache des Genies und des guten Geschmacks, als der Kunst. Der Witz aber und der gute Geschmack läßt sich keinem durch eine Regel beybringen; und daher werden die Anweisungen, die man über die Schreibart und Wohlredenheit giebt, von dieser Seite wohl allzeit unvollständig bleiben. Indessen thut freylich der Fleiß viel: und wenn nur die Natur nicht gar zu ungütig gegen uns gewesen ist, so kann man durch Hülfe derselben seine Schreibart schon ziemlich aus dem Groben herausreissen. Ich will hier nicht weitläuftiger davon handeln, theils weil ich kein ordentliches Lehrbuch von der Schreibart hier liefern will, theils weil auch in diesem ganzen Buche Anmerkungen vorkommen, die dahin gehören, und die ich nicht gerne zu oft wiederholen möchte. Die Anfänger werden nicht unglücklich verfahren, wenn sie sich nur folgende wenige Regeln zu Nutze machen wollen: α) daß sie sich einen Reichthum von Wörtern und Redensarten sammeln, wozu ich aber die Phrasesbücher, die Blumenlesen und Schatzkästchen eben nicht anrathen will; daß sie sich um die vielerley Bedeutungen dieser Wörter, ihr Gewicht und ihren Nachdruck recht bekümmern. β) Daß sie eine gute Sprachlehre sorgfältig lesen, und ihre Uebungen einer guten Aufsicht anvertrauen, ohne sich zu viel auf sich selbst zu verlassen. γ) Daß sie schöne Schriften lesen, die ihren Geschmack bilden, ihnen zu Mustern dienen können, ohne daß sie nachäffen (S. §. 4. III.) δ) Daß sie sich in den völligen Besitz ihrer Sache setzen, wo-

von

Von der Schreibart in Briefen.

von sie schreiben wollen, und ihre Seele recht davon anfüllen; denn die guten Ausdrücke liegen mehrentheils in der Sache selbst. s) Daß sie unter einer guten Anführung etwa ein poetisches Stück in Prosa übersetzen, oder einige Stücke von einem alten prosaischen Schriftsteller in eine neuere Einkleidung bringen. (E. §. 4. II.).

§. 23.

Die Uebereinstimmung der Schreibart mit ihren Absichten und mit den Gedanken eines Briefes macht die Vollkommenheit desselben aus. Soll also ein Brief vollkommen seyn; so dürfen der Schreibart die oben berührten Eigenschaften nicht fehlen (§. 22.).

§. 24.

Ein Brief vertritt die Stelle einer mündlichen Unterredung (E. §. 1.). Folglich ist es billig, daß die Schreibart an einen jeden so beschaffen sey, wie ungefähr der mündliche Ausdruck in der persönlichen Unterredung seyn würde.

Anmerkung.

Den obenerwähnten Eigenschaften der guten Schreibart (§. 22.) gehet nichts ab, wenn gleich noch einige Bestimmungen hinzukommen. Jene bleiben beständig; diese verändern sich nach den verschiedenen Personen, die bey einem Briefe zu betrachten sind. So wird man sich z. E. in dem Briefe an einen grossen Herrn mehr Mühe geben, als wenn man nur an seines gleichen oder an einen Freund schreibt, der uns erlaubet, zuweilen nachläßig zu seyn. Man findet diesen Unterschied auch wirklich in der mündlichen Unterredung selbst. Man wird die Bemühung im Reden zu gefallen, weit höher treiben, wenn man mit einer Person spricht, gegen die man eine besondere Ehrfurcht oder Zärtlichkeit häget, als wo diese Gesinnungen wegfallen. Die Schreibart wird rührender und gefälliger, wo man ihre Vollkommenheit bis zur Empfindung bringt. Eine empfindlichere Vollkommenheit nennet man Schönheit. Diese wird einem Briefe dadurch gegeben, wenn man die innere Vollkommenheit der Gedanken lebhaft und edel schildern kann (§. 21. Anm. n. 3. 4). Man muß sich gewöhnet haben schön zu denken, und alsdann wird es gar nicht schwer fallen schön zu schreiben. Nur hat man zweyerley dabey zu bedenken: einmal, daß man nie vergißt, wie nahe man der Person kommen dürfe, an welche man schreibt. Freund-

Von der Schreibart in Briefen.

schaftliche Briefe können oft die schönsten in ihrer Art seyn; allein, weil man eben so an einen weit vornehmern Mann geschrieben hat: so ist man mißfällig geworden. Nämlich der hergebrachte Wohlstand muß hier genau beobachtet werden, und man muß in dergleichen Briefen oft Gedanken unterdrücken, die in einem andern besonders schön ausfallen würden. Vornehme Personen lieben selten freye, und nach Empfindungen geschriebene Briefe von denen, die ihnen viele Ehrerbietung schuldig sind. Sie hören lieber die Sprache des demüthigen Clienten, als die Sprache des Herzens und des Witzes; denn nach dieser nähern sich die Personen schon einander mehr, ihr weiter Abstand scheinet nicht mehr so merklich zu seyn, man thut einen Schritt zur Freundschaft: aber ist es nicht für manchen eine Beleidigung, wenn man ihm nur einigermaßen auf diesem Fuße begegnet? Er glaubt, das Vertrauliche, das der Witz mit sich führet, könne nicht bey der Hochachtung stehen; kurz, er will lieber Beschützer und Patron, als Freund seyn. Daher haben denn solche Briefe freylich langsam das gute Schicksal, daß sie von allem Zwange frey sind. Und das Unglück will, daß die weitläuftige Titulatur noch dazu kömmt. Zweytens, hat man sich fürzusehen, daß man nicht in das scheinbare Schöne verfälle, indem man die Natur verläßt. Es ist wahr, ein Brief verträgt etwas mehr Fleiß und Ueberlegung, als man in

Stockhausens Grundsätze. G   einer

einer mündlichen Unterredung fodert, da man aus dem Stegreife spricht (s. E. §. 9. Anm.). Aber man muß doch nicht zu weit von derselben abweichen (§. 21. Anm. n. 3. c.), und allezeit damit eine Aehnlichkeit oder Wahrscheinlichkeit behalten. Deswegen ist die niedrige Schreibart (§. 20. Anm. 2.) für die meisten Briefe die allerzuträglichste. Das Schöne läßt sich überall anbringen, wenn man nur einem jeden sein Recht wiederfahren läßt, und bey der Ausbildung der Gedanken weder die Natur noch den Wohlstand aus den Augen setzet. Ja es giebt Schönheiten, deren Reizungen durch gewisse Nachläßigkeiten noch mehr scheinen erhoben zu werden, und diese Schönheiten sind besonders von der niedrigen Schreibart. Darum werden die Briefe der Pamela geliebt; und sie würden häßlich seyn, wenn sie in einer andern Art schön wären, Darum gefallen die Briefe vieler Personen mehr, als diejenigen, die nach einem Briefsteller abgezirkelt werden.

Denn weil sie nichts zu groß, und nichts unkenntlich machten,
So dachten sie sehr wohl, und schrieben wie sie dachten.

Hagedorn.

Das

Das fünfte Hauptstück.
Von der Courtoisie und Eintheilung der Briefe überhaupt.

§. 25.

Die äußerlichen und zufälligen Bestimmungen der Briefe, die der Wohlstand erfunden hat, pfleget man die Courtoisie zu nennen. Man rechnet dahin hauptsächlich die Titulatur ꝛc. (§. 8.); und ein kluger Briefsteller ist verbunden, die darinn üblichen Reden sorgfältig zu bemerken.

Anmerkung.

Ich habe sie darum äußerlich und zufällig genennet, weil sie nicht in dem Wesen eines Briefes ihren zureichenden Grund haben; und weil sich ein Brief ohne sie ganz wohl gedenken läßt; so würde der Brief dennoch ein Brief bleiben: welcher keine besondere Anrede weder im Anfange, noch bey dem Beschluße in sich faßte, welcher unbeschnitten, unversiegelt und ohne Umschlag ꝛc. ausgefertiget würde. Aber die Gewohnheit spricht hier das Gesetze, und führet

Regeln ein, die sich einmal durch ihren alten Gebrauch in ein solches Ansehen gebracht haben, daß man sie nicht ohne Sünde beyseite setzen kann. Es vertragen sich indessen diese Regeln mit der Natur eines Briefes ganz gut. Kann man nämlich in der mündlichen Unterredung gewisse Bezeigungen der Höflichkeit, dergleichen man in der Titulatur suchet, einmischen; ja, sodert man dieses so gar bey wohlerzogenen Leuten, so schicket es sich auch in einem Briefe solches zu beobachten, weil doch ein Brief eine Unterredung zwischen Abwesenden ist (S. §. 1.). Man findet diese Art von Höflichkeiten auch schon in den ältesten Briefen, obgleich die Formeln manche Veränderungen ausstehen müssen, und es ist daher klar, daß man sie allzeit als natürliche Zusätze bey einem Briefe betrachtet habe. Dies dienet vielleicht, denen zu antworten, die aus Liebe zu einer gewissen niederträchtigen Vertraulichkeit, alle Titel ohne Unterscheid wollen abgeschafft wissen; oder besser zu sagen, welche gerne grob sind. Die Zärtlichkeit der Sitten erfodern einen gewissen Wohlstand, und man muß auch bey den besten Freunden die allgemeinen Regeln der Höflichkeit nicht vergessen. Ein Briefsteller hat Ursache, sich darinn nach dem neuesten Gebrauche unterrichten zu lassen, und in diesem Theil der Regeln am wenigsten gleichgültig zu seyn. Man wird mir in diesem Urtheile Recht geben, wenn man bedenket, daß die meisten Leute auf nichts aufmerksamer sind, als auf die
Titel,

Titel, die man ihnen giebt, und auf die äußerlichen Zeichen der Höflichkeit *). Der schönste Brief wird oft dadurch verhaßt, wenn er einem Manne in die Hände fällt, der zu wenig schmeichelhaftes darinn für seinen Ehrgeiz findet. Denn nur die Vernünftigen, und die von der gröberen Eigenliebe frey sind, pflegen über diese Kleinigkeiten wegzusehen.

§. 26.

Die Titulatur enthält gewisse Beywörter, die man einem, wegen seiner Geburt, Standes, Amtes oder Verdienste in der Anrede giebt. Z. E. Hochedelgebohrner, Herr Doctor, Hocherfahrner, Hochgelehrter ꝛc.

Anmerkung.

Es würde ein grosser Aufstand in dem ganzen Reiche der Titel entstehen, wenn man die Titel allemal gar zu genau nach diesen Umständen abmessen, und einem jeten sein Recht wiederfahren lassen wollte, zumal wenn es an die Klasse der Verdienste käme. Allein wozu würde diese offenherzige

---

*) S. Seegens Diss. von der Titelsucht.

herzige Gerechtigkeit dienen, in einem Jahrhundert, da so viele ihre Verdienste blos in den Titeln suchen? Man thut am besten, daß man einen jeden zu seiner Klasse rechnet, darinn er entweder durch seinen Stand oder durch sein Amt gekommen ist, und ihm das Prädicat oder Ehrenwort beylegt, das man andern in derselben zu geben pflegt. Denn er sollte wenigstens die Verdienste und die Eigenschaften besitzen, die seinen Stand zieren, und die sein Amt erfodert. Der größte Nachtheil entstehet für ihn, wenn man ihm darinn zu viel thut, und es kostet wenig, seine Eigenliebe zu befriedigen.

§. 27.

In der Wahl der Titel muß man der Gewohnheit der Zeiten nachgeben. Insonderheit erfodert die Klugheit, dabey zween Abwege zu vermeiden; einmal, daß man nicht in alte längst abgekommene Titel verfällt; sodann, daß man dieselben nicht übertreibet.

Anmerkung.

Die Moden haben eine grosse Gewalt über die Titel. Sie sind gegenwärtig so hoch gestiegen, daß man wieder von unten anfangen müßte, wenn man aufs neue verändern wollte. Diejenigen, die

die vor funfzig Jahren zufrieden waren, daß man sie Wohledel nennte, verlangen jetzt Hochedelgebohrne zu seyn, und 1370. hieß man die Fürsten noch ehrbare und achtbare. Es haben sich einige Gelehrte angelegen seyn lassen, der Nachwelt zur Verwunderung die verschiedenen Abfälle der Titel zu zeigen*), und sie scheinen andern noch eine reiche Nachlese gelassen zu haben. Die Eitelkeit der Menschen, und die Begierde zu Neuerungen, sind noch täglich an Erfindungen fruchtbar genug, und es sind so schleunige Abwechslungen in den Titeln, daß man kaum mehr bestimmen kann, welche Titel alt, und welche neu zu nennen seyn. Die vornehmste Quelle dieses Mißbrauchs ist wohl darinn ohne Zweifel zu suchen, daß sich Leute gefunden haben, die gerne mit höheren Titeln geehret seyn wollten. Sie glaubten diesen Endzweck am sichersten zu erhalten, wenn sie zuerst anfiengen, andern das zu geben, was sie von ihnen nach dem Wiedervergeltungsrecht verlangten. Sie fanden ihres gleichen, denen es lieb war, sich auf so geringe Unkosten erhöhet zu sehen. Man gab ihnen wieder, was sie zu begehren verriethen; man nahm es je mehr und mehr als bekannt an, und die Gewohnheit machte endlich daraus ein Gesetz.

---

*) S. *Eibenium* de titulo nobilis, und Baudisii differt. de titulis quibusdam, olim aulicis, nunc academicis.

Eine andere Quelle kann der niederträchtige Eigennutz der Schmeichler seyn, die desto leichter etwas zu erlangen hoffen, wenn sie ihren Patron eine Staffel höher setzen. Auf diese Art scheinen sich die meisten Titel zu der Höhe geschwungen zu haben, worauf sie anitzt sind. Doch meine Absicht gehet für diesesmal nicht dahin, die Sittlichkeit der Titel weitläuftig zu zeigen, sondern nur das Nöthigste von ihrem Gebrauche zu erinnern. Man muß in seinen Briefen einmal keine längst abgekommenen Titel anbringen, sondern sich nach dem neuesten Gebrauch der Zeit richten. Solche alte Titel werden nicht anders angesehen, als längst verrufene alte Münzen, die keinen Werth mehr haben. Man verräth eine Unwissenheit in den Sitten der Welt und in den Regeln des Wohlstandes, und man setzet sich dazu der Gefahr aus, den andern empfindlich zu machen, indem man ihn auf die alte Weise begrüßet; welches um desto nachtheiliger ist, je mehr man Ursache hat, des andern Unwillen zu fürchten. Es ist leicht, in diesen Fehler zu verfallen, wenn man alte Titularbücher zu Rathe ziehet, die uns etwa aus der dritten Erbschaft zugekommen sind, und die nur zu ihrer Zeit gegolten haben. Viele sind aber auch so eigensinnig, daß sie ein für allemal bey ihren angenommenen Titeln bleiben, und eine Sünde zu begehen glauben, wenn sie hierinn der eingeführten Mode weichen wollten. Oft ist der Ehrgeiz, oft die Einbildung daran Schuld,

als

als ob man aus den Titeln den ganzen Character des andern nach der Wahrheit erkennen müßte (§. 26. Anm.). Ich glaube, es sind diese Kleinigkeiten größtentheils unter die ganz gleichgültigen Dinge zu zählen, die man ohne abergläubisch, oder vielmehr pedantisch zu seyn, mitmachen kann, weil es die Gewohnheit so will. Wir müssen uns doch allemal nach den Vorurtheilen der meisten richten, denen oft mit dem Titel mehr gedienet ist als mit dem ganzen Briefe. Wer aber diese Ausschweifung vermeidet, der muß sich zugleich vor der andern hüten; nämlich, daß er in keine übertriebenen und noch nicht in dem angenommenen Falle eingeführten Titel geräth. Es ist oft gar zu lächerlich, wenn man zumal in unsern Tagen solche Titel und Anreden zu sehen bekommt, die sich zu ganz andern Personen schicken, als an welche sie gerichtet sind. Bey Vernünftigen macht man sich dadurch verhaßt, wenn man durch eine grobe Schmeicheley ihre Bescheidenheit so sehr beleidiget; und die Unvernünftigen spotten wohl heimlich über unsere Unwissenheit in dem üblichen Wohlstande, ob ihnen gleich diese Unwissenheit gefällt; oder sie machen sich sonst von uns allerley Begriffe. Es ist auch leicht, daß diejenigen, die ganz ohne Vorsichtigkeit und Erfahrung ihre Schmeicheley in Titeln verrathen wollen, in lächerliche und ordentlich abgeschmackte Sachen verfallen. So schrieb z. E.

jener

jener Schulmeister an seinen Superintendenten: Hochwürdigster, Wohledler und gestrenger Herr, gnädigster Herr Superintendent. Viele Titel sind beständiger, und leiden keine so großen Veränderungen; nämlich die, welche man großen Herren und vornehmen Standespersonen zu geben pflegt. Diese muß man sorgfältig beybehalten, und keine Neuerungen machen, die noch nicht eingeführt sind. Der Rath, den die Madame *des Houlières* an einem Orte wegen der Kleidermoden giebt, kann auch bey den Moden der Titel gelten. Sie sagt: il faut être ni le premier, ni le dernier.

Die Franzosen haben in den Titeln die vernünftigste Gewohnheit. Sie sind kurz und behalten ihren beständigen Gebrauch. Mit dem einzigen Worte Sire sagen sie ihrem Könige alles, was der Deutsche weitläuftig ausdrückt, wenn er Allerdurchleuchtigster, Großmächtigster, Allergnädigster, setzt. Eben so ist es mit den andern Wörtern nach ihrer Art, Monseigneur, Monsieur, Madame und Mademoiselle. Sie behalten dabey ihren vorgeschriebenen Gebrauch, und hängen ihm hartnäckig an. Daher ist die ganze Titulatur der Franzosen leicht; und kömmt der Ungezwungenheit ihrer Briefe ungemein wohl zu statten. Einige haben sie auch bey den Deutschen aus diesem Grunde einzuführen gesucht*);

An-

*) S. den Unterricht wie die französischen Titel einzurichten sind. Leipz. 1733.

Andere haben sie ohne Zweifel darum angepriesen, weil sie es für schön hielten, in einem deutschen Briefe zu zeigen, daß man ein wenig Französisch verstünde. Allein es ist ganz unnatürlich, und selbst unsrer Sprache nachtheilig, daß man die Courtoisie französisch ausdrucken will, und es ist ohnedas bey guten Briefstellern nicht mehr Mode. Die, welche sie wegen der Kürze vertheidigen, verrathen eine große Bequemlichkeit, daß sie der Sprache zu gefallen nicht einige Worte mehr schreiben mögen. Ich gedenke überdas, daß Mein Herr, eben so bald geschrieben sey, als Monsieur, und es wäre freylich vernünftig, wenn diese Kürze ohne Nachtheil der Sprache überall eingeführt wäre. Nur beym Frauenzimmer kann man es noch gelten lassen, daß man Madame oder Mademoiselle sagt, weil diese Titel schon eingeführet sind. Was aber die äußere Aufschrift des Briefes betrifft; so sind die meisten darinn noch uneinig zu bestimmen, ob dieselbe deutsch oder französisch abzufassen sey. Herr Fallbauer *) bemühet sich zwar aus vielen Gründen zu zeigen, daß sie deutsch seyn müsse, und er hat in der Sache selbst vollkommen Recht. Man siehet es auch schon als ein Gesetz an, in Briefen, welche man

*) In der Anweisung zur deutschen Oratorie S. 663.

man an vornehme oder hohe Standespersonen schreibet. Aber sonst sind die französischen Aufschriften so stark eingerissen, daß man oft in den Verdacht eines affectirten und eigensinnigen Wesens kommt, wenn man sie deutsch machen will. Die Klugheit verbietet oft etwas zu thun, das sich sonst mit der Vernunft ganz wohl reimet, aber der tyrannischen Gewohnheit zuwider ist. Hier kommt es auf keine Sachen, sondern nur auf Worte an, darinn der Mode leicht nachzugeben ist. Es wäre gut, wenn man die deutschen Aufschriften überhaupt eingeführet hätte, weil sie bey einem deutschen Briefe sehr natürlich sind. Allein so lange es die besten deutschen Schriftsteller noch nicht mit vereinigten Kräften einrichten, sondern es größtentheils bey dem Alten bewenden lassen; warum will man sich als einen Sonderling ohne Noth beurtheilen lassen? Die Klugheit räth zum wenigsten dieses, daß man allemal auf den Geschmack der Person zurücksehe, an welche man die Aufschrift macht, um daraus die Entscheidung zu nehmen, ob wir sie deutsch oder französisch abfassen sollen.

Doch es kommen die Titel nicht nur im Anfange oder Beschluß eines Briefes vor, sondern man hat sie auch in den Briefen selbst eingeführet. Hier nimmt man anstatt der Fürwörter (pronominum) Abstracta, als: Ew. Durchl. Ew. Excellenz. Ew. Hochwürden ꝛc. Vornehme
redet

redet man in der mehreren Zahl an, also nicht: Er ist so gütig gewesen; sondern: Sie sind so gütig gewesen. Aber daß man sich dem andern in dem Briefe aus Respect allezeit nachsetzen, oder das Fürwort ich gar auslassen soll, um bescheiden zu seyn; dies läuft, wie mir dünkt, auf eine Pedanterey hinaus. Diese politische Wortfügung, wie man sie nennet, verdirbt oft die natürliche, als die einzige angenehme und rechtmäßige. Sie kommt auch bey Leuten von Verstande, die sich einer freyen Schreibart bedienen, ganz ab. Z. E. Wie übelklingend ist folgender Satz: Weil Ew. Hochwohlgeb. ich ohnlängst gebeten habe: Gehet es indessen, ohne gegen die Wortfügung zu verstoßen, an, daß man sich dem andern nachsetzet: so kann man diese Genauigkeit des Wohlstandes leicht beybehalten, z. E. Ew. Hochedelgeb. danke ich deswegen gehorsamst; für: ich danke Ew. Hochedelgeb. deswegen gehorsamst. Schreibt man nicht an fürstliche und hohe Standespersonen: so scheinet es auch schon zu gezwungen, wenn man beständig die Höflichkeitswörter, Deroselben, Dieselben, Denenselben, für: Sie, Ihnen ꝛc. gebrauchet. Man muß sie entweder sparsam anbringen, oder mit den obigen abstrakten Titeln abwechseln; denn sie hindern manchmal auch den Wohlklang. Doch dies ist schon zu besonders für eine allgemeine Betrachtung der

Titel, davon eigentlich der dritte Theil mehr Nachrichten geben soll.

§. 23.

Bey den äußerlichen Bestimmungen der Briefe, z. E. wie die Unterschrift, das Papier, die Brechung des Briefes, der Umschlag, ꝛc. einzurichten sey, muß man ebenfalls die Regeln beobachten, die der veränderliche Wohlstand einführet.

Anmerkung.

Alle diese jetzt berührten Dinge gehören mit zu den äußerlichen Moden der Briefe, die in ihrer Herrschaft abwechselnd sind. Eben die Klugheit, welche die Regeln in Ansehung der Titel nothwendig macht, findet auch hier den Beweis zu ihren Foderungen. Die Welt siehet diese Sachen nicht als Kleinigkeiten an, und spricht denjenigen oft Höflichkeit oder Einsicht ab, die sich ihr Gesetz nicht gefallen lassen. Und dieses Urtheil, dem man doch so leicht entgehen kann, ist allemal verdrüßlich. Außerdem finden sich auch wohl Gründe in dem Endzweck der Briefe, und andern Umständen, daraus man einige Verbindlichkeit zeigen kann, solchen Vorschriften zu folgen.

§. 19.

§. 29.

Man sieht leicht, daß die Regeln bey den äußerlichen Bestimmungen der Briefe weder allgemein noch unveränderlich seyn können. Deswegen ist zu ihrer Erlernung kein gewisseres Mittel vorzuschlagen, als eine genaue Kenntniß der Gewohnheiten und des eingeführten Wohlstandes.

Anmerkung.

Vielleicht wundern sich einige, daß ich die Titularbücher vergessen habe anzupreisen. Allein ich habe sie nicht ohne Grund mit Stillschweigen übergangen. Die meisten, die durch eine solche Arbeit der Welt haben Nutzen schaffen wollen, sind uneingedenk gewesen, daß die Titel beständigen Veränderungen unterworfen seyn, oder daß sie für die Nachwelt zu alt werden würden. Es gehet diesen Büchern nicht viel anders, als den Kalendern, die nur für das Jahr brauchbar sind, auf welches man sie gerichtet hat. Wenn diese Zeit verflossen ist: so werden sie abgedankt, und man schlägt sie nur noch zuweilen nach, um sie mit den neuen zu vergleichen. Es ist daher nichts seltnes, daß, wenn man aus ihnen Rath

holen

holen will, jener Fehler begangen werde, vor dem wir schon oben gewarnet haben (§.27.Anm.) insonderheit, was die Titulatur der Privatpersonen betrifft. Am besten ist es, wenn man selbst in der Erfahrung nachforschet, oder sich von andern, die die Welt kennen, unterrichten läßt, um sich eine Kenntniß der üblichsten Titel zu sammlen. Und auf diese Art kann man sich auch alte Titularbücher brauchbar machen, wenn man die nöthigen Veränderungen hinzusetzt, und man hat also den alten und neuen Stil vor sich. Diejenigen, welchen es an Gelegenheit in dieser Kenntniß fehlet, gehen indessen doch allemal sicherer, wenn sie etwa Lünigs *), Junkers **) und andere Anweisungen zu Rathe ziehen, als wenn sie gänzlich ihrer Einbildung folgen, oder auf ein Gerathewohl die Titel hinschreiben. Für diese wird man auch selbst in dem dritten Theile dieses Buches durch ein beyzufügendes Verzeichniß der üblichsten Titel sorgen.

§. 30.

Die innere Beschaffenheit der Briefe, nebst der Schreibart, fließet aus dem Begriffe eines Briefes, und aus dessen allgemei-

---

*) Im neueröffneten europäischen Staatstitularbuch.
**) Im Anhange des wohl informirten Briefstellers.

meinen Absichten, wie wir bisher gezeiget haben. Folglich sind die davon entworfenen allgemeinen Regeln nothwendig und unveränderlich.

Anmerkung.

Dieser Satz könnte manchem an der unrechten Stelle angebracht scheinen, indem hier nicht so wohl von dem Innern, als von dem Aeußern der Briefe die Rede ist. Allein ich habe ihn um deswillen eingerückt, damit nicht Anfänger auf die Gedanken gerathen mögen, als ob es mit allen Regeln der Briefe so veränderlich wäre, wie in diesem Theile von den Titeln. Ich habe bemerkt, daß sich viele einbilden, es richte sich auch die innere Verfassung eines Briefes nach der Mode, und sie werden öfters in diesem Irrthume bestärket, wenn sie sehen, daß dieser Briefsteller die Regeln so, ein andrer wieder anders macht. Allein die wesentlichen Regeln, welche auf die Ordnung der Gedanken und auf die gehörige Einkleidung derselben gerichtet sind, bleiben beständig, und können keiner Veränderung unterworfen seyn, so lange ein Brief ein Brief ist (§. 7.) Die Wahrheit und Vernunft sind über alle Veränderungen erhoben, ob es ihnen gleich manchmal nicht zuwider ist, sich bald in dieser bald in jener Gestalt sehen zu lassen.

§. 31.

§. 31.

Wir kommen auf die Eintheilung der Briefe. Diese kann entweder in Ansehung der Personen, an welche man schreibt, oder in Ansehung des verschiedenen Innhalts gemacht werden. Weil sowohl die Denkungsart, als auch die Schreibart dem Charakter der Person gemäß seyn muß, welche schreibt, und an welche man schreibt: so entstehen aus diesen verschiedenen Verhältnissen der Personen auch verschiedene Arten der Briefe. Und so vielerley der Innhalt seyn kann: eben so vielerley Arten der Briefe lassen sich auch auf dieser Seite gedenken.

Anmerkung.

Nach der ersten Seite pflegt man die Briefe in drey Klassen abzutheilen, an Vornehmere, Unseresgleichen, und Geringere. Die Alten setzten ihren Unterschied nach den drey bekannten generibus ihrer Rhetorik fest, nämlich nach dem genere demonstratiuo, deliberatiuo und ludiciali. Uhse [*]) hat sie sogar in Briefe von einem

oder

---

[*]) In seinem wohl informirten Redner.

oder vielen argumentis, in Briefe ohne und mit Gefahr, in oratorische und poetische Briefe abgetheilet. Es würde zu weitläuftig fallen, alle übrigen namhaft zu machen, deren man sich bedienet hat. So viele Lehrer des Briefschreibens aufgestanden sind: so viele besondere Eintheilungen siehet man beynahe, nachdem sie es für gut befunden haben, die Reihen in eine andere Ordnung zu stellen, welches denn freylich niemals unmöglich gewesen ist. Die bekannteste Eintheilung ist die, wenn man die Briefe nach ihrem verschiedenen Innhalt, in Glückwünschungs-Dank-Beyleidschreiben ꝛc. unterscheidet, in welche alle aber jedoch der Unterschied der Personen seinen Einfluß behält. Ich kann nicht leugnen, daß mir die unergründliche Abtheilung mancher Briefsteller allezeit etwas unnatürlich vorgekommen ist. Es wäre weit besser gewesen, wenn sie entweder nur die allgemeinen Eigenschaften eines jeden guten Briefes überhaupt deutlich gelehret hätten, wie ich wünsche in diesem ersten Theile geleistet zu haben; oder wenn sie nur bey gewissen Hauptklassen wären stehen geblieben, darunter alle Briefe können gebracht werden. Die Gedanken des Hrn. M. Gellerts von einem deutschen Briefe *), die man fast als einen in die Kürze gezogenen Briefsteller ansehen kann, gefallen

*) S. die Belustigungen des Verstandes und Witzens II. B. S. 177. u. f.

len mir in diesem Stücke so wohl, wie überhaupt. Ich will meinen Lesern, welche sie noch nicht gelesen haben, das Vergnügen machen, etwas davon hieher zu setzen, weil die eignen Worte dieses geistreichen Mannes die schicklichsten zu seinen Gedanken sind. Er sagt: „ Wenn man,
„ wie Neukirch, die Lehre von Briefen auf die
„ Lehre von Temperamenten gründen und ein
„ Geschlechtsregister der Briefe von ihrem mögli-
„ chen Innhalte herleiten will: so könnte man
„ wohl eine Erzählung davon machen, die der
„ tausend und einer Nacht an Bänden nichts
„ nachgäbe. Wer da glaubet, es gehören zu
„ vertraulichen, verliebten, galanten, lustigen,
„ verdrüßlichen, geschäftlichen, ökonomischen,
„ moralischen, politischen, gelehrten, vermisch-
„ ten Briefen, und Compliment-Insinuations-
„ Freundschafts-Antwortsschreiben, neue Kunst-
„ griffe, der wird mit Recht meinen Satz für
„ falsch halten (nämlich daß die nöthigen Regeln
„ zum Briefschreiben keine grosse Anzahl ausma-
„ chen). Und dieses sind nicht etwa alle Arten,
„ die Neukirch und andere erzählen: es sind
„ nur Aeste, die sich wieder in viel kleine Zwei-
„ ge vertheilen. Ich will einmal setzen, ein
„ guter Brief muß natürlich, deutlich, lebhaft,
„ und nach der Absicht der Sache überzeugend
„ geschrieben seyn. Wird nun wohl ein Insinua-
„ tionsbrief eine andere Regel, als ein galanter,
„ ein Freundschaftsbrief eine andere, als ein ver-
traus

„ trautes und geschäfftliches Schreiben erfodern?
„ Ich sehe nicht, warum? Er muß die obigen
„ Eigenschaften behalten, und alles, worinn er
„ sich verändern darf, geht die Hauptsache gar
„ nicht an. Ich nehme den Ausdruck oder die
„ Schreibart aus, in welche die Materien ihren
„ Einfluß behalten. Was hilft es, wenn mir
„ einer sagt, in einem Condolenzschreiben bezei-
„ get man sein Mitleiden; man versichert, daß
„ man Theil an des andern Schmerz nehme:
„ man wünschet ihm andere vergnügte Fälle.
„ Man kann dieses alles wissen, und in Acht
„ nehmen, und das Schreiben kann doch herzlich
„ schlecht gerathen, wenn man nicht denken
„ kann. Ueberhaupt kommen mir die vielfältigen
„ Eintheilungen der Briefe nicht anders vor,
„ als wenn man die Kanzelreden von den Fest-
„ tagen, in Michaelis-Charfreytags-Oster-
„ und Mariäreinigungsreden eintheilen wollte,
„ als ob zu diesen andere Regeln gehörten, und
„ derjenige nicht allezeit erklären, beweisen, er-
„ läutern, die Affekten erregen, und sich nach
„ der Zeit, den Personen und Umständen schi-
„ cken müßte, der öffentlich reden wollte. „

Was wird nun der Leser über meine Bemühung für ein Urtheil fällen, da ich dieser Betrachtung ungeachtet dem gemeinen Fehler der
Briefsteller nachgehen will? Man wird sagen,
der ganze zweyte Theil dieses Buches sey überflüßig und fruchtlos, und vielleicht ist er denen,

die

die das Gegentheil behaupten, noch zu unvollständig. Eines von diesen Urtheilen trifft mich unfehlbar, oder sie treffen mich gar beyde, nachdem eine jede Partey darinn für ihre Begriffe eingenommen ist. Doch ich bitte meine Richter, zuvor diese kurze Anmerkung zu lesen, ehe sie einen Ausspruch thun. Meine Absicht ist gar nicht, einige Regeln aufzustellen, die von den vorigen wesentlich unterschieden wären. Ich habe schon etlichemale eingestanden, daß ein jeder Brief seinem Wesen nach einerley allgemeine Regeln annehme, und ich verlange gar nicht das Geschlechtsregister der Briefe in seinem ganzen Umfange darzulegen, oder von allen Briefen alles Mögliche zu sagen. Die wesentlichen Regeln bleiben. Sie werden nur bey dieser oder jener Gattung der Briefe etwas näher erläutert und aufgekläret, wo bald die Klugheit, bald die Schreibart einige Gesetze machen, die sich ein Anfänger lebhafter eindrücken kann, wenn man ihm Gelegenheit giebt, sie ausführlich zu überdenken (§. 7. Anm.), wie auch Herr Gellert selber billiget. Ich will dabey keinem eine einzige Disposition zur Vorschrift aufzwingen, wie wohl andere gethan haben. Wer vernünftig, ordentlich und lebhaft denket, der kann schreiben wie er will. Die sklavische Nachahmung hat allemal elende Briefschreiber gezogen. Man sehe Cicerons Briefe, die man doch in den Schulen so sehr als Muster anpreiset, in ihrer Zer-

glie-

gliederung an, wie sie Riccius in seinem Commentarius vorgeleget hat: so wird man sie fast alle in ihrer Einrichtung unterschieden finden; und doch sind sie alle schön. Wenn endlich die besondern Eintheilungen und Benennungen der Briefe etwas seltsam scheinen: so berufe ich mich auf den eingerissenen Gebrauch, der auch vielleicht so ungegründet nicht ist, als man meynt. Mehr habe ich für dielesmal nicht, weder zur Vertheidigung noch zur Entschuldigung des folgenden zweyten Theils zu sagen.

Der zweyte Theil.
Von den
verschiedenen Arten
der Briefe.

Des zweyten Theils
erstes Hauptstück.

Von Complimentschreiben und scharffinnigen Briefen.

§. 32.

Das Gefällige, welches man in den meisten Briefen auszubreiten suchet, herrschet insonderheit in den sogenannten Complimentschreiben. Diese enthalten lauter Empfehlungen, oder auch ein Lob desjenigen, an den man schreibt.

§. 33.

Weil eine gar zu ausgedehnte Empfehlung eben so wohl, als ein' ausschweifendes Lob, den andern mißtrauisch machen kann (§. 12. Anm.): so muß man seine Gedanken in Complimentbriefen kurz und ungekünstelt ausdrücken.

§. 34.

Der Witz befördert das Angenehme und Gefällige in den Gedanken. Daher muß man in Complimentbriefen einen regelmäßigen Witz zeigen.

§. 35.

Wenn man den andern von der Aufrichtigkeit seiner Gesinnungen überzeugen kann: so erhält man die Absicht zu gefallen am ersten. Die Sprache des Herzens ist natürlich und ohne Schminke. Folglich muß das Witzige nicht allzustudiert, oder gezwungen scheinen (§. 13. Anm.).

§. 36.

36.

Scherzhafte Gedanken und Ausdrücke zeigen schon eine gewisse Vertraulichkeit an. Folglich muß man sich derselben gegen Vornehmere und Geringere, der Klugheit gemäß, in Complimentbriefen enthalten.

§. 37.

Unter guten Freunden ist es erlaubt, scherzhaft zu schreiben. Aber diese scherzhaften Ausdrücke müssen weder den Regeln des Witzes noch der Tugend und Ehrbarkeit entgegen seyn, oder den andern zu nachtheiligen Auslegungen Gelegenheit geben.

§. 38.

Man muß niemals in den Verdacht eines Schmeichlers fallen. Daher muß man niemals an dem andern etwas loben, was nicht gegründet, oder nicht lobenswürdig ist. Man muß auch das Lob von einer solchen Seite darstellen, da es die Bescheidenheit des andern am wenigsten beleidigen kann.

Anmerkung.

Ohne mich anitzt in eine weitläuftige Untersuchung von der Sittlichkeit der Complimenten einzulassen, will ich nur noch einiges auseinander wickeln, welches etlichen Lesern in den vorhergehenden §§. noch nicht deutlich genug scheinen könnte. Der ganze Character der Complimentbriefe muß demjenigen ähnlich bleiben, den man in dem persönlichen Umgange nach den Regeln des Wohlstandes für vernünftig hält. Es ist wahr, ein Brief kann etwas regelmäßiger aussehen als ein mündliches Compliment, weil diesem ohnedas die Bewegungen des Körpers zu statten kommen. Aber dies macht keinen wesentlichen Unterschied. Ein Complimentbrief muß also einmal ungekünstelt seyn, weil man im vernünftigen Umgange die übertriebenen Empfehlungen oder Einschmeichlungen billig hasset. Es sind insgemein zwo Quellen, daraus die gekünstelten Complimente entstehen. Entweder man hat unsinnige Romanen gelesen, und suchet die schwülstigen Ausdrücke, die darinn vorkommen, wieder anzubringen; oder man will das Compliment nach einer ordentlichen Schulkrie chrie disponiren. In beyden herrschet ein unleidlicher Zwang. Nach dem ersten verfällt man oft in das lächerlichste Zeug, wenn der ungesunde Witz zugleich mitwirken will. So sagte z. E. jener einem Frauenzimmer folgende Schmeicheley vor: Ich erniedrige mich von der äusserften Extremität Ihrer Haarspitzen bis aufs unterste Stäubchen der Erden, welches sie mit Dero marmornen Saulen des Leibes betreten; und wenn ich etwan einigen Mist der Ungezogenheit habe fallen lassen: so bitte ich solchen auf den Wagen Ihrer Wohlgewogenheit zu laden, und ihn in das tiefe Meer der Vergessenheit zu führen. Das andere kommt gar zu studiert heraus; und alle Annehmlichkeit eines Compliments bestehet doch in der wohlgetroffenen Freyheit, alles so zu sagen, daß man nicht scheinet durch tiefes Nachdenken darauf gekommen zu seyn. Freylich, wenn man Weisens politischen Redner, oder Weidlings oratorischen Hofmeister zu Lehrern erwählet: so kann man wohl nicht anders, als auf diese mühsame und unzeitige Denkungsart gerathen. Ein Complimentbrief muß ferner mit gutem Witze geschrieben seyn. Dies heißt so viel: Daß man einige unerwartete und lebhafte aber doch richtige Leitungen der Gedanken, einige gute Einfälle und dergleichen, darinn anbringe. Das Neue gefällt allemal besser, und diese Briefe leiden nach ihrer Absicht nichts weniger, als geschworene Formelchen. Hier kommt es mehr auf einen feinen Verstand und auf einen natürlichen lebhaften Geist an, als daß man die Complimentbücher plündern wollte, die größtentheils noch unter den Händen des gemeinen Mannes oder auch des gelehrten Pöbels sind, und von der Mode schon längst verlassen worden. Indessen widerrathe ich nicht, einige gute moralische Schriften zu lesen, die man als Hülfsmittel zur Ausbesserung des Wißes im Umgange gebrauchen kann z. E. des Herrn von Bellegarde*) und le Noble**) hieher gehörige Abhandlungen. Aber es muß damit eine Kenntniß der Welt, und einige Erfahrung des menschlichen Herzens verknüpfet werden. Selbst die gute Erziehung trägt dazu nicht wenig bey. Man wird vergebens einwenden, daß an vornehme Personen der Wiß zur Kühnheit werden könnte, und daß man an solche ganz ernsthaft schreiben müßte. Es ist wahr, der Wiß darf sich hier nicht auf die scherzhafte Seite lenken (§. 36.); allein man kann auch ernsthaft seyn, ohne trocken zu werden, und es giebt einen Wiß, der sich mit der Ehrerbietung verträgt, indem er die Empfindung des Herzens ausdrückt; ob

man

---

*) Dessen Regeln des bürgerlichen Lebens; Artigkeit der Sitten; und Betrachtung der Auslachenswürdigkeit.
**) Wahre Klugheit in der Welt zu leben ꝛc.

man ihm ſchon freylich mehr als zu oft ſeine Einſchränkungen anſieht. Der Complimentbrief muß endlich kurz ſeyn. Wie es in dem Umgange etwas unerträgliches iſt, wenn man beſtändig complimentiret, oder ein Compliment von unmäßiger Länge macht; ſo iſt es auch in Briefen keine anſtändige Sache. Man ſchreibet dergleichen Briefe ohnedas nicht allzugerne, wenn man nur gewöhnet iſt, in Geſchäfften zu ſchreiben, und ein langer Complimentbrief macht ſeinen Verfaſſer nicht ſelten verdächtig, daß er dem Müſſiggang hold ſey, oder daß er nichts wichtigers zu thun habe. Es könnte noch erinnert werden, daß die Einſchmeichlungen, die in dieſen Briefen unterlaufen, nichts niederträchtiges in ſich halten müſſen. Man begehet eine Grobheit, wenn man das Lob oder die Empfehlung unwahrſcheinlich macht; und dieſe Grobheit wird alsdann erſt recht verhaßt, wenn blos der Eigennuß davon die Triebfeder iſt. Ich will auch noch dieſe Regel der Klugheit hinzufügen: daß man vornehme Gönner, die mit wichtigen Geſchäfften überhäuft ſind, ſo viel als es möglich iſt, mit bloßen Complimentbriefen verſchone.

§. 39.

Unter den Gelegenheiten, welche verſchiedene Arten der Complimentbriefe ver-

veranlassen, sind hauptsächlich Glücks-
fälle, Unglücksfälle, genossene Wohlthaten ꝛc. hinzurechnen. Daher sind die
Glückwunsch- Beyleid- und Danksagungsschreiben entstanden.

§. 40.

In einem Glückwunschschreiben
giebt man dem andern sein Vergnügen
über eine ihm angenehme Begebenheit
zu erkennen.

§. 41.

Man wird in diesen Briefen allemal
gefallen, wenn man den andern kurz
zu überzeugen weiß, daß man ihn des
Glückes würdig achte, und daß unsere
Freude darüber aufrichtig sey (§. 35.).

§. 42.

Die Größe dieses Vergnügens über
des andern Glück wird desto natürlicher abgebildet werden, wenn man die
Größe des Glückes, der Freundschaft
und

und Hochachtung, doch ohne unnöthige Erweiterungen kurz zu schildern weiß.

§. 43.

Die Umstände müssen den angehängten Wunsch bestimmen, dadurch man entweder die Vergrößerung des Glückes, oder die beständige Dauer desselben wünschet.

§. 44.

Die Schreibart muß in diesen Briefen munter und aufgeweckt seyn, denn sie ist der Freude natürlich (§. 23.).

Anmerkung.

Es würde vermögen gehandelt seyn, wenn ich alle die Gelegenheiten bestimmen wollte, bey welchen man Glück wünschen kann. Die Briefsteller, die dieses zu thun gesuchet haben, liefern uns ein unvollständiges Verzeichniß; und ich halte auch diese Arbeit selbst für unnöthig und überflüßig. Denn wer ein Gratulante werden will, der muß ohnedas wissen, ob die Begebenheit freudig sey, weil man freylich zu traurigen

rigen Veränderungen nicht leicht gratuliret. Aber es kann eine angenehme Begebenheit vor der andern den Glückwunsch verdienen, nachdem sie wichtig, selten, und besonders erfreulich, oder nicht ist. Hieraus sind die Glückwünsche zum Neuen Jahre zu beurtheilen. Die meisten halten dieses Joch der Gewohnheit so heilig, daß sie um diese Zeit Briefe schreiben, wenn sie auch im ganzen Jahre keine geschrieben haben. Sind denn etwa nicht alle Zeiten dazu bequem, dem andern etwas Gutes zu wünschen? Die Glückwünsche, dabey die Gewohnheit der Bewegungsgrund gewesen ist, behalten wenig vorzügliches, und sind einem Vernünftigen ziemlich gleichgültig. Sie finden auch wirklich anitzt unter Leuten von Geschmack wenig Anhänger, und vernünftige Clienten, die keine gar zu knechtische Seele haben, fangen auch schon an, ihre Patronen nicht mehr damit zu beschweren. Schreibt man eben in gewissen Angelegenheiten um diese Zeit: so ist es gar nicht unanständig, einen Glückwunsch beyzufügen. Glaubt man aber Ursache zu haben, um deswillen einen eigenen Brief zu schreiben: so sey er ja kurz, und nicht nach den gemeinen Formeln eingerichtet. Ich will doch einen nach dem Französischen hieher setzen, der es nicht ist.

Exempel

I.

Es ist nicht das erstemal, daß ich die Ehre habe, Ew. Wohlgebl. zum neuen Jahre zu gratuliren, und ich bitte den Himmel, daß dies nicht das letztemal seyn möge, damit ich Ihnen noch lange meine Ergebenheit bezeigen, und Sie mir noch lange Ihre Gewogenheit schenken können. Man darf gewiß nicht Ew. Wohlgebl. allein betrachten, wenn man solche Wünsche thut; man muß zugleich auf sehr viele Personen sehen, die die Ehre haben Dieselben zu kennen. Denn wem ist doch wohl dero gutthätiges Herz unbekannt? Man sollte sagen, daß Sie nur darum leben, um diejenigen, welche in Ihrer Gütigkeit Hülfe suchen, zu verpflichten. Ich kenne deren viele, welche diese Wahrheit mit Vergnügen bezeugen und bekennen würden, daß Sie um ihrer Angelegenheiten willen Dero wichtigste Geschäffte oft liegen gelassen, die Sie darauf sogar zum Nachtheil Ihrer Gesundheit, in langen Nachtwachten wieder vorgenommen haben. Ew. Wohlgebl. können also daraus urtheilen, ob man nicht verbunden ist, für eine so schätzbare Gesundheit, als die Ihrige, Wünsche zu thun, und ob ich hierin nicht der erste seyn muß, da ich die größten Wirkungen Ihrer Wohlgewogenheit empfunden habe. Nein, bey so großen Verbindlichkeiten, darf ich unmöglich dieses neue Jahr hingehen lassen, ohne Ihnen meine Freude zu bezeugen, daß Sie es mit so vollkommener Gesundheit angefangen haben. Und wenn ich mir auch nicht schmeicheln könnte, daß mei-

meine Wünsche wirksam genug wären; so werde ich sie doch in meinem ganzen Leben für Dero Erhaltung fortsetzen, und nie aufhören zu seyn 2c.

II.

(Aus dem Französischen des

Suretiere.)

Wenn ich so lange gewartet habe, Ew. Hochedelgebl. zu bezeugen, wie sehr ich mich über Dero neues Glück freue, so müssen Sie das mehr meinem Schicksal, als meiner Faulheit zuschreiben. Eine starke Unpäßlichkeit hat mich fast seit einem Monate ganz untüchtig zum Schreiben gemacht; und Ew. Hochedelgebl. sehen also, daß ich eines grossen Vergnügens entbehre, wenn ich nicht eine Pflicht erfüllen kann, die mir so angenehm seyn würde zu erfüllen. Doch wenn mir gleich die Schmerzen die Thätigkeit nehmen, so lassen sie mir doch die Freyheit zu wünschen. Alle Bewegungen meines Herzens, und alle meine guten Neigungen gehen nur auf Sie, Hochzuehrender Herr: möchten Sie doch immer von einer Staffel des Glücks und der Wohlfahrt zur andern hinaufsteigen, und alle die Wünsche eines Freundes erfüllet sehen, der ganz Ihr eigen ist!

Ich freue mich eben so sehr über die neue Verbindung Ihres Hauses, als über Dero neue Würde. Sie können mir nichts von Ihrem vortrefflichen Herrn Schwiegersohne sagen, das ich nicht schon wüßte; ich verehre seine Verdienste schon lange, und ich bewundere mehr in ihm den grossen, als den vornehmen Mann 2c.

III.

III.

(Der vier und funfzigste Brief des Hrn. Gellerts an eine Freundinn.)

Also sind alle Hindernisse gehoben, die Ihre Wünsche so lange aufgehalten haben? Ihr Geliebter ist mit einem ansehnlichen Glück versorgt, und Sie sind binnen wenig Wochen die Seinige? Keine Nachricht in der Welt hat mich so vergnügt, als diese. Ich kann mich an Ihrem Briefe gar nicht satt lesen. Wer ist glücklicher als ich? fangen Sie an. Ja, wer ist glücklicher, als Sie? Aber, wer hat auch mehr verdient, es zu seyn, als Sie? Wer hat zärtlicher, tugendhafter, und beständiger geliebt? Ich sage es Ihnen zur Ehre, daß Sie unter allen Frauenzimmern, die ich zeitlebens gekannt, die größte Liebe, und zugleich den größten Heldenmuth bewiesen haben. Auf einen entfernten Liebhaber in dem Frühlinge der Schönheit länger, als acht Jahre warten; einem Liebhaber mit einem noch ungewissen Glück die vortheilhaftesten Gelegenheiten aufzuopfern, ohne sie erst anzuhören; ja, meine Freundinn, wer kann das? Ich möchte Ihren ersten Umarmungen zugesehen haben! Doch Sie haben mir ja diesen zärtlichen Auftritt so beschrieben, daß ich ihn gesehen und gefühlt habe. Umarmen Sie ihren Geliebten, indem Sie dieses lesen, und danken Sie ihm in meinem Namen mit tausend Küssen für das Vergnügen, das er mir durch das Ihrige gemacht hat. Ich komme gewiß auf Ihre Hochzeit; gewiß, denn der Himmel ist zu gütig, als daß er mir die Freude entziehen sollte, die größte Liebe und Tugend belohnt, kurz Sie
und

und Ihren Mann, nach so langen Wünschen, glücklich zu sehen. Wie wird er mir in den Armen seiner Braut danken, daß ich der erste gewesen bin, der sie ihn hat kennen lernen! Also ist durch meine Freundschaft die zärtlichste, und endlich auch die glücklichste Liebe entstanden? Stolzer Gedanke! Ich küsse Ihnen die Hand, liebste Braut, und bin in acht Tagen selbst bey Ihnen. Da will ich Ihnen durch mein Vergnügen über Ihr Glück beweisen, daß ich vor tausend andern bin 2c.

§. 45.

Beyleid= oder Condolenzschreiben enthalten Merkmale des Mitleidens über die den andern betroffene unangenehme Begebenheit.

§. 46.

Folglich gelten bey diesen Briefen nach der Veränderung des Vorwurfes alle die Regeln, welche oben bey den Glückwünschungsschreiben gegeben worden (§. 41. u. f.).

§. 47.

Das wahre Mitleiden, das wir andern bezeugen, ermuntert uns auch sie zu trösten, indem wir sie nicht gerne traurig sehen. Daher kann man in Condolenzbriefen dem andern Trostgründe vorstellen.

§. 48.

Diese Trostgründe sollen den Schmerz des andern lindern, oder gar aufheben. Sie müssen daher rührend seyn, und sich eine Aufmerksamkeit zuziehen können.

§. 49.

Folglich muß ein wahrer Trostgrund keine betrügliche Vorstellung in sich halten, oder nicht gar zu gemein seyn (§. 13.).

§. 50.

Man muß die Gemüthsart des zu tröstenden wohl kennen, damit man wisse, welche Gründe in ihm Eindruck machen, und auf welcher Seite er einiges Trostes fähig sey (§. 5.).

§. 51.

§. 51.

Es giebt gewisse Personen, denen man keinen Gefallen thut, wenn man sie für unwissend hält. Daher muß man bey solchen das Ansehen meiden, als ob man sie durch den tröstenden Vortrag belehren wollte.

§. 52.

Man hänget zuweilen unangenehmen Leidenschaften mit Vergnügen nach, zumal wenn man sie für billig hält. Daher ist es ein Kunstgriff im Trösten, daß man diese Leidenschaften nicht sogleich bestürmet, sondern ihnen etwas nachgiebt, um sie desto eher nach und nach durch entgegengesetzte Vorstellungen wo nicht ganz aufzuheben, doch wenigstens unvermerkt zu schwächen.

§. 53.

Die Schreibart ist in diesen Briefen der Sache gemäß; nämlich eindringend und beweglich.

§. 54.

§. 54.

Zuweilen handelt man in öffentlichen Glückwünschungsbriefen und Trostschreiben einen ordentlichen Lehrsatz ab. Dies kann aus vielerley Absichten geschehen, die an sich selbst ohne Tadel sind. Man muß nur dabey die vorhergehenden Regeln immer vor Augen behalten, und eine angenehme Verbindung der ausgeführten Wahrheit sowohl mit dem Eingange des Briefes, als auch mit dem Beschluße desselben machen.

Anmerkung.

Es ist sehr nöthig, daß man die Verhältnisse richtig abmesse, in welchen man sich mit demjenigen betrachten kann, an den man schreibet. Ist es eine Person, die weit über unsern Stand hingerücket ist, so verlangt der eigensinnige Wohlstand, daß man sich in Trostgründen nicht mühsam erschöpfe, und mit einem belehrenden Ton gemeine Mittel zu Linderung des Schmerzens vorschlage. Die Franzosen machen zwar darinn keinen Unterschied, und sie pflegen an den König oft so scharfsinnig und moralisch zu schreiben, als an einen ihres gleichen, wie man unter an-

dern

dern in den Briefen des Grafen von Bussy einige Proben sehen kann. Aber bey den Deutschen ist man eher geneigt, dieses für einen Vorwitz auszugeben, und man hält es nur noch zuweilen Predigern zu gute. Hier thut man also weiter nichts, als daß man die Größe seines Mitleidens aus der Größe des Verlusts schildert, und einen Wunsch anhänget. Wo man aber trösten will, da muß man wissen, ob die Betrübniß des andern dergleichen nöthig habe. Wenn ein lachender Erbe durch den Tod seines alten Vetters zum Besitz seiner Güter gelanget, so wird man ihm in der Stille auslachenswürdig, wenn man ihn weitläuftig trösten will. Heimlich wünscht er sich Glück; und vor der Welt scheinet er untröstbar. Die gemeinen Trostgründe, daß der Verstorbene selig, der Rathschluß des Höchsten nicht zu ändern sey, und dergleichen: sind mit einer verneuerten Gestalt vorzutragen. Sie sind oft die wichtigsten und besten, aber durch die Gewohnheit nicht mehr empfindbar. Wenn sie also nur auf einer neuen Seite dargestellet werden, so kann man sich ihrer ganz wohl bedienen. An einen Freund kann man dem Briefe zugleich alle Freyheit in dem Affekte und in der Zärtlichkeit verstatten, die unser Herz fühlt, wie z. E. derjenige Brief des Hrn. Gellerts ist, den ich unter den Exempeln anführen werde. In öffentlichen größern Trostschriften ist es erlaubt, sich etwas mehr Mühe

zu

zu geben, und daher kann auch die Schreibart alsdann der rednerischen näher kommen. Es ist auch da erlaubt, schöne moralische Stellen aus einem Poeten anzuführen, wenn sie nicht zu gesucht aussehen, und nicht zu dicht auf einander gehäufet werden. Nur muß man sich fürsehen, daß man keinen gekünstelten Schmerz annehme, und daß man sich dem Urtheile nicht blos stelle: der Brief sey nur aus dem Verstande, und nicht aus dem Herzen geflossen.

Exempel.

I.

Servius Sulpicius an den Cicero *).

Ich habe die Nachricht von dem Tode Ihrer lieben Tullia, mit einer solchen Bewegung und Bekümmerniß vernommen, daß ich ihren Tod für ein gemeinschaftliches Unglück halte. Wäre ich selbst zugegen gewesen; so hätte ich nicht ermangelt, Ihnen meinen Schmerz hierüber mündlich zu bezeugen. Wiewohl es eine elende und bittere Tröstung ist, deren sich Bekannte und Verwandte mit Thränen unterfangen, wenn sie anstatt andere aufzumuntern, selber eines

---

*) Es ist der fünfte aus dem vierten Buche der Ciceronianischen Briefe, und hat man die Hofmannische Uebersetzung, außer einigen kleinen Veränderungen, beybehalten.

nes Trostes bedürftig sind. Dem allen ungeachtet bin ich entschlossen, Ihnen kürzlich meine zufälligen Gedanken zu eröffnen; nicht als ob Ihnen dergleichen Trostgründe verborgen wären, sondern weil Sie vielleicht für Betrübniß sich derselben nicht erinnern können. Warum lassen Sie sich doch die inneren Schmerzen so sehr bewegen? Bedenken Sie vielmehr, wie das Glück bisher mit uns gespielt, und uns etwas entrissen hat, welches uns nicht weniger lieb war, als unsre Kinder. Das Vaterland, die Redlichkeit, der Credit, ja alle wohlverdiente Ehren sind dahin! Was fehlte mehr, als der traurige Todesfall? Allein wie konnte Ihr Schmerz wohl vergrößert werden, da unser Herz durch jene Unglücksfälle schon zubereitet war, alles übrige Elend für gering zu achten? Quälen Sie sich über die Verstorbene: so müssen Sie doch auch öfters eben sowohl, wie ich, auf die Gedanken kommen; daß zu diesen elenden Zeiten diejenigen wohl daran sind, welche ohne grosse Schmerzen das Leben mit dem Tode haben vertauschen können. Was für eine Hoffnung oder Ergetzung hätte die Verstorbene wohl bey diesen Zeiten zu einem längern Leben reizen mögen? Etwa eine Heirath mit einem vornehmen Jünglinge, mit welchem Sie den Rest ihres Lebens hätte vergnügt zubringen können? Hätten Sie auch wohl unter unserer jetzigen Jugend einen Eydam nach ihrem Stande und Wunsche angetroffen, dessen Treue Sie ihre Kinder sicher möchten anvertrauet haben? Sollte Tullia Kinder haben, und sich bereinst über ihren Wohlstand freuen? Sollten diese eine reiche Erbschaft von ihren Aeltern empfangen; Ehrenstellen in der Republik bekleiden, oder unter vielen guten Freunden einer ungekränkten Freyheit genießen? so war ja die Hoffnung zu diesem allen schon verschwunschwunden, noch ehe sie, oder die Ihrigen dieser Dinge theilhaftig werden konnten. Aber es ist ein Unglück, seine Kinder verlieren! Ich gestehe, es ist ein Unglück, aber das ist noch ein weit größeres Unglück, den Verfall der Republik tragen müssen! Indessen will ich Ihnen doch erzählen, was mich neulich einigermaßen ermuntert hat? ob es vielleicht auch etwas zu Linderung Ihrer Schmerzen beytragen möchte? Als ich neulich aus Asien zurückkam, und von Aegina nach Magara schiffte, fielen mir im Vorüberfahren verschiedene Länder in die Augen. Hinter mir hatte ich die Insel Aegina, vor mir die Stadt Megara; zur Rechten lag der Athenienser ehemaliger Haven Pyräus, und zur Linken die Stadt Corinth. Dies waren ehemals blühende Oerter, die aber jetzt verfallen und zerstört vor meinen Augen lagen. Wir arme Menschen zürnen, dachte ich bey mir selbst, wenn etwa einer von den Unsrigen gestorben ist, da doch ihr Leben viel kürzer seyn muß, als aller dieser berühmten Städte, deren Trümmer hier in Staub und Grauß zerstreuet liegen! Willst denn du Servius den Gedanken so gerne verscheuchen, und dich gar nicht erinnern, daß du ein Mensch gebohren bist? Glauben Sie mirs, mein lieber Cicero, diese Betrachtung hat mein Herz nicht wenig leichter gemacht. Ich bitte Sie deswegen, stellen Sie sich dieselbe, wenn Sie belieben, auch vor. Neulich sind zu gleicher Zeit viele berühmte Leute umgekommen: unsere Herrschaft ist noch dazu merklich verkleinert: ganze Provinzen sind erschüttert worden; und Sie werden so gewaltig durch den Verlust eines einzigen Mädchen bewegt, das, wenn es jetzt nicht geschehen wäre, dennoch in wenig Jahren hätte sterben müßen, weil sie von Menschen gebohren war. Rufen Sie doch Ihre

Gedanken von diesen traurigen Zufällen auf sich selbst zurück, und erinnern Sie sich solcher Dinge, die Ihrer Person würdig sind! Ihre Tochter hat so lange gelebet, als es nöthig war. Sie hat die Republik in ihrem Flor, und ihren Vater als Richter, als Bürgermeister, als Augur gesehen. Sie hat fast alles Gute überlebet, und ist endlich mit der untergehenden Republik gestorben. Worinnen haben Sie sich beyde über das Schicksal zu beschweren? Vergessen Sie also nicht, daß Sie Cicero sind; ein Mann, der gewohnt ist, andern guten Rath und heilsame Lehren zu geben: werden Sie nicht jenen Aerzten gleich, die fremden Krankheiten Arzneyen verordnen, aber sich selber nicht zu heilen wissen; sondern, was sie andern zu rathen pflegen, das stellen Sie nunmehr Ihrer eignen Seele vor, und machen sichs selbst zu Nutze. Keine Schmerzen sind so heftig, die die Zeit nicht verringern, oder doch lindern kann. Nur Ihnen wäre es nachtheilig, diese Zeit abzuwarten, und dem Trauren nicht vielmehr mit Ihrer Weisheit vorzubeugen. Ja, wenn es wahr ist, daß die abgeschiedenen Seelen einige Empfindung behalten, und die Verstorbene Sie geliebt und alle Ihrigen verehret hat; so will sie gewiß nicht, daß Sie sich über sie bekümmern sollen. Thun Sies also doch der Verstorbenen zu Gefallen, und trauren Sie nicht so sehr. Thun Sies Ihren guten Freunden und Bekannten, die durch Ihr schmerzliches Trauren niedergeschlagen und trostlos sind; ja thun Sies Ihrem Vaterlande zu Liebe, damit dasselbe noch ferner Ihres nöthigen Raths und Hülfe genießen könne. Und weil es leider mit uns allen zu einem Unglücke gekommen ist, darinn wir uns schicken müssen: so hüten Sie sich, daß einige nicht den Argwohn fassen, als ob Sie nicht sowohl Ihre Tochter, als

als die Zeiten der Republik und gewisser Leute Siege betrauerten. Ich schäme mich, Ihnen mehr davon zu schreiben, weil ich gar nicht gern das Ansehen haben möchte, als wenn ich ein Mißtrauen in Ihre Klugheit setzte. Ich will also diesen Brief nur noch mit einer einzigen Erinnerung schließen: Wir haben Sie zu unterschiedenen malen das Glück sehr schön ertragen gesehen, wie Sie sich denn billig von dieser Seite ein großes Lob erworben haben. Lassen Sie uns nun noch einmal sehen, daß ein Unglück Ihnen nicht unerträglich gewesen, oder daß Ihnen seine Last nicht größer, als billig vorgekommen sey: damit es nicht etwa heiße, es habe Ihnen unter so vielen andern Tugenden die Gedult gefehlet. So bald ich merken werde, daß Sie ruhiger in Ihrem Gemüthe geworden sind, so will ich Ihnen von dem, was hier vorgeht, wie auch von dem Zustande meiner Provinz Nachricht geben. Leben Sie wohl!

II.

(Nach dem Französischen des Suretiere)

Wenn Sie in dem Zustande, worinn Sie sich befinden, noch eines Trostes fähig sind; so sehe ich wohl, daß sie ihn nur von Gott erhalten können. Man muß ihm alles das aufopfern, was man verlieret, wenn man wirklich nichts verlieren will. Dadurch nimmt man dem Glück seine Rechte, und lernet die Gewalt des Todes verachten. Wenn Sie mir glauben wollen, Madame, so machen Sie aus dem Gegenstande Ihres Schmertzens ein Opfer; ich versichere Ihnen,

Stockhausens Grundsätze.　　 J　　　　 daß

daß er alsdann seine Natur verwandeln, und Ihnen zu einem Verdienste werden wird. Bringen Sie das, was Sie beklagen, zum Altar, und vermehren Sie durch einen so frommen Gebrauch seinen Werth. Diese Art des Trostes wird Ihnen ein Geschöpf noch weit vollkommener vorstellen, als es durch die Zeit noch nicht geworden war, und Sie werden Ihre Tochter weit sicherer in Gott besitzen, als in ihr selbst. Gott ist getreu, Madame, er wird Ihnen das, was Sie ihm gegeben haben, wohl aufheben, Ihr Geschenk wird eine Beylage seyn, die Sie nicht mehr verlieren können, Sie werden sie bey demjenigen wieder finden, bey dem man alles findet. Diese Philosophie, die ich hier zur Nachfolge vorschlage, ist für eine so erhabene Seele, wie die Ihre ist, Madame, nicht zu hoch. Sie wissen es besser, als ich, daß mehr Heilungsmittel und Beruhigungsgründe in unserer Religion sind, als es Unglücksfälle in unserm Leben giebt. Eilen Sie also mit Ihrer Gottseligkeit derjenigen Hülfe noch zuvor, die Ihnen etwa die menschliche Vernunft anbieten könnte. Wie sehr wünschte ich doch, daß sich eine ganz andere Gelegenheit, als diese, gezeiget hätte, um Ihnen die Versicherung meiner Hochachtung zu erneuren, und Ihnen zu sagen, daß ich beständig sey re.

III.

(Aus dem Französischen des Grafen von Bussy an den Marschall von Navailles.)

Der Verlust, den Sie durch den Tod ihres Herrn Sohnes erlitten haben, rühret mich mit der empfindlichsten Betrübniß. Man muß
gewiß

gewiß so weise und so standhaft seyn, als Sie gnädiger Herr, um einen so harten Stoß auszuhalten. Sie haben zwar noch keinen von dieser Gewalt jemals empfunden; aber Sie sind doch nicht so ganz unbekannt mit Widerwärtigkeiten, daß sie nicht sollten gelernet haben, sich den Fügungen Gottes zu unterwerfen. Das ist meine einzige Zuflucht in meinem Unglücke gewesen; und ich wünsche, gnädiger Herr, daß sie es auch in Ihrer Betrübniß seyn möge. Ich bin ꝛc.

§. IV.

(Der zwey und funfzigste Brief des Hrn. Gellerts.)

Also haben Sie Ihren besten Freund, Ihren L... verlohren? Sie dauern mich unendlich, und ich wünschte, daß selbst diese Versicherung etwas zu Ihrer Beruhigung beytragen möchte. Denn was habe ich sonst, womit ich Sie aufrichten könnte? Gott! wer hätte das vor wenig Monaten bey unserer Zusammenkunft in Merseburg denken sollen, daß dieser so muntere und vor uns allen belebte Freund, der erste und nächste zum Tode seyn sollte! Und er war es in diesem Jahre noch. Vater der Menschen! Wie flüchtig ist das Leben, das wir so sehr lieben, und als dein Geschenk auch lieben müssen! Ich weine, indem ich dieses schreibe: ich weine mit Ihnen, mein lieber B.. und ich wünsche, daß mich niemand diese Stunde in meinen Thränen und in meinen menschlichen Empfindungen stören mag. Wie könnte ich die letzten Augenblicke vom Jahre, die noch übrig sind, glücklicher anwenden, als wenn ich sie dem Mitleiden, dem Gedanken des Todes, und der Seele des Verstorbenen schenke? ·· Er ist also in dem Schooße der Ewigkeit und der unaussprechlichsten Ruhe? ·· Was muß ein Geist von der Erde weggenommen, bey dem ersten Eintritte in das Land der Vollkommenen, fühlen? welche göttliche Wolluft! ·· Geleitet von der Hand des Allmächtigen, überschaut er die Welten der Seligkeiten; entzükt von den Stralen der Gottheit preist er den Tag der Geburt und des Todes zugleich, und fühlet, daß der Herr Gott ist. ·· Nun sieht er den göttlichen Erlöser und verliert sich in dem Meere seiner Liebe, und wird trunken von den Geheimnissen der Erlösung. ·· Er fängt die ewigen Loblieder Gottes und der Tugend an. ·· Die kleinste gute That auf Erden stellt sich ihm nunmehr im heiligen Lichte vor, und eine jede edle Absicht wird ihm zur Belohnung vor dem Allwissenden, und bleibt ihm ein ewiger Ruhm in dem Angesichte der Vollkommenen. ···

Nehmen Sie, mein lieber B··, diese Bilder der Einbildung zu Hülfe, wenn Sie mit Ihren Gedanken dem Seligen folgen. Sollte er nicht so glücklich seyn, als ich gesagt habe? Er ist es gewiß, und ich preise Gott in diesem Augenblicke, daß er es ist. Wollten Sie wohl Ihren L·· wenn es bey Ihnen stünde, von diesem Glücke auch nur eine Stunde zurückhalten? Heben solche Gedanken die natürliche Empfindung, in den Stürmen der Wehmuth, und das Verlangen nach denen, die wir lieben und lieben müssen, nicht auf; so machen sie unsre Betrübniß doch zur Tugend, indem sie ihr die gehörigen Schranken geben. Und welcher Trost ist stärker

und

und erhabener, als der: Der Herr hat ihn gegeben, der Herr hat ihn genommen! Er erhalte Sie in dem Jahre, das wir anfangen, gesund und zufrieden, und schenke Ihnen diese Wohlthat noch in vielen folgenden. Er lasse Sie die Freude der glücklichsten Väter erleben, und Sie in den Sitten und Handlungen Ihrer Söhne das liebenswürdige Herz einer nicht mehr vorhandenen Mutter, und stets den Lohn einer sorgfältigen Erziehung erblicken. Ich wünsche dieses mit dem aufrichtigsten Herzen, und ich bin Zeitlebens ꝛc.

§. 55.

Danksagungsschreiben enthalten Zeugnisse der Verbindlichkeit wegen der von dem andern empfangenen Gutthaten, oder bewiesenen Gefälligkeiten.

§. 56.

Da eine jede Wohlthat oder Gefälligkeit werth ist, daß man sich ihrer erinnert, und dafür danket; so muß man in diesen Briefen nicht nachläßig seyn.

§. 57.

Weil die Absichten und Bewegungsgründe am meisten den inneren Werth der

der Wohlthaten und Gefälligkeiten bestimmen: so hat man auf diese bey der Art der Danksagung am meisten zurück zu sehen.

§. 58.

Die Großmuth muß man großmüthig ehren. Folglich darf man sich in Danksagungsschreiben nicht merken lassen, als ob man wegen seiner Verdienste ein Recht an dergleichen Wohlthaten gehabt zu haben vermeyne.

§. 59.

Man muß die Wohlthaten nicht auf derjenigen Seite rühmen, wo sie uns den Verdacht einer eigennützigen, oder, welches eben so schlecht ist, einer schmeichlerischen Gemüthsart zuziehen können. (§. 38.)

§. 60.

Die Schreibart ist in diesen Briefen ehrerbietig und verbindlich; doch ohne Niederträchtigkeit und ohne Schwulst.

Anmerkung.

Ich habe nichts von den mancherley Gelegenheiten zu danken gesagt, weil sich die Fälle niemals genau bestimmen lassen. Wer nicht weiß, wann er danken soll, dem helfen auch keine Regeln, wie er danken soll. Eben so wenig will ich auch etwas von den Formeln berühren, deren man sich in der Danksagung bedienen könne; denn ich halte es für allzu sklavisch, darinn gewisse Vorschriften aufzubringen. Wenn man gut denket, und sich durch die Lesung wohlgesetzter Briefe einen guten Geschmack erworben hat: so finden sich die Ausdrücke von selbst. Nur eins will ich noch erinnern: Wie man in Complimenten kurz seyn muß (§. 33.); also müssen auch Danksagungsschreiben nicht gar zu weitläuftig gemacht werden, wenn sie blos Danksagungsschreiben sind, weil sie sonst sehr leicht durch die Schmeicheley ermüden können. In der Erniedrigung aber, und in der Vorstellung seiner Unwürdigkeit, muß man niemals ausschweifend seyn, damit nicht andere auf die Gedanken verfallen, als ob wir uns durch diese verstellte Demuth eine heimliche Lobrede halten, oder von dem andern eine desto größere Erhebung unserer Verdienste verlangen wollten.

Exempel.

I.

(Cicero an den Marcellus.)

Der eilfte Brief aus dem funfzehnten B.

Ob ich schon überzeugt war, wie sehr Sie für meine Ehre und Ruhe besorgt gewesen, und wie gleich Sie sich auch als Consul geblieben sind, mein Wohlthäter zu seyn, der Sie allezeit nebst Ihren Aeltern und Ihrem ganzen Hause waren: so habe ich es doch noch deutlicher aus allen Briefen der Meinigen vernommen. Es kann also nichts so groß seyn, das ich ihnen nicht schuldig wäre, und das ich auch so sorgfältig als gerne zu erfüllen wünschte. Es ist nicht gleichviel, wem man verpflichtet ist: aber ich möchte gewiß niemanden lieber verpflichtet seyn, als Ihnen, mit dem mich einerley Bemühungen, väterliche Wohlthaten, und selbst ihre eigenen Wohlthaten schon lange verbunden hatten. Noch kömmt nach meiner Meynung die größte und wichtigste Verbindung dadurch hinzu, daß Sie die Republik, die ich über alles liebe, so regieren, und bereits regieret haben, daß ich allein mit gutem Herzen Ihnen dafür so sehr verpflichtet bin, als alle ehrlichen Leute zusammen Ihnen dafür verpflichtet sind. Möchten Sie doch in allen so glücklich seyn, als Sie verdienen, und als ich es zuversichtlich wünsche! Wenn mich die Schiffahrt, welche in die Hundstage einfällt, nicht aufhalten wird, so hoffe ich Ihnen bald meine Aufwartung zu machen.

II.

II.

(Q. Cicero an seinen Bruder.)

Der sechzehnte Brief aus dem sechzehnten B.

Ja, so wahr ich dich mein theurer Bruder, und alle die Deinigen liebe, du hast mir in dem armen Tiro einen recht grossen Gefallen erwiesen, du hast ihn lieber zu unserm Freunde, als zum Sklaven verlangt; und er war auch gewiß eines besseren Schicksals werth. Glaubst du wohl, daß ich recht vor Freuden aufgesprungen bin, als ich eure beyden Briefe gelesen hatte? Ich danke dir herzlich für die Freude, und gratulire dir zu einer so schönen That. Wenn mir allein schon die Treue des Statius so viel Vergnügen macht, wie viel Freude muß mir nicht eben diese gute Eigenschaft an dem Tiro machen, wenn ich noch dazu seinen sowohl mündlichen, als schriftlichen gelehrten und gefälligen Umgang rechne, der jene Vortheile selbst überwiegt? Es fehlt mir zwar nicht an den wichtigsten Gründen, dich zu lieben; aber du bist mir doch auch um dieser Ursache willen lieb, auch nur deshalben, daß du mir so, wie du solltest, die Sache geschrieben hast. Ich habe dich ganz an deinem Briefe erkannt. Des Sabins Söhnen habe ich nichts versprochen, das ich nicht halten will, und ich habe ihnen sehr viel versprochen.

III.

(Plinius an den Flaccus.)

Der zweyte Brief aus dem fünften B.

Ich habe die recht schönen Turteltauben bekommen, aber ich kann es weder mit etwas von meinem Landgute, noch aus dem Meere bey der jetzigen ungestümen Witterung gut machen. Hier haben Sie also einen ganz leeren und schlechterdings undankbaren Brief, der nicht einmal jener Feinheit des Diomedes mit einem ungleichen Gegengeschenke beykömmt. Doch, nach Ihrer guten Gemüthsart werden Sies ihm desto leichter verzeihen, je mehr er sich selbst dieser Gefälligkeit unwürdig bekennet. Leben Sie recht wohl.

IV.

(Der ein und funfzigste Brief des Herrn Gellerts.)

Sie sind ganz gewiß der Unbekannte, in dessen Namen mir Herr R * * eine so ansehnliche Belohnung für eine geringe Arbeit überbracht hat. Er hat mir es zwar nicht gestehen wollen, und Sie werden mir es auch nicht gestehen; allein ich kann nicht irren, wenn ich Ihnen den Dank dafür abstatte. Wer könnte sonst eine so kleine Mühe so reichlich belohnen, und zugleich so bescheiden? Sie haben der Belohnung die Gestalt der Wohlthat genommen, um mich ihr Vergnügen, ohne der Unruhe der Verbindlichkeit, fühlen zu lassen. Soll ich Ihnen auch dafür nicht danken? Leugnen Sie es nicht länger, daß ich Ihnen das Geschenk schul-

schuldig bin. Sie haben Ihre Absicht erreicht; ich bin völlig überzeugt, daß Sie mir eine Freude haben machen wollen, ohne mich dadurch verbindlich zu machen; allein es gehört nunmehr selbst zu meiner Freude, daß ichs wissen muß, daß ich sie niemanden anders schuldig bin, als Ihnen. Ihr Geschenk ist mir nicht sowohl durch sich angenehm, als weil Sie mirs gemacht haben. Und so verbraucht auch dieser Gedanke ist: so empfinde ich doch seine Wahrheit zu sehr, als daß ich ihn nicht für die aufrichtigste Danksagung haben sollte. = = = ꝛc.

§. 61.

Liebesbriefe sind nichts anders, als solche Schreiben, welche zwo Personen von unterschiedenem Geschlechte wechseln, die sich einander entweder schon lieben, oder doch lieben wollen. Sie sind entweder scherzhaft, oder ernsthaft.

§. 62.

In beyden Fällen muß sich derjenige, der solche zu schreiben Ursache findet, in Acht nehmen, daß er nicht in das Romanenmäßige und Unnatürliche verfalle, oder gegen die Ehrbarkeit und gegen den Wohlstand sündige (§. 37.)

Anmerkung.

Ich habe diese Gattung der Briefe deswegen mit unter die Complimentschreiben gesetzet, weil sie größtentheils nichts anders als Complimente sind (§. 3a.) Man häufet eine Höflichkeit auf die andere, man sagt seiner Geliebten eine Schmeicheley, eine zärtliche Empfindung über die andere vor. Ich finde aber, was die Regeln betrifft, am wenigsten dabey zu erinnern, weil der Affekt selbst hier der beste Lehrmeister seyn soll. Es würde unerträglich seyn, zu diesen Briefen einige Dispositionen zu geben, weil sich eine verwirrte Gemüthsbewegung niemals an einerley Ordnung bindet, und weil selbst hier gewisse Dinge schön sind, die man in andern Briefen ohne Scheu Thorheiten nennen würde. Indessen ist doch Neukirch sehr weitläuftig, dazu Anleitung zu geben, und sowohl den Mannspersonen als auch dem Frauenzimmer Stoff zu Liebsbriefen darzureichen, den also diejenigen brauchen können *), deren Liebe an Erfindung arm ist.

Ich werde es andern überlassen, ein System von der Liebe und ihrer Sprache zu geben: es wird für die Absicht dieses Buchs genug seyn, wenn ich nur einige kurze Erinnerung mittheile,
die

─────────
*) In der Anl. zu deutschen Briefen. S. 215. u. 451. u. f.

die wider das Ausschweifende in diesen Briefen sind.

Zuerst muß man einen Unterschied unter den ernsthaften und unter den galanten Liebesbriefen machen. In jenen trägt man seine Leidenschaft ohne Verstellung und aufrichtig vor; man schreibet sie nur an solche Personen, mit denen wir uns wirklich in eine erlaubte nähere Verbindung einlassen wollen; wenigstens sollte man sie nur dann schreiben. Diese hingegen kann man ohne Unterschied sowohl an verheirathete als ledige Frauenzimmer schreiben, deren Freundschaft uns dazu Erlaubniß giebt, und das sind scherzhafte Liebeserklärungen, bey denen sich der Witz und die Kunst schon mehr äußern, als bey dem wahren. Wiewohl ist es von der einen Neigung zu der andern ein so kurzer Sprung, daß man einen Liebhaber schon im Ernste glücklich schätzen kann, wenn er auch nur im Scherze gefällt.

Bey den ernsthaften Liebeserklärungen muß man den Affekt natürlich und ungekünstelt ausdrücken, die Empfindungen des Herzens haben mehr Antheil daran, als der Witz; weil ein Brief, der gar zu studiert und gar zu witzig aussiehet, die Richtigkeit der Liebe selbst verdächtig macht. Eine französische Dame antwortet ihrem Liebhaber auf seine künstliche Liebeserklärung ganz artig: Wenn etwas wäre, was ihm beym Frauenzimmer den Glauben benähme, so wäre es nicht, daß er in seiner Liebe zu unverschämt, sondern daß er in Entdeckung derselben zu künstlich wäre. Grosse Leidenschaften hätten mehr Verwirrung ꝛc. *). Die Kunst ist noch weit unglücklicher, wenn sie in allegorische und übertriebene Redensarten verfällt, die etwa aus der Banise oder aus der schönen Melusine und Magelone hergenommen sind. Wie artig lautet es, wenn man von diamantenen Herzen, von Sündfluten der Thränen, von corallenen Lippen, von alabasternen Händen, von Nectar der Küsse redet, oder die Augen zu Sternen, und den Odem zu lauter Ambra und Zibeth macht? Eine so kostbare oder eine so wohlriechende Schreibart schickt sich für keine Liebe, die noch etwas vernünftig ist. Man muß die schwülstige Schreibart auch nicht einmal in galanten Liebesbriefen gebrauchen, wenn man sich nicht mit Fleiß vorgesetzet hat, lächerlich zu werden. Eben so wenig muß man gleich von Mord und Todschlag reden, im Falle, daß man nicht erhöret werden sollte. Man weiß, was es mit dem Tode der Verliebten zu bedeuten

---

*) So schreibt die Gräfinn v. Olonne an den Hrn. v. Canbale: S'il y a quelque chose, qui Vous empêche d'être crû, quand Vous parlez de Vos amours, ce n'est pas qu'ils m'importunent, c'est que Vous en parlez trop bien. D'ordinaire les grandes passions s'expliquent plus confusément, et il semble, que Vous écrivez comme un homme, qui a bien de l'esprit, et qui n'est point amoureux, mais qui le veut faire croire.

ten hat, und ich denke bey einem so drohenden Compliment des Liebhabers allemal an den Petrill des Hrn. v. Hageborn, oder an die Erzählung des Hrn. Gellerts vom Selbstmord, zurück. Ich kenne verschiedene junge Herren, die schon seit drey Jahren mit dem fürchterlichen Vorhaben umgegangen sind, zu den Füßen ihrer grausamen Göttinnen zu sterben; aber sie finden immer nur noch etwas dabey zu überlegen, und indessen sind sie noch herzlich gesund und wohl.

Der andere Abweg ist eben so sehr zu vermeiden. Wenn man der Tugend so weit untreu wird, daß man alle Schamhaftigkeit b.y Seite setzet, anstößige, üppige und buhlerische Ausdrücke gebrauchet, und mit der Geliebten gleichsam nackend redet: so muß man gewiß bey einem vernünftigen Frauenzimmer verhaßt werden, und die, welche daran ein Gefallen haben, sind keiner vernünftigen Liebe werth (§. 21. 4. b.). Nämlich die Vertraulichkeit muß in keine Frechheit ausschlagen, und zärtliche edle Gesinnungen dürfen sich niemals von einer gewissen Hochachtung trennen, in welcher man allezeit der Geliebten etwas fremde bleiben muß. Man kann überhaupt bey diesen Briefen, die so vielen Zufällen und Bedenklichkeiten unterworfen sind, nicht fürsichtig genug seyn. Der Leichtsinn der Jugend hat insgemein gar zu viel Theil daran, und sie schaden nur gar zu oft unsrer künftigen Ruhe und Achtung. Es ist daher ganz rathsam, daß man sich

in

in dergleichen Briefen niemals über die Gränzen der Vernunft und der Bescheidenheit wage, damit, wenn sie auch jemals in die unrechten Hände kommen sollten, die Spötter nicht zu viel zu unserer Demüthigung finden können. Aber sollte wohl nicht mancher gegen diese Regel schreyen:

O schweig! das heißt nicht lieben:
Läßt uns die Liebe klug?

Von allen Schriftstellern, die in dieser Art von Briefen berühmt sind, weiß ich fast keine anzuführen, als die griechischen Briefe des Alciphrons und Aristenets *) und die gebundenen Briefe des Ovids. Die Franzosen sind den Deutschen in diesen Briefen sowohl, wie in allen andern, weit vorgekommen. Sie haben selbst in ihrer größten Barbarey niemals ein so abgeschmacktes Buch hervorgebracht, wie wir z. E. an des Francisci Liebeskammer haben. Man wird die Briefe der Babet, wegen des naifen Scherzes, der mit ihrer Zärtlichkeit verknüpft ist, vorzüglich schön finden. Die Lettres d'une Portugaise reden die stärkste Sprache der Leidenschaft, und ihnen kommen die Lettres de la Marquise de M** ziemlich nahe. Ein zärtliches,

---

*) Sie sind ins Französische übersetzt, unter dem Titel. Lettres d'*Aristenete* auxquelles on a ajouté les Lettres chuifies d'*Alciphron* etc. Londres 1739. Ich habe in meiner Sammlung vermischter Briefe ein paar Uebersetzungen aus den Bremischen Beyträgen entlehnet.

liches, wohlgebildetes Herz, das die ungekünstelte Sprache seiner Empfindung redet, ist, wie ich schon erinnert habe, die einzige Quelle aller Schönheiten, die in diesen Briefen statt finden können. Es giebt eine gedoppelte Zärtlichkeit der Ausdrücke; die eine ist für den Verstand und den Witz, die andere scheinet nur für das Herz zu seyn. Jene scheinet den Gedanken nur halb zu sagen, und verräth ihn nur von der einen Seite, damit man das Vergnügen habe, ihn ganz zu entdecken, so wie Virgils Schäferinn, wenn sie fliehet, um desto besser gesehen zu werden. Von dieser Art ist z. E. diese Stelle des jüngern Crebillon *); „Die Frau v. Senanges
„ saß noch an ihrem Nachttische; darüber hatte
„ man sich nicht sehr zu verwundern. Je mehr
„ die Annehmlichkeiten bey dem Frauenzimmer
„ abnehmen, desto mehr Zeit müssen sie anwen-
„ den, ihren Verlust auszubessern, und die Frau
„ von Senanges hatte gewiß viel auszu-
„ bessern." Eben so viel Zärtlichkeit steckt in dem Lobspruche, welchen Cicero dem Cäsar giebt: Du pflegest nichts zu vergessen, als die

Bes

---

*) *Egaremens du Coeur et de l'Esprit*, p. 122. Madame de Senanges étoit encore à sa toilette; cela né'toit pas bien surprenant: plus les Agrémens diminuent chez les femmes, plus elles doivent employer de temps à tacher d'en réparer la perte, et Madame de Senanges avoit beaucoup à réparer.

Beleidigungen *). Doch diese Zärtlichkeit könnte man vielleicht auch nach dem Sprachgebrauche besser eine Feinheit des Ausdruckes nennen, davon besonders die Lobrede des Plinius auf den Trajan fast ganz angefüllet ist. Die andere Zärtlichkeit des Ausdrucks, welche diesen Namen im eigenthümlichen Verstande verdienet, herrschet in den Empfindungen des Herzens; der Liebe, des Mitleidens und andern Neigungen. So sind die verliebten Klagen eines Tibulls. Z. E. er redet einmal seine Geliebte an:

- - - *in solis tu mihi turba locis.*

Du bist mir eine Schaar in jeder Einsamkeit. Wenn Virgil von einem sterbenden Menschen sagt, der noch einmal an sein entferntes Vaterland zurück denkt; so sagt er:

- - - *et dulces moriens reminiscitur Argos.*

Und sterbend fällt ihm noch sein, süßes Argos ein.

In der schönen Ode an Damon, die im ersten Bande der Bremischen Beyträge auf der 157ten Seite stehet, und der die Harmonie des Syllbenmaßes in der Zärtlichkeit noch mehr Anmuth zu geben scheinet, heißt es:

Wenn

---

*) Obliuisci nihil soles, nisi iniurias. *Orat. pro Ligar. n. 35.*

Wenn ich in der Stille weine,
Denk' ich, wie ich Dich erblickt,
Wie sich an der sanften Leine
Mir dein Bild ins Herz gedrückt;
Wie ich dir entgegen eilte;
Freund, bereue diese Wahl,
Weil ich dort, zu künftger Qual,
Erst mein Herz mit Deinem theilte, ꝛc.

Wie bey sanftem Händedrücken
Meine Phyllis fruchtlos ringt,
Und in schmachtend schönen Blicken
Nur den Widerstand erzwingt;
Seufzt, da Sie sich weigern sollte;
Fliehen will und es nicht wagt;
Im Erröthen stammelnd sagt,
Was Sie mir verschweigen wollte ꝛc.

und so zärtlich ist die ganze Ode. In dem Briefe der Heloise an den Abelard, welcher mit in der Sammlung vermischter Briefe stehet, kommen häufige Stellen vor, welche lauter Zärtlichkeit sind. *). Da ich hier nicht blos von verliebten, sondern zugleich von zärtlichen Briefen überhaupt rede; so darf ich gewiß die Briefe der Fr. v. Sevigne, besonders diejenigen, die sie an ihre Tochter geschrieben, nicht übergehen. Sie sind von einer Zärtlichkeit beseelt, die nicht melancholisch ist. Auch die Briefe des Racine

an

*) Man hat diese Briefe kürzlich im Deutschen mit der Popischen Paraphrase ganz übersetzt bekommen.

an seinen Sohn verdienen hier genennt zu werden. Man wird einen Vortheil davon haben, wenn man dergleichen gute Aufsätze mit der nöthigen Empfindung liest. Das Herz, wenn es anders nur von Natur dazu fähig ist, erkennet diese schönen Empfindungen bald für die seinigen, die vorher noch in ihm verwirret lagen, und wird dadurch ausgebildet. Sollte es nicht gut seyn, wenn mancher zärtlicher Briefwechsel von der Art gedruckt wäre, der aber vielleicht oft darum so schön ist, weil er nicht für die Welt geschrieben worden?

Damit ich doch diesen Abschnitt nicht ohn alle Exempel lasse; so will ich einen Brief aus den Lettres d'Amour d'une Portugaise hersetzen. Es ist in der Ordnung der siebente Brief, den die verliebte Nonne schreibt.

Lassen Sie uns doch unsre Schwüre nicht halten, mein Werther; es kostet gar zu viel, sie zu erfüllen. Wir wollen uns sehen, und zwar, wenn es möglich ist, sogleich in dem Augenblick. Sie haben mich in Verdacht einer Untreue gehabt; Sie haben mir selbst diesen Verdacht mit einer beleidigenden Art eröffnet; aber ich liebe Sie mehr als mich selbst, und ich kann nicht leben, ohne Sie zu sehen. Wozu nützet es uns, solche willkührliche Abwesenheiten zu machen; haben wir nicht andere genug auszustehen, die unvermeidlich sind? Kommen Sie doch, um meiner Seele durch einen Augenblick einer freyen Unterredung alle Freude wiederzugeben. Sie berichten mir, daß Sie mich nur um beswillen besu-

besuchen wollen, um mich um Verzeihung zu bitten: Ach kommen Sie nur, wenn Sie auch in der Absicht kämen mir Schmähworte zu sagen. Ich will lieber Ihre erzürnten Augen sehen, als daß ich Sie gar nicht sehen sollte. Aber ach! ich wage fast nichts, wenn ich diese Wahl auf Ihre Gemüthsfassung ankommen lasse. Ich weiß, daß ich Sie zärtlich und verliebt sehen werde. Sie sind mir schon diesen Morgen in der Kirche so vorgekommen, ich habe darinn die Bestrafung Ihrer Leichtgläubigkeit gelesen; und Sie haben in meinen Augen Versicherungen der Verzeihung erblicken müssen. Lassen Sie uns nicht mehr von diesem Streit reden; oder wenn wir ja davon reden, so soll es nur zur Verhütung eines neuen instünftige geschehen. Wie konnten wir wohl an unsrer Liebe zweifeln, wir sind ja nur um ihrentwillen auf der Welt. Ich würde niemals das Herz gehabt haben, das ich habe, wenn es nicht von Ihnen hätte ganz sollen eingenommen seyn; und Sie würden die Seele nicht haben, die Sie besitzen, wenn Sie mich nicht hätten lieben sollen. Der Himmel hat uns beyde nur darum so fähig zur Liebe gemacht, daß ich Sie so sehr lieben möchte, als Sie liebenswürdig sind; und daß Sie mich eben so sehr liebten, als Sie geliebet werden. Aber sagen Sie mir doch, haben Sie auch alles das empfunden, was ich empfunden habe, seitdem wir uns gegen einander böse stellen? Denn im Ernste sind wir nie auf einander böse gewesen, wir sind nicht vermögend dazu, und unser glücklicher Stern ist mächtiger als alle Verdrüßlichkeiten. Großer Gott! Wie mühsam ist mir diese Vorstellung gewesen! Wie viel Gewalt haben sich meine Augen angethan, wenn sie Ihnen ihre Bewegungen verstecket haben! und wie feind muß man sich selber seyn, um

sich

sich einen Augenblick des guten Vernehmens (oder Gewogenheit) zu entziehen, wenn man sich so liebet, wie wir! Meine Schritte führten mich wider meinen Willen dahin, wo ich Sie antreffen mußte, mein Herz, das sich eine so angenehme Gewohnheit gemacht hat, bey Ihrer Begegnung aufzuwallen, suchte meine Augen um sich zu entdecken; und da ich mich zwang, ihm dieses abzuschlagen: so gab es mir heimliche Stiche, die nur denen begreiflich sind, welche sie empfunden haben. Es dünkt mir, daß Ihnen nicht viel anders zu Muthe gewesen sey; ich habe Sie an solchen Oertern angetroffen, wo Sie von ungefähr nicht konnten hingekommen seyn; und wenn ich Ihnen alle meine Eitelkeiten anvertrauen soll, ich habe nie so viel Liebe in ihren Blicken bemerket, als seitdem Sie sich zwingen wollen, nicht mehr verliebt zu scheinen. Wie thöricht ist man doch, sich so viel Zwang anzuthun! Aber wie wohl thut man hingegen, sich seine Seele so vollkommen vorzustellen! Ich kannte alle Zärtlichkeit der Ihrigen, und ich würde gewiß Ihre verliebten Bewegungen von tausend andern Seelen unterschieden haben; aber ich kannte auch so wenig Ihren Zorn, als Ihre Ernsthaftigkeit. Das wußte ich wohl, daß Sie zur Eifersucht fähig wären, weil Sie liebten; aber ich kannte den Charakter gar nicht, welchen diese Leidenschaft in Ihrem Herzen annehmen sollte. Es würde eine Untreue gewesen seyn, mich länger daran zweifeln zu lassen; und ich kann mich nicht enthalten, Ihrer Ungerechtigkeit gut zu seyn, weil sie mir zu einer so wichtigen Entdeckung geholfen hat. Ich hatte Sie eifersüchtig haben wollen, und ich habe Sie nun so gefunden; aber entsagen Sie doch Ihrer Eifersucht, so wie ich von meiner Neugierde ablaße. So viel Stellungen auch ein Liebhaber

annehmen mag: so ist doch keine so vortheilhaft
für ihn, als ein glücklicher Liebhaber zu seyn.
Das ist ein grosser Irrthum, wenn man sagt,
daß ein Liebhaber närrisch sey, wenn er zufrieden
ist. Die, welche unter dieser Gestalt nicht liebenswürdig sind, würden es noch weit weniger unter
einer andern seyn; und wenn man nicht Zärtlichkeit genug hat, um sich den Charakter eines zufriedenen Liebhabers zu Nutze zu machen; so liegt
es nur am Herzen, und die Glückseligkeit hat keine
Schuld. Eilen Sie deswegen, mein Werther,
um mich in dieser Wahrheit zu bestärken; ja eilen Sie, ich bitte Sie darum. Ich würde nicht
so wenig zärtlich seyn, und Ihre Ankunft durch
einen so langen Brief einen Augenblick länger
aufhalten, wenn ich wüßte, daß Sie mich jetzt
eben, da ich dieses schreibe, besuchen könnten.
Denn so viel Vergnügen ich auch darinn finde,
mich auf diese Art mit Ihnen zu unterreden, so
weiß ich ihm doch wohl das Vergnügen einer andern Unterredung vorzuziehen. Nur ich allein
kann das Vergnügen empfinden, an Sie zu schreiben, und Sie theilen es mit mir, wenn Sie mich
besuchen. Aber wie? Ich kann nur das eine unter dem Zwang des Wohlstandes genießen, und
ich habe das andere, so oft ich will. Jetzt, da
alle Leute in unserm Hause schlafen, und sich vielleicht glücklich schätzen, wohl zu ruhen; so genieße
ich ein Glück, das der tiefste Schlaf mir nicht
geben kann. Ich schreibe Ihnen, mein Herz redet mit Ihnen so, als ob Sie darauf antworten
sollten, es opfert Ihnen diese Nachtwache mit
seiner Ungedulb auf. Ach! wie glücklich ist man,
wenn man vollkommen lieber, und wie sehr bedaure ich diejenigen, welche in dem Müßiggange
schmachten, der aus der Freyheit entstehet! Guten Morgen, mein Werther, der Tag bricht an,

er würde gewiß jetzt früher, als sonst erschienen seyn, wenn er meine Ungedult um Rath gefragt hätte: aber er ist nicht, wie wir, verliebt; man muß ihm seine Langsamkeit verzeihen, und solche durch einige Stunden Schlaf zu überwinden suchen, damit man sie nicht so unerträglich finden möge.

Von scherzhaften Liebesbriefen findet sich ein Exempel in den Bremischen Beyträgen zum Vergnügen des Verstandes und Witzes *), welches ich darum nicht hersetzen will, weil diese unvergleichliche Monatschrift keinen von meinen Lesern unbekannt seyn muß.

§. 63.

Wir kommen auf die **galanten Briefe**. Unter diesen verstehet man solche, welche mit einer gefälligen und natürlichen Scharfsinnigkeit abgefasset worden.

§. 64.

Ein hurtiger Verstand, ein regelmäßiger Witz, der reich an Einfällen ist, die fleißige Lesung guter Exempel, und der Umgang mit scharfsinnigen Leuten, sind die besten Hülfsmittel, deren man sich zur glücklichen Verfertigung dieser Schreiben bedienen kann.

§. 65.

*) II. B. S. 336.

§. 65.

Die Klugheit erfodert, daß man dergleichen Briefe nur an solche Personen schreibe, denen der Witz und die scharfsinnige Schreibart nicht mißfällt, und welche im Stande sind, sie zu verstehen, d. i. welche selbst guten Witz haben.

§. 66.

Der Charakter der dabey üblichen Schreibart ist kurz, doch ohne dunkel oder affectirt zu seyn; und die Zweydeutigkeit der Ausdrücke muß keine bloße Wortspiele in sich fassen, oder gegen die Tugend sündigen (§. 21.)

Anmerkung.

Es ist schwer, von galanten Briefen eine vollständige und doch kurze Erklärung zu geben: vielleicht darum, weil man von dem Geschmack, der darinn herrschet, meistentheils nur selbst verwirrte Begriffe hat, und weil man auch keinem das sinnreiche und scharfsinnige, welches das Genie fast allein nur der Empfindung vorbehalten hat, durch Regeln geben kann. Neukirch und andere drücken sich so dunkel, so unbestimmt darüber aus, daß man schon scharfsinnig genug seyn muß, wenn man nur eigentlich wissen will, wovon sie reden. Die Franzosen behelfen sich hier mit ihrem je ne sai quoi*). Das ist nicht genug, daß ich weiß, daß diese Briefe nicht schwermüthig, nicht nach der Chrie, sondern frey und ungezwungen geschrieben seyn müssen; das ist nur Eine Eigenschaft, aber es ist noch nicht das Wesen selbst. Die Briefe haben blos das Vergnügen zur Absicht, und daher vertragen sie die sinnlichen Einfälle, den Scherz und die muntern Wendungen des Witzes so sehr, als es die Sachen nur zugeben können; und so unnatürlich auch eine so anhaltende Sprache im gemeinen Leben oder in Briefen von ernsthaftem Inhalte seyn würde, so natürlich kann sie in dieser Art von Briefen seyn. Es sind im eigentlichen Verstande keine bloßen Scherzbriefe; sie nehmen den Scherz nur hier und da zu Hülfe; sie sollen durchgängig vergnügen, aber sie sollen den Leser nicht in einem beständigen Lachen erhalten. Der P. Bouhours hat von witzigen Einfällen und scharfsinnigen Ge-

dan-

---

*) Der Herr Verfasser des Traité du Stile sagt p. 275. Chap. XV. On n' entend pas par Lettres galantes des Lettres tendres et amoureuses, mais des Lettres où l'on voit briller une noble gaité; un je ne sai quoi, qui n' est à proprement parler, ni l' enjouement ni la plaisanterie, mais qui tient un milieu entre ces deux tons. C' est un badinage délicat, léger, vif et agréable. Man vergleiche hiebey Hrn. Gellerts Gedanken, von dem guten Geschmack in Briefen, S. 100. u. f.

banken eine ganze Sammlung gemacht *), die
vieles Gutes in sich hält, und auch durch die Anmerkungen denen, die schon einigen Witz haben,
sehr nützlich seyn kann. Aber es kömmt bey diesen Briefen gar nicht auf das Gesuchte an: man
muß einen ursprünglich guten und lachenden Witz
haben, der nicht durch Kunst und Arbeit zusam-
mengesucht ist, sondern der überall mit der Natur als seinem eigenen Stempel bezeichnet ist,
wenn man diese Briefe zum Beyfall geistreicher Leser, als den einzigen schätzbaren Beyfall, schreiben will. Die Regel, welche Hr. Gellert den
Dichtern giebt, nie nach ihrem bloßen Willen
und ohne den Trieb sder Natur zu singen, ist
auch den Verfassern dieser Briefe gegeben. Es
kann einer einen guten Brief in einer andern Art
des Geschmaks schreiben, der einen schlechten galanten Brief schreibt; er kann auch oft dieses in
einer Stunde besser thun, als in der andern, da
er nicht aufgerdumt dazu ist **). Es giebt noch
eine muntere Art zu reden, die, ohne den Putz
des Sinnreichen, gefällt, und wie Hr. Gellert
am angeführten Orte sehr wohl angemerket, nur
der Freundschaft und Liebe insbesondere eigen ist.

K 2　　　　　　Die

*) Maniere de bien penser dans les Ouvrages d'Esprit.
Sie ist vor einigen Jahren zu Altenburg deutsch
herausgekommen.

**) Aus den Danziger Sendschreiben ist eine Be-
trachtung von guten Einfällen mit in den ersten Theil der Sammlung vermischter Briefe
eingerückt, die hieher zur Erläuterung gehört.

Die Franzosen pflegen sie die naive Schreibart zu nennen. Man sagt seine wahre Meynung, spricht es mit einer gewissen Sorglosigkeit, mit einer Offenherzigkeit, die den Wohlstand zu vergessen scheint, und die doch gefällt, weil sie aus einem freudigen und immer zufriedenen Herzen quillt. So redet die muntere Babet mit ihrem Liebhaber. Ich wollte noch hinzusetzen: so schreibet die aufgeweckte Sevigne, und so schreibet Hr. Gellert in seinen Briefen meistentheils selbst.

Ob die galanten Briefe diese Benennung ursprünglich den Verliebten zu danken haben, darüber ist man nicht ganz eins. Wenigstens darf man jetzt darunter nicht bloß dergleichen zärtliche Briefe verstehen, da man viele galante Briefe hat, die nicht zärtlich sind, nach der obigen Anmerkung des Franzosen. Es giebt freylich auch galante Liebesbriefe (§. 62. Anm.), allein diese machen nur eine Gattung davon aus.

Wenn man fragt, ob man galante Briefe ohne Unterschied an jedermann schreiben könne: so haben wir uns schon durch die Beantwortung einer ähnlichen Frage (§. 38. Anm.) hierüber erklärt. An weit vornehmere oder geringere Personen ist viel Behutsamkeit in der Schreibart nöthig, zumal da sich der Scherz so leicht in diese Briefe mit einmischet, der eine gewisse Vertraulichkeit mit sich führt. Es kömmt da hauptsächlich auf die Verbindung an, in welcher man mit den Personen stehet. In Frankreich, da man den Witz hochschätzet, wo man ihn findet, mißt man so sehr nicht die Schreibart der Briefe, nach den Klassen des Ranges. Ein wißiger Kopf erhöhet sich bis zu den Vornehmsten, und macht durch die Grösse seines Geistes den äusserlichen zufälligen Unterschied des Standes gleich. Man sehe die Briefe des Voiture, die er an den Prinzen von Conde und andere vornehme Personen geschrieben hat, die Briefe des Chaulieu an die Herzoginn von Bouillon, u. a. m. Ich würde mich noch auf ein grosses Beyspiel berufen, daran Deutschland sowohl als Frankreich Antheil hat, wenn nicht die kurze Sammlung der Briefe, die ich hier mehne, bekannt genug wäre. Indessen sind auch nicht alle Materien zur galanten Schreibart gleich geschickt. In einem Geschäftsbriefe muß man seine Meynung ohne Umschweife und unverdeckt sagen, und diejenigen, die sich vorsetzen über alles scharfsinnig zu seyn, gerathen nicht selten ins Kostbare, in trockene und unglückliche Einfälle. Die Complimentbriefe scheinen die galante Schreibart besser anzunehmen.

Unter die Hülfsmittel zu dieser Schreibart, wenn es ja einige giebt, rechne ich nebst der Anführung der Natur, dieser grossen Lehrerinn, die fleißige Lesung wohlgeschriebener galanter Briefe. Unter den Alten müste die Wahl besonders auf den Plinius fallen, der auch, wo ich nicht irre, der erste Römer seiner Zeit gewesen ist, welcher diese Schreibart in Briefen vorzüglich eingeführet hat.

hat. Sartorius *) hat ihn verdeutschet, aber so, daß seine Arbeit noch einmal ins Deutsche übersetzt werden müßte, wenn Plinius nichts dabey verlieren sollte. Es ist kein Seckendorf, und noch weniger ein Melmoth, die dem Plinius durch ihre schönen Uebersetzungen, jener zum Theil im Deutschen, dieser ganz im Englischen, Ehre gemacht haben. Unter den Franzosen, denen diese Schreibart besonders eigen ist, will ich nur den Voiture, den Balzac und den Hrn. von Fontenelle nennen, weil ihre Sammlungen fast nur aus lauter galanten Briefen bestehen. Nach dem Urtheile des Hrn. von Voltaire sind kaum vier bis fünf Briefe aus der starken Sammlung des Voiture schätzbar. Allein es kann diese Zahl ohne Zweifel noch ein wenig erweitert werden, und es verdienten einige mehrere die Uebersetzung, als die in der Sammlung vermischter Briefe zur Probe gegeben sind. Ohne einen Ausspruch zu thun, so glaube ich, daß die Briefe des Voiture darum nicht durchgehends gefallen können, weil man zu viel Bestrebung darinn wahrnimmt zu gefallen, weil sie oft zu leer an Gedanken sind, und die Scherze fast immer auf einen Schlag herauskommen. Hätten diejenigen Personen, an die er die meisten geschrieben, selbst einen bessern Geschmack gehabt, und hätte er um seiner Briefe willen keine so gute Pension genossen; denn man siehet nur gar zu oft,

*) unter dem Titel: des Staatsklugen Plinii Hof- und Bürgerliche Briefe 12. Danz. 1718.

oft, daß er ein gedungener Briefschreiber war: *) vielleicht hätte er sie schöner geschrieben. Doch ist er ohne Zweifel noch dem Balzac vorzuziehen, der beständig von Wiße überfließt, und nicht selten in frostige Wortspiele verfällt. Man trifft einige sehr gute Briefe bey dem Balzac an, allein sie liegen unter den vielen schlechtern so versteckt, daß sie eine genaue und mühsame Wahl kosten. Boileau hat das Lächerliche und Uebertriebene in der Schreibart dieser beyden Scribenten, durch eine Nachahmung zweener Briefe, die er an den Hrn. von Vivonne dichtet, empfindlich machen wollen, und es ist wenigstens gewiß, daß sie außer diesem Stoffe von ihrer Hochachtuug nicht so viel und nicht so bald würden eingebüßet haben. Die Briefe des Hrn. v. Fontenelle, die unter dem Namen des Ritters von Herr *** ans Licht getreten, sind durchgehends sinnreich, wißig und scherzhaft; aber man ermüdet zuletzt dabey eben so, wie beym Seneca, weil sie alle so sind; weil, wie ein gewisser Schriftsteller sagt, lauter Augen darinn vorkommen, und weil sich auch der Verfasser nicht selten zu sehr in einen Gedanken verliebt, den er durch den ganzen Brief ausdehnt, und sich allen Spielen der Einbildungskraft dabey überläßt, und also dem ersten Gedanken

K 4

sel-

*) Le Comte d' Avaux faisoit une pension de 4000. livres à Voiture, qui font, sur le pied d' aujourdhui plus de 3000. écus, à condition qu'il lui écrivoit toutes les semaines. *Traité du Stile* p. 283.

seinen Werth nimmt, indem er ihn noch immer mehr ausputzen will *). Das erste ist kein Fehler für den Hrn. v. Fontenelle, sondern für die Gleichheit der ganzen Sammlung, und den gar zu fleißigen Leser. Aber das andere fällt sehr auf den Verfasser zurück. Doch müßte man gegen seine viele Schönheiten sehr undankbar seyn, wenn man ihn nicht unter die besten Briefschreiber dieser Art, und über den Voiture und Balzac setzen wollte. Ich werde hernach einige Exempel aus ihm anführen. Aber was sollen wir denn wohl von den deutschen galanten Briefen nennen? B. Neukirch verdienet wegen seines guten Vorsatzes mehr Lob, als wegen seiner Ausführung: seine Sammlung galanter Briefe hat kein viel größeres Verdienst für sich, als daß sie klein ist; sie ist nicht von der Art, daß wir uns gegen den Witz der Ausländer damit groß machen dürfen; er ist dem le Pays zu sehr gefolget, der, wie bekannt, einen sehr gekünstelten Geschmack hat, und auch oft seine Gedanken zu kühn ausdrückt. In den Belustigungen des Verstandes und Witzes, in den Bremischen Beyträgen, und in den Danziger Sendschreiben, wird man einige zerstreute Briefe antreffen, davon man billig eine ganze Sammlung zu lesen wünschte. Einige habe ich daraus in die Sammlung vermischter Briefe herüber getragen. Die Briefe

des

---

*) zum Exempel kann unter andern nur der eilfte Brief dienen.

des Hrn. Gellerts gehören auch meistentheils hieher. So lange man fortfahren wird, den Gebrauch des Kanzleystils, d. i. derjenigen Schreibart, die von der Unterredung im gemeinen Leben am weitesten entfernt ist, mehr einzuschränken, im Ceremoniel weniger unzeitige Zärtlichkeiten zu haben, und dem deutschen Witze auch bey den Höfen mehr Ehre wiederfahren zu lassen; so wird die Hoffnung wachsen, daß wir auch unter uns mit der Zeit ein weitläuftiges Geschlechte von solchen guten Briefen erlangen werden.

Hier sind einige Exempel aus des Herrn von Fontenelle Briefen nach des Herrn Hofraths von Steinwehr Uebersetzung.

Der acht und vierzigste Brief.

Sie kommen also nach Paris, mein Fräulein. Ich freue mich darüber. Es wäre auch gar nicht recht, wenn die beyden schönsten Dinge auf der Welt einander nicht kennen sollten. Ich versichere Sie, Sie werden sich eines um das andere bewundern. Sie wollen es hier vielleicht verbergen, daß Sie vom Lande sind, weil Sie weder den Ton, noch das Wesen, noch die Manieren haben, als wenn Sie daher wären. Ich muß Ihnen aber nur melden, daß ich es schon jederman gesagt habe, daß Sie Zeit Ihres Lebens nicht nach Paris gekommen sind. Ich bin mit Ihnen aus einer Provinz; ich liebe mein Vaterland; und ich werde es nicht geschehen lassen, daß Sie ihm die Ehre rauben, Sie hervorgebracht und so wohl erzogen zu haben. Ich erwarte Sie mit der äußersten Ungeduld, damit ich alle Pariferinnen beschämen könne, welche glauben, daß wenn ja ausser Paris noch eine Schönheit zu finden ist, so sey doch weder etwas Annehmlichkeit, noch zierliche Aufführung dabey. Ich weiß nicht, wenn sie mein Fräulein sehen, ob sie ihre Liebhaber einer solchen Person aus einer Provinz, als Sie sind, werden zeigen wollen. Uebrigens denken Sie ja nicht, mein Fräulein, daß Sie Ihre Gelassenheit und Kaltsinnigkeit in diesem Lande behalten wollen. Es kommen viele gleichgültig nach Paris, aber es gehet keine so wieder weg. Sie dürfen uns nur sagen, was für Eigenschaften erfodert werden, um Sie zu reizen; wir wollen sie aussuchen. Wenn sie auch hier die Zeit nicht damit verderben wollen, daß Sie auf einen Liebhaber warten, der Ihnen anständig wäre, so schicken Sie mir nur ein Verzeichniß der Vollkommenheiten, welche er haben soll. Bey Ihrer Ankunft sollen Sie einen solchen Cavalier finden, der Ihnen seine Ergebenheit antragen wird.

Der drey und vierzigste Brief.

Weil Sie doch einmal dazu versehen sind, daß Sie einige Zeit in ∗∗ zubringen sollen, so thun Sie wohl, daß Sie mich wegen ihrer Aufführung um Rath fragen. Ich kenne die Stadt, und kann Ihnen also recht guten Rath geben. Ich will Ihnen die Dinge so abmalen, daß Sie mit meinem Briefe in der Hand alles kennen sollen. Die Stadt ist klein, und Ihre Eigenschaften sind groß; dennoch aber glaube ich nicht, daß Sie in der ganzen Stadt hochgeschätzet werden können. Sie ist in zwo Parteyen eingetheilet, welche an der Hitze gegen einander denen Guelfen und Gibellinen gleichen. In der einen von diesen Rotten zischet man aus, was man in der andern anbetet. Ich glaube, sie werden sich bald durch die Farben und Wappen unterscheiden. Der Ursprung dieses grossen Hasses war ein Anzug, welchen zu erfinden die Frau von T. sich viele Mühe gegeben hatte. Die Frau von S. hatte darüber allerley lustige Einfälle; und darauf kam es so weit, daß eine jede alle ihre Freunde sich zu erklären bewog, und keinen einzigen unparteyisch ließ. Die zwo Frauen sind die Häupter beyder Parteyen. Wenn bey der einen ein Fest ist, so wird es gleich bey der andern beurtheilet und durchgezogen. Man beweiset seinen Verstand bey der einen nicht weiter, als daß man die andere lächerlich machet. Sobald Sie nur werden angekommen seyn, werden beyde Parteyen nichts sparen, Sie an sich zu ziehen; denn ein Fremder, der sich für die eine erkläret, ist von grossem Gewichte, absonderlich eine Mannsperson aus Paris. Man glaubet, er stelle allein den Geschmack von ganz Paris vor. Wenn ich sage, man glaube es, so verstehe ich, daß man es bey der sieghaften Partey glaubet. Denn bey der andern glaubet man nichts davon: man behauptet, daß dieser Mensch die Welt nicht kenne. Und wenn er aus Paris ist, so sagt man frey heraus, daß in Paris sowohl die schlechtesten als die besten Kenner der Artigkeiten aus ganz Frankreich bey einander sind. Also machen Sie sich nur gefaßt, daß Sie sogleich einen ungemeinen Anlauf haben werden. Wenn Sie aber eine Partey von beyden erwählen, so wird die andere sich darauf legen, Sie nach allem, was möglich ist, ja sogar nach ihrem Adel zu untersuchen. Gilt er da, so gilt er auch gewiß in Maltha. In ihrem ganzen Leben wird nicht die geringste Begebenheit seyn, die man nicht hervorsuchte. Man möchte lieber an alle Orte hinschreiben, wo Sie gewesen sind, damit man nur

Nachricht bekäme, was Sie daselbst geredet und vorgenommen hätten. Das beste würde seyn, wenn Sie sich allezeit unparteylich erhielten, und die eine sowohl als die andere hoffen liessen, Sie würden sich für dieselbe erklären. Allein, ich muß gestehen, diese Aufführung ist sehr schwer. Wenige Leute auf der Welt, die eine wichtige Handlung vorhaben, wären dazu geschickt. Wofern Sie sich aber doch zu einer Partey schlagen müssen, so will ich Ihnen zum wenigsten die Abbildung der beyden Häupter geben, damit Sie sich desto leichter entschliessen können. Weder bey der einen, noch bey der andern Frau, ist die Frage von der Schönheit. Es kömmt nur auf den Verstand, auf ein artiges Wesen, und hauptsächlich auf die Kleidung an. Von dieser darf man nur erst mit ihren Kaufleuten reden, welche von der edlen Nacheiferung, die sie unter einander haben, den besten Vortheil ziehen. Was den Verstand betrifft, so ist die Frau von T. lebhafter und unbedachtsamer; die Frau von S. langsamer und gesetzter. Sie suchen sich auch ihrer Vorzüge recht wohl zu bedienen: jene, indem sie an dieser beständig und zuweilen mit gutem Grunde etwas lächerliches findet; diese, indem sie eine gezwungene Verachtung annimmt, die sich an wenigen aber sehr giftigen Worten begnügt. Diejenigen, welche sich mit dem Verstand schmeicheln, halten sich zu jener, und diese hat alle die auf ihre Seite gebracht, die sich mehr bemühen, redlich und aufrichtig zu seyn. Wenn Sie manchmal Lust haben, in einem sehr verwirrten, aber öfters ungemein angenehmen Schwarme zu seyn, so gehen Sie zur Frau von T. Wollen Sie aber ernsthaftere Leute sehen, und einen Umgang haben, der zwar ordentlicher, aber auch dagegen abgezirkelter und mühsamer ist, so gehen Sie zur Frau von S.

Ehe

Ehe Sie sich aber für eine von beyden erklären, so versehen Sie sich mit Spöttereyen über die andere. Ich glaube, ich will es schon errathen, wozu Sie sich schlagen werden; der Schwarm wird Ihnen auf eine kurze Zeit besser gefallen, und ich würde das andere Haus zu einem Umgange, der länger dauren sollte, lieber wählen. Leben Sie wohl, und schreiben Sie mir bald, wie Sie sich werden eingerichtet haben.

Der sechs und funfzigste Brief.

Mein Herr, was haben Sie nicht für eine artige kleine Vetterinn! Und wie bin ich Ihnen nicht verbunden, daß Sie mir diesen Schatz gezeiget haben, ehe er sich in der Welt unter mehr Leuten sehen lässet! Es ist das liebenswürdigste Kind, das ich jemals gesehen habe: und mich dünket, die Einfalt, in der sie die Nonnen erzogen haben, unter deren Aufsicht sie bisher gewesen, erhebet ihre Annehmlichkeiten ungemein. Ich, der ich sonst auf die Erziehung in den Klöstern nicht viel gehalten habe, fange jetzo an, sie recht hochzuschätzen: und ich weiß nicht, wie es möglich ist, ein junges Frauenzimmer zu lieben, das schon ganz nach der Weltart abgerichtet ist. Das Fräulein von V. hat unstreitig viel Verstand: weil sie aber noch nicht vernünftige Leute hat reden hören; so denket sie mehr, als sie sagen kann. Und ich sehe mit ungemeinem Vergnügen, wie viel Mühe sie sich deswegen giebt, und wie verdrüßlich es ihr ist, daß es ihr noch nicht recht abgehen will. Sie merket den Unterschied zwischen ihren Klosterredensarten und denen, die ich gebrauche, gar wohl, und ich bin ganz verliebt in die kleine Beschämung, die sie sich daraus macht. Ich werde zwar auch darinn etwas stolzes gewahr, welches mir zu sagen scheint, ich hätte nur den einzigen Vortheil der Erfahrung voraus. So merke ich auch wohl, daß wenn ich mich einer Redensart bedienet habe, die ihr noch neu ist, und ihr gefallen hat, sie dieselbe nicht gleich brauchet, sondern etliche Tage wartet, ehe sie damit herausrücket; ohne Zweifel, damit sie es nicht merken lassen möge, daß sie von mir etwas gelernt hätte. Es gehet ihr so nahe, daß ich itzo mehr Verstand habe, als sie, daß sie wahrhaftig in sehr kurzer Zeit mehr haben wird, als ich. Ich habe es nicht lassen können, die Rede zuweilen auf die Dinge zu bringen, die das Herz angehen. Sie redet davon mit einer gewissen Art, die nach den geistlichen Büchern schmeckt, welche sie gelesen hat. Indessen aber verstehet sie ganz wohl, was sie saget. Sie kömmt allezeit in Begleitung einer ehrwürdigen Mutter an das Gitter: diese lässet ihr Gesicht nicht sehen: sie prediget unter einem heruntergeschlagenen Schleyer viele Sprüche von der Verachtung der Welt und der Eitelkeit unserer Beschäfftigungen. Nichts destoweniger beklagt sie sich doch, wenn ich meinen Besuch selten oder kurz mache. Ich kann nicht sagen, daß meine Unterredungen mit ihr so erbaulich waren, als ihr Beichtvater sie halten konnte. Ich stehe schon mit der artigen Kostgängerinn in einem gewissen Verständnisse, was die Thorheiten der alten Mutter betrifft, und wir haben uns schon einander einige Zeichen mit den Augen gegeben, die vor dem Flor der Alten glücklich vorbeygefahren sind, ohne daß sie es gemerket. Wollte doch die Liebe, daß unser Verständniß auf Unkosten der unbequemen Figur, die sich vor uns setzet, weiter gehen möchte. Wahrhaftig, ich würde doppeltes Vergnügen davon haben.

Der

Der sieben und funfzigste Brief.

Ich fange mit dem Fräulein von V. eine Erziehung an, die von derjenigen etwas unterschieden ist, welche ich ihr bisher gegeben habe. Mit Erlaubniß der Mutter, welche die Aufsicht über sie hat, habe ich ihr den Roman von Cyrus geschicket: und in 14. Tagen ist sie ganz fertig damit gewesen. Sie hat ganz blöde Augen davon bekommen; und ich glaube, die ehrwürdige Mutter gleichfalls; denn sie hat das Gift eher gekostet, als ihr junges Fräulein. Gestern sagte sie mir mit einem schluchtzenden Tone, darinn etwas von Alter, von Zärtlichkeit, und über das, ich weiß nicht was, gemischet war, das den Nonnen eigen ist. Mein Gott, halten sie, mein Herr, denn nicht dafur daß Mandane sehr unglücklich war, da sie so viel Angst im Herzen hatte, und sich nicht mit dem grossen Artamenes unterreden konnte? Ich befand diese Anmerkung dem Sinne einer Nonne, die allezeit gezwungen und eingesperret ist, sehr gemäß. Die kleine Kostgängerinn aber, die sich gar wohl darauf verstund, antwortete plötzlich: Ja wohl, aber Artamenes lag allemal zu Felde, die Mandane zu entführen; und was uns betrifft, so denket niemand daran. Sie sehen daraus, daß das Erempel dieser Heldinn sie alle derbe, auf die Lust zu Entführungen gebracht hat; und daß ein grosser Artamenes seine Mühe nicht vergeblich anwenden würde: ich aber möchte es bey allen beyden nicht seyn. Cyrus hat bey dem Fräulein von V. die Wirkung gethan, welche die Romane bey jungen Leuten, die noch nichts gesehen haben, immer zu thun pflegen. Sie bildet sich ein, die Welt sey nach diesem Muster gemacht. Ich suche ihr beyzubringen, daß sie von ihren Liebhabern nicht alle Verdienste des Artamenes fordern und

und ihnen etwas erlassen soll; besonders aber die gar zu hochgetriebene Verehrung, die er seiner Geliebten erzeigete. Und für meinen eigenen Theil gestehe ich ihr, daß wenn dieser heroische Character nicht ein wenig gemildert, und nach meiner Fähigkeit herunter gelassen würde, so könnte ich mich nicht daran wagen, und ich würde den Augenblick ein Capuciner werden. Allein sie will alles, was sie in dem Buche gelesen hat, in der Strenge und nach dem Buchstaben annehmen. Jedoch es ist nicht viel dabey versehen. Die Welt wird sie bald eines andern belehren, und ich hoffe, sie soll den Unterschied zwischen dem Romanhaften und Natürlichen leicht einsehen lernen. Wenige Frauenzimmer würden ihren Willen darein geben, wenn man die Liebesverfassung der Romane wieder einführen wollte.

Der sechszigste Brief.

Weil Sie doch nun endlich in der Welt auftreten wollen, Gnädiges Fräulein, so will ich mich auf das Prophezeihen legen, und Ihre Schicksale vorher verkündigen. Stellen Sie sich nur ein grosses Geschrey vor, das sich in Paris erheben wird, und tausend verwirrter Stimmen untereinander, davon man nichts wird unterscheiden können, als dieses: O wie schön ist sie; o wie artig ist sie! Bisher hat man Sie nur an dem Orte gesehen, wo Sie gewesen sind; aber noch niemand außer mir hat Sie mit Nachdenken betrachtet, der ich in diesem Stücke meiner Pflicht vollkommen Genüge gethan habe. Aller Menschen Augen, mein Fräulein, werden in kurzem in Ansehung Ihrer fast eben so beschaffen seyn, als die meinigen. Vielleicht werden Sie keinen Unterschied darinn wahrnehmen. Wenn

mir

mir aber erlaubt ist in meine Prophezeihung auch etwas trauriges zu mischen: so werden Sie, wenn die ersten Tage Ihrer Erscheinung einmal vorbey sind, in den Augen anderer dasjenige nicht mehr antreffen, was noch in den meinigen seyn wird. Sie werden unaufhörlich ein gewisses dunkles Geräusche um sich hören, und ein verwirrtes Gemurmel, dessen Sie noch nicht gewohnt sind; dasselbe nennet man Seufzer. Diese werden, wie einige von denen, die Sie schon von mir gehöret haben, beschaffen seyn. Vielleicht werden Sie nur ein wenig lauter ausgestossen werden: aber das sind nicht die besten. Hauptsächlich aber wird von allen Seiten ein rechter Hagel von gewissen angenehmen Dingen über Sie herfallen, die man Schmeicheleyen oder verliebte Worte nennet. Man wird Sie damit dergestalt überhäufen, daß Sie kaum Athem holen können. Haben Sie sich auf der einen Seite dagegen gewehret, so werden Sie alsbald auf der andern davon angefallen werden. Allein aus Beysorge, Sie möchten sich an diese schmeichlerische Sprache, die nur in dem Munde der Mannspersonen zu finden seyn wird, gar zu sehr gewöhnen; so mache ich mich anheischig, Ihnen treulich zu hinterbringen, was die Frauenzimmer von Ihnen sagen werden: Die artigsten unter denselben werden bald ihre Augen für zu groß, und Ihren Mund für allzu klein halten. Was mich betrifft, so würde ich, wenn Sie itzo nicht die einzige Person aus Ihrem Geschlechte wären, der ich mich annehme, in ganz Paris ausrufen lassen, daß alle Frauen ihre Liebhaber auf die allerbeste Art, die nur zu erdenken wäre, anfesseln, und ihre Gefangenen ja wohl in der Nähe bewachen sollten. Denn bey Ihrer Ankunft, mein Fräulein, wird man von nichts als von zerrissenen

Ket-

Ketten und verlassenen Liebsten hören. Ich bin versichert, nach dieser Warnung, würde man etliche Liebhaber geschwinder glücklich machen: etlichen aber übler als sonst begegnen, nachdem die Grundsätze der Frauen, ihre Sklaven zu erhalten, unterschieden sind. Doch glaube ich, daß die meisten Mannspersonen dabey gewinnen würden. Endlich ist es ganz gewiß, gnädiges Fräulein, daß Ihr Ausgang aus dem Kloster in die Welt, die liebet, und geliebet wird, eine sehr wichtige Begebenheit in der Welt ist, die eine große Veränderung in derselben verursachen muß. Eine junge Gottheit von sechzehn Jahren, als Sie, macht sich in derselben bald dafür kenntlich, was sie ist: und so bald sie sich sehen lässet, fället ihr alles zu Füssen. Für meine Person, wenn ich nicht ehe, als alle andere Sterbliche, die Sie anbeten werden, vor Ihnen niedergefallen bin, so deuten Sie nur, daß mich das Gitter daran gehindert hat. Denn es ist nicht gewöhnlich solche angenehme Gottheiten von ferne anzubeten. Man kniet nicht vor Ihnen nieder, ohne Sie zu umarmen.

Man könnte auch noch hieher die sogenannten Charakterbriefe rechnen, die durch den Witz, durch den Affect, und zuweilen durch das Salz der Satyre, wie z. E. Hrn Rabeners Charaktere, ein lebhaftes Ansehen bekommen müssen, um nicht in den Ton einer schläfrigen Erzählung zu fallen. So ist der Brief des Flechier, darinn er sich selbst abschildert, und so gehören auch die Briefe, die von zärtlichen Leidenschaften beseelet sind, hieher, z. E. die Briefe einer Peruvianerinn, die portugiesischen Briefe ꝛc.

Das

Daß ich übrigens den scharfsinnigen, witzigen und affectirten Briefen hier ein eigenes Hauptstück einräume, das soll den übrigen zu keinem nachtheiligen Unterschied gereichen, als wenn sie es nicht seyn sollten. Alle Briefe können unter gewissen Umständen diese Eigenschaft mit Anstand annehmen: aber es giebt doch einige, die sie schlechterdings und in einem vorzüglichen Grade haben müssen.

Das zweyte Hauptstück.
Von geschäfftlichen Briefen.

§. 67.

Die mancherley Geschäffte und Angelegenheiten der Menschen verursachen ebenfalls verschiedene Briefe. Man bittet den andern um etwas, man ladet ihn wozu ein, man empfiehlt sich ihm in einer gewissen Sache, man ermahnet ihn, man giebt ihm Verweise, man entschuldiget sich, man berichtet etwas ꝛc. Daher kommen Bitt-Einladungs-Empfehlungs-Ermahnungs-Verweis-Entschuldigung-und Berichtschreiben. Wir wollen bey jedem das hauptsächlichste kurz bemerken.

§. 68.

§. 68.

Bittschreiben nennet man diejenigen überhaupt, worinnen man dem andern Bewegungsgründe giebt, uns eine Wohlthat oder eine Gefälligkeit zu beweisen.

§. 69.

Ihre Absicht und Billigkeit erfodert, daß man etwas bittet, das in des andern Gewalt stehet, das niemand zum Schaden oder zur Beleidigung gereichet, und das keine Niederträchtigkeit verräth.

§. 70.

Die Bewegungsgründe, deren man sich darinn bedienet, müssen der Neigung desjenigen gemäß seyn, an den man schreibt. Folglich muß man sowohl das menschliche Herz überhaupt, als auch denjenigen wohl kennen, an den das Bittschreiben gerichtet ist.

§. 71.

Memoriale machen eine Art der Bittschreiben aus, die man grossen Herren und Obrigkeiten überreichet; man nennet sie auch Suppliquen. Folglich ge-

gelten bey ihnen ebenfalls die vorigen Grundregeln der Bittschreiben.

§. 72.

Die Schreibart ist in diesen Briefen nach Beschaffenheit der Personen ehrerbietig und einnehmend, ohne Schmeicheley und ohne übertriebene Erniedrigung.

Anmerkung.

1. Je vornehmer die Person ist, von welcher wir bitten, und je wichtiger die Sache selbst ist, die wir bitten, desto mehr Sorgfalt und Klugheit erfodert alsdann die Ausarbeitung der Bittschrift *). Oft verlangt man von dem andern etwas, das ihm beym ersten Anblick verdrüßlich ist; z. E. man will etwas von ihm geschenkt haben, das er nicht gerne misset; man will Geld von ihm borgen, oder man will ihn in eine Sache ziehen, darein er sich ungerne mischet: wie vorsichtig muß man alsdann nicht schreiben, wenn man nicht unbillig scheinen will, und wenn man seine Absicht zu erreichen gedenkt! Eine gute Kenntniß der Sittenlehre, eine genaue Kundschaft von der schwachen Seite desjenigen, den man überreden will (§. 15.), und eine Fertigkeit, sich einnehmend auszudrücken, machen

hier

*) s. den lustigen Juristen. S. 621. u. f. auch Simplicissimi albernen Briefsteller, S. 1726.

hier die ganze Kunst zu überreden aus. Wenn man dem Hochmüthigen Ruhm, dem Geizigen Vortheil, und dem Wollüstigen Vergnügen so vorzustellen weiß, wie es die Quelle seiner Handlungen erfodert: so ist nichts so leicht unmöglich, daß man nicht erbitten könnte. An gute Freunde, mit denen wir vertraut sind, braucht man nicht so weitläuftig zu seyn. Da sie uns zum voraus lieben; so haben wir schon in ihrer Freundschaft die beste Fürsprache, wenn nur die Bitte selbst die Freundschaft nicht beleidiget. An Geringere berühret man die Sache kurz, die man sich von ihnen ausbittet, und setzet den Hauptbewegungsgrund darinn, daß sie uns eine Gefälligkeit erweisen würden ꝛc. *)

2. Suppliquen müssen kurz abgefasset werden, und sobald mit der Sache selbst anfangen. Darauf legt man die Gründe und Ursachen vor, die Billigkeit und Gerechtigkeit, die Noth, die treuen Dienste, die Gnade, Güte des Herrn ꝛc. Die Bitte rücket man in der Schrift etwas ein, oder man setzt ihren Hauptinnhalt auswendig auf den Titel, damit sie gleich desto besser ins Auge falle. Man schliesset mit einer ehrerbietigen Versicherung, die erzeigte Gnade mit stetem Danke zu erkennen, oder wohl anzuwenden. Oft hänget man auch einen Wunsch an. Zuweilen bittet man als ein Unschuldiger um Abwendung der
Stra-

*) s. in den Briefen über verschiedene Gelegenheiten 19, und 51. und hin und wieder.

Strafe. Hier muß man seine Unschuld auf eine so gute Art zeigen, daß man dem Richter nicht gleichsam unter die Augen sage, er habe gefehlet, er sey unbillig, oder er thue uns Unrecht. Man muß sich alsdann einiger Uebereilungen schuldig geben, und sie bereuen, aber, indem man die Fehler übernimmt, auch zeigen, daß wir in unverletzter Treue geblieben, und daß wir wenigstens durch die Lauterkeit unsers Willens Mitleiden verdienen. Diese Kunst hat der Graf von Bussy in seinen Bittschreiben an den König unvergleichlich beobachtet *), ob man ihm gleich das Kleinmüthige und Niedrige in diesen Schreiben sonst schwer vergeben kann. Für einen Mann von dem Verdienste des Grafen von Bussy, hätten seine Empfindungen erhabener und schöner seyn müssen. Er konnte, unabhängig von dem Glücke, auf seinen Landgütern angenehm genug leben.

3. Memoriale sind eigentlich solche Bittschreiben, darinn man eine bereits vorgestellte Sache wiederholet und nochmals erinnert. Man führet also darinn die ehemaligen Gründe in ihrer Kürze wieder an, setzet auch wohl einige neue hinzu, und wiederholet die unterthänigste Bitte ꝛc. Die Bedeutungen des Worts: Memorial, sind überhaupt mancherley. Im gemeinen

---

*) sie sind seinen Briefen, deren schon öfters Erwähnung geschehen, hin und wieder mit einverleibet.

nen Leben aber wird eine Supplique und ein Memorial für eins gehalten.

Exempel.
I.
(Aus den Briefen des Cicero, der dreyzehnte des fünfzehntern B.)

Nichts hat mir meine Gegenwart in Rom so angenehm machen können, als daß ich fähig gewesen bin, Ihnen bey der Uebernehmung und Führung des Bürgermeisteramts meine Ergebenheit zu bezeigen. Ich habe zwar niemals an dem glücklichen Erfolg Ihres Ansuchens gezweifelt: aber ich wollte doch auch für Sie nicht müßig seyn. Nur wünschte ich, daß Sie bey ihrem Amte nicht so sehr beschäfftiget wären: und beynahe kränkt mich, daß ich in meinem Bürgermeisteramt Ihre Gefälligkeiten gegen mich, als eines damals noch jungen Menschen, so sehr empfunden habe, da Sie jetzt von den meinigen selbst bey meinem Alter, fast nichts empfinden können. Bald glaube ich ein Schicksal, das es so will, daß sie allein immer Gelegenheit haben sollen, mich Ihnen verbindlich zu machen; und daß mir, außer dem guten Willen, zur Vergeltung nichts weiter übrig bleiben soll. Bey meinem Bürgermeisteramte sowohl, als bey meiner Zurückrufung haben Sie mir Wohlthaten erzeiget; und jetzt fällt auch die Zeit meiner Statthalterschaft unter Ihre Regierung. Ihre höchste Gewalt und Würde, die Achtung und Ehre, worinn ich gesetzet worden, scheinen zu verlangen, daß ich Sie recht inständig und weitläuftig ersuche, einen rühmlichen Schluß des Raths über mein Verhalten geneigt zu befördern; aber

Von geschäfftlichen Briefen.

aber ich getraue mich nicht Sie so sehr darum zu bitten; damit ich nicht das Ansehen habe, als ob ich Ihre beständige Gewogenheit gegen mich vergessen hätte, oder als ob ich glaubte, daß Sie nicht mehr daran gedächten. Also will ich es nur so machen, wie ich von Ihrem Willen überzeugt bin, und einen Mann, dessen grosse Verdienste um mich alle Welt kennet, kürzlich bitten. Wenn andere Bürgermeister wären, so würde ich mich dennoch hauptsächlich an Sie halten, mein Herr, um mir ihre besondere Gewogenheit zu verschaffen. Da Sie nun aber die höchste Gewalt und Würde selbst führen, und jedermann unsere Freundschaft kennet; so ersuche ich Sie inständig um die erwünschte und baldige Ausfertigung des Decrets über mein Verhalten. Aus dem Briefe, den ich an Sie, an Ihren Collegen und an den Rath geschrieben habe, werden Sie einsehen, daß die Sache des Ansuchens und des öffentlichen Glückwunsches werth ist. Lassen Sie sich doch alle meine übrigen Angelegenheiten, und besonders meine Ehre aufs beste empfohlen seyn. Hauptsächlich belieben Sie dafür zu sorgen, warum ich auch schon in meinem vorigen Briefe gebeten habe, daß ich nicht zu lange in der Provinz aufgehalten werde. Ich möchte Sie recht gerne als Bürgermeister sehen, und ich hoffe unter Ihrer Regierung alles auch so gut gegenwärtig zu erhalten, als abwesend. Leben Sie wohl!

II.

Memorial um Beförderung.

Durchleuchtigster Fürst,

Gnädigster Fürst und Herr,

Ew. Hochfürstl. Durchl. geruhen, höchst Denenselben unterthänigst vortragen zu dürfen, was massen die Predigerstelle zu N. durch das Absterben des ehemaligen Pastor N. jüngst erlediget worden, zu deren Wiederbesetzung Ew. Hochfürstl. Durchl. wie verlautet, noch keinen neuen Prediger ernennet haben.

Wenn nun, Durchleuchtigster Fürst und Herr, meine Umstände von der Beschaffenheit sind, daß ich mich ein solches Amt unter göttlichem Segen zu übernehmen und zu führen getraute, indem ich mich zu diesem Endzwecke schon längst nach allen Kräften zu bereiten gesucht habe, auch mich den gewöhnlichen Prüfungen deswegen gerne unterwerfen, und von meinem Leben und Wandel beglaubte Zeugnisse beybringen will:

Als ergehet an Ew. Hochfürstl. Durchl. meine unterthänigste Bitte, höchst Dieselben wollen mir gedachte Pfarre gnädigst anzuvertrauen geruhen. Diese hohe Gnade wird mich ermuntern, durch mein künftiges Wohlverhalten derselben nicht unwürdig zu seyn, und den Höchsten täglich anzuflehen, daß er Ew. Hochfürstl. Durchl. nach den Wünschen des Vaterlandes eine langwierige und

Von geschäfftlichen Briefen. 243

gesegnete Regierung verleihen wolle! Gnädigster Erhörung mich getröstend ersterbe.

Durchleuchtigster Fürst,

Gnädigster Fürst und Herr,

Ew. Hochfürstl. Durchl.

unterthänigster Knecht
x. x.

Aus dem letztern Exempel leuchtet noch der Stilus Curiä hervor. Allein er wird bey solchen Gelegenheiten fast durchgehends beybehalten, weil er einmal in den Gerichtsstuben und bey Obrigkeiten angenommen ist, und die galante Schreibart findet hier nicht allemal Eingang.

§. 73.

Es giebt noch andere Arten der Bittschreiben, wohin man insonderheit die Einladungs- Anwerbungs- Empfehlungs- und Fürbittschreiben rechnen kann; sie mögen nun entweder zu Wohlstandsbriefen gemacht werden, wie andere gesagt haben, oder unter die geschäfftlichen Schreiben gehören (§. 67.).

§. 74.

Einladungsschreiben enthalten eine Bitte, den andern zu einem Besuche
oder

oder zu einer Zusammenkunft zu bewegen.

§. 75

Man kann solche an seines gleichen und an Geringere; an Vornehmere aber nur unter gewissen Umständen schreiben.

§. 76.

Man kann darin die Sprache des Herzens, der Freundschaft, des Wohlstandes führen, oder auch eine Angelegenheit zum Bewegungsgrunde machen, weswegen man den andern persönlich zu sprechen wünsche.

Anmerkung.

Die Gelegenheiten zu dergleichen Schreiben können mannigfaltig seyn. Die gewöhnlichsten ereignen sich bey Hochzeiten, Kindtaufen, Begräbnissen, Gastereyen, Spazierfahrten ꝛc. Man führet zuerst die Sache selber an, weswegen man den andern einladet, und dann die Ursache oder Bewegungsgründe, die von der Ehre, dem Vergnügen, der Freundschaft, Gewogenheit, Verwandtschaft und dergleichen, hergenommen werden können. Sie sind so einzurichten, daß keine alten abgetroschnen Formeln mit unterlaufen, z. E.

Den

Den Kirchgang zieren und schmücken helfen, mit einer schlechten Bewirthung oder Speis und Tranck großgünstig vorlieb und Willen nehmen ꝛc. Vornehmere, oder die uns befehlen können, muß man mit einiger Behutsamkeit einladen. Wenn sie der Wohlstand nicht verbindet, uns einen persönlichen Besuch zu geben: so muß man sie auch dazu nicht ausdrücklich einladen. Sind sie aber unsere besonderen Gönner, haben sie ihre Leutseligkeit schon öfters gegen uns bezeiget, oder ist die Gelegenheit außerordentlich, z. E. Hochzeiten, Gevatterschaften ꝛc. so kann man kühn seyn, sie einzuladen, oder ihnen sagen, daß man es für ein unverdientes Glück schätzen würde, wenn man die Ehre ihrer Gegenwart hoffen könnte. Die Schreibart ist nach dem Unterschiede der Personen ehrerbietig, höflich und verbindlich.

Anmerkung.

I.

(Der vierte Brief des Plinius 1. B.)

Wie schön und reich es auf Ihren Landgütern aussehe, das kann ein alter kurzer Brief von mir schon genug beweisen, (denn Ihre eigenen Briefe haben wir hier nicht nöthig). Gewiß, ich könnte nicht sagen, daß meine Güter so recht meine wären, als Sie von den Ihrigen sagen können: nur darin möchte der Unterschied seyn, daß ich von Ihren Leuten eifriger und sorgfältiger bedienet

net werde, als von den meinigen. Vielleicht finden Sies eben so, wann Sie einmal meine Landgüter besuchen wollen. Ich bitte Sie recht sehr, daß Sie sich bald dazu entschließen; damit Sie einmal zeigen, daß Sie bey uns auch so zu Hause gehören, als wir bey Ihnen, und daß meine Leute einmal aufgeweckt werden, die auf meine Ankunft immer sicher und beynahe ganz nachläßig sind. Denn bey gelinden Herren kömmt die Furcht der Bedienten durch die Gewohnheit zuletzt aus der Mode; aber durch Neuheiten werden sie ermuntert, und bemühen sich, ihren Herren mehr durch andere als durch sich selbst zu gefallen und empfohlen zu werden. Kommen Sie bald zu uns, und leben Sie wohl!

II.

(Aus dem Französischen des Sucetiere.)

Wenn mir ein wichtiger Vorfall begegnet wäre, worin ich Ihren Beystand nöthig hätte, so bin ich überzeugt, daß Sie zu mir kommen würden, wie ich schon dergleichen Proben gehabt habe; aber ich weiß nicht, ob ich eben die Ehre bey der Heirath meines ältesten Sohns mit ‒ ‒ erwarten darf; und Sie haben mich selbst etlichemal bemerken lassen, daß Sie Ihren Freunden lieber wirkliche Dienste, als Complimente und Ceremonien, erweisen. Indessen kann ich Ihnen doch kaum ausdrücken, mit welchem Verlangen die Frau von N. wünschet, daß Sie möchten so gütig seyn, sich bey der Vermählung ihrer Tochter einzufinden; und ob sie gleich sonst Ursache hat, mit einer so vortheilhaften Heirath zufrieden zu seyn, so wird doch ihre Freude unvollkommen seyn, wenn sie in der Versammlung ihren Herrn Vetter

ter nicht sehet. Sie kennen die Eitelkeit des Frauenzimmers, ob sie gleich, aufrichtig zu reden, nichts von der Schwachheit ihres Geschlechtes haben würde, wenn sie niemals eine unrichtigere Eitelkeit hätte; und ich wünsche das eben so sehr bey dieser Gelegenheit, als sie. Dem ungeachtet unterstehe ich mich nicht, Sie darüber zu beunruhigen; aber Sie können glauben, daß Sie uns alle beyde in die größte Verbindlichkeit setzen, wenn Sie uns mit Ihrer Gegenwart beehren werden.

III.

Einladung eines Freundes.
(Der ein und siebenzigste Brief des Hrn. Gellerts.)

Sie wissen doch, daß heute schon der fünfte May ist, und daß Sie mir versprochen haben, den May bey mir auf dem Lande zuzubringen? Ich erinnere Sie also an Ihr Versprechen, oder vielmehr an das Vergnügen, das Sie sich selbst schuldig sind. Ich lade Sie von neuem ein, im Namen meiner lieben Frau, im Namen der losen Doris, im Namen der Freundschaft, der Liebe und des Mays.

> Das Herz der Edlen zu entzücken
> Lachst du, o May, mit heitern Blicken
> Aus der verschönerten Natur;
> Schmückst Freunden, die dich zu genießen,
> Und dankbar zu gebrauchen wissen,
> Vor andern Fluren meine Flur.

Kommen Sie, Sie sollen alles finden, was Sie von dem Frühlinge und einer gastfreyen Wirthinn erwarten können. O was machen Sie für eine unschlüßige Miene! Das ist die Miene des Unterthanen, dem der gnädige Herr einen Hof-

tag ansagen läßt, und nicht die Miene eines Geselligen, den seine Freunde zum Vergnügen rufen. Mit Ihren traurigen Büchern! Ob Sie nun in Ihrem Leben vierzehen Tage mehr oder weniger studieren, dabey wird die beste Welt nicht viel verlieren. Sie und viel andere wissen zu viel, als daß ich glauben könnte, daß Sie noch aus Liebe für die Wissenschaft und für die Welt, und nicht vielmehr aus einem weisheitsvollen Stolze studieren sollten. Im Vertrauen geredt, diese ganze Stelle von dem, o was machen Sie * * an, hat mir meine Frau eingegeben. Ich wollte es beschwören, daß es zugleich eine Satyre auf mich seyn soll, und ich wollte gern böse auf meine Frau werden, wenn ich nur könnte. Aber wo kann ich? Sie hat mir, da sie mir die Spötterey vorsagte, eine Miene gemacht, in der mehr Freundlichkeit war, als in zehen Satyren Bosheit seyn kann. Sie bleibt die Frau die ich mir nicht besser wünschen kann, und die Sie, als Ihren Bruder liebt; aber unter der Bedingung, daß Sie zu uns kommen. Sie hat unserm Christoph schon anbefohlen, daß er auf den Sonnabend nach L** fahren, daß er sein bestes Kleid anziehen, daß er die Kutsche abpuzen, daß er heute und morgen den Pferden viel zu gute thun, daß er nicht viel mit Ihnen reden, daß er Sie abholen, daß er Ihnen alles an den Augen absehen, und sich ja in Acht nehmen sollte, daß Sie nicht mitten auf dem Wege aus der Kutsche spräugen, und zu Fuße nach L** zurückkehrten. Christoph fragte, ob denn der Herr so eigensinnig wäre. Ja doch, sagte meine Frau, er ist eben so eigensinnig als gutwillig, um besto aufmerksamer müßt ihr seyn, kurz, es ist der Herr, in dessen Büchern ihr Sonntags immer lest. Hier verbeugte sich Christoph, und sagte, daß ihm ein
gan-

Von geschäfftlichen Briefen.

ganzes Jahrlohn nicht so lieb wäre, als daß er diesen Herrn fahren sollte. Er wird also auf den Sonnabend zu Mittage in vollem Staate, und in tiefer Ehrfurcht, vor Ihrem Hause erscheinen, und wir wollen Sie gegen Abend in der kleinen Allee, mit offnen Armen und gedeckter Tafel erwarten. Herr R ** läßt Sie ganz weichmüthig grüßen. Es ist mit dem Frühlinge eine große Veränderung in seinem Charakter vorgegangen.

Der Stolze, der vor unsern Ohren
Die Liebe tausendmal verschworen,
Verseufzt itzt seinen Tag betrübt;
Haßt, die ihn suchen aufzuwecken;
Flieht einsam in die finstern Hecken,
O May! wo ist sein Stolz? er liebt.

Im Ernste, er liebt. Rathen Sie, wen? Sie errathens nicht. Die junge Wittwe. Diese hat durch Hülfe des Lenzes das ganze System seines hagestolzischen Herzens über den Haufen geworfen. Es ist sein Ernst, daß er sie heirathen will, und ich habe nicht viel dawider einzuwenden; sie vielleicht auch nicht. Unterdessen ist sie noch zu sehr Wittwe, als daß sie ihn unter acht Tagen anhören sollte. Kommen Sie, bringen Sie uns was zu lesen, ein offenes Gesicht, und ein offenes Herz mit. Ich bin ꝛc.

§. 77.

Anwerbungsschreiben heissen diejenigen, worinn man sich die Freundschaft eines andern ausbittet, oder darin man um eine Person zur Heirath anhält ꝛc. Ihre Beschaffenheit erfodert, daß die Schreibart ernsthaft und edel sey.

Anmerkung.

Hierbey finde ich wenig zu erinnern. Diese Briefe gehören größtentheils unter die Bittschreiben und Charakterbriefe. Man folgt darin seinen Empfindungen, und den Regeln einer gesunden Vernunft.

§. 78.

Empfehlungsschreiben sind entweder Complimentbriefe (§. 32. u. f.); oder man bittet sich darin eines andern wirkliche Fürsprache bey einer gewissen Gelegenheit zu seinem Besten aus. In dem letztern Falle gehören sie besonders zu den Bittschreiben (§. 68. u. f.).

§. 79.

Man wird sich am besten empfehlen, wenn man dem andern seine Verdienste in einer gefälligen Gestalt zeigen kann. Folglich muß man diese Briefe mit besonderer Sorgfalt ausarbeiten, zumal wenn der Gönner aus unserm Briefe von unserm persönlichen Charakter urtheilen soll.

§. 80.

§. 80.

Die Verdienste verlieren das Gefällige in den Augen des andern, so bald man sich selber zuversichtlich erhebet. Folglich halte man sich selbst in einem Empfehlungsschreiben keine Lobrede, man verspreche nicht zu viel, sondern halte sich in den Gränzen der Bescheidenheit. Ein Schmeichler macht sich gedoppelt verhaßt, wenn er es gegen seine eigne Person ist

§. 81.

Kann man gewisse Zeugen zu seinem Vortheile aufstellen: so ist es nicht unerlaubt, sich darauf zu berufen. Ihre Urtheile haben allezeit ein grösseres Gewicht, als wenn man Richter in seiner eignen Sache seyn will.

§. 82.

Die Schreibart in diesen Briefen ist ehrerbietig, einnehmend und witzig (s. §. 34.)

Anmerkung.

1. Es ist ungemein einfältig, wenn man sich dem andern desto nachdrücklicher zu empfehlen,

sein eigener Lobredner wird. Ich konnte es ohne Mitleiden kaum lesen, was jener an einen vornehmen Mann von sich selbst schrieb, da er ihn bat, ein gutes Zeugniß von ihm abzulegen, und zwar in folgenden vorgeschriebenen Worten: „Es sey nicht genug zu bedauren, daß man ihn „bey seinen vielen Verdiensten so lange uner= „forscht und ohne Beförderung gelassen hätte, „dabey er das Pfund vergraben müssen, welches „ihm Gott, der Welt zu dienen, geschenkt ha= „be ꝛc.„ Sollte man wohl glauben, daß ein Vernünftiger ohne Scherz so schreiben könnte, wenn er es auch im Ernste von sich gedacht hätte?

2. Die galante Schreibart ist in diesen Brie= fen behutsam anzuwenden, denn manche halten sonst die ganze Sache für Scherz. Es ist auch gut, wenn man einige Proben seines Fleißes und seiner Wissenschaft beylegen kann, daraus man von der Würdigkeit besser zu schließen im Stande ist. Sie müssen aber von der Art seyn, daß sie uns wirklich Ehre machen, und wenn es möglich ist, daß der Gönner selbst von ihrem Werthe ur= theilen kann. Denn, wenn man einer Hofdame z. E. eine arabische Schrift zum Zeugniß seiner Geschicklichkeit übersenden wollte: so würde man nicht sicher seyn, von ihr zum Pedanten erklärt zu werden. Diese Gattung der Briefe gehören theils zu den Bittschreiben, theils zu den soge= nannten Insinuationsschreiben, wovon wir zu= gleich oben gehandelt haben (S. 32. u. f.)

§. 83.

Von geschäfftlichen Briefen. 253

§. 83.

Wenn man für andere Personen dergleichen Empfehlungsschreiben aufsetzet: so werden sie insbesondere Fürbittschreiben genennet.

§. 84.

Wer solche Fürbittschreiben an einen andern abgehen läßt, der macht zugleich sein eigenes Zeugniß oder seine eigene Bitte zu einem Bewegungsgrund, daß der andere dem Empfohlenen günstig seyn soll. Folglich muß man alsdann in den Augen des Gönners gewisse Verdienste für sich haben, oder mit ihm in genauer Freundschaft stehen.

§. 85.

Man setzet sich vielerley Verdrüßlichkeiten aus, wenn man einem andern eine unwürdige Person empfiehlet und anpreiset. Daher meide man die Patronensucht, und bemühe sich vielmehr denjenigen vorher wohl kennen zu lernen, den man empfehlen will.

§. 86.

Weil man in diesen Briefen von fremden Verdiensten oder Tugenden redet: so ist es erlaubt, darin freyer und ausführlicher zu schreiben, als von seinen eigenen (. 80.).

§. 87.

In der Erhebung und Anpreisung der Verdienste oder guten Eigenschaften überschreite man niemals die Wahrheit. Man handelt sonst allemal gewiß entweder gegen sich selbst, oder gegen den Empfohlenen nachtheilig. S. das 13te Buch der Briefe Cicerons, welches fast ganz voll von guten Empfehlungsschreiben ist, und die Briefe über verschiedene Gelegenheiten ꝛc.

Exempel.

Ew. Gnaden sind allezeit so willig, die Tugend zu belohnen, und verlassenen Verdiensten aufzuhelfen, daß ich Ihnen ohne Zweifel ein Vergnügen machen werde, wenn ich Ihnen neue Gelegenheit dazu gebe, und Dero Großmuth einen Menschen empfehle, welcher derselben nicht ganz unwürdig zu seyn scheinet. Hr. R. hat mich ersuchet, ihn Ew. Hochwohlgebl. bekannt zu machen, und zu seiner Empfehlung ein Wort zu reden. Ob ich nun schon weiß, wie geringe meine Verdienste sind, um meine Fürbitte geltend zu machen: so kann ich doch auch nicht umhin, mit meiner gewöhnlichen Aufrichtigkeit für Ueberbrin-

Von geschäfftlichen Briefen.

gern dieses ein Zeugniß abzulegen, das die Wahrheit von mir fodert, und das seine wenige Bekanntschaft desto nothwendiger macht. Herr N. ist ein Mensch, der, so viel ich weiß, auf der Universität stille und fleißig gewesen, sich eine gründliche Gelehrsamkeit erworben, und davon auch verschiedene feine Proben abgeleget hat. Allein seine guten Gemüthseigenschaften machen ihn noch schätzbarer. Er ist wider die Gewohnheit der Jugend fromm, tugendhaft, und unermüdet in seinen Berufsgeschäfften. Bey dem allen, hat ihn die Vorsicht arm lassen gebohren werden, so daß ihm seine Unterhaltung schwer fällt. Er hat überdem den Fehler, etwas blöde und furchtsam zu seyn. Dieses verhindert ihn Patrone zu suchen, die sich vielleicht seiner annehmen würden, wenn sie ihn von Grund aus kenneten. Da ich nun überzeuget bin, daß Ew. Hochwohlgebl. zur Glückseligkeit eines solchen Menschen gerne beförderlich sind, und dann jetzt eine Gelegenheit bey der erledigten Pfarre zu N. dazu erscheinet: so will ich es Dero gnädigen Einsicht anheim stellen, ob Sie diesen Dienst für eine Belohnung meines Freundes halten und dazu das Nöthige beytragen wollen, oder nicht. Ew. Gnaden werden ihn selbst kennen lernen, wenn er so glücklich ist, Ihnen aufzuwarten, und alsdann prüfen, ob meine Abbildung von ihm richtig gewesen sey. Ich glaube zum voraus, daß dieser Umstand sehr vortheilhaft für ihn seyn werde, und ich habe die Ehre in dieser Hoffnung zu beharren.

Ew. Hochwohlgebl. Gnaden

gehorsamster Diener

ꝛc. ꝛc.

§. 88.

§. 88.

Ermahnungsschreiben sind diejenigen, worinn man einem andern von einer Sache abräth, oder ihn dazu ermuntert.

§. 89.

Sie fallen nur in dem freundschaftlichen Umgange vor. Folglich kann man sie nur an seines gleichen und an geringere Personen schreiben.

§. 90.

Die Schreibart ist nach Beschaffenheit der Sachen und der Personen entweder dringend und ernsthaft, oder gelinde und bittweise abzufassen.

Anmerkung.

An Vornehmere, oder auch an solche, bey denen man zu dieser Art Schreiben kein genugsames Ansehen hat, muß man sich eher aufs Bitten legen, als die einredende Schreibart gebrauchen. Denen man nichts vorschreiben kann, oder welchen man die Sache etwas verblümt geben muß, z. E. in einer erdichteten Geschichte, die der seinigen völlig ähnlich ist, um sie nicht in den

Harnisch zu bringen: solchen darf man mit keiner groben, dictatorischen Art seine Gründe vorsagen. Es kommt ferner vieles auf die Gründe selbst an, wodurch man die Ermahnung unterstützet. Diese müssen hauptsächlich von der Seite gezeiget werden, auf welcher sie der Gemüthsart des andern am gemässesten und eindrücklichsten sind. Einen Ehrgeitzigen muß ich durch die Bewegungsgründe des Ruhms, einen Geldgeitzigen durch Vorstellungen seines Vortheils, einen Wollüstigen durch die Begriffe seines Vergnügens lenken (§. 72. Anm. 1.). Oft sieht man gewisse Einwürfe vorher, die der andere zum Schutze seines Entschlusses oder seiner Handlungen gebrauchet. Diese muß man so widerlegen, ohne daß er darüber böse werden kann; man muß ihn durch seine Hauptleidenschaft zur Verabscheuung der Vorurtheils bringen, und in ihm vor allen Dingen die Meynung erwecken, daß wir seine Glückseligkeit aufrichtig lieben und zu befördern trachten. Denn der, von dem man dieses einmal fest versichert ist, kann uns ohne Aergerniß alles sagen, was er will. Man muß aber auch an sich selbst in der Sache, wozu man an= oder abräth, gute Exempel geben. S. den 44. Brief des Hrn. v. Fontenelle nach der Steinwehrschen Uebersetzung, und in den Briefen über verschiedene Gelegenheiten den 37. und 74.

§. 91.

§. 91.

Verweisschreiben enthalten eine Bestrafung oder Erklärung des Unwillens über die von den andern begangenen Fehler. Sie können ebenfalls nur in Ansehung gewisser Personen statt finden (§. 89.).

§. 92.

Sie sind entweder ernsthaft, oder scherzhaft. Bey den ernsthaften muß man insonderheit zeigen, daß man ein Recht bekommen habe, sich zu beklagen, und mit der bewiesenen Aufführung unzufrieden zu seyn. Man vermische aber auch mit dem Unwillen die Gesinnungen des Mitleidens und die Begierde zu verzeihen. Bey den scherzhaften sehe man sich für, daß man nicht in das Ernsthafte verfalle, oder wenigstens dem andern zu einer gar zu ernsthaften Auslegung Anlaß gebe.

§. 93.

In der Schreibart verhüte man mit allem Fleiße solche Beywörter und Ausdrüdrücke, die den andern gar zu sehr aufbringen, und seiner Besserung entgegen stehen könnten; oder die schon an und für sich niederträchtig sind.

Anmerkung.

Die verdrüßlichen Schreiben müssen mit Klugheit und Behutsamkeit ausgearbeitet werden, wenn sie ihre Wirkung thun sollen. Denjenigen, welchen wir nichts zu befehlen haben, und welche uns nicht verbindlich sind, muß man oft das im Scherze sagen, was man im Ernste meynet. Sind wir von Höheren beleidiget worden, so macht man aus der Klage ein Bittschreiben. Gegen Geringere aber, die uns unterworfen sind, und von denen wir Dienste verlangen können, muß man sich bald auf der strengen, bald auf der gelinden Seite zeigen, nachdem es der Grad der Unterwürfigkeit zugiebt, und die Regeln der Klugheit erfodern. Die Verhältnisse der Menschen sind in diesem Stücke so weitläuftig und so schwer zu bestimmen: daß man unmöglich alle Materien der Verweisschreiben, noch vielweniger alle dabey dienliche Formeln abzeichnen kann. Einige freundschaftliche s. in den Briefen über verschiedene Gelegenheiten und Vorfälle.

§. 94.

Entschuldigungsbriefe sind solche, darin man wegen eines zugerechneten Feh-

Fehlers sich rechtfertiget, oder um Verzeihung bittet, oder eine aufgetragene Sache von sich ablehnet.

§. 95.

In allen diesen Fällen hat man die Absicht, dem andern begreiflich zu machen, daß man ihn nicht gerne beleidige, oder daß man seinen Unwillen nicht verdiene. Folglich muß man die Ursachen und Gründe der Entschuldigung nach Beschaffenheit der Umstände hinlänglich darthun.

§. 96.

Oft siehet man sich um des Wohlstandes willen genöthiget, dergleichen Ursachen zu erdichten, wenn sie niemand zum Schaden gereichen. Um ihnen einen Schein zu geben: so ist es nicht rathsam, alltägliche und gar zu gemeine Gründe der Entschuldigung anzunehmen (§. 13.).

§. 97.

Ein aufrichtiges Geständniß seines Fehlers und die darüber bezeugte Reue hat oft mehr Wirkung, als die weitläuf-
tig-

tigste Schutzschrift. Sie machet in dem andern desto mehr Eindruck, je unerwarteter sie ihm ist. Folglich kann man zuweilen sich entschuldigen, dadurch, daß man keine Entschuldigungsgründe anführet; weil doch die Reue zuweilen edler ist, als die Unschuld selbst.

Anmerkung.

1. Diese Schreiben, welche denen oft verdrüßlich seyn können, an welche sie gerichtet sind, müssen eben darum mit vieler Klugheit ausgearbeitet werden. Mancher liebet eine kurze Entschuldigung, daraus Aufrichtigkeit hervorleuchtet, und da muß man ohne vieles Künsteln seine Unschuld entdecken. Mancher verdienet es nicht, daß wir uns in Entschuldigungsgründen erschöpfen, oder wir haben es zum wenigsten nicht nöthig; und da würde es eine Schwachheit und unzeitige Furcht verrathen, wenn wir alle Beredsamkeit zu unserer Entschuldigung anwenden wollten. Mancher liebet hingegen eine weitläuftige Rechtfertigung, zumal wenn er ehrgeizig ist; und diesem muß man alsdann aus dem Tone antworten, den uns die Klugheit vorsagt. Gegen Vornehmere giebt man sich oft eines Fehlers schuldig, um ihnen nicht zu widersprechen. Aber dieser Fehler muß klein seyn, und man muß

muß ihn mit so vielem Witze übernehmen, daß unsere Unschuld hier und da hervorleuchtet.

2. Wenn man Entschuldigungsgründe erdichtet: so müssen sie nicht zu weit hergeholet werden, damit man ihre Unrichtigkeit nicht sogleich merke. Es kommt aber auch viel darauf an, daß man ihnen den gehörigen Grad der Wahrscheinlichkeit geben kann, und zwar ohne den Leser diese Absicht gewahr werden zu lassen. Witz, Scharfsinnigkeit, Erfahrung, Gegenwart des Geistes, helfen hier der Kunst zu überreden am meisten, und außer dem allen das gute Vorurtheil, daß man nicht gewohnt sey, Wind zu machen. Müßte man aber aus gemeinen und doch wahren Umständen seine Entschuldigung suchen: so ist es hier nur nöthig, daß man sie als gewiß darstelle; z. E. man wisse wohl, daß die Entschuldigung gemein sey; man hätte leicht eine scheinbarere erdichten können, aber, um aufrichtig zu bleiben, hätte man die Wahrheit schreiben wollen ꝛc. Die Schreibart ist übrigens höflich und verbindlich.

Exempel.

An einen vornehmen Gönner.

Wären Ew. Excellenz nicht so geneigt zu verzeihen: so würde ich am meisten zu beklagen seyn, da ich unglücklich genug gewesen b'n Denenselben zu mißfallen. Allein Dero Großmuth hat gegen mich noch nicht aufgehöret, und

dies

Von geschäfftlichen Briefen.

dieß geschiehet also mit dem größten Vertrauen, daß ich meinen Fehler bekenne und bereue. Es ist wahr, daß ich ein Versehen begangen habe, welches man an und vor sich nicht entschuldigen kann. Nur die unschuldige Absicht, die ich dabey gehabt habe, macht mich vielleicht einer Verzeihung würdig; und wenn auch dieses nicht wäre; so habe ich noch wohl wegen meiner empfindlichen Reue, und wegen Dero unerschöpflichen Gütigkeit eine Vergebung zu hoffen. Ich bitte Sie darum inständigst, Hochwohlgebohrner Herr, und ich habe die Ehre Sie zu versichern, daß ich mich inskünftige dieses Geschenkes würdiger machen werde.

Den andern Punkt, welcher Ew. Excellenz Unwillen gegen mich vergrößern könnte, kann ich mit mehrerer Zufriedenheit berühren, weil mir dabey einige Gründe zu meiner Entschuldigung übrig bleiben. Ew. Hochwohlgebl. lassen jedem gerne Gerechtigkeit wiederfahren, und ich hoffe daher, daß Sie mich lossprechen werden, wenn es Ihnen gefällt, folgende Umstände zu bemerken. Zu eben der Zeit, als Dero gnädige Zuschrift an mich eingelaufen war, bin ich in gewissen Angelegenheiten auf etliche Wochen nach N. gereiset. Weil man zu Hause in der Meynung stund, daß dieses Schreiben so wichtig nicht seyn würde, um mir sogleich überschickt zu werden: so ließ man es bis zu meiner Wiederkunft liegen, die ohnedas acht Tage später erfolgte, als ich mir vorgenommen hatte. Ew. Hochwohlgebl. werden aus diesem Zufalle geneigt urtheilen, daß ich nicht sträflich gewesen sey, wenn ich Dero gütigsten Befehl gemäß Denenselben nicht sogleich meine Aufwartung gemacht habe. Es schmerzet mich dieser Umstand um desto mehr, da dieser Befehl mir eine Gelegenheit zur Beförderung darbieten sollte,

und

und welche vielleicht nun schon versäumet ist. Wie vergnügt würde ich seyn, wenn Ew. Excellenz noch jetzt diesen Weg zu meinem Glücke offen gehalten hätten! Ich erwarte übrigens Dero Befehle mit dem größten Eifer zu gehorchen. Bey dem allen wünsche ich nichts so sehr, als die Ueberzeugung zu haben, daß Ew. Hochwohlgebl. mich nicht hassen, oder mit einer Gleichgültigkeit strafen, die für mich noch empfindlicher, als der Haß selber, ist. Denn ich verehre Dieselben mit der reinesten Hochachtung, als

Ew. Hochwohlgebl. Excellenz

unterthäniger Diener
N. N.

Mehrere Exempel und freundschaftliche Entschuldigungen s. in den Briefen über verschiedene Gelegenheiten ꝛc.

§. 98.

Berichtschreiben werden insonderheit diejenigen genennet, worin man dem andern von einer oder mehrern Begebenheiten und Sachen Nachricht giebt.

§. 99.

Wenn dem andern daran gelegen ist, daß er die Sache genau wisse: so vergesse man keinen Umstand der Begebenheit, der ihm das gehörige und nöthige Licht geben kann.

§. 100.

§. 100.

Wenn der andere die Begebenheit um unseres Zeugnisses willen für wahr halten soll: so muß man die Sache nach den Regeln vom historischen Glauben berichten, damit man weder vorsätzlich noch unwissend den andern hintergehe. (Per Log.)

§. 101.

Die Pflicht gegen den einen, schließet die Pflicht gegen einen andern nicht aus. Folglich hüte man sich, daß man durch dergleichen Nachrichten keine dritte Person beleidige.

§. 102.

Sind viel der zu berichtenden Begebenheiten: so muß man keine Verbindungssätze machen, die eine unnatürliche und gezwungene Art zu denken verrathen (§. 18.).

§. 103.

Die Schreibart ist in diesen Briefen historisch, das ist, ohne Pracht und Schminke, weil man hier nicht sowohl seinen Witz zeigen will, als die Wahrheit in ihrer natürlichen Gestalt vorstellen.

len (§. 24.). Doch schließet dies darum das Gefällige in der Schreibart nicht aus. Man kann historisch schreiben, ohne in das Trockene zu verfallen: Dies wird hauptsächlich geschehen, wenn man zuweilen gute moralische Lehrsätze mit einzuflechten suchet. Jedoch, wenn man an Vorgesetzte in Amtssachen etwas berichten muß: so fällt auch dieses größtentheils weg, weil diese nur die Sache selbst, und nicht unsere Betrachtungen aus der Sittenlehre wissen wollen:

Anmerkung.

1. Oft werden wir zu diesen Briefen durch den Wohlstand verbunden, wenn man einem sein Glück, Unglück, guten Rath ꝛc. entdecket, darauf denn Gratulationen, Condolenzen, Entschuldigungen, Danksagungen und dergleichen erfolgen. An vornehme Gönner muß man keine Sachen berichten, die nicht viel auf sich haben, weil sie mit wichtigern Dingen beschäfftiget sind. Berichtet man ihnen sein Glück oder Unglück; so muß es mit der Art geschehen, daß man zugleich seine Ehrerbietung an den Tag leget, und seine Verbindlichkeit bezeigt.

2. Die Sachen, die man zu berichten hat, müssen kurz gefasset werden; man muß alle Um-
stän-

stände weglaßen, die nicht zu ihrem Wesen gehören, weil eine allzuweitläuftige Erzählung oft verdrüßlich ist. Aber auch die Ordnung muß dergestalt beobachtet werden, daß der Leser ohne vieles Nachdenken die Sache gleich deutlich begreifen kann. Man erzählet alles so, wie es auf einander folget, wenn man nicht nöthig hat, einige Umstände eher oder später zu sagen, die zur Erläuterung gehören, oder welche die Klugheit anräth. Wenn man eine völlige Einsicht in die Sache selber hat, und nur ordentlich denken kann: so wird man sie auch genau und deutlich berichten können. Oft giebt es aber auch Umstände, die der andere nicht nöthig hat zu wissen, oder die wir ihm wenigstens nicht verbunden sind zu schreiben, und welche einer dritten Person zum Schaden gereichen können, diese muß man weglassen, wenn man keine Begierde zu schaden hat (§. 101.). Z. E. ich masse mir das Recht an, einem andern zu schreiben, was in dieser oder jener Gesellschaft guter Freunde von ihm sey geurtheilet worden; oder ich berichte Lucidors üble Aufführung seinem Vater, die mir doch nicht anvertraut ist zu beobachten ꝛc. ꝛc.

3. Wenn man vorsehen kann, daß der Bericht dem Leser sehr verdrüßlich fallen, und ihn allzusehr in den Affekt bringen werde: so kann man entweder die Feder einem andern überlassen; oder wenn man verbunden ist zu schreiben: so muß man wenigstens die bittern Pillen etwas über-

übergolten, und das mit vieler Behutsamkeit sagen, was der andere daraus gleichsam errathen soll. Man stellet die unangenehme Begebenheit nur als möglich und wahrscheinlich vor, wenn sie schon ihre ungezweifelte Gewißheit hat: man streuet einige Gründe der Hoffnung ein, ermuntert zum Vertrauen gegen Gott ꝛc.

Exempel.

1.

An einen vornehmen Gönner.

Ew. Wohlgebl. haben sich allezeit die Beförderung meines Glückes so geneigt angelegen seyn lassen, daß ich mir unmöglich einbilden kann, Denenselben eine unangenehme Nachricht zu geben, wenn ich Ihnen berichte, daß ich endlich die Predigerstelle zu N. vor kurzem erhalten habe. Es gefiel Sr. Hochfürstl. Durchl. mich unverdienter Weise einer Menge von Candidaten vorzuziehen; und übermorgen wird bereits der Tag meiner Einführung seyn. So sehr als ich die göttliche Vorsehung wegen dieser glücklichen Veränderung preise: so sehr bin ich auch überzeugt, daß Ew. Wohlgebl. durch Dero gütige Urtheile von mir dazu vieles beygetragen haben; und diese Großmuth rühret mich um desto mehr, je weniger sie sich öffentlich bekannt gemacht hat. Möchte doch mein Dank alles das ausdrücken, was mein Herz empfindet! Allein es sind nur Worte, Wohlgebohrner Herr, womit ich jetzt noch im Stande bin meine Erkenntlichkeit abzubilden. Ich werde mich insoweit glücklich schätzen, wenn mir die neue Veränderung meiner Umstände auch neue Gelegenheit geben könnte, Ew. Wohlgebl. meine Dienstbegierde an den Tag zu legen. Dero

Befehle werden nie meinen Wünschen zuwider seyn; denn ich bin mit wahrer Ehrerbietung
  Ew. Wohlgebl.
                    gehorsamster Diener
                            N. N.

II.

Ew. Hochehrw. lieben Dero tugendhaften Hrn. Sohn viel zu zärtlich, und meine Freundschaft gegen denselben ist viel zu groß, als daß ich Ihnen von seinem Befinden keine Nachricht geben sollte. Es ist wahr, diese Nachricht fasset nicht viel angenehmes in sich; aber ich muß sie doch schreiben, um nicht von Ihnen getadelt zu werden. Den Hrn. Sohn, in dessen Stubengesellschaft ich schon einige Zeit mit Vergnügen zugebracht habe, überfiel vor drey Wochen ein sehr heftiges Fieber. Man wendete sogleich alle Mittel an, die gegen diese Krankheit für dienlich gehalten werden, und ich rief die geschicktesten Aerzte herbey, die nur in unserer Stadt berühmt sind. Ihre vorgeschriebenen Arzneyen waren auch im Anfange so glücklich, daß man an der baldigen Genesung des Kranken desto weniger zweifelte, da er schon wieder verlangte, das Bette völlig zu verlassen. Allein seit einigen Tagen kam die Krankheit mit so heftigen Anstößen wider, daß ich nicht ohne Furcht bin, ein trauriges Ende derselben zu sehen. Vielleicht ist noch einige Hoffnung übrig; doch wenn ich auch Ew. Hochehrw. berichten müßte, daß dieser liebenswürdige Freund in die ewige Ruhe der Gerechten eingegangen wäre: so glaube ich dennoch, daß Sie so viele Gründe der Vernunft und der Religion besitzen, Ihre Seele zu befriedigen, und meines Trostes zu entbehren. Gott, als der beste Arzt, wolle helfen, und Ihnen bey allen Fällen die Gelassenheit schenken, die nur allein das Vertrauen auf ihn wirken kann! An Pflege und Wartung fehlet es dem Kranken nicht, und wenn er dadurch zu erhalten stünde: so würden ihn gewiß Ew. Hochehrw. bald wieder gesund erblicken. Ich werde indessen den Ausgang mit nächstem ausführlicher berichten, und beharre mit aller Hochachtung.

Ew. Hochehrw.

gehorsamster Diener
ꝛc. ꝛc.

Das dritte Hauptstück.
Von scherzhaften Briefen.

§. 104.

Scherzschreiben kann man diejenigen nennen, worinn man eine Sache als lächerlich vorstellet; oder wo alle Leitungen der Gedanken mit solchen guten Einfällen verknüpfet werden, die zum Lachen bewegen können.

§. 105.

Nach der Ursache, die wir oben angeführet haben (§. 36.), können diese Briefe nur an besonders gute Freunde, die den Scherz verstehen und lieben, geschrieben werden.

§. 106.

Weil in einem vollkommenen Briefe alles mit einander übereinstimmen muß

(§.

(§. 2.): so muß sich der Innhalt eines solchen Briefes zum Scherze wohl schicken.

§. 107.

Der gute Geschmack scheinet bey diesen Briefen zu erfodern, daß man sogleich mit einem Scherze anfängt, und durch alle Theile des Briefes Scherze mit einander verbindet.

§. 108.

Die Scherze selbst müssen von einem gesunden natürlichen Witze zeugen, und nichts pöbelhaftes in sich halten, wenn sie dem Vernünftigen gefallen sollen. Sie dürfen aber auch nicht die Tugend oder die Unschuld beleidigen.

§. 109.

Der Ausdruck guter Einfälle ist kurz. Folglich wird die Schreibart in Scherzbriefen der Kürze näher kommen, als der Weitläuftigkeit.

§. 110.

Satyrische Schreiben stellen das Ungereimte in den Sitten und Handlungen der Menschen als lächerlich vor. Folglich machen sie eine Art der Scherzbriefe aus. Folglich gelten bey ihnen alle Regeln des Scherzes überhaupt, so viel man davon Regeln geben kann.

Anmerkung.

1. Die ganze Kunst zu scherzen bestehet darinn, daß man viel Witz und Geschmack hat, und ihn zu rechter Zeit zu brauchen weiß. Regeln geben ihn nicht; man würde Wasser in den Brunnen tragen. Es sind ihm aber doch verschiedene gute Anmerkungen nützlich. Der Herr Prof. Meyer hat den Scherz die Philosophie gelehrt, und eine Theorie des Scherzes geschrieben, deren Gebrauch wir einem guten Naturell empfehlen. Bey den guten Einfällen läßt uns die Erfahrung so viel bemerken, daß sie nämlich alsdann zu entstehen pflegen, wenn man oft Begriffe mit einander verbindet, die man sonst nicht leicht zu verbinden pflegt, oft solche trennet, deren Verbindung ein jeder billiget, oder wohl selbst unternimmt, oder wenn man einen Satz aus einem Grunde behauptet, den man allem Ansehen nach nicht für zureichend hält, oder wenn man in der Schilderung einer Sache sich zu übersteigen scheinet, und dennoch das wirkliche Verhältniß trifft 2c. Das Lachen aber wird durch die lebhafte Vorstellung einer Ungereimtheit erreget. Hieher gehöret, 1) wenn ich etwas in der Thorheit, darinn es dem andern gefällt, recht groß

darstelle, damit es dem Vernünftigen desto lächerlicher werde. 2) Wenn man das Subjekt recht groß vorstellet, und dazu ein schlechtes Prädicat setzet, oder auch einem schlechten Subjekt ein großes Prädicat an die Seite setzet. 3) Wenn man ein lächerliches Bild vorstellet, und darinn eine ähnliche Thorheit lächerlich macht. 4) Wenn man sich anstellet, als hielte man etwas für recht und gegründet, davon man aber eine Ursache anführet, wodurch es ungereimt und lächerlich wird. 5) Wenn man auf den Satz des andern einen bauet, wodurch der erste lächerlich wird. 6) Wenn man ein scherzhaftes Beywort gebrauchet. 7) Wenn man Sätze und Gegensätze vorbringet, aus deren Verbindung das Lächerliche erhellet ꝛc. Man könnte indessen die Frage aufwerfen, ob alles Lachen aus der Vorstellung einer Ungereimtheit entstehe; und ich glaube, daß man darauf nicht schlechterdings antworten könne. Es giebt verschiedene Arten der Scherze, und also auch verschiedene Quellen des Lachens, wie Quintilian*) weitläuftig angemerket hat. Wer aber solche Briefe schreiben will, der muß das gehörige Geschick dazu haben, und von Natur dazu aufgeleget seyn. Wer nicht anders scherzen kann, als etwa nur durch frostige Wortspiele, der lasse es lieber gar bleiben. Die allgemeinen Eigenschaften, welche Cicero zu einem guten Scherze fodert,

---

*) Instit. Orat. Lib. VI. Cap. 8.

dert, sind schön *) und der, welcher sie beobachtet, wird nicht leicht ein so genannter Lustigmacher werden. Man vergleiche hiemit, was obengesagt worden (S. 63. u. f. Anm.) Das Sendschreiben von dem Scherze über den Dianentempel **), enthält einige gute Anmerkungen, die das Vorige ebenfalls erläutern können.

s. Von der Zuläßigkeit der satyrischen Schreiben wäre vieles zu sagen, wenn ich daraus eine ordentliche Abhandlung machen wollte. Mein Endzweck leidet anitzt nichts weiter, als nur das Vornehmste zu berühren. Diejenigen, welche die Satyre überhaupt verwerfen, haben sie entweder mit dem Begriff eines Pasquils vermischet, oder sie sind von einer traurigen und mürrischen Gemüthsart zu dem Urtheile verleitet worden. Allein der wahre Character einer Satyre bestehet darinn, nicht daß einzele Personen darinn auf eine spöttische und niederträchtige Art durchgezogen werden, sondern daß man nur die Thorheiten der Laster, welche mehrern Personen gemein sind, lächerlich macht. Und so kann sie bey den meisten, die nicht auslachenswürdig seyn wollen, sehr viel Gutes stiften. So hat
Mo-

---

*) de Orat. Lib. II. Cap. 54. Loq.
**) S. Leipz. Belust. des Verstandes und Witzes II. B. S. 396. Nicht weniger verdient gelesen zu werden der 19. Brief in den Danziger Sendschreiben. Und Franc. Vavassor de ludicra dictione, in quo tota locandi ratio ex veterum scriptis aestimatur.

Von scherzhaften Briefen.

Moliere, nach dem eignen Geständniß der Franzosen, durch seine Lustspiele bey seinen Landsleuten mehr Nutzen geschaffet, als der P. Bourdalou durch seine vortrefflichen Predigten. Die Religion verwirft dieses Mittel, die Menschen zu bessern, auch nicht, wenn man ohne Vorurtheile davon reden will. Die satyrischen Schreiben sind also moralisch, und werden nur nach dem — ridendo dicere verum eingekleidet. Man lese Rabeners satyrische Briefe und seine satyrischen Schriften überhaupt. Außerdem findet man noch in vielen Schriften der Deutschen, die zur Belustigung des Witzes in unsern Tagen hervorgekommen sind, hauptsächlich in den moralischen Wochen-und Monatschriften, z. E. außer den oben angeführten (§. 66. Anm. 5.), in dem Jüngling, in dem Fremden, im Geselligen, Menschen, in dem Druyden, Freygeist u. a. m. einige Exempel. Die kluge Lesung solcher Exempel nächst einem aufgeweckten Witze muß hier statt aller Regeln zu scherzen, das Beste thun, weil der Scherz unter die Dinge gehöret, die unter der Gerichtsbarkeit des guten Geschmacks stehen, das ist, von welchen wir größtentheils nur undeutliche Begriffe haben. Ich will indessen aus den Bremischen Beyträgen zum Vergnügen des Verstandes und Witzes, den Briefwechsel zwischen Damon und Phyllis *) zum Exempel hieher setzen, damit ich die Ordnung nicht

*) 1. B. S. 290.

nicht verlasse, die ich einmal angenommen habe. Diejenigen, welche diese Briefe schon gelesen haben, lesen sie vielleicht mit Vergnügen noch einmal; und denjenigen, welchen sie noch ganz neu sind, werde ich darunter einen Dienst leisten, sie kennen zu lernen.

Exempel.

I.

Phyllis an Damon.

Mein Herr,

Wenn Sie noch einige Billigkeit besitzen, so werden Sie sich nicht wundern, daß ich Ihren Brief unerbrochen zurückschicke. Glauben Sie denn, daß die Geduld eines Frauenzimmers gar kein Ende hat? oder haben Sie das gute Vertrauen zu Ihren Verdiensten, daß Sie sich einbilden, ich müßte mir von Ihnen alles gefallen lassen? Ich sehe mich im Gewissen verbunden, Sie aus diesem Irrthume zu bringen, sonst würde ich freylich besser thun, wenn ich, anstatt diesen Brief zu schreiben, mit meinem Papagey redete, oder die philosophische Abhandlung läse, die Sie mir gestern zur Verbesserung meines Verstandes aufgedrungen haben. Allein ich will mir Mühe geben, Ihnen meine Meynung so deutlich zu sagen, daß ich mit weiteren Erklärungen die Zeit nicht mehr verderben darf. Verstehen Sie mich nur! Meine Gedanken sind ungefähr, daß dieses der letzte Brief seyn soll, den ich an Sie schreibe. Es kann kommen, daß ich Ihnen in demselben hin und wieder zu hitzig scheine: allein,

mei-

mein Herr, Sie müssen fühlen, daß ich böse bin, und zwar daß ich recht böse bin. Ich bin, ungeachtet Ihrer Gefälligkeit, die ich Ihnen auch in meinem Zorne nicht absprechen will, niemals mit Ihrer Aufführung sonderlich zufrieden gewesen. Ich will der tragischen Augenblicke nicht gedenken, wenn Sie der verliebte Schwindel überfällt, und wenn Sie mir dasjenige in Prosa vorseufzen, was Sie sich aus der gereimten Komödie gemerket haben. Hierbey kriege ich doch noch allzeit etwas zu lachen, und es geht so genau nicht ab, daß mir unter den Lobeserhebungen, die Sie gegen mich verschwenden, nicht hin und wieder ein Wort gefallen sollte. Was aber Ihre Geschicklichkeit in der Moral betrifft, so muß ich Ihnen gestehen, daß sie mich schon oft unruhig gemacht hat. Ihr Eigensinn, oder Ihr Geschmack, wie Sie es zu nennen belieben, hat immer etwas an unserm Geschlechte zu hofmeistern, und es ist mir schon oft vorgekommen, als ob Sie mich selbst, ungeachtet Ihrer Liebe gegen mich, nicht stets bewunderten. Es kann seyn, daß Sie bisweilen Recht haben, aber das verdrießt mich eben. Denn eine Mannsperson sollte doch niemals Recht haben. Gleichwohl habe ich schon über ein halbes Jahr mit Ihnen Geduld getragen. Sie haben seufzen, oder moralisiren mögen; so haben Sie mir doch allezeit auf verschiedene Art die Zeit vertrieben, und es ist mir niemals im Ernste eingefallen, mich von Ihrer Bekanntschaft loszumachen. Aber gestern, mein Herr, gestern haben Sie mich auf den festen Entschluß gebracht, Ihnen alle Freundschaft aufzukündigen. Meine Tante, die mich beständig vor Ihnen warnet, hat Recht. Sie sind ein Freymäurer. Leugnen Sie es nur nicht länger. Die Sache ist nur allzugewiß. Warum tragen Sie denn den Ring, und

und warum machten Sie denn bey der Ankunft des Herrn Rittmeisters, so wunderliche Bewegungen mit Ihrer Tobacksdose? Sie verdienen nicht, daß ich mir so viel Kummer um Sie gemacht habe. Ich habe die ganze Nacht nicht schlafen können, und wenn ich Ihnen meine Träume erzählen wollte, so würden Sie vielleicht noch einige Sorge für Ihre arme Seele tragen. An die Kometen glauben Sie auch nicht, und nun sind Sie noch ein Freymäurer geworden! Gehn Sie nur! Können Sie dieses bey einem Frauenzimmer verantworten, das sich ein unverbrüchliches Gesetz daraus gemacht hat, auf diese Gesellschaft böse zu seyn? Lassen Sie sich ja nicht einfallen, mein Herr, sich zu rechtfertigen, oder zu entschuldigen. Ich mag weder Ihre Bitte, noch Ihre Demonstration hören. Ich kann Sie mit einem einzigen Worte schlagen. Es kann keine Gesellschaft gut seyn, in welcher kein Frauenzimmer ist. Diese Wahrheit wird durch die Einrichtung der besten Welt bewiesen. Wo ich mich nicht irre, sind Sie ein Wolfianer, und nun auch ein Freymäurer? Das hat noch gefehlt. Der Himmel behüte mich vor Ihnen! Hören Sie, mein Herr, bleiben Sie nur aus unserm Hause, so können Sie meinetwegen ein Türk werden. Länger will ich Sie nicht aufhalten, denn vermuthlich müssen Sie in die Loge gehen.

II.

Damons Antwort.

Schöne Phyllis,

Denken Sie denn etwa, daß ich mir Sorge mache, Sie würden mir diesen Brief unerbrochen zurückschicken? O nichts weniger! Ich will

Von scherzhaften Briefen.

es Ihnen nur vertrauen, daß ich es an dem Siegel merke, daß Sie meinen vorigen Brief auch gelesen haben. Darf ich nach meiner gewöhnlichen Aufrichtigkeit mit Ihnen reden, schöne Phyllis? Warum nicht? Da wir ohne das mit einander brechen wollen, so müssen wir einander alles sagen, was bisher durch Hochachtung oder Furcht, in uns unterdrücket worden ist. Was wollen Sie mit mir wetten, daß Sie meinen Brief lesen werden? Ich setze gleich mein Herz gegen das Ihrige. Da Sie mich einmal für einen Freymäurer halten, so werde ich Ihrer Neugier (aber vergeben Sie ja, daß ich mich so verständlich erkläre) dasjenige zu verdanken haben, wofür ich Ihrer Liebe so gern verbunden seyn möchte. Es ist also gewiß, Sie lesen meinen Brief, und nun will ich ihn anfangen. Denn das war nur die Vorrede. Sie sind, wie Sie sagen, gar nicht mit meiner Aufführung zufrieden. Das ist betrübt genug. Sie lachen über meine Liebe und beklagen sich über meine Moral. Aber fürchten Sie sich denn vor gar keiner Strafe? Wenn Ihnen ein Liebhaber beschwerlich ist, welcher in Prosa seufzet, was werden Sie denn sagen, wenn Sie Ihre muntern Augen einmal den Anfällen eines Poeten aussetzen? Doch Sie scheinen mit meiner Liebe noch besser, als mit meiner Sittenlehre und mit meinem Geschmacke, zufrieden zu seyn. Undankbare Phyllis! Das hätte ich mir doch nicht träumen lassen, daß Sie mir einmal diesen Vorwurf machen würden. Blos ihnen zu Liebe trage ich die längsten Manschetten in der Stadt; ich merke mir alle meine Träume, um Ihrer Tante etwas erzählen zu können; ich weiß gewiß, es liegt kein Band auf Ihrem Nachttische, das ich nicht wenigstens einmal gelobet habe; ja ich habe mir sogar Ihren

Lieb-

Leibpoeten zu dem meinigen gewählet, und meine Wahl würde vielleicht nicht auf ihn gefallen seyn, wenn ich nicht seine Verse aus Ihrem Mund gehöret hätte; und Sie können mich noch eines Eigensinns beschuldigen. Alles das möchte noch hingehen. Das aber ist zu arg, daß Sie mich ganz und gar verketzern, und mir das Haus verbieten. Aber mit alledem muß ich doch über Sie lachen, schöne Phyllis. Besinnen Sie sich einmal auf den artigen Herrn, bey dessen Stellung Sie allezeit das Schnupftuch vor das Gesicht halten, wenn er Ihnen die Hand küsset! Diesen hielten Sie vor einigen Wochen für einen grossen Philosophen, weil er eine gläserne Röhre zum Elektrisiren in der Tasche trug; und itzt halten Sie mich für einen Freymäurer, weil ich einen Ring trage, welchen man bey allen Galanteriehändlern kaufen kann. Stellen Sie sich nur, als ob Sie die Bosheit des Herrn Rittmeisters, welcher mich mit Ihrer Tante zusammenhetzen wollte, nicht gemerkt hätten! Ich weiß doch wohl, was Sie denken. Aber ich sehe gar nicht, warum ich mich wegen eines Verbrechens entschuldige, dessen ich so gern schuldig seyn möchte. Im rechten Ernste, Phyllis, ich bin noch kein Freymäurer, aber Sie sind keine Stunde sicher, daß ich nicht einer werde. Es ist mir bekannt, daß Sie ihren Witz schon mehr als einmal wider diesen Orden geübt haben. Allein das soll mich nicht abhalten. Ich habe bisher keinen andern Willen, als den Ihrigen gehabt. Sie wissen aber am besten, wie weit ich noch von Ihrem Herzen, bey aller meiner Gefälligkeit, die Sie mir selbst im Zorne nicht absprechen, entfernet bin. Vielleicht verlieben Sie sich einmal in mich, wenn ich es nur erst so weit bringe, daß Sie sich recht ernstlich über

mich

mich erzürnen. Denn das habe ich dem Frauenzimmer schon abgemerkt, daß sie oft demjenigen mit Lächeln die Hand bieten, bey dessen Erblickung sie einige Monate zuvor, im größten Eifer die Fenster zugeschlagen haben. Ach! wenn ich nur schon ein Freymäurer wäre! Sie werden sich freylich ärgern. Aber ich kann mir nicht helfen. Ich weiß die Ursache wohl, warum Ihnen dieser Orden so zuwider ist. Seine Mitglieder sind besonders wegen ihrer Verschwiegenheit berühmt, und das ist eben die Tugend nicht, wodurch man sich bey Ihnen in Ansehen setzen kann. Ich kenne zwey allerliebste Frauenzimmer in der Stadt, aber gewiß nicht mehr als zwey, welche viel darum geben sollten, daß ihre schwatzhaften Liebhaber verschwiegene Freymäurer wären. Aber Ihnen, grausame Phyllis, ist freylich nichts damit gedienet, wenn man verschwiegen ist. Verstellen Sie sich nur nicht! Es ist Ihnen bange, daß ich mich so sehr an die Verschwiegenheit gewöhnen werde, daß die Stadt alsdann nichts von Ihrer Aufführung gegen mich erfahren könnte. Denn nach ihrer Philosophie bestehet doch der größte Ruhm eines Frauenzimmers in der Unempfindlichkeit. Ich bin recht froh, daß ich mich an Ihnen rächen kann. Aber hoffen Sie ja nicht, Phyllis, daß ich Ihnen gehorsam seyn und Ihnen meine Aufwartung nicht weiter machen werde. Ich will Sie in allen Gesellschaften aufsuchen, wenn Sie mir auch aus Zärtlichkeit Ihres Gewissens Ihr Haus verschließen sollten. Ich verspreche mir die allerangenehmsten Folgen von meinem Vorsatze. Was meynen Sie, artige Phyllis, sollte Sie nicht die Begierde, mein Geheimniß zu erfahren, etwas gelinder gegen mich machen? Aber wenn ich auch bedenke, wie liebenswürdig Sie sind, so

weiß

weiß ich wahrhaftig nicht, ob ich stark genug seyn werde, Ihnen zu widerstehen. Sie dürfen mich nur einmal zärtlich ansehen, und Ihre kleine Hand meinem Willen überlassen; Sie dürfen nur ... Aber das müßte doch nicht gut seyn, daß ich einem Frauenzimmer nicht widerstehen könnte, und zwar einem Frauenzimmer, das mich so gemartert hat. Wie gern wollte ich Ihnen noch etwas von meiner Liebe sagen, liebenswürdige Phyllis, aber ich muß mich nothwendig bey der Loge melden. Ich habe die Ehre, Ihnen auf den Abend Bericht abzustatten, wie es abgelaufen ist. Ich komme gewiß. Lassen Sie mich nur keinen Lermen vor den Nachbaren machen und gar zu lange pochen. Denn ob ich gleich weiß, daß die Gedult der Mannspersonen weitere Gränzen haben muß, als die Gedult des Frauenzimmers, so bin ich doch der ungedultigste Mensch von der Welt, wenn es darauf ankommt, Sie zu sehen. Ich bin mit der größten Hochachtung ꝛc.

Bald entschließe ich mich, noch einige Exempel aus eben dieser schönen Monatschrift herzusetzen, die mit gleichem Grunde als ein Muster in der scherzhaften Schreibart angesehen werden können *). Es ist ein Briefwesel zwischen eben dieser Phyllis, wie es scheinet, und dem Verfasser der mitleidigen Schäferinn. Allein ich bedenke eben, daß die Briefe etwas lang sind, und ich bin zum Abschreiben nicht müßig genug.

Das

---

*) S. I. B. 614. II. B. 234. S. auch das Schreiben an den jungen Herrn in den Belust. des Verstandes und Witzes, II. B. S. 344.

Das vierte Hauptſtück.
Von gelehrten, moraliſchen und poetiſchen Schreiben.

§. 111.

Gelehrte Schreiben ſind diejenigen, worinn man dem andern ſeine Gedanken über eine Wahrheit philoſophiſch, oder nach Gründen zu erkennen giebt.

§. 112.

Wenn der Innhalt weitläuftig iſt: ſo würde es in dieſen Briefen unnatürlich ſeyn, viele Complimente mit einzumiſchen, obgleich die gefällige und witzige Art zu ſchreiben auch hier ſtatt finden kann.

§. 113.

Weil man ſich in allen Briefen, die gefallen ſollen, nach der Denkungsart des andern richten muß (§. 30.): ſo iſt es auch in dieſen Briefen nöthig, ſich nach dem Charakter und nach den Fähigkeiten derjenigen Perſon zu richten, an welche man ſchreibt. Folglich muß man

man an gewisse Personen nicht allzusehr aus einem belehrenden Tone schreiben.

§. 114.

Man kann auch unter die Klasse die gelehrten Streitbriefe rechnen, worinn man die angenommenen Sätze eines andern aus Gründen zu widerlegen sucht.

§. 115.

Weil man hier sehr leicht die Personen mit den Sachen vermischen kann, und indem man diese widerlegen will, jene beleidigt: so muß man sich die Bescheidenheit und Gefälligkeit wohl angelegen seyn lassen, und in der Schreibart eine vernünftige Mäßigung gebrauchen.

Anmerkung.

1. Die Erklärung von den gelehrten Schreiben könnte manchen etwas nachläßig scheinen; es ist also nöthig, daß ich davon nähere Rechenschaft gebe. Die Gelehrsamkeit muß von der Belesenheit unterschieden werden. Man kann, ohne gelehrt zu seyn, viele Zeugnisse und Worte anderer Männer häufen, die weiter nichts beweisen, als daß wir sie gelesen oder gehört haben. So bald man hingegen schon die Regeln der Vernunftlehre weiß, dies alles zu seinem Endzwecke geschickt anzuwenden: so zeigt sich schon

Gelehrsamkeit. Es ist nicht einerley, etwas nach Gründen zu erkennen, und ohne Gründe beyzubringen. Unsere Weltweisen erfodern jene Art der Erkenntniß zur Gelehrsamkeit, und rechnen hingegen diese zur historischen Erkenntniß. Eine Wahrheit nach Gründen erkennen, heißt, sie philosophisch erkennen (per Logic.). Folglich ist die Erklärung von den gelehrten Schreiben nach diesem Begriffe richtig. Es giebt allerdings noch viele Nebenbegriffe, die man mit dem Worte Gelehrsamkeit zu verknüpfen pflegt. Ich nenne sie ohne Scheu Vorurtheile, so lange man die Gelehrsamkeit nicht von ihrem Throne herunterwerfen will. Denn was ist z. E. eine Reihe ungeordneter und verwirrter Begriffe, sie mögen aus einer Wissenschaft genommen werden, wie sie wollen? Was ist ein Zusammenfluß von Sätzen, davon man keine Gründe giebt, noch geben kann, und welche man zu seiner Hauptabsicht gar nicht zu bereiten weiß? Man muß das Gelehrtscheinende von dem wirklich Gelehrten wohl unterscheiden. Ich kann mich oft nicht ohne Lachen erinnern, daß ehemals ein grosser Mann von einem nicht unbekannten Schriftsteller das Urtheil fällete: er sey ein gelehrter Mann, aber er habe wenig Verstand. Eben als ob diese Dinge ohne einander bestehen könnten. Der Gebrauch zu reden macht mich endlich am wenigsten irre. Denn gesetzt auch, daß derselbe einen ganz andern Begriff bey sich führete:

so

so müßte dennoch erst zu beweisen seyn, daß er nicht nur allgemein, sondern auch in diesem Falle richtig wäre. Wenn ich endlich gesagt habe, daß man philosophisch denken müße, um gelehrt zu schreiben: so wird man mich recht verstehen, daß dieses nämlich nicht so viel heisse, als seine Gründe blos aus der Weltweisheit entlehnen; sondern, daß man nur allezeit Wissenschaft oder aus hinlänglichen Gründen denken müsse. Und so kann man dann seine Grundsätze bald aus der Gottesgelehrtheit, bald aus der Rechtsgelehrtheit oder Arzneywissenschaft und Weltweisheit hernehmen, wie es die vorkommenden Wahrheiten erfodern.

2. Man muß aus solchen Schreiben keine trockene Ontologie machen, dabey die Leser gähnen. Die tiefsinnigen Sachen können angenehm gemachet werden, so bald sie durch den Witz gehen, und, ohne die Gründlichkeit zu schwächen, müssen sie auch der sinnlichen Erkenntniß deutlich seyn. In historischen Sachen kann man hauptsächlich durch eine blühende Schreibart den Ekel vermeiden (§. 103.). In dogmatischen aber muß man das Abstracte zur Empfindlichkeit zurück bringen, welches durch allerley eingestreute Erläuterungen, Exempel, Gleichnisse, gute Einfälle ꝛc. möglich ist. Des Hrn. von Fontenelle Gespräche von mehr als einer Welt haben gewiß einen Gegenstand, der ungemein trocken beschrieben seyn würde, wenn er in die Gedanken

eines bloßen Sternkundigen gefallen wäre, der zugleich kein schöner Geist gewesen. Allein Fontenelle wickelt diese subtile Materie so schön auseinander, daß Ungelehrte ihn verstehen müssen, wenn sie ihn nur vernünftig lesen können. Es fällt mir gleich noch ein Exempel ein; es ist ein Schreiben an den Hrn. von P. daß das Feuer keine Materie sey.*). Hier nimmt der ernsthafteste Satz sogar den Scherz an, und es läßt sich hier mit Wahrheit sagen, was Horaz von einem guten Schriftsteller fodert:

- - - miscet vtile dulci.

Ich stelle es zum Exempel auf. Hier ist es.

Mein Herr,

Entweder Sie müssen heute noch ein Heraklitaner werden, oder glauben, daß in der ganzen Welt kein Feuer ist. So viel über Ihre Ueberzeugung traue ich noch diese Stunde den Gründen meiner Meynung zu, vor welcher Sie letzthin so erschracken, daß Sie ungedulig wurden, meine Gründe anzuhören. Aber glauben Sie denn meinem Feuergespräche entgangen zu seyn? Nein, Sie haben durch Ihre Ungeduld weiter nichts erhalten, als daß ich meinen Gründen ruhiger nachzudenken, und Ihren Beyfall nun mit der Feder zu bestürmen Gelegenheit bekommen habe. Fangen Sie immer an, Ihr Gemüth in Verfassung zu setzen, daß es mit dem Satze nicht auch zugleich die Beweise verabschüret. Werden Sie nur vor dem Reize der letztern nicht vorsetzlicher Weise

*) Verm. Beytr. I. B. S. 39.

se Ihre Augen abwenden: so wird Ihnen gewiß auch die erstere gar bald eben so liebenswürdig vorkommen, als er Ihnen vorietzo noch Ihres Hasses würdig zu seyn scheinet. Erinnern Sie sich nur, wie unerbittlich Sie neulich waren, als Sie mir auf mein Wort glauben sollten, daß die Körper unendlich theilbar wären. Aber sind Sie nicht nunmehr selbst ein Vertheidiger dieser Meynung worden, nachdem Sie meine Gründe für dieselbe angehöret haben? Gedulden Sie sich nur noch eine kurze Zeit: so werden Sie auch meine physikalischen Träumereyen vom Feuer, wie Sie sich leztlich auszudrücken beliebten, für wahrscheinliche Meynungen halten, und mit mir behaupten, daß das Feuer so wenig, als die Kälte, eine Materie sey.

Da machen Sie nur so höhnische Mienen, als Sie wollen; es ist mein völliger Ernst, daß das Feuer eine bloße Eigenschaft der Materie ist. Und ich bin entschlossen, das Feuer, wie man es sich bisher vorgestellet hat, aus der Welt zu verbannen, die bey meinem Feuer sich eben so gut befinden wird. Ich will Ihnen gleich die Ursache dieses Entschlusses entdecken. Sie wissen, daß die berühmtesten Naturkündiger eine sehr heftige Bewegung der kleinsten Theilchen für ein wesentliches Stück des Feuers und des Lichts halten, durch welches eben das Leuchten und das Brennen erfolget. Diese Bewegung legen sie einer von allen Körpern unterschiedenen Materie bey; und diese nennen sie das Feuer. Aber ich glaube, es sey einem gründlichen Naturkündiger sehr unanständig, für eine jede Erscheinung in der Natur, welche er nicht sogleich erklären kann, eine besondere Materie zu erdichten. Ein Naturkündiger muß zwar weiter gehen, als wohin ihn die Sinne leiten; aber nur nicht allzuweit, damit er sich nicht,

indem

indem er sich den Geheimnissen der Natur zu nähern glaubt, nur desto mehr von ihnen entferne. Wer sich dieses in Erforschung natürlicher Dinge nicht will zur beständigen Regel dienen lassen, der hat es seiner Verwägenheit zuzuschreiben, wenn es ihm gehet, wie den beyden Reisenden in der Fabel, welche, als sie in der Nähe einen Irrwisch sahen, nach ihrem Gutdünken, über die Beschaffenheit desselben so lange stritten, bis sie sich diesem verführerischen Feuergespenste so sehr genähert hatten, daß sie, ehe sie noch das geringste von seiner Natur entdeckten, mitten im Sumpfe stecken blieben. Was ist es denen, welche sich auf das häufige Materienbichten in der Naturlehre gelegt haben, besser gegangen? Einer hat diese, der andere jene Materie erschaffen, wenn er sie bey einer schweren physikalischen Aufgabe nöthig gehabt hat. Sie haben gestritten: aber mitten in ihren Nachforschungen sind sie in die größten Schwierigkeiten gerathen, und haben aufhören müssen. Ich danke es dem Himmel, so oft ich daran denke, daß die neuen physikalischen Entdeckungen die Natur schon von der Last so vieler Materien befreyet haben. Die Kälte, die Finsterniß, der Schatten, die Farben, und ich möchte fast sagen, tausend solche physikalische Undinge, sind durch dieselben aus dem Reich der materialischen Substanzen in das Land der abgesonderten Begriffe verwiesen worden. Aber ich erschrecke auch, so oft ich höre, oder lese, daß man noch viele blos erdichtete Materien beybehält und vertheidiget, ja gar ihre Anzahl vermehret. Der eine redet von einer schwermachenden, der andere von einer elastischmachenden, noch ein anderer von einer magnetischen Materie; und, dem Himmel sey es geklagt! vor kurzem ist noch elektrische Ma-

Materie dazu gekommen. Es wundert mich nur warum man noch nichts von einer Tag und Nacht machenden Materie gehört hat. Blos um der so vielen Materien willen sollte man glauben, daß es keinen leeren Raum gäbe. Wie herrschsüchtig ist nicht der menschliche Witz! Er begnüget sich nicht daran, daß er über das ganze Reich der Maler, der Bildhauer, der Musikverständigen und welches das größeste ist, was von ihm gesagt werden kann, der Dichter, zu gebieten hat: er will auch seine Gesetze der Natur aufbringen, und sie zu solchen Ausschweifungen verleiten, welche einer so ansehnlichen und verehrungswürdigen Göttinn im geringsten nicht anständig sind. Horaz hat in dem Verse

Pictoribus atque poëtis
Quidlibet audendi semper fuit æqua potestas,

die Naturkündiger gewiß mit begriffen. Wir wollen die Schöpfer der Dichtkunst zum Eigenthume überlassen. Diese wird ihrem Witz so weite Schranken verstatten, als seine Ausschweifungen nöthig haben.

Sie sehen nun wohl, mein Herr, daß ich ein geschworner Feind der Materie bin; nicht der Materie selbst; denn sonst könnten Sie mich zum Idealisten machen, sondern der allzuverschiedenen Arten derselben. Ich kann es nicht leiden, daß man für jede neue Erscheinung eine neue Materie erdenkt. Ich halte mich an die Regel der Natur, welche sie ihren Liebhabern schon längst deutlich genug verrathen hat. Nach dieser gehet sie überall den kürzesten Weg, und das, was sie mit wenigem verrichten kann, verrichtet sie nicht mit vielem. Und könnte man auch von ihr, als dem Werke eines vollkommenen weisen Wesens, ohne Verwägenheit das Gegentheil behaupten? Dem copernicanischen Weltbaue giebt dieses fast das

größte

größte Gewicht, daß nach demselben die Natur sehr mannigfaltige und wichtige Wirkungen auf eine sehr einfache Art hervorbringet. Der, welcher die Ordnung der Natur eingerichtet hat, hat ihr den wichtigen Vortheil zugestanden, daß sie durch ein einziges Werkzeug sehr vielerley ausrichten kann. Von Ihnen, mein Herr, weiß man, daß Sie, außer den Handlungen Ihres Geistes, auch reden, essen, trinken und küssen. Wenn dieses ein neugieriger Bewohner eines Planeten von denen, welche sich um den Alcor schwingen, hörete; so würde er, wenn er Sie nicht besser kennte, als unsere materienvollen Naturkundiger gemeiniglich die Natur kennen, ohne Zweifel Ihnen ein ander Gliedmaß zum Reden, und ein andres zum Küssen, andichten. Wie lächerlich aber würden Ihnen nicht seine Bemühungen vorkommen, wenn er allerley abentheuerliche Beschreibungen und Kupferstiche von diesen Ihnen angedichteten Gliedmassen machte; da Sie indessen immer mit dem einzigen Munde alles verrichteten, und ihr Mädchen sich eben nicht darüber beschwerete, daß Sie den Mund nicht zum Küssen allein anwendeten. Wollen Sie der Natur zumuthen, daß sie sich mehr nach den Träumen ihrer unglücklichen Verehrer richten soll, als Sie sich durch die Sophistereyen des Alcoriten im Reden, Essen, Trinken und Küssen stören lassen?

Sie fragen, ob ich nicht bald anfangen werde, vom Feuer zu handeln? Ich kann Ihnen ihre Ungeduld nicht verargen. Aber ich würde mich vermuthlich mehr an Ihnen vergangen haben, wenn ich Ihnen meine Meynung von den Materien in der Naturlehre überhaupt, wie einen Heischsatz, hätte aufdringen wollen, als es dadurch geschehen ist, daß ich Sie etwas aufgehalten habe. Sind Sie aber böse auf mich, so geben

Sie sich immer nunmehr zufrieden; denn itzo gleich komme ich zur Sache selbst.

Wenn die Naturkündiger sagen wollen, worinn das Feuer bestehet, und worauf es eigentlich bey dem Brennen und Leuchten ankömmt: so schreiben sie die ganze Sache einer sehr heftigen Bewegung der kleinsten Theilchen einer Materie zu. Und ich glaube, daß sie hierinn nicht irren. Denn ob man gleich diese innerliche heftige Bewegung der kleinsten Theilchen selbst mit den Sinnen nicht empfinden kann: so äußert sie sich doch auf vielfältige Weise, daß man gar nicht Ursache hat daran zu zweifeln. Es ist gewiß, daß, wenn diese innerliche heftige Bewegung vorausgesetzet wird, die gröbern Theile einer Materie alsdann, wann die Bewegung der kleinsten Theilchen überaus heftig wird, auch in eine starke und sichtbare Bewegung gesetzet werden müssen. Diese Bewegung sieht man auch wirklich im Feuer. Man darf nur ein brennendes Licht, welches weder durch die Luft, noch durch sonst etwas von außen in die geringste Bewegung gesetzet wird, ansehen: so wird man nicht nur an den äußern Theilen desselben ein beständiges Zittern und Beben, sondern auch inwendig eine merkliche Bewegung wahrnehmen. Niemand glaubt, daß sich das Feuer allezeit da endige, wo man es nicht mehr sieht. Die Erfahrung lehret es auf eine so empfindliche, als überzeugende Art, daß auch in einer ziemlichen Höhe über dem Lichte noch Feuer vorhanden ist. Es kann also nichts anders, als das Feuer seyn, welches leichte Körper in Bewegung setzt, wenn Sie nicht allzuweit über einer Flamme gehalten werden. Wenn Sie sich einmal Ihrer Jugend erinnern wollen, so können Sie diesen Versuch mit einer papiernen Schlange am heissen Ofen anstellen. Ist nun eine so merkliche Bewegung in demjenigen Feuer, welches man nicht sehen kann: wie viel weniger wird man sie der sichtbaren Flamme und dem Feuer der glüenden Kohlen absprechen können? Hiervon aber läßt sich auf die Bewegung in noch kleinern Theilchen zurückschließen. Doch ich will mich nicht länger bemühen, eine Sache zu beweisen, an welcher weder Sie, noch sonst die Naturkündiger, zweifeln.

Aber nun ist es Zeit, daß sich die Materie des Feuers in ihren Untergang ergiebt. Ich habe einmal beschlossen, heute einen physikalischen Mord zu begehen; und solche Entschließungen sind schwer zu ändern. Im Ernst! Was thut wohl eine Materie, welche von den übrigen Materien bey dem Brennen unterschieden ist, bey dem Brennen und Leuchten? Ist sie nur um der Bewegung willen da? Wenn dieses ist, so muß sie dennoch auch, ohne daß sie mit sonst einer Materie verbunden ist, seyn können, was sie ist; nämlich Feuer. Aber es bestehet kein Feuer ohne andere Körper, welche es verzehret. Ich habe wenigstens noch keine Flamme von einander schneiden, und das abgeschnittene Stück für sich bestehen sehen. Die Funken sind nicht selbständiges Feuer, sondern feurige Körper. Das Feuer kann nirgends, als im menschlichen Verstande, von den Körpern abgesondert werden. Erwägen Sie nur, was bleibt denn der Materie, aus welcher das Feuer bestehen soll, übrig zu thun, wenn sie sich, als Feuer, zeigen soll? Die bloße heftige Bewegung sehr kleiner Theile macht es ja, daß ein Körper leuchtet und brennet. Soll sie beswegen da seyn, damit sie die kleinsten Theilchen der Körper in eine heftige Bewegung setze, wenn sie leuchten und brennen sollen; so muß sie eine eigenthümliche heftige Bewegung in ihren kleinern Theilen haben. Woher hat sie aber diese? Durch eine andere?

bere? So mußte man unendlich fort fragen. Aber wie kann sie sonsten in Bewegung seyn? Man weiß ja nichts von Bewegungen in der Natur, als welche von äußerlichen Ursachen herrühren. Doch ich weiß wohl, wozu man hierinnen so, wie gemeiniglich in allen physikalischen Nöthen, seine Zuflucht nimmt. Zur Kraft, zur Freystadt so vieler Irrenden im Reiche der Natur. Die Materie des Feuers, schreyt man, hat eine Kraft, sich in ihren kleinsten Theilchen sehr heftig zu bewegen. Ich sehe wohl, hier muß ich, als einer welcher noch einen gar verwirrten Begriff von der Kraft in der Naturlehre hat, schweigen. Doch wird mir es erlaubt seyn, die Freunde der physikalischen Kraft zu fragen, ob sie nicht die Erscheinungen in der Natur durch dieselbe eben so vortrefflich erklären, als die Alten durch ihre geheimen Eigenschaften, welche ihnen doch selbst so lächerlich vorkommen?

Mit einem Worte, ich halte das Feuer für gar keine Materie, sondern für eine bloße heftige Bewegung in sehr kleinen Theilchen. Diese Theilchen aber schreibe ich keiner besondern Materie zu, welche das Feuer ausmacht, sondern ich finde sie in allen Körpern. Ich glaube daher, daß einen Körper brennend und leuchtend, oder auch nur heiß, oder warm zu machen, nichts erfodert werde, als daß seine kleinsten Theilchen in eine heftige Bewegung gebracht werden. Die Art, durch Stahl und Feuerstein Feuer hervorzubringen, zeiget dieses ganz deutlich. Es werden durch das heftige Schlagen viel kleine Theilchen nothwendig in eine starke Bewegung gesetzt, welche in den kleinen vom Stahl abspringenden Stückchen fortgesetzt wird, und die Funken ausmacht. Geschiehet es nicht auf diese Art, so wünschte ich es einsehen zu können, wie es sonst zugehet.

Wird

Wird etwan aus dem Stahle oder aus dem Feuersteine Feuer, in Gestalt eines Funkens, heraus geschlagen, so wie, wenn man mit einem Stocke an einen Mehlsack schlägt, das Mehl um denselben herumstiebet? Daß die Sache bisher so ist erkläret worden, das wird hoffentlich diese Erklärung nicht richtig machen. Die Erschütterung und Herauslockung der im Stahle enthaltenen Feuertheilchen sind zwar erdichtet, aber nicht aus der Erfahrung als möglich, geschweige denn, als wirklich, bewiesen worden. Und wenn auch solche Feuertheilchen da wären, und heraus geschüttelt würden, wie wollten sie denn vermögend seyn, ganze Stückchen von dem Stahle, als einem sehr festen Körper, loszureißen, welches wirklich geschiehet, und durch die geschmolzenen Kügelchen bestättiget wird? Was wäre dieses für ein Verhältniß der Massen und der Kräfte in den beyden Körpern, dem Feuer und dem Stahle? Wer dieses begreift, dem kann man es sicher zutrauen, daß er es sich einmal vornimmt, den größten Berg, welchen er findet, mit seinem Odem umzustürzen.

Der Feuerstein und der Stahl sind deswegen zum Feuerschlagen sehr geschickt, weil sie sehr harte Körper sind, welches zu einem heftigen Stoße, dergleichen die zum Feuer nöthige Bewegung erfordert, nöthig ist. Auch andere nicht sogar harte Körper geben Feuer, wenn man sie zusammenschlägt, welches aus den Kieselsteinen, auch andern Steinen erhellet. Ein Stück Eisen wird so glüend, als wenn es in glüenden Kohlen in der Esse gelegen hätte, wenn der Schmied mit einem großen Hammer eine Zeitlang heftig darauf losschlägt. Bey diesem kömmt nicht das geringste Feuer dazu. Das bloße Schlagen macht das Eisen glüend. Ein neues und sehr deutliches Exempel, daß das Feuer von einer heftigen Bewegung gewirket wird, und selbst darinnen bestehet. Doch ich muß aufhören, von Feuersteinen und vom Feuerschlagen zu handlen; Sie möchten sonst denken, ich hätte hier nur für einen Ihrer Bedienten geschrieben, und die folgenden Seiten überschlagen, welche ich doch nicht gern vergebens geschrieben haben wollte. Ich will vielmehr eine etwas edlere Art der Erzeugung des Feuers nach meinen Grundsätzen erklären.

So eine gewöhnliche Sache der Donner und der Blitz sind, so wunderbar und erstaunlich kommen sie doch noch allezeit fast allen Menschen vor, wenn ihre Augen und Ohren dadurch auf eine empfindliche Art gerühret werden. Der Weltweise macht sich dabey die prächtigsten Vorstellungen von der majestätischen Natur. Ich würde also strafbar seyn, wenn ich diese wichtige Art natürlicher Begebenheiten hier, wo sie unmittelbar zu meinem Vorhaben gehöret, übergehen wollte. Blitz und Donner hervorzubringen, muß sich eine grosse Menge schweflichter Dünste in der Luft aufhalten. Der Schwefel ist, unter andern Körpern, zum Brennen am geschicklichsten. Er hat daher von langen Zeiten her die Oberherrschaft in dem Reiche der verbrennlichen Körper erlanget, und ganze Städte hat er oft seiner Tyranney aufgeopfert. Was ist sonst die Ursache dieser seiner besondern Eigenschaft, als diese, daß seine kleinsten Theilchen nicht fest an einander hängen, und durch eine äußerliche Gewalt leicht in eine sehr heftige Bewegung, welche zum Brennen erfodert wird, gesetzet werden? Die in der Luft in grosser Menge befindlichen kleinen Schwefeltheilchen können, wegen ihrer Subtilität, Leichtigkeit und Flüchtigkeit, unmöglich in ihren einmal eingenommenen Oertern stille stehen. Es schweifen ihrer eine unendliche Anzahl

zahl in der Luft herum. Ihre stete Bewegung muß auch aus der steten Bewegung der elastischen Luft der Winde, und der stets neu ankommenden Dünste nothwendig erfolgen. Welch ein wunderbares Schauspiel sollte es nicht seyn, wenn man durch Fernglässer dieses schnelle Auf-und Niedersteigen, dieses Aneinanderstoßen, dieses Hin- und Herdrängen, und diese tausendfachen Durchkreuzungen dieser kleinen Körperchen beobachten könnte! In was für einen Streit gerathen nicht hier diese flüchtigen und häufigen Dünste! Sie stoßen gegen einander, sie werden auf allen Seiten verstärkt, sie setzen einander in die heftigste Bewegung; durch diese entstehet ein jählinges Feuer, welches wir den Bliß nennen, und je größer und stärker es ist, um desto mehr erschrecket es die zitternden Zuschauer auf der Erde. Wenn hierbey die kleinsten Theilchen der Luft, etwan durch dabey befindlichen häufigen Salpeter, oder sonst durch die schnelle Ausdehnung der Luft, in starke Bewegung gesetzet werden; so empfinden unsere brausenden Ohren dasjenige, was wir den Donner nennen; und ist diese Bewegung sehr heftig; so wird sie bis auf unsern Erdboden, in Häuser, Bäume und in die Erde, fortgepflanzet, da sie denn oft die entsetzlichsten Spuren, durch Zersplitterung, Zerschellung und Verbrennung von sich zurück läßt.

Wenn es ihnen beliebt, so will ich noch eine Art, auf welche das Feuer entstehet, betrachten. Die Erfahrung lehret es vielfältig, daß durch das Reiben nicht allezeit allzuharter Körper, Wärme, Hitze und Feuer entstehet. Auch daß bloße Reiben mit den Händen an einander verursacht ein heftiges Brennen. Ich kann Ihnen ein deutliches Merkmahl dieses Versuches, welchen ich gestern, nur um Ihrer Ueberzeugung willen, mit

einer

einer mehr als stoischen Unempfindlichkeit, anstellete, an meiner rechten Hand zeigen. Wollen Sie mir es nicht glauben, daß der rothe Fleck eine Wirkung dieses Versuches ist: so werde ich Sie ersuchen, ihn mit Ihren eigenen Händen anzustellen, und ihnen dabey eine kurze Verläugnung ihrer zärtlichen Empfindlichkeit mit physikalischer Aufrichtigkeit anrathen. Noch ein stärkerer Grad der Hitze wird durch das Reiben zweyer Stücke Holz hervorgebracht, wie aus den schwarzen Ringen erhellet, welche die Drechsler bey dem Umdrehen, bloß durch Andrückung eines andern Holzes, in das Holz brennen. Ja, durch das bloße Reiben sind öfters frische Bäume im Felde in Brand gerathen. Wie entstehet hier das Feuer? Es kann so wenig, ja noch weniger, durch das Reiben aus den Körpern gelocket werden, als durch das Schlagen. Und wozu wäre dieses noch nöthig? Die heftigen Bewegungen der kleinsten Theilchen, welche durch das starke Reiben auf den Flächen der Körper nothwendig verursachet werden, sind ja selbst schon das Feuer; und nach dem verschiedenen Grade der Heftigkeit des Reibens entstehet bald Wärme, bald Hitze, und bald brennendes Feuer.

Bey allem dem aber werden Sie mir doch kaum die Verwägenheit zutrauen, daß ich auch dem Feuer, welches wir unmittelbar der Sonne zu danken haben, die Materie absprechen werde. Sollte man diese, werden Sie fragen, da sie so viel tausend Jahr im Besitze des Ruhmes gewesen, daß sie durch eine unendliche Menge aus ihr ausfließender Feuertheilchen, welche sie in eine unermeßliche Weite um sich herum vertheilet, so manche bewohnte Erdkugel erwärmet und erleuchtet, mit dem größten Undanke dieses Ruhms berauben? Doch Sie thun mir unrecht, wenn Sie

mir

mir einen Undank gegen diese allgemeine Wohlthäterinn der lebendigen Geschöpfe zuschreiben. Es ist wahr, ich leugne es ebenfalls, daß das aus ihr kommende Feuer materialisch ist. Aber ich entziehe der Sonne dadurch nicht das geringste von ihren grossen Verdiensten. Wollen Sie wohl so ungerecht seyn; und von einem Könige, wenn er das Wohl seiner Unterthanen besorgen sollte, verlangen, daß er, oder ein Theil seines Körpers, stets überall zugegen seyn müßte? Kann er nicht seine Befehle in alle Theile seines Reiches ausgehen lassen, dadurch tausend Bewegungen und Veränderungen darinnen hervorbringen, und dasselbe glücklich machen? Eine solche Wirkung auf dem Erdkörper schreibe ich auch größtentheils der Sonne zu. Sie bleibet in ihrem königlichen Sitze unbeweglich. Sie setzet nur durch ihr grosses und heftiges Feuer die Theilchen der Materie, welche um sie herum befindlich sind, in starke Bewegung. Diese wird auf alle Planeten, und also auch auf unsere Erde, fortgesetzet, und diese ist eben, welche sich in dem Lichte und in der Wärme, diesen unentbehrlichen Gehülfen unsers Lebens, äußert. Ich leugne nicht, daß die subtile Materie in dem unermeßlichen Himmelsraume außer den Dunstkugeln der Planeten, ihren Ursprung sowohl in der Sonne hat, als die sich bewegende Materie über einem brennenden Lichte, aus dem Lichte. Aber diese kann ich nun unmöglich selbst das Feuer und das Licht nennen, sondern die heftige Bewegung derselben. Alle Erscheinungen bey den Sonnenstralen lassen sich aus diesen Gründen sehr leicht erklären. Man kann es bey dem ersten Nachdenken begreifen, warum gehäufte und senkrechte Sonnenstralen stärker leuchten und brennen, als zerstreute und schiefe. Eben so wird es keine Schwierigkeit seyn, zu erklären, was es mit den Brenngläsern und Brennspiegeln für eine Beschaffenheit hat.

Aber was denken Sie von mir, daß ich, da ich Sie zu Annehmung meiner Feuerlehre überreden will, Ihnen noch nicht gezeiget habe, wie durch die bloße Bewegung der kleinsten Theile aller Körper das Brennen und das Leuchten, das Feuer und das Licht, möglich sind? Wenn Sie viel denken, so können Sie doch nichts ärgers von mir denken, als von allen denen, welche das Feuer zu einer Materie machen. Erklären es denn diese, woher der Schmerz in den Gliedern, das Geräusch in dem Wasser und die Zertheilung fester Körper herkömmt, wenn diese Dinge nahe zum Feuer gebracht werden? Ich weiß wohl, daß sie alles der häufigen und gewaltsamen Eindringung der Feuertheilchen zuschreiben. Aber alle diese Erscheinungen kann ich, ohne eine Feuermaterie, aus der blosen Bewegung erklären. Ist es nicht natürlich, daß ein heftiger Schmerz erfolgen muß, wenn die kleinsten Nerven in dem Finger, in welchen stets die Empfindung sehr heftig ist, stark bewegt, gedrückt, gepreßt, und zertrennet werden? Die Stiche und Schnitte von Messern und Nadeln sind aus eben diesem Grunde schmerzhaft. Der Schmerz des Brennens aber ist heftiger, weil mehrere und subtilere Theilchen des Fingers die heftige Bewegung leiden müssen. Je subtiler und häufiger die Stacheln eines stechenden Körpers sind, desto natürlicher kömmt der dadurch verursachte Schmerz dem Schmerzen des Brennens bey. Ein offenbares Exempel sind die Nesseln. Niemand hat sie noch für ein Feuer gehalten. Dennoch ist ihr Stechen ein ordentliches Brennen auf der Haut, auf welcher es auch Blasen und rothe Flecke, so wie das Feuer zurück

rück läßt: daher man von ihnen auch allezeit sagt, daß sie brennen. Diese Art des Schmerzens verursachen ihre häufigen und subtilen Stacheln. Wie sehr würde sich ein Blindgebohrner irren, wenn er, nachdem er sich in einem brennenden Feuer die Finger verbrannt hätte, hernach einen Haufen Nesseln auch für brennendes Feuer hielte, weil er eben den vorigen Schmerz, darinnen empfände! Doch, was sage ich! Sollte er wohl in der That irren? Er empfindet einerley Schmerz, welcher von einerley Ursache entstehet. Kann man ihn also eines Irrthums beschuldigen, wenn er einerley Dinge mit einerley Namen benennet? Ist das Feuer eine Materie, so irret er freylich. Aber sollte er nicht durch seinen scheinbaren Irrthum diejenigen, welche das Feuer für eine Materie halten, von ihrem wirklichen Irrthume überführen?

Ich könnte die gänzliche Auflösung und Zertrennung der Körper, wie sie durch mein neugebohrnes Feuer geschiehet, zwar auch an dem Finger erklären. Aber Sie möchten mir auf mein Wort nicht glauben, und den Versuch dazu, wie den vorhergehenden, mit Ihrem Finger anstellen wollen; diesen aber habe ich viel zu lieb, als daß ich es sollte gestatten können, daß Sie ihn der Physik, auf eine so grausame Art, aufopferten; und niemand möchte es für eine so wichtige That erkennen wollen, als bey dem Scävola, welcher sich, seine Unerschrockenheit zu zeigen, die ganze Hand abbrannte. Wenn Sie also den Finger itzt noch in der Flamme haben, so ziehen Sie ihn immer wieder heraus, und stellen Sie den Versuch mit einem Fidibus an; denn ich weiß, daß Sie itzt genug solche physikalische Werkzeuge vor sich liegen haben, so wird Ihnen der Versuch viel erträglicher seyn, und noch glücklicher und geschwinder von statten gehen. Sie brauchen nichts mehr dabey zu beobachten, als was Ihre Hand allezeit, bey Anzündung einer Pfeife Toback, mit einer mechanischen Fertigkeit, von sich selbst verrichtet. Halten Sie also das Fidibus in das Licht, so wird es gleich Flamme fangen. Dieses aber keinesweges, indem ein Stück von der Flamme des Lichts in das Papier herüber gehet. Wenn dieses wäre, so wüste ich nicht, warum man niemals einige Verminderung der anzündenden Flamme wahrnehmen sollte? Es geschiehet weiter nichts, als daß durch die heftige Bewegung der kleinen Theilchen der Materie in der Flamme die kleinsten Theile des Papiers auch in eine solche Bewegung, und also in Flammen, gesetzet werden. Da nun durch dieselbe alle Theilchen des Papiers von einander getrennet werden; so muß nothwendig zuletzt das ganze Papier in die Luft verfliegen. Und so gehet es mit allen brennenden Körpern.

Das Aufsteigen und das Geräusche des siedenden Wassers folgt natürlich aus der heftigen innerlichen Bewegung. Die Luft in dem Wasser, und dieses selbst wird ausgedehnet und getrennet, und nimmt also mehr Raum ein. Aus dem heftigen Bewegen der Wassertheilchen, welche, wie aus einem bekannten Versuch erhellet, sehr hart und folglich auch sehr elastisch sind, kann, nebst dem häufigen Aufspringen der kleinen Luftbläschen, nichts anders, als ein starkes Geräusche verursachet werden. Daß das Wasser sich nicht in Flammen setzen läßt, daraus folgt, daß es in seinen kleinsten Theilchen so hart seyn muß, daß es sich nicht so weit zertrennen läßt, daß eine solche Bewegung entstehen könnte, welche zur Flamme nöthig ist.

Für manche Körper, welche sich durch das Feuer zwar ausdehnen, aber, wenigstens so bald nicht, verzehren lassen, als z. E. für die Metalle, hat man eine Maschine erfunden, durch deren Hülfe man die Größe ihrer Ausdehnung ausmessen kann, und welche, wie Sie wissen, der Feuermesser genennet wird. Diese Körper dehnen sich aus, indem die Theilchen getrennet werden, und auch Theilchen von einem brennenden Körper in sie hineinkommen. Es sind nicht Feuertheilchen, welche durch ihre Einbringung die Ausdehnung verursachen. Es müßten ja, nach der Meynung derer, die dieses behaupten, wenigstens eben so viel Theilchen aus dem Metalle getrieben werden, als ihrer hinein bringen. Und die vertriebene würden ja wohl den einbringenden genug Platz machen, ohne daß sich die Theilchen des Metalls deswegen von ihren eigenthümlichen Sitzen weg bemühen dürften. Es würde in der That eine grosse Unhöflichkeit von diesen fremden Gästen seyn, wenn sie die ordentlichen Einwohner verdrängen, und nicht lieber erst ihres gleichen von da wegtreiben wollten, wo sie sich lagern wollen.

So natürlich ich aus meiner Meynung den Ursprung und die Eigenschaften des Feuers erklären kann, eben so leicht ist es mir auch, den Untergang desselben daraus zu erklären. Ein Körper muß nothwendig aufhören zu brennen, wenn alle seine Theilchen zertrennet, und in die Luft geflogen sind, und sich also in grosser Menge beysammen nicht mehr bewegen können. Die Flamme eines Lichtes wird ausgeblasen, indem die Luft in einer gewissen Weite vom Munde, und also auch die, worinnen die Flamme ist, weggetrieben und zertheilet wird. Ohne Luft bestehet kein Feuer. Dieses zeigen die Versuche mit der

Luft-

Luftpumpe. Wie wollte es auch bestehen, da die Materie, in welcher die Bewegung vorgehen soll, weggebracht wird?

Zum Feuer wird also nothwendig eine starke Bewegung der kleinsten Theilchen eines Körpers erfodert. Wo diese ist, da wird alles aus seinem natürlichen Sitze vertrieben, und in die weite Luft und wohl gar bis in die Sphären der Planeten erhöhet. Diese Bewegung ist die Ursache so manches unersetzlichen Unglücks. Wodurch ward Troja in volle Flamme gesetzet und gänzlich zerstöret? Es ward ein Körper, dessen innere Theilchen in einer heftigen Bewegung waren, einem unendlich kleinen Theile dieser Stadt genähert. Seine Bewegung setzte ihn auch in Bewegung, und von ihm pflanzte sich diese heftige Bewegung durch alle Häuser der ganzen Stadt fort, und diese muste demnach gänzlich verbrennet werden und in die Luft fliegen. Vielleicht haben sich ihre Theilchen in einem Planeten niedergelassen und da ein neues Troja aufgerichtet. Vielleicht würde ein Erdbürger, wenn er die andern Weltkörper durchreisen sollte, alle bey uns verbrannten Städte auf denselben antreffen. Vielleicht sind alle diejenigen Menschen, welche verbrannt worden, in diesen entfernten Welten angelanget, und ohne Zweifel haben die alten Römer ihre Todten deswegen verbrannt, weil es der nächste Weg zur Vergötterung gewesen ist. Aber, mein Herr, wollen wir nicht immer Menschen bleiben?

Sie wissen, daß viele Naturkündiger der Meynung sind, daß im Mittelpunkte der Erde Feuer ist. Sollte man dieses wohl für ganz unwahrscheinlich halten, wenn man bedenket, daß durch das stete Umdrehen der Erde um ihre Are ihre Theile bewegt werden? Welches aus der Erhöhung

ihres

3. geleh. moral. u. poet. Schreiben.

hres Aequators erhellet. Gegen den Mittelpunkt muß die Last der weiter gegen die Fläche befindlichen Theile sehr groß und folglich die Bewegung, das Reiben, das Drücken und Drängen der Theile sehr heftig und in sehr kleinen Theilchen befindlich seyn. Was ist aber dieses anders, als Feuer?

Wenn ich ihre Geduld recht prüfen wollte, so könnte ich Ihnen nun noch eine lange Erklärung von der Beschaffenheit des Leuchtens hersetzen. Aber ich will es nicht thun, sondern Ihnen lieber die Sache zum eigenen Nachdenken überlassen, damit wir bey der nächsten Zusammmenkunft wieder etwas zu streiten haben; denn von den übrigen habe Ich Sie doch wohl vollkommen überzeugt? Sie werden in den Erklärungen der Erscheinungen bey dem Lichte überall glücklich seyn, wenn Sie nur stets das Wesentliche des Feuers, nämlich die starke Bewegung der kleinsten Theilchen der Materie, so, wie bey dem Brennen, zum Augenmerke haben.

Noch eine Sache von grosser Wichtigkeit kann ich Ihnen nicht vorenthalten, und wenn Sie auch schon bald über meinem Briefe, welcher bereits einem Buche ähnlicher steht, als einem Briefe, eingeschlafen wären. Ich weiß, Sie werden gleich wieder munter werden, so bald Sie das Wort Elektricität lesen. Dieser neue Theil der Naturlehre, welcher itzo unter den Gesellschaftsgesprächen seinen nächsten Rang nach den Staatssachen behauptet, macht auch Sie aufmerksam, so oft der wunderbaren Versuche mit der Elektricität gedacht wird. Wie eifrig haben Sie nicht oft eine Erklärung dieser seltsamen Eigenschaft der Körper gewünscht! Sie haben unterschiedene gehört und gelesen, und keine hat Ihnen Genüge gethan. Wenn ich Ihnen aus meiner

Meynung vom Ursprunge und der Beschaffenheit des Feuers dieselbe erklären werde.

Ecquid erit pretii?

Ich will es auf Ihre Freygebigkeit ankommen lassen, und Ihnen in guter Verfassung meine Meynung entdecken. Sie wissen, daß überhaupt durch das harte Reiben der Körper Feuer entstehet. Sollte man denn von dem elektrischen Reiben etwas anders vermuthen? Wenn die Röhre, oder das Glas gerieben wird, so werden die kleinsten Theilchen auf der Fläche in eine heftige Bewegung gesetzt, welche ein Feuer ausmacht. Und dieses Feuer zeiget sich auch deutlich genug, sowohl durch den brennenden Schmerz am Glase und bey dem Reiben, als auch durch das Licht und die häufigen Funken, welche oft in der Gestalt langstralender Sterne von der Röhre wegfliegen, und 6. Zoll weit davon erst verschwinden. Diese Bewegung setzt nun nothwendig alle nahe dabey befindlichen Körper in ihren kleinsten Theilchen in Bewegung. Wenn also das Glas an einer Stange gehalten wird, so ist kein Wunder, daß alle Theilchen auf ihrer Fläche in Bewegung gesetzt werden, und die umher befindliche Luft auch in Bewegung bringen. Diejenigen Körper nun, welche sich die Elektricität gar nicht, oder schwer mittheilen lassen, müssen sehr harte und fest aneinander hängende Theilchen haben. Daß die Bewegung der kleinsten Theilchen auf den Flächen elektrischer Körper und in der nächst umher befindlichen Luft wirklich ein subtiles oder unreifes Feuer ist, dieses ist daraus augenscheinlich klar, daß allezeit auf solchen Körpern Funken entstehen, wenn man einen Finger, oder sonst etwas, sehr nahe daran hält, wodurch sich die bewegten Theilchen an einem Orte häufen, und also nothwendig ein Feuer ausmachen müssen. Das Anziehen und Fortstoßen der leichten Körper ist aus der heftigen Bewegung der Theilchen auch bald zu begreifen. Wenn noch eine Art, sehr stark zu reiben, erfunden würde, so glaube ich gänzlich, daß die Körper, auch durch die bloß mitgetheilte Elektricität, in Flammen würden gesetzt und verbrannt werden können. Doch wer weiß, was der häufige Gebrauch der neuerfundenen elektrischen Maschine noch für Wunder thut? Wenn ich jemals geglaubet habe, daß das Ende der Welt nahe ist, so glaube ich es jetzo, da jedermann elektrisirt, und unsere Erdkugel nicht einen Augenblick mehr sicher ist, durch eine heftige Bewegung ihrer kleinsten Theile, welche von allen vier Winden her geschieht, in Brand gesetzet zu werden. Man siehet wohl, daß die Neugier der Menschen den Kometen die Mühe der Anzündung ersparen will. Wenn ich die Sonne und alle Firsterne ansehe, so denke ich allezeit an die Elektricität. Ich kann ihr Brennen keiner andern Ursache zuschreiben, als dieser, daß sie ehmals, als sie noch Erdkugeln gewesen, durch das häufige Elektrisiren ihrer vorwitzigen Naturkündiger in Flammen gerathen sind. Doch ich muß nur einmal aufhören, ich möchte Ihnen sonst noch die Schöpfung der Welt aus der Elektricität zu erklären anfangen.

Ich begnüge mich daran, daß ich meinen Zweck erreichet habe. Ich weiß, mein Brief hat Sie von Ihrem physikalischen Unglauben bekehret; meine Gründe haben über Ihren Beyfall gesieget, und die Stärke und Gewalt derselben hat Ihre Ueberzeugung erobert. Wenn das Feuer bloß in einer heftigen Bewegung der kleinsten Theilchen aller Körper, und nicht in einer besondern Materie bestehet: so bestehet entweder die ganze Welt aus Feuer, oder man muß das Gegentheil behaupten, wenn man nicht die kleinsten Theilchen aller

Kör-

Körper, sondern eine davon ganz unterschiedene Materie, für Feuer halten will. Wären Sie also, wenn Sie meine Gründe nicht überzeuget hätten, nicht gezwungen, ein Heraklitaner zu werden, oder zu glauben, daß gar kein Feuer in der Welt wäre? Sie werden aber doch meine verwägene Prophezeihung nicht wollen erfüllet werden lassen? Schlafen Sie wohl, und träumen Sie entweder von meinem Feuer oder von Ihrem Freunde.

Es ist nicht schwer, dergleichen noch mehrere, sowohl in den Bremischen Beyträgen, als auch in den Leipziger Belustigungen, anzutreffen. In den letzteren habe ich unter andern zwey mit Vergnügen gelesen. Das eine enthält eine Untersuchung von dem Scherz über den Dianentempel in sich, und ist in der muntern Schreibart ziemlich kritisch *). Das andere prüfet ein gewisses Buch, von der natürlichen Freyheit **). Sie sind beyde zu weitläuftig, als daß ich mich entschließen könnte, davon hier eine Abschrift zu geben. Meine Leser können mit leichter Mühe sie am angeführten Orte lesen. Die Briefe des Hrn. von Holberg gehören ebenfalls mit allem Rechte hieher. Neulich ist eine Sammlung gelehrter Briefe über den gegenwärtigen Zustand der schönen Wissenschaften in Deutschland herausgekommen ***). Leibnitz, der grosse Weltweise, hat

in

───────
*) II. B. S 396.
**) S. 430.
***) s. Berlin 1755.

in seinen gelehrten Briefen das beste Muster gewiesen, daß sich die strengste Gründlichkeit ganz wohl mit dem Witze vertragen könne.

3. Gelehrte Streitbriefe muß man nur mit denen wechseln, denen man entweder widersprechen darf, oder die den Widerspruch vertragen können. Sie sind von den öffentlichen Streitschriften in so ferne unterschieden, daß man diese mehr im Ernste, jene aber mehr zur Uebung und Belustigung schreibet. Wer aus einer reinen Wahrheitsliebe schreibet, und nicht auf eine unedle Art stolz von sich selber denket, dem wird es so leicht nicht an Bescheidenheit mangeln, die in diesen kleinen Federkriegen so nöthig ist. Man hat es schon längst eingesehen, daß die grobe und pöbelhafte Art zu streiten weit mehr geschickt sey, die Wahrheiten zu verdunkeln und zu verlieren, als sie aufzuklären. In unsern Tagen, da die Welt gesitteter zu seyn scheinet, wird daher diese Art ganz billig verachtet und verworfen. Warum will man seinem Eigensinn einen Freund oder Gönner aufopfern? Warum will man sich eines Satzes wegen, der oft ohnedas wenig Nutzen hat, eine ordentliche Feindschaft auf den Hals ziehen? Man kann alle seine Gründe sagen, die für die angenommene Meynung streiten; aber man kann sie so sagen, daß der Gegner nicht böse darüber wird. Deswegen muß man auch in dergleichen Schreiben die apogogische Widerlegung meiden. Da man durch ungereimte Folgen

gen des andern Grundsätze niederschlägt. Denn niemand läßt sich gern lächerlich machen. Noch weniger gilt hier ein dictatorischer Ausspruch, oder daß man gewisse Nebensätze und Beywörter einmischet, die den andern aufbringen können. Z. E. unsere Meynung sey die vernünftigste von der Welt; daraus kann der andere den Schluß ohne vieles Nachdenken ziehen: er habe folglich das Unvernünftigste behauptet. Oder die gelehrtesten Leute seyen unserer Meynung; folglich hörte der andere auf gelehrt zu seyn, wenn er sich die Freyheit nähme, davon abzugehen. Man muß dem grossen Manne ähnlich zu werden suchen, den Hagedorn schildert:

Den Kenntniß glücklich macht und nicht zu schulgelehrt,
Der zwar Beweise schätzt, doch auch den Zweifel ehrt.

Man muß der Eigenliebe des Gegners etwas schmeicheln, indem man ihn widerlegt. Man lobe erstlich die Stärke seiner Einsicht, siehet die Zweifel als wichtig an, setzt aber ein vielleicht darauf, womit man dasjenige vorbringt, was man sonst wohl schlechterdings sagen konnte: Ich gebe Ihnen zu bedenken, zu prüfen ꝛc. Als ein Exempel von gelehrten und gesitteten Streitbriefen kann man die litteras Amaboeas *)

an-

---

*) Diese artigen Briefe sind der neuen Ausgabe des *Bilfingeri* dilucidationibus de Deo, Anima et Mundo, obgleich ziemlich fehlerhaft, beygedruckt.

anſehen, die der jüngſt verſtorbene Herr Geheimerath Bilfinger, und der ſcharfſinnige Herr Prof. Hollmann in Göttingen, mit einander gewechſelt haben. Und es wäre zu wünſchen, daß mehrere Gelehrten von der Art ihre Briefe an das Licht ſtellen möchten, um die Gelehrſamkeit einmal völlig von dem ſchlechten Nebenbegriffe einer Pedanterey zu reinigen, die ihr allemal geſchadet hat. Dies würde weit nützlicher ſeyn, als die Welt unaufhörlich mit neuen Logiken und Predigten zu beſchweren.

§. 116.
Moraliſche Schreiben enthalten allerley Betrachtungen über die Handlungen, Sitten und Schickſale der Menſchen, nach den Gründen der Sittenlehre.

§. 117.
Sie ſind eine Art gelehrter Briefe. Folglich gelten bey ihnen alle Regeln derſelben (§. 111. u. f.).

§. 118.
Man hat dadurch die Abſicht, ſeinen Leſer entweder zu verbeſſern, oder im Guten zu ſtärken, oder zu vergnügen. In dieſen dreyen Fällen hat man wohl zu überlegen, an welche Perſonen man ſchreibe, zumal wenn ſie Vornehmere ſind (§. 113)

§. 119.

§. 119.

Weil ein Brief kein Lehrbuch ist: so kann die Schreibart in diesen Briefen freyer seyn, und die Bestimmung oder Einschränkung der Gedanken nicht so ängstlich gemacht werden, ob sie gleich untereinander selbst wohl zusammenhängen müssen (§. 4.).

§. 120.

Die lebhaften Schilderungen der Tugenden und Laster, der Charaktere und Sitten, der Gesetze der Vorsehung, der Glückseligkeit und Unglückseligkeit ꝛc. werden die Schreibart nachdrücklich und angenehm machen; die Absichten dieser Briefe selbst aber (§. 118.) kräftig unterstützen.

§. 121.

Diese Briefe sollen zugleich rührend seyn (§. 118.). Folglich muß man hier mit gedoppelter Behutsamkeit alle gemeinen Begriffe und Redensarten vermeiden, oder wenigstens von einer neuen Seite darstellen. Man muß edel denken, und der Ausdruck muß dem Denken gemäß seyn (§. 21.).

Anmerkung.

1. Die ganze Erläuterung, welche ich hier noch hinzufügen will, fasset drey Stücke in sich. Einmal müssen wir untersuchen, wem solche Briefe zu schreiben anständig sey? Ferner, worauf man bey ihrer inneren Einrichtung sehen müsse; und endlich, wer dazu Exempel gegeben habe? Diejenigen finden nur Erlaubniß, solche Briefe zu schreiben, die sowohl an Jahren und Erfahrung, als auch an Vernunft und Stande dem Leser entweder gleich, oder noch über denselben hinaus gerückt sind. Dies ist die allgemeine Regel, nach der sich ein jeder zu prüfen hat, der in seinen Briefen ein Moraliste seyn will; denn wir würden kaum zu Ende kommen, wenn wir dies insbesondere auf alle Stände und Verhältnisse der Menschen nach allen Fällen zeigen wollten. Wenn ein junger Mensch, der kaum ein Jahr auf Universitäten gewesen ist, einen alten erfahrnen Prediger in der Sittenlehre zurechte weisen wollte: so würde es diesem billig seltsam vorkommen (S. 54. Anm.). Es kommt indessen alles auf die Art und Weise an, womit es geschiehet; und da läßt es sich freylich nicht schlechterdings bestimmen, welche Personen eigentlich zur Verfertigung dergleichen Briefe ein Recht haben, weil die Absichten verschieden sind. Man muß nur das Ansehen meiden, als ob man den andern belehren wolle,

Stockhausens Grundsätze.   O   wenn

wenn man ihm eine gewisse Hochachtung schuldig ist; sondern man muß ihm alsdann seine Betrachtungen gleichsam zur Prüfung überlassen.

s. Bey der inneren Einrichtung der Briefe selbst hat man insonderheit die Absicht zu erwägen, aus welcher man getrieben wird zu schreiben. Wenn man einem die liebenswürdige Tugend und das schändliche Laster, beydes auf die Art zeigen will, daß er jene begehren, dieses aber verabscheuen soll: so könnte man diesen Brief ein moralisches Lehrschreiben nennen. Man muß alsdann die Bilder von der Tugend und von dem Laster recht lebhaft zeichnen, wozu die auserlesenen Exempel aus einer bekannten Geschichte, wohleingerichtete Fabeln, auch gut getroffene Gleichnisse, vieles beytragen können. Wenn also erst die Begriffe vollkommen deutlich erkläret und bewiesen sind: so füget man ferner triftige Bewegungsgründe hinzu, die dem andern schmeicheln: man zeigt die Mittel, wodurch es möglich zu machen sey, die Tugend auszuüben, und dem Laster zu entsagen; man entdecket auch endlich die mancherley Hindernisse, die den Lauf der Tugend hindern, und die Hülfsmittel, die dagegen mit guter Wirkung zu gebrauchen sind, und streuet hin und wieder schöne Anmerkungen ein ꝛc. Betrachtet man den Lauf der Welt, den Vorzug der stillen und ruhigen Lebensart, die väterlichen Gesetze der Vorsehung ꝛc. so kann es auch hier nicht an guten Gedanken fehlen, die

der

der Tugend Schönheit geben, und eines unsterblichen Geistes werth sind. Sie können bald aus der Vernunft, bald aus der heiligsten Religion genommen werden, insonderheit da, wo die letztere Eingang findet. Zu ihrer Erfindung gehöret eine genaue Kenntniß der Sittenlehre und des menschlichen Herzens. Ich will zu dem Ende allen meinen Lesern das vortreffliche Werk des Herrn Kanzlers von Mosheim anpreisen, ich meyne, dessen Sittenlehre der Heil. Schrift, ein Buch, das auch bey der spätesten Nachwelt unsern Zeiten Ehre machen wird.

3. Von Exempeln, die wie in moralischen Briefen haben, sind mir unter den Deutschen, außer dem Werkchen der Fr. v. Ziegler *), keine Sammlungen bekannt. Unter den Lateinern verdienet gewiß Seneca in Ansehung der Moral übersetzt zu werden, weil es auch wirklich Frauenzimmer giebt, die blos deswegen ihre Unwissenheit in der lateinischen Sprache bedauren, weil sie den Seneca nicht lesen können. Doch vielleicht hält der gelehrte Hr. Prof. May in Leipzig noch sein Versprechen, die moralischen Schriften dieses scharfsinnigen Geistes zu übersetzen; und man kann nach so vielen Proben zum voraus versichert seyn, daß seine Arbeit ungemein gut ausfallen wird. D. Youngs moralische Briefe, die man neulich

über-

*) C. M. v. Ziegler moralische und vermischte Sendschreiben an einige ihrer Vertrauten und gute Freunde, v. 1732.

übersetzt bekommen hat, sind so geistreich und schön, als man sie von einer solchen Feder billig erwarten konnte. In der oft angeführten moralischen Wochen- und Monatschrift der Deutschen, und in den Sendschreiben, die zu Danzig herausgekommen sind, findet man indessen viel schöne Briefe, die wir als Muster in dieser Art betrachten können. Ich berufe mich nur jetzt auf das Schreiben, von den sinnlichen Ergötzlichkeiten, besonders von dem Tanzen, welches in den Bremischen Beyträgen stehet *): und ich fürchte keinen Widerspruch, wenn ich sage, daß die Moral darinn ungemein reizend und vernünftig sey. Ein werther Freund hat mir unlängst ein Sendschreiben mitgetheilet, darinn er von einer wichtigen Wahrheit der Sittenlehre seine Gedanken öffnet. Ich hoffe ihn nicht zu beleidigen, wenn ich es hiemit statt eines Exempels bekannt mache.

Gedanken
von dem höchsten Gute,
in einem Sendscheiben
an den Hrn. v. W***.

Sie haben allerdings die edelste Beschäfftigung erwählet, wenn Sie Ihre Gedanken dem erhabenen Gegenstande widmen, in dessen Besitz ein unsterblicher Geist allein seine Glückseligkeit fin-

*) 1. B. S. 317.

findet, und Sie treffen den Anfang dazu ganz wohl, da Sie die Hauptneigung ihrer Seele etwas näher, und daß ich so rede, etwas vertrauter prüfen. Ich bezeuge Ihnen deswegen hierdurch mein ausnehmendes Vergnügen, denn ich weiß, daß Sie in diesem Geschäffte glücklich seyn werden, da es Ihnen mit der Tugend ein Ernst ist. Sie haben Recht, daß die Erlangung des höchsten Gutes die Glückseligkeit bestimme. Dieser Beyfall kostet mir nicht so viel Mühe, als wenn Sie von mir eine genaue Abbildung dieses höchsten Gutes verlangen. Wissen Sie denn nicht, daß eben dies der Punkt ist, den die Menschen am wenigsten deutlich erkennen, und wobey sich die meisten auf eine angenehme Art betrügen? Doch ich will Ihnen zum wenigsten meine Gedanken sagen, weil Sie es so haben wollen, und Ihnen selbst die Entscheidung überlassen, ob die Vernunft oder die Neigung daran den größten Theil habe.

Unsere Weltweisen sagen, daß die Glückseligkeit der Zustand eines unveränderlichen Vergnügens sey. Ich nehme diese Erklärung an, weil sie Grund hat, und vergleiche sie nun mit dem höchsten Gute überhaupt. Ein jeder ist darinn einig, daß zu dem Vergnügen der Besitz gewisser Güter erfodert werde, und daß nur dieses das höchste Gut sey, welches uns glücklich machen kann. Folglich muß das höchste Gut ein gegründetes und unveränderliches Vergnügen mit sich führen. Ein jeder Mensch glaubt in der Sättigung seiner Begierden dieses Vergnügen zu finden, und daher mißt er den Werth aller Güter blos nach dieser Vorschrift. Gehen Sie nun also unter die Menschen! Fragen Sie einen jeden um seine Begriffe von der Glückseligkeit, lassen Sie sich von allen die Mittel erzählen, die sie in dieser Absicht anwenden: Ich bin Ihnen gut dafür, ein jeder wird Ihnen was anders sagen, und man wird Ihnen so viel Glückseligkeiten als verschiedene Neigungen abbilden. Die Absicht ist an und für sich sehr allgemein. Aber die Art zu denken ist sehr unterschieden, und von ihr kommt der grosse Unterschied in den Mitteln. Lassen Sie uns etwas näher auf diese Untersuchung kommen.

Die Befriedigung der Leidenschaften ist der letzte Endzweck von den Bemühungen der Menschen, und gleichsam der Mittelpunkt ihrer Handlungen. Silen ist hochmüthig. Er wünschet von jedermann verehret und angebetet zu seyn. Durch den äusserlichen Pracht bemühet er sich Hochachtung zu erwecken. Alle seine Handlungen zeugen von dieser Absicht. Kurz, Silen wird durch diese Unterstützung des Hochmuths nach seiner Meynung glückselig. Damoet findet ein besonderes Vergnügen in dem ungestörten Besitze des Reichthums. Der Geiz scheinet ihm dazu das natürlichste Mittel zu seyn. Er lebt karg und elend. Sein Herz weiß von keinen Empfindungen des Mitleidens gegen den Dürftigen. Durch Ungerechtigkeiten sammelt er Schätze. Mißtrauisch auf die höchste Vorsehung begiebt er sich durch Sturm und Wellen, und mit Gefahr des Lebens siehet er dem steten Anwachs seiner Güter zu. Damoet wird sich also überreden, er sey glückselig. Lindamor wird eben das von sich glauben, wenn er in den körperlichen Wollüsten seine Begierden übet, wenn er seine flüchtigen Wünsche erfüllt siehet, und unter dem Wechsel der Ergötzlichkeiten grau wird. Hier haben Sie alle Hauptneigungen, und Sie können die mancherley Gattungen derselben füglich unter diese Klasse bringen. Wir nehmen in allen Begierden das Vergnügen als eine Hauptabsicht wahr; nur äussert sich der Unterschied in den verschiedenen Ge-

genständen. Ein jeder bildet sich nach seiner Neigung eine Glückseligkeit ab; und was meynen Sie, er bleibt dennoch in deren Besitze unzufrieden. Silen behauptet seinen Hochmuth unter beständiger Furcht; wenn er auch nicht bestimmt ist, in den Abgrund zu fallen, und in seinen Stand zurück zu sinken: so drohet er ihm doch. Er wird unruhig, so lange er noch eine Staffel der Ehre vor sich siehet, die er nicht erreichen kann, und sein Schmerz ist groß, wenn er Weise erblicket, die gegen ihn gleichgültig sind. Damoet leidet Mangel bey seinem gefüllten Kasten. Er seufzet immer nach grösseren Reichthümern. Er betrauert den kleinen Verlust, weil er sich niemals einbildete zu verlieren, und bey aller seiner Herrlichkeit steiget ihm oft der empfindliche Gedanke auf, daß er in der letzten Stunde, unter dem aufgeklärten Anblick seiner Erben, den beschwerlichen Abgott auf einer so unsichern Reise nicht mitnehmen könne. Wollen Sie ein lebhaftes Bild von dem Geizigen haben: so lesen Sie nur das Gedicht des Herrn von Caniz, worinn er ihn unter dem Namen Harpax mit deutlichen Farben geschildert hat. In den evangelischen Bußthränen des Herrn Buchka treffen Sie davon eine unvergleichliche Nachahmung an. Was werden Sie aber von dem Wollüstigen denken? Beleuchten Sie Lindamors Glückseligkeit! Es wird sich ein ganzer Schauplatz widriger Affekten öffnen. Die besten Jahre sind verschwendet. Die so sehr geliebten Ergößlichkeiten nehmen Abschied, und die alten Tage ärnten nunmehr die Früchte einer unordentlichen und lasterhaften Jugend ein. Armuth, Verachtung, ein siecher und abgezehrter Körper, die empfindliche Reue, das sind die gewöhnlichsten Beweise, daß es mit der eingebildeten Glückseligkeit aus sey. Die Erfahrung erläutert diese Wahrheit mit lebendigen Beyspielen, und diese soll uns den allgemeinen Satz begreiflich machen, daß alle irdischen und vergänglichen Güter mehr geschickt sind, die Menschen unglückselig als glückselig zu machen. Ich weiß schon, Sie drohen mir mit dem Einwurfe, warum denn die Vorsehung uns mit solchen Neigungen beseelet habe, da sie doch irrige Rathgeber zu Erlangung des höchsten Gutes sind; und warum denn der Schöpfer uns mitten in eine Reihe von Hindernissen der Glückseligkeit gesetzet habe? Ich will mich bemühen, darauf zu antworten, wenn ich erst meinen Grundriß von der wahren Beschaffenheit des höchsten Gutes gezeichnet habe? Sie werden mit mir aus dem Vorhergehenden eingestehen, daß das höchste Gut sich durch zwey untrügliche Merkmale kennbar machen müsse. Erstlich, es muß beständig und unveränderlich seyn. Zweytens, das Gemüth muß in dessen Besitze eine vollkommene Zufriedenheit finden. Lassen Sie uns beydes etwas näher beleuchten. Sie kennen die Sprache der Sittenlehrer allzuwohl, als daß ich erst nöthig hätte, Ihnen den Begriff von einem wahren und Scheingut weitläuftig zu erklären. Sie wissen also, daß ein wahres Gut sich durch die Wirkung eines dauerhaften Vergnügens von dem Scheingute unterscheidet. Da die Glückseligkeit von dem Genuß des höchsten Gutes herrühret, die Glückseligkeit aber der Zustand eines unveränderlichen Vergnügens seyn soll: so können Sie nun leicht den Schluß machen, daß das höchste Gut ein wahrhaftes Gut seyn müsse. Betrogene Einbildung, wie irrig träumen deine Sklaven, wenn es darauf ankommt, das Wahre von dem Falschen und das Gute von dem Bösen zu unterscheiden! Die wahren Güter müssen niemals nach der Einbildung, sondern nach den

Grün-

Gründen der Vernunft beurtheilet werden. Das Vergnügen richtet sich nach der Dauer desjenigen Guts, aus dessen Genuß die Lust entstehet. Soll nun aus dem Besitz des höchsten Gutes ein unveränderliches Vergnügen erwachsen: so muß das höchste Gut an und für sich und seiner Natur nach, keiner Veränderung unterworfen seyn. Nun prüfen Sie alle Güter dieser Welt, betrachten Sie die menschliche Ehre, den Reichthum, die Wollust; nehmen Sie alles zusammen, was die Neigung der ordentlichen Leute zu wünschen pflegt; so werden Sie dennoch finden, daß diese Güter unbeständig und veränderlich sind. Höret das Gut auf zu seyn: so verlieret sich auch der Genuß desselben, folglich das daraus entstehende Vergnügen. Soll man also noch das höchste Gut in der Welt suchen, da doch die Welt selber eine Reihe veränderlicher Dinge ist? Sie können die Folge dieser Sätze nun leicht errathen. Das höchste Gut muß nicht nur an und für sich keiner Zerstörung unterworfen seyn, wenn es etwas wirkliches ist, sondern auch seine Vollkommenheiten, die es mittheilen kann, müssen keinen Wechsel der Zeit annehmen, und sich allezeit selber gleich seyn. Aber auch derjenige, der der Glückseligkeit fähig seyn soll, das ist, der das höchste Gut auf eine ungestörte Art genießen kann, muß keiner Vergänglichkeit unterworfen seyn. Dieß ist der andere Hauptsatz, bey dessen Untersuchung wir auf den Menschen zurück zu sehen haben. Die Vollkommenheiten, welche wir besitzen können, betreffen entweder unsern inneren oder unsern äußeren Zustand. Nach dem obigen finden wir in dem letztern nichts vom höchsten Gute, weil alle Vollkommenheiten desselben auf zerbrechliche und vergängliche Güter gegründet sind. Wir haben also unsere Aufmerksamkeit auf den inneren Zustand zu wenden, der die Seele und den Körper unter sich begreift. Der Körper ist keiner beständigen Vollkommenheit in dieser Welt fähig. Leben und Gesundheit sind Dinge, die durch Krankheiten und durch die Verwesung bald ein Ende haben, wie es das allgemeine Schicksal dieser Welt, und die Beschaffenheit des Körpers mit sich bringt. Folglich nimmt der Körper an dem höchsten Gute in dieser Welt keinen Theil. Es bleibt also nichts übrig, als die Seele, die das höchste Gut zu genießen fähig seyn könnte. Die Seele ist, wie Sie wissen, unsterblich. Ich nehme den Satz hier als erwiesen an, da ich aus der Sittenlehre rede. Ist sie unsterblich: so kann sie ein unveränderliches Gut auch unveränderlich genießen; mithin kann sie einer Glückseligkeit fähig seyn. Wegen ihrer einfachen Natur kann sie ihre Vollkommenheiten durch keine äusserliche Gewalt und Hindernisse verlieren, sondern in dem Besitze eines ungestörten Vergnügens beharren. Allein wo finden sich denn nun solche Vollkommenheiten, und wie ist es möglich, sie zu erlangen? Sind sie in der Welt nicht anzutreffen: so ist vielleicht die ganze Sache eine süße Einbildung. Dieser Schluß kommt zu früh, denn wir haben noch nicht an das höchste Wesen ausser der Welt gedacht. Und dieß ist es eben, welches ich zum höchsten Gute des Menschen machen will.

Gott hat den vollkommensten Verstand, Gott hat den vollkommensten Willen, und dadurch ist er in sich selbst der seligste. Er verschließet aber diese herrlichen Eigenschaften nicht in sich selbst, sondern er will auch seine Geschöpfe dieselben empfinden lassen. Die Seele des Menschen ist keiner andern wahren Vollkommenheiten fähig, als die den Verstand und den Willen angehen. Sie findet nur in der Größe der Erkenntniß und in der Vortrefflichkeit der Tugend ein wahres Vergnügen. Wenn nun die Seele die allergrößten Vollkommenheiten erkennet, wenn sie die unendliche Tugend bewundert; wenn sie überzeugt ist, daß diese Vollkommenheiten des höchsten Wesens keiner Veränderung unterworfen sind; wenn sie sich auf das deutlichste bewußt ist, wie alle diese herrlichen Eigenschaften auch ihren Zustand stündlich vollkommener machen: so muß sie nothwendig dadurch ein himmlisches Vergnügen empfinden, und in dieser Erhebung von der Erde das höchste Gut schmecken. Wenn die Seele erkennet, daß Gott nicht nur in sich der Gerechteste, der Gütigste, der Seligste sey; sondern daß er dieses auch in Ansehung ihrer selbst seyn wolle: so muß sie daraus nicht nur das höchste Vergnügen schöpfen, sondern auch die feurigste Liebe gegen dieses anbetungswürdige Wesen hägen. Sie sehen also, daß das höchste Gut nur in der Erkenntniß Gottes und in der Vereinigung mit demselben anzutreffen sey. Ich will dieses noch durch das andere Kennzeichen kurz erweisen. Unsere Begierden sind so flüchtig und unbeständig, daß sie niemals durch den Genuß irdischer Güter völlig beruhiget werden. Wir wünschen, wir sehnen uns nach einem Gute so mühsam, und wir erhalten es. Nun, denken wir, sind wir glückselig. Allein, wie lange währet diese Beruhigung? Sie überlebt oft nur wenige Augenblicke. Kaum haben wir unsern Wunsch erreicht: so nehmen wir daher schon neuen Anlaß zu wünschen, und unzufrieden zu seyn. Mit einem Worte, die wahre Beruhigung unserer Begierden findet sich nur in dem höchsten und unendlichen Gute, denn dasselbe läßt uns kein Bewußtseyn eines Mangels übrig. Oft giebt es einige angenehme Augenblicke, in welchen wir davon einen Vorschmack haben, und man ist einig, daß dieses Vergnügen ohne Vergleichung sey. Wie groß muß es denn nicht erst in einer Seele seyn, die nicht mehr irdisch ist!

Soll denn aber das höchste Gut blos in metaphysischen Vorstellungen bestehen, die mit keiner wirklichen Empfindung begleitet sind? Wer da weiß, daß die Seele in der Erkenntniß und in den Vollkommenheiten derselben, die einen so grossen Einfluß in die Begierden haben, ein wirkliches Vergnügen empfindet, und keines andern wahren Vergnügens fähig ist, dem wird es leicht seyn, darauf zu antworten. Ueberhaupt läßt sich dasselbe weit besser erfahren, als weitläuftig beschreiben. Urtheile aber, die nach den Sinnen schmecken, können hierinn nicht Richter seyn.

Glauben Sie nun, mein Herr, daß meine Anmerkung Grund habe? Was halten Sie von den ungereimten Meynungen einiger alten Weltweisen, die das höchste Gut bald in der sinnlichen Wollust, bald in der Unempfindlichkeit, bald gar im Schlafe gesucht haben? Die einzige, welche noch erträglich ist, war diese, daß man sagte, das ganze Geschäffte der Glückseligkeit werde in der ungestörten Ruhe und Zufriedenheit des Geistes vollendet. Allein, die Mittel, die sie dazu vorschlugen, waren sehr irrig gewählt, und sie mußten auch allemal mangelhaft bleiben, so lange man keine göttliche Offenbarung annahm. Die Stoiker verwechselten diese Ruhe mit einer gezwungenen Gleichgültigkeit. Nimmt man diese Ruhe im besten Verstande, so sehen Sie, daß ich gar nicht widersprochen, sondern nur die wahre Quelle derselben gezeiget habe.

Ich müßte noch etwas von den Mitteln reden, die den Genuß dieser göttlichen Vollkommenheiten befördern, oder die uns zum höchsten Gute füh-

führen, wenn ich nicht an dem wichtigsten Punkte abbrechen wollte. Ich thue es, weil Ihnen diese Unterredung ohne Zweifel angenehm ist. Es giebt schon einer nachdenkenden Seele das würdigste Vergnügen, wenn sie nur die Wege erblicket, die sie zu ihrer Glückseligkeit führen sollen.

Wenn die Glückseligkeit allezeit eine Frucht der Tugend gewesen ist: so siehet man wohl, daß kein Lasterhafter zum Genuß des höchsten Guts fähig sey. Wie kann er das Edle und das Schöne eines Guts einsehen, da er sich durch Thorheiten und niederträchtige Ausschweifungen glücklich machen will? Der Genuß des höchsten Guts gehöret nur für erhabene Geister, die ihrer Unsterblichkeit würdig durch Weisheit und Tugend dem höchsten Wesen ähnlich werden. Die göttlichen Vollkommenheiten sind lauter Muster, die wir nachahmen sollen; und weil Gott eben dadurch der Seligste ist, da er sie unendlich besitzet: so werden wir ebenfalls desto glückseliger, je näher wir ihnen kommen. Dieses unerschöpfliche Urbild kann freylich von einem endlichen Geiste niemals völlig erreichet werden. Es bleibt allemal noch ein grosser Abstand übrig. Doch ist das Vergnügen, die göttlichen Tugenden nachzuahmen, so groß, daß es nach den Schranken unsers Wesens zureicht, uns zu beruhigen.

Da wir aber keinen Menschen finden, der vollkommen tugendhaft wäre, und der dem Höchsten unablaßig ähnlich zu werden trachtet: so weiß freylich die Vernunft hierinn keine hinlängliche Mittel vorzuschlagen, dieses Hinderniß der Gemeinschaft mit Gott zu heben. Die christliche Religion beweiset in diesem Stücke ihren herrlichen Vorzug, indem sie uns die sichersten Wege zeiget, die Blößen der natürlichen Tugend zu bedecken.

Man suche sich indessen von den göttlichen Vollkommenheiten, die man nachahmet, überzeugende Begriffe zu machen. Denn nur eine lebendige Ueberzeugung kann den Willen wahrhaftig tugendhaft machen. Es gehöret dazu eine unablaßige Uebung des Verstandes, der ohnedas willig ist, eine so schöne Beschäfftigung zu haben, wenn ihn nicht die Lüste übertäuben. Die Begriffe können sich auf vielerley Art verschlimmern, wenn man diese Uebung nichts achtet. Aus einer lebendigen Erkenntniß kann oft eine zweifelnde, und aus dieser endlich gar eine todte Erkenntniß werden. Und wie kann alsdann die Seele fähig seyn, ein Urbild nachzuahmen, das sie nicht kennet, oder dessen Erkenntniß doch keine Erweckung in ihr macht?

Wenn man dabey allen irdischen Gütern keinen grössern Werth beyleget, als sie verdienen; wenn man bedenket, daß sie der Veränderung unterworfen sind, und daß sie höchstens nur zur Vollkommenheit unsers äußerlichen Zustandes etwas beytragen; wenn man sie endlich nur zu dieser Absicht gebraucht, wozu sie der Schöpfer bestimmet hat; so wird man sowohl bey ihrem Besitze, als bey ihrem Verlust weit ruhiger seyn, als der Ehrsüchtige, der Geldgeizige und der Wollüstige. Man wird alsdann erst die Regel des Epiktets benutzen:

Si ollam fregisti, memento te ollam fregisse. Dieses anständige Bezeigen eines vernünftigen Mannes leitet ihn noch zu einem andern vortrefflichen Mittel, welches den Genuß des höchsten Gutes und die Gemüthsruhe ungemein befördert. Man lernt nämlich seine Neigungen beherrschen, und die wütenden Affekten bändigen. Woher kommt doch der Zorn, der Neid, die Reue, die Traurigkeit und die Freude der meisten Menschen? Sind nicht die Vorstellungen gewisser zeitlichen und flüchtigen Güter Schuld daran, die man billig mit ganz andern Augen ansehen sollte? Wenn man so viel über die Laster eiferte, wenn man seine eigenen Fehler bereuete, wenn man Ehre, Reichthum und Lust nur in Gott und in der Tugend suchte: so würden unsere Neigungen sich auf würdigere Gegenstände lenken. Der Mensch würde freylich ohne Empfindungen, und wie die Bildsäule Pigmalions seyn, wenn ihn nicht der große Schöpfer mit Affekten beseelet hätte. Allein hat er sie ihm nicht zu guten Absichten gegeben? Soll er nicht eben dadurch feuriger in der Ausübung der Tugend werden? Und hier haben Sie zugleich meine Anmerkung über den obigen Einwurf. Sobald sich die Affekten über den Verstand empören, und der Vernunft allen Gehorsam aufsagen, sobald sie die deutlichen und überzeugenden Vorstellungen des Geistes von den göttlichen Vollkommenheiten hindern: so sind sie wilden Pferden ähnlich, die überall dem Verderben entgegen rennen, und diejenigen zugleich mit unglücklich machen, die sich ihnen anvertrauet haben. Hier muß der Verstand siegen: und dies ist eben der Sieg, der selbst, nach dem Geständniß der Heyden, der schönste und wichtigste ist.

Allein ich eile zum Ende. Sie werden vielleicht des Lesens müde, wenn man anders bey Betrachtung solcher Wahrheiten ermüden kann. Sie sehen, daß ich meiner Pflicht, die Sie mir aufgelegt haben, lieber zu viel, als zu wenig Genügen leisten wollen. Prüfen Sie alles und schreiben Sie mir ebenfalls Ihre Betrachtungen, die Sie über die göttliche Bestimmung des Menschen in der Stille zu machen pflegen. Denn dieß ist doch allemal das einzige Vergnügen, welches

man

man gründlich nennen kann. Ich habe die Ehre zu seyn.

Mein Herr,
  Dero
          verbundenster Diener
              ꝛc. ꝛc.

§: 122.
Poetische Schreiben sind solche, darinn man einem andern seine Gedanken in gebundener Rede zu erkennen giebt.

§. 123.
Ihr Innhalt fällt allemal unter eine der vorhergehenden Gattungen. Folglich hat man in Ansehung der Gedanken bey ihnen gleiche Regeln zu bemerken.

§. 124.
Weil die Briefe der mündlichen Unterredung allemal ähnlich bleiben sollen (§. 1.): so darf das Poetische in denselben nicht zu hoch getrieben werden.

§. 125.
Aus eben dem Grunde würde es sehr unnatürlich seyn, poetische Briefe in ungebundener Rede zu schreiben, wenn es nicht etwa zum Scherze geschehen sollte. Jene heissen hier nur größtentheils um des beobachteten Sylbenmaßes willen poetisch.

§. 126.

§. 126.

Das übrige, was bey diesen Briefen zu bemerken ist, bestimmen die Regeln der Dichtkunst.

Anmerkung.

Warum ich die poetischen Schreiben so und nicht anders erkläret habe, davon ist die Ursache im 125ten §. schon beyläufig angezeiget. Ich weiß sonst wohl, daß man eine gebundene Rede nicht gleich poetisch nennet, weil auf diese Art ein jedes schlechte Lied eine Poesie heissen würde. So wenig meine Absicht ist, diesen Unterschied zu tadeln; eben so möglich ist es auch, meinen Begriff zu rechtfertigen. Die Benennung ist hier willkührlich, und hat wenigstens den Gebrauch zu reden vor sich. Wäre auch das erstere nicht: so ist doch der Ausdruck deutlicher, wenn ich sage, poetisches Schreiben, als ein gebundenes Schreiben. Wollte man aber das Wort poetisch so gar genau bestimmen, wie es einige Lehrer der Dichtkunst thun: so halte ich überhaupt die poetischen Briefe für etwas sehr unnatürliches, weil man in einem Briefe nicht so erhaben und prächtig reden soll, als in einem Gedichte. Hiermit will ich indessen gar nicht behaupten, als ob ein solcher Brief ganz trocken und schlechtweg, oder als eine gereimte Prose geschrieben seyn müsse. Nein, es können auch allerley poetische Zierrathen, gute Einfälle und reizende Ausdrücke gebraucht

braucht werden; aber dieß alles muß so geschehen, daß der Schwung der Gedanken nicht zu sehr in das Erhabene fällt, und den Leser in Verwunderung setzet. Es giebt eine poetische Schreibart, welche gefällt, ob sie gleich nicht an das Erhabene reichet, z. E. in Schäfergedichten, Lustspielen, Fabeln und dergleichen. Diese muß auch in den Briefen, davon hier die Rede ist, in gleicher Maße beybehalten werden. Der gelehrte Herr Prof. Meyer in Halle hat die Grade des Poetischen ziemlich genau auseinander gesetzt *), worauf ich meine Leser hiemit der Kürze halben verweise. Je vornehmer übrigens die Person ist, an welche man poetische Briefe schreiben darf; desto mehr ist auch schon erlaubt, in einem höheren Schwunge zu schreiben. Das Sylbenmaß, welches sich am besten zu dergleichen Briefen zu schicken scheint, bestehet in sechsfüßigen Jamben; wie denn auch Horaz seinen eigentlichen Briefen ein sechsfüßiges Sylbenmaß giebt; oder man setzet sie in Form der Elegien: Eine Ode kostet mehr Kunst, und erfodert einen viel zu erhabenen und feurigen Ausdruck der Empfindungen, als daß sie sich mit dem Wesen eines Briefes gut vertragen könnte. Ich will also nur ein Exempel eines poetischen Schreibens aus dem Hrn. von Caniz vorlegen, das mir eben in die Augen fällt. Es war an seinen

Freund

---

*) in den Anfangsgründen aller schönen Wissenschaften, I. Th. im dritten Abschnitt.

Freund, den Hrn. von Brand, gerichtet, an den er eben so vertraut und nachläßig zu schreiben pflegte, als sie mit einander umgiengen; und ist unter seinen Gedichten, nach der neuen Ausgabe, die sechste Satyre. Der Brief lautet also:

Die Zeilen, welche mir jetzt aus der Feder
    fließen,
Sind von mir abgeschickt, Herr Bruder, dich zu
    grüßen;
Ob ich gleich einsam bin, so will ich doch dabey,
Daß ich nicht unbekannt bey meinen Freunden
    sey.
Zu Blumberg ist mein Sitz, da nach der Alten
    Weise
Mit dem, was Gott beschert, ich mich recht
    glücklich preise;
Da ich aus meinem Sinn die Sorgen weggeräumt,
So daß mir nicht von Geiz noch eitler Ehre
    träumt.
Ich kann das Spiel der Welt und ihr verwirrtes Wesen
Aus dem gedruckten Blatt des Zeitungsschreibers
    lesen;
Und wenn gleich alles nun in Krieg und Blut
    gestürzt,
Wird im geringsten nicht dadurch mein Schlaf
    gekürzt.
Bleibt Friedrich nur gesund, und hat sein Zepter
    Segen,
Was ist mir an Namur und Pignerol gelegen?
Und wenn ich ohne Streit die Garben binden
    kann,
Ficht Frankreich mich so viel, als wie der Mogul an.

Hier merk ich, daß die Ruh in schlechten Hütten
   wohnet,
Wenn Unglück und Verdruß nicht der Palläste
   schonet;
Daß es viel besser ist, bey Kohl und Rüben
   stehn,
Als in dem Labyrinth des Hofes irre gehn.
Hier ist mein eigner Grund, der mir selbst an-
   gestorben:
Hier ist kein Fußbreit Land durch schlimmes
   Recht erworben;
Kein Stein, der Wittwen drückt, und Waisen
   Thränen preßt,
Kein Ort, der einen Fluch zum Echo schallen
   läßt.
Hier kann ich Schaf und Rind in den begrün-
   ten Auen,
Die Scheunen voller Frucht, das Feld voll Hoff-
   nung schauen;
Und wenn kein grosser Hecht hier in die Darge
   beißt,
So gilt mein Giebelfang, der oft das Netze
   reißt.
Ja, will ein stolzer Hirsch nicht als ein Räu-
   ber sterben,
So muß er meine Saat sich scheuen zu verderben.
Von allem bin ich Herr, was in dem Paradies,
Der Vater Adam erst mit eignem Namen hieß.
Mein Reden darf ich hier auf keiner Schale
   wägen,
Auch nicht gewärtig seyn, wenn es mir unge-
   legen,
Daß aus Gewohnheit mich ein falscher Freund
   besucht,
Der doch aus Höflichkeit nur heimlich mich ver-
   flucht.
Hier leb ich, wie ich soll. Mein Wille giebt
   Gesetze, und

Und keinem Rechenschaft. Ich fürchte kein Ge-
 schwätze,
Wenn, ob der Hundsstern gleich am heitern
 Himmel glüht,
Man mich bey dem Kamin in Fuchspelz sitzen
 sieht.
So mach ichs, wenn die Luft mit Regen über-
 zogen:
Wenn Iris aber nun mit dem gefärbten Bogen
Den Horizont bekrönt, führt mich auf neue Spur
Das wundergrosse Buch der gütigen Natur.
Mein Gott, was zeiget uns doch die an allen
 Seiten!
Da halt ich ein Gespräch mit frommen Ar-
 beitsleuten,
Die stellen manchen Schluß in ihrer Einfalt dar,
Der selbst dem Seneca noch schwer zu lösen war.
Da seh ich, was für Wahn uns Menschen oft
 bedecket,
Das viel gesunder Witz auch in den Sklaven
 stecket;
Und, was ein grosser Mund als ein Orakel
 spricht,
Zuweilen mehr betrügt, als oft ein Irrwischlicht.
O mehr als güldne Zeit! belobtes Ackerleben!
Dem Himmel sey gedankt, der mir die Kraft
 gegeben,
Daß ich, eh ich noch gar an vierzig Jahre geh,
Schon am gewünschten Ziel so vieler Greisen steh.
Hier kannst du bis im Herbst mich, liebster Bru-
 der, finden;
Und wenn du deinen Freund aufs neue willst
 verbinden,
So stelle Dich und die bey dir im Hause seyn,
So bald es möglich ist, in meiner Armuth ein;
Was dich bekümmern kann, das laß zurücke
 bleiben.

Ein fröliches Gespräch soll uns die Zeit vertreiben.
Wird gleich auch manchen Tag der Sonnenschein
vermißt,
Genug, daß unser Geist nicht wetterläunisch ist.
Seit vielen Jahren hat bey mir kein Lied ge-
klungen.
Die Leyer ist verstimmt, die Saiten abge-
sprungen.
Wer weiß, was Phöbus thut, wenn nur dein
Antlitz lacht;
Ob nicht ein neuer Trieb die Adern schwellen
macht.
Mich dünkt, ich seh euch schon, ihr angenehmen
Gäste;
Wie ihr gefahren kommt zu einer Baurenköste;
Wie in der freyen Luft, da alles spielt und
scherzt,
Sich auch Eusebius mit seiner Gustchen herzt.
Charlotte, Christian, und deinen theuren Fritzen
Seh ich dort eingepackt auf schmalen Bänkchen
sitzen.
Doch wo die Pape bleibt, mit ihrer breiten
Brust
Und aufgethürmten Kopf, das ist mir unbewußt.
Ich denke, daß sie sich für dießmal wird be-
quemen,
Wo die Bedienten stehn, ein Plätzchen einzu-
nehmen,
Weil noch kein Handwerksmann zu der verdamm-
ten Tracht
Die Sprügel und den Raum hat hoch genug
gemacht.
Eins bitt ich, nehmt vorlieb, wenn ich nach
Art der Hirten
Euch nicht mit Ortolans und Nectar kann be-
wirthen;

Weil

Weil man auf meinen Tisch sonst selten etwas
trägt,
Das nicht mein Feld, mein Stall, mein Teich
und Garten hägt.
Auf! bilde dir nur ein, du sollst nach Herms-
dorf reisen,
Und kann ich dir hernach schon nicht desgleichen
weisen,
So tröste dich damit, daß du, mein werther
Gast,
Nicht weniger, als dort, hier zu befehlen hast.

An mehreren Exempeln wird es denen nicht fehlen, die mit den Schriften unserer heutigen besten Dichter nicht ganz unbekannt sind. Die, welche sie nicht kennen, werden ohnedas keinen Beruf zu solchen poetischen Briefen bey sich spüren; und viele Exempel würden ihnen also hier viel vergebliche Dinge seyn. Man sehe übrigens Hrn. Gottschebs critische Dichtkunst, im II. Th. des V. Hauptst. Es giebt auch Briefe, die halb prosaisch und halb poetisch abgefasset sind, wo man bey gewissen rührenden Stellen in einen solchen Affekt gekommen zu seyn scheinet, daß es ganz natürlich ist, daß man sich da über den prosaischen Ausdruck erhoben hat, und in der Sprache der Begeisterung spricht. Man findet einige dergleichen sehr schöne Briefe in den Belustigungen, in den Bremischen Beyträgen zum Vergnügen des Verstandes und Witzes, und in den vermischten Schriften.

§. 127.

§. 127.

Von den vermischten Schreiben habe ich noch etwas zu sagen. Es sind solche, deren Innhalt verschiedenes von den vorhin erwähnten Arten der Briefe in sich fasset. Folglich gehören sie zu keiner gewissen bestimmten Art der Briefe.

§. 128.

Weil ihr Innhalt zusammengesetzt ist: so hat der Verfasser derselben auf die allgemeine Regel zurückzusehen, die wir oben gegeben haben. (§. 18.)

§. 129.

Man braucht in der Ausführung der verschiedenen Hauptsätze nicht so weitläuftig zu seyn, als wenn man nur einem derselben seine Gedanken widmen kann, damit das Schreiben nicht allzusehr verlängert werde.

§. 130.

Weil man an Vornehmere und Vorgesetzte kurz zu schreiben pflegt: so schreibet man an solche Personen ohne Noth nicht leicht vermischte Briefe.

§. 131.

Kleine Handbriefe oder Billets schreibt man nur an besonders gute Freunde. Man braucht sich darinn wegen der Schreibart nicht so viel Mühe zu geben, als in andern Briefen; sondern man drücket darinn seine Gedanken nur kurz und freundschaftlich aus.

Anmerkung.

Ungeachtet die Aufschrift dieses Hauptstückes nichts von den letzteren Briefen meldet: so habe ich doch für gut befunden, ihrer bey dem Schlusse desselben mit zwey Worten zu gedenken; weil zu wenig davon zu sagen ist, als daß man ihnen ein eigenes Hauptstück widmen sollte. Indessen hat Joh. Leonh. Roft einen besondern Unterricht von Billeten geschrieben *), ob sie gleich die ersten Briefe sind, die man am leichtesten von Natur verfertigen kann. Sie werden an gute Freunde in einem Orte oder doch in einem nahegelegenen Orte abgeschickt, sind ganz kurz, und setzen daher die sonst gewöhnlichen Titel, Courtoisie und Formalien beyseite. Der verschiedene Gebrauch lehret, wie man sie zusammen legen solle. Auswendig schreibt man oft bloß: An S. Hochedl. Hrn. N. oder gar nichts.

*) Dieses Buch kam 1717. in 8. heraus.

Stockhausens Grundsätze.   P   Man

Man kann seinen Namen inwendig weglassen, oder mit dem Anfangsbuchstaben bezeichnen, oder auch den bloßen Zunamen hinsetzen; man kann sie versiegelt oder unversiegelt übersenden, nachdem es die Klugheit für nöthig findet. Die Schreibart ist ganz natürlich, so wie man redet; doch kann auch die galante Schreibart darinn statt finden. Z. E. so schreibt Calliste an den du Pais an einem Orte:

Unserer sind sechse, die Sie hier erwarten, um Sie mit meiner Base die Unterredung der Liebe mit der Freundschaft ablesen zu hören. Einige unter uns haben gemeynet, meine Base würde die Person der Freundschaft am besten vorstellen, und daß die Worte der Liebe aus Ihrem Munde am bequemsten fließen sollten. Sie glauben aber nicht, daß ich diejenige sey, welche diese Meynung gehabt hat, denn ich habe mich nur zum Sekretär der Gesellschaft, die Sie erwartet, brauchen lassen.

Das fünfte Hauptstück.
Von verdrüßlichen und gefährlichen Briefen.

§. 132.

Verdrüßlich sind die Briefe, darinn man dem andern etwas unangenehmes schreibet, dadurch er entweder sehr betrübt

trübt werden, oder einen Unwillen gegen uns fassen kann; gefährlich sind sie, wenn sie uns gewisse Widerwärtigkeiten zuziehen, im Falle, daß sie in unrechte Hände gerathen.

§. 133.

Die Regeln der Klugheit geben die allerbeste Anleitung, wie man dergleichen Briefe wohl schreiben müsse, ohne sich Verdruß oder Gefahr auf den Hals zu laden. Diese Klugheit wird desto vollkommener ausgeübet werden, wenn man eine genaue Kenntniß der Sprache, und einen gewissen Reichthum derselben besitzet (§. 2.).

Anmerkung.

So gefährlich die Aufschrift dieses Hauptstückes klinget: so habe ich mich doch nicht entbrechen können, diesen Briefen einen eignen Platz einzuräumen, weil es Anfängern dienlich zu seyn scheinet, auf einige Regeln der Klugheit Acht zu geben, wenn sie veranlasset werden, dergleichen Briefe zu schreiben. Die Fälle sind unzählbar, darinn es verdrüßliche Briefe giebt, und die Umstände sind so mannigfaltig, daß ich eine weitläuftige Erzählung machen müßte, wenn ich

sie alle bestimmen wollte und könnte. Neukirch *)
ist ungemein ausführlich, diese Fälle in ein Verzeichniß zu bringen, und bey jedem die Gedanken zu entwerfen, die zur Erfindung des ganzen
Briefes dienen können. Allein außerdem, daß
dieser Weg viel zu weitläuftig ist, so lassen sich
auch desfalls keine gemessene Gedanken vorschreiben, indem der Unterschied des Standes, der
Sitten und Gemüthsneigungen alle Augenblick
die Gedanken verändern muß. Eben der Brief,
den ich an den einen höflich schreibe, muß an den
andern ernsthaft geschrieben werden, weil die Umstände ganz anders sind, und die Absicht eine
solche Veränderung der Schreibart erfodert. Z.
E. man schreibt einen Mahnbrief an einen Vorneh-
meren um Bezahlung der Schuld; man ist ihm
viel Ehrerbietung oder wohl gar Erkenntlichkeit
schuldig; er ist niemals im Bezahlen faul gewesen 2c. so muß ich mit vielem Glimpf und Behutsamkeit mahnen: und die Forderung in die höf-
lichste Bitte verwandeln, die Nothwendigkeit vorstellen, und dergleichen. Hingegen bey einem andern von gleichem Range, der aber von allen
diesen Umständen das Gegentheil beweiset, den
man schon öfters umsonst gemahnet 2c. kann die
Schreibart allerdings etwas ernsthafter seyn, doch
ohne die Hochachtung, die man seiner Person
schuldig ist, ganz beyseite zu setzen. Die ge-
meins

*) in der Anweisung zu deutschen Briefen S. 126.
209. u. f.

V. verdrüßlichen u. gefährl. Briefen.

meinsten Materien der verdrüßlichen Briefe sind: Erzählungen unangenehmer Begebenheiten, Abmahnung von angenehmen und angewöhnten Dingen, betrübte Zeitungen, Widerrathungen gefaßter Anschläge, Verweise, Ankündigung grosser Herren Ungnade, oder übler Nachreden, Aufkündigung unsers Dienstes, Tadelungen, Anmuth beschwerlicher oder gefährlicher Dinge, Klage über des andern Kinder, Angehörige, Unterthanen ꝛc. Schuldforderungen ꝛc. Es kommt alles auf vier Stücke an, um einen geschickten verdrüßlichen Brief zu schreiben.

1) Eine genaue Ueberlegung der Sache, die uns zu einem solchen Briefe veranlasset. Es geschiehet oft, daß man aus Uebereilung oder durch den Affect sich verleiten läßt, einen verdrüßlichen Brief zu schreiben, den man hernach selbst mit dem empfindlichsten Verdrusse bereuet. Man schreibe also nicht leicht in einem unangenehmen Affecte, es sey denn, daß wir wissen, der Affect werde uns zu großem Vortheil gereichen, und von dem andern freundschaftlich angesehen werden. In einer erhitzten Gemüthsbewegung läßt man vieles unterlaufen, dessen man sich schämet, sobald der Verstand wieder die Oberherrschaft gewonnen hat, und die Exempel sind eben nicht selten, daß mancher durch einen einzigen Brief sein ganzes Glück verdorben habe. Daher muß man auch hier die Regel in Acht nehmen:

Deliberandum est diu, quod statuendum semel.

2) Man muß die Verhältnisse und Umstände der Personen wohl auseinander setzen, an die man schreibet. Diese Regel, die wir schon so oft eingeschärfet haben, ist hier insonderheit nöthig. Die Hochachtung, die Freundschaft, die Leutseligkeit erlangen ihre Gränzen, oder ihre Erweiterungen, nach dem Stande und nach dem Bezeigen der Personen, die bey solchen Briefen in Betrachtung kommen. Man muß sich also von dem ganzen Zustande der Person, von ihren Verbindungen mit andern ꝛc. einen deutlichen Begriff machen.

3) Es ist nöthig, daß man sich eine Kenntniß von dem Charakter und Hauptneigung desjenigen erwerbe, an welchen man eine verdrüßliche Sache schreiben muß. Diese Erkenntniß dienet dazu, daß man ihm die Sache allezeit von derjenigen Seite bilden kann, von welcher sie ihm am wenigsten unangenehm und verdrüßlich ist. Z. E. einem Ehrsüchtigen schmeichelt man mit seiner Großmuth; einem Geizigen stellet man den Schaden oder Verlust als geringe vor; einem Wollüstigen sagt man das Verdrüßliche im Scherze, oder vermischet doch das Unangenehme mit angenehmen Dingen. Diese Erkenntniß dienet ferner auch dazu, daß man die Folgen überleget und gleichsam vorhersiehet, wozu der Brief diesen oder jenen nach seiner Gemüthsart

verleiten könne, und sie schärfet also die Behutsamkeit desto mehr. Es gehöret freylich dazu entweder ein langwieriger Umgang mit der Person selbst, oder eine Untersuchung ihrer Handlungen, Erfahrung des menschlichen Herzens, und was die Sittenlehre noch mehr für Mittel vorschlägt, die Gemüther kennen zu lernen.

4) Man muß endlich einen Reichthum in der Sprache besißen, darinn man schreibet; das heißt, man muß nicht nur eine Sache mit vielerley Redensarten und Ausdrücken anzeigen können, sondern auch die ganze Stärke oder Schwäche derselben einsehen. Es ist bekannt, daß immer ein Ausdruck vor dem andern milder, höflicher oder behutsamer ist, ob er gleich in dem Hauptbegriffe selber nichts verändert. Man kann eben das verblümter und verdeckter Weise sagen, was man sonst gerade heraus sagen könnte. Die Wahrheit verlieret darunter nichts, wenn sie nur in der Verkleidung merklich bleibt, und ein Vernünftiger ist verbunden, ihre Gestalt zu verändern, wenn sie so bessern Eingang findet. Z. E. die Redensart: Sie haben ein großes Versehen begangen, wird sehr gemildert, wenn ich sage: Ich glaube nicht, daß Sie fähig sind, dies oder jenes zu thun; Oder: Es würde eine ungewohnte Handlung seyn, wenn Sie dies oder jenes begangen hätten. Alles dieses zusammengenommen giebt zu folgenden besondern Regeln der

Kluge

Klugheit Anlaß: 1) Man schreibt einen Bewegungsgrund, der dem andern nicht mißfällt, ob ihm gleich die Sache selbst zuwider seyn könnte. 2) Man drückt die Sache gelinder aus, als sie ist. Z. E. wenn ein Sohn sich alle Tage voll säuft: so schreibet man dem Vater, er sey dem Trunk nicht feind. 3) Man stellet sich, als ob man zweifele an dem, was doch wirklich ist. 4) Man bringet das Verdrüßliche nur gleichsam im Vorbeygehen an, in einer Parenthese oder in einer N. S. 5) Man streuet allerley Bezeugungen der Höflichkeit, Hochachtung und Aufrichtigkeit ein, die das Verdrüßliche entkräften. 6) Man schreibt etliche Briefe hinter einander, und berichtet die traurige Sache nicht auf einmal, sondern bereitet erst gleichsam den Leser dazu vor. 7) Man läßt den Brief durch einen guten Freund überreichen, den man selbst vorher von der Sache hinlänglich unterrichtet hat, damit er dem Briefe noch mündlich zu Hülfe kommen könne. So kann man einen Brief, darinn man eine unvermuthete und schmerzhafte Todespost berichtet, durch den Prediger überreichen lassen ꝛc.

II. Wenn obrigkeitliche Personen an ihre Unterthanen dergleichen Briefe schreiben, sie entweder bestrafen, warnen, oder ihnen Ungnade ankündigen, Dienste auflegen, und dergleichen: so haben sie freylich nicht Ursache, des Lesers mit so vieler Behutsamkeit zu schonen, sondern, nach Befinden der Sache, die Schreibart zu schär-

schärfen. Indessen, wenn vornehme Männer, Patronen und Minister ihren Clienten, die sie eigentlich nicht als Unterthanen betrachten können, durch ihre Secretaire etwas Verdrüßliches zu melden befehlen: so müssen diese die Worte ihrer Principale nicht so hinschreiben, wie sie etwa in der Hitze und im Affekte ausgebrochen sind, sondern etwas zu mildern suchen. Denn es ist diesem Herrn öfters selber leid, wenn sie sich zu hart ausgedrücket haben, und zwar gegen solche, denen sie nicht auf eine despotische Art befehlen können. Die Höflichkeit und Leutseligkeit zieren alle Stände.

III. Briefe, mit welchen Gefahr verknüpft ist, wenn sie in unrechte Hände kämen, sind hauptsächlich diejenigen, in welchen man gewisse Handlungen großer Herren beurtheilen will, oder worinn man von Dingen Nachricht geben soll, die ihnen nachtheilig sind, in welchen man einen warner und etwas widerrathen will, z. E. in Heirathssachen, Geldborgen, Annehmung dieser oder jener Dienste, Freundschaft und dergleichen. Hier sind zween Wege, deren man sich nach der Klugheit bedienen kann; entweder man entdecket sein ganzes Urtheil in einer Schlußrede, davon man aber nur den bloßen Obersatz (propos. maiorem), hinsetzet, weil ein vernünftiger Leser den Untersatz und die Schlußfolge leicht ergänzen wird; oder man schreibt die gefährliche Nachricht unter erdichteten Namen, oder in einer erdichteten ähnlichen Geschichte. Christian Weise ist, wie mir dünkt, der erste, der wegen dieser Verhältniß der Briefe gewisse Regeln der Klugheit vorgeschrieben hat *). Die Geheimschreibekunst (Steganographia) kann ebenfalls bey solchen Fällen mit Nutzen gebrauchet werden. Sie kann auf vielerley Art eingerichtet werden, weil man hier von den gewöhnlichen Zeichen abgehet, und an deren statt ganz willkührliche annimmt, z. E. lauter Zahlen, oder ganz fremde Buchstaben und neu erdachte Zeichen. Nur muß der andere, dem eine solche Schrift verständlich seyn soll, den Schlüssel dazu haben, das ist, ein Verzeichniß der Begriffe oder Bedeutungen, die solchen Zeichen müssen beygeleget werden.

Exempel.

I.

Ew. Hochehrw. haben das Vertrauen zu mir gehabt, wegen der Aufführung Dero Hrn. Sohnes einen Theil der Sorge auf mich zu werfen. Es ist mir angenehm, daß ich öfters Gelegenheit habe, mich dieses Vertrauens würdig zu machen, und in dieser Absicht nehme ich mir die Freyheit, eins und das andere von den gegenwärtigen Umständen des Herrn Sohnes zu berichten, so weit sie mir bekannt sind. Er ist seit einiger Zeit ziemlich fleißig gewesen, und hat die Vorlesungen der hiesigen Lehrer selten versäumet, dergestalt, daß er auch schon verschiedene öffen-

*) s. seine politische Nachricht von sorgfältigen Briefen.

öffentliche Proben des Fleißes im Disputiren rühmlich abgelegt hat. Von seiner Lebensart bin ich nicht so genau unterrichtet. Wie mir dünkt, ist seine Gemüthsart nicht schlimm, denn er hat zum wenigsten an Ew. Hochehrw. ein beständiges Muster der Tugend und Gottseligkeit vor Augen gehabt. Allein die Ausschweifungen der Jugend sind fast von gewissen Jahren unzertrennlich, und alles, was man dabey thun kann, bestehet in eindrücklichen Vermahnungen und Warnungen vor solchen Gesellschaften, die das unschuldigste Herz verderben können. Es wäre wirklich Schade, wenn die Nachricht gegründet seyn sollte, womit man mich unlängst hat versicheren wollen, daß Dero Herr Sohn in genauer Freundschaft mit solchen Studenten lebe, die dem Trunke, dem Müßiggange und andern Lastern ergeben sind, und deswegen schon öfters bestrafet worden. So gerne ich zweifeln will, daß Dero Herr Sohn sich Ihnen nicht völlig gleich bezeigen wird, so sehr ist es doch nöthig, daß er vor dem Umgang mit solchen Leuten gewarnet werde, und niemand kann es besser thun als Ew. Hochehrw. weil Sie seine Wohlfahrt unstreitig am eifrigsten lieben, und durch böse Exempel die guten Sitten nicht wollen verderben lassen, die Sie ihm eingepflanzet haben. Ich bin ꝛc. ꝛc.

II.

Ew. Hochedel. erweisen mir zu viel Ehre, wenn Sie bey der vorgelegten Frage meinen Rath anzuhören verlangen. Die wenige Einsicht, die ich in dergleichen Materien und in die Umstände der gegenwärtigen Gelegenheit habe, setzet mich außer Stand, diesem sonst so angenehmen Befehle zu gehorchen. Doch Sie lassen mich mit dieser Entschuldigung nicht los, wenn ich in meiner Vermuthung

muthung nicht irre; und ich will daher so viel antworten, als mir möglich ist. Kann ich Ihnen keinen guten Rath ertheilen; so will ich doch zum wenigsten meine Meynung schreiben, weil Sie es so verlangen. Die Heirathsangelegenheiten bestimmen einen grossen Theil der menschlichen Glückseligkeiten oder Unglückseligkeiten, und verdienen daher die ernsthafteste Ueberlegung von der Welt. Wissen Sie, worauf ich hauptsächlich sehen würde, wenn ich eine solche Entschließung fassen sollte? Darauf würde ich sehen, daß ich in der Geliebten einen natürlichen und aufgeweckten Verstand, viele Tugend, eine unverstellte Gottesfurcht, eine gute Haushaltungswissenschaft, und wenn es seyn kann, auch äußerliche Schönheiten zu verehren hätte. Ich halte diese Eigenschaften einer Ehegattinn so unentbehrlich zur angenehmen Gesellschaft und zum Wohlstande, daß ich mich in meinem ganzen Leben nicht entschließen könnte, eine andere zu heirathen, der es daran fehlte, gesetzt auch, daß sie glaubte, alle diese Mängel durch Reichthum zu ersetzen. Der Reichthum ist alsdann eine sehr schwache Stütze des Vergnügens. Sie würde sich und ihren Mann entweder mit Lust arm machen, oder ihm täglichen Verdruß erwecken, oder, welches das ärgste ist, ihn in die große Gesellschaft bringen. Alles dieß ist der Reichthum nicht werth, ob er gleich sonst nicht schlechterdings zu verachten wäre. Dieß sind meine Gedanken, die ich bey der vorgelegten Frage hege, und die freylich weit besser an und für sich einzusehen sind, als in der Anwendung ohne Tadel zu rechtfertigen. Ich wünsche von Herzen, daß Ew. Hochedel. so glücklich seyn mögen, denn es ist mir ungemein viel daran gelegen, Sie vergnügt ohne Reue zu sehen. Ich beharre mit aller Hochachtung x. x.

III.

Es hat allen Schein, daß Ew. Hochedl. von gewissen Feinden verfolget werden, die Ihnen selbst vielleicht nicht bekannt genug sind. Dem Hrn Grafen von ** ist eine so üble Meynung von Ihnen beygebracht worden, daß er einen Theil der Gnade zu unterdrücken scheinet, die er Ihnen sonst zugedacht hatte. Ich habe indessen von Dero Unschuld einen so guten Glauben, daß ich nicht eher ruhig seyn kann, als bis ich Ihnen den Stoß melde, womit man Ihnen drohet, und dem Sie noch zu rechter Zeit ausweichen können. Denn es wird Ihnen ohne Zweifel lieb seyn, daß Sie eine Gelegenheit vor sich sehen, die niederträchtigen Erdichtungen Ihrer Feinde durch einen desto stärkern Ausbruch der Tugend zu widerlegen, und sich in den Gedanken des Herrn Grafen zu rechtfertigen. Gelinget Ihnen diese Bemühung, wie ich überzeugt bin: so können Sie auf eine desto grössere und beständigere Gnade desselben Rechnung machen, indem dieser Herr ein grosser Verehrer der Tugend, und ein eifriger Beschützer der Unschuld ist. Sie sehen, Hochzuehrender Herr, ein neues Beyspiel von dem Laufe der Welt. Die Tugend, welche mit Macht und Hoheit begleitet ist, wird von dem Haufen der arglistigen Schmeichler geblendet; und die Tugend, welche sich auf nichts, als auf sich selbst verlassen kann, ist den Verfolgungen der Verleumder unaufhörlich ausgesetzet. Sollte sie denn bey dem allen noch liebenswürdig seyn? Ja, sie findet ihre Zuflucht in sich selber; sie kann zwar verfolget, aber nicht unterdrücket werden, und diese Verfolgungen müssen sie nur mehr offenbar machen. Es giebt noch immer Gelegenheiten, wobey sie sich wieder erholen, und ihre Feinde beschämen kann. Ich werde mir ein Verdienſt daraus machen, wenn ich mit Zuziehung meiner Freunde die Sache wieder in den vorigen Stand zu leiten vermögend bin. Es kommt auf einige glückliche Augenblicke an, darinn dem verehrungswürdigen Herrn unvermerkt einige Beweise dargeleget werden, daß Ew. Hochedl. eines beſſern Schickſals würdig ſind. Ich habe indeſſen die Ehre zu beharren ꝛc. ꝛc.

IV.

Ew. Hochedl. haben ſich allemal ſo freundſchaftlich gegen mich bewieſen, ſo oft ich Sie um eine Gefälligkeit erſuchet habe, daß dadurch mein Vertrauen gegen Sie vollkommen geworden iſt. Aus dieſem Grunde nehme ich mir die Freyheit, Ew. Hochedl. hiedurch um einen kleinen Vorſchuß von 20. Thalern zu bitten. Ich habe vorgeſtern eine Menge Bücher erſtanden, die ich morgen bezahlen muß, und wozu mein vorräthiges Geld nicht hinreichen will. Es iſt wahr, mein Anſuchen iſt Ihnen vielleicht beſchwerlich, und ich habe ſchon in dieſer Betrachtung allerley Zweifel zu überwinden gehabt, ehe ich mich völlig entſchließen konnte, Ihnen etwas verdrüsliches zuzumuthen. Allein das gute Vertrauen in Ew. Hochedl. fortdauernde Freundſchaft hat doch endlich die Oberhand behalten, und ich will lieber von Ihnen als von einem andern eine abſchlägige Antwort annehmen. In ſechs Wochen gedenke ich im Stande zu ſeyn, das Geliehene wieder abzutragen, wenn Sie etwa das Geld nicht länger ſollten entbehren können. Ich will nichts von der Verſicherung ſagen, daß Ew. Hochedl. mir durch die Erfüllung meines Wunſches eine ganz beſondere Gefälligkeit erzeigen werden, und daß meine Dankbegierde unendlich groß ſey. Denn ich weiß, daß mir Ihre

Freund-

Freundschaft fast allemal zuvorgekommen ist, und es ist Ihnen auch nicht unbekannt, daß mein Herz bestimmet ist, Sie beständig hochzuschätzen und zu lieben. Ich beharre mit aller Ergebenheit ꝛc. ꝛc.

V.

Ew. Hochedl. lassen mir Gerechtigkeit wiederfahren, wenn Sie glauben, daß ich alle Gelegenheit hochschätze, Denenselben meine Ergebenheit zu bezeigen. In dieser Absicht habe ich mir ehemals ein Vergnügen daraus gemacht, daß Sie mich des Vertrauens würdigten, 100 Thaler von mir zu leihen. Ich wünschte, daß meine Umstände so beschaffen wären, Ew. Hochedelgeb. dieses Capital länger im Besitze zu lassen, weil ich wohl weiß, wie gut es in Dero Händen aufgehoben ist. Allein, da ich gegenwärtig mich zu einem Kauf entschlossen habe, der mir sehr vortheilhaft zu seyn dünket, und deswegen alle Baarschaften zusammen suchen muß, auch sogar genöthiget werde, von andern guten Freunden zu borgen: so will ich es Ew. Hochedelgebl. zur gütigen Ueberlegung anheim geben, ob es Ihnen gefallen möchte, mir obengedachte 100. Thaler in Zeit von vier Wochen wieder zu bezahlen. Ich würde es als eine Gefälligkeit ansehen, die mir bey diesen Umständen sehr wohl zu statten kommt, und bey andern Gelegenheiten wieder zeigen, daß ich mich der Gewogenheit werth zu machen suche, womit Sie mich beehren. Sobald ich meine völlige Einrichtung gemacht habe, und im Stande bin, mit dem Darlehen dieses Capitals wieder zu dienen, so dürfen Sie nur befehlen. Verzeihen Sie mir nur die gegenwärtige Aufkündigung desselben, und glauben Sie, daß ich unausgesetzt mit aller Hochachtung bin ꝛc. ꝛc.

VI.

VI.

Es ist eine Höflichkeit, die ich nicht verdiene, daß Ew. Hochedl. so bereitwillig gewesen sind, das aufgetragene Geschäffte in Ansehung der übersendeten kleinen Schriften so bald zu bewerkstelligen. Ich sehe indessen, daß ich mich nicht deutlich genug in meinem Ansuchen erkläret habe, weil mir Ew. Hochedl. mehrere zugeschicket haben, als ich zu meiner Absicht gebrauche. Ich bitte deswegen um Verzeihung, wenn ich Sie noch weiter bemühen muß, beykommende Sachen an den Buchhändler zurück zu geben, und mir dagegen die in diesem Verzeichniß angemerkten Schriften unschwer zu übermachen. Alle Gelegenheiten, worinn ich Ihnen wieder meine Dienstbegierde zeigen kann, sollen mir höchst angenehm seyn, und ich bin Ihnen besonders wegen dieser gehabten Bemühung den verpflichtesten Dank schuldig. Ich habe die Ehre zu beharren ꝛc. ꝛc.

Mehrere Exempel sind bereits in den vorigen Schreiben hin und wieder vorgekommen, die der Leser mit den gegenwärtigen nach ihren Aehnlichkeiten vergleichen kann.

Das sechste Hauptstück.
Von Staats = und Obrigkeitlichen Briefen.

§. 134.

Staatsschreiben sind Briefe, welche von Fürsten und Herren zur

Beförderung des allgemeinen Besten geschrieben werden, und deren Materien einen eben so großen Umfang haben, als mancherley die Staatshändel seyn können, die dergleichen verursachen.

§. 135.

Zu ihrer Abfassung gehöret eine gute Einsicht in die Geschichte und in Staatssachen überhaupt, eine große Stärke der Beredsamkeit, und eine zu dieser Absicht vollkommene Schreibart.

Anmerkung.

1. Da ich für Anfänger schreibe, denen man als Anfängern schwerlich Staatsbriefe zu verfertigen auftragen wird: so könnte sich vielleicht mancher wundern, daß ich von dergleichen Schreiben in diesem Buche etwas erwähne. Allein, ob ich gleich freylich nicht in dieser Absicht derselben hier gedenke, so scheinet es mir doch nützlich zu seyn, davon die vornehmsten Begriffe zu geben, weil mancher oft davon sprechen höret, und nicht weiß, was er darunter gedenken soll. Ueberdem giebt es auch junge Leute, die die Vorsehung einmal dazu bestimmt hat, in Staatsachen zu arbeiten. Diesen wird es sehr wohl zu statten kommen, die besten Quellen und Regeln kennen zu lernen, die sie um Rath zu fragen haben, wenn sie in solchen politischen Aufsätzen glücklich seyn wollen;

denn

denn die bloße Uebung und Nachahmung der Gewohnheit ist hier nicht hinlänglich.

2. Die vornehmsten Materien, die den Innhalt solcher Staatsschreiben ausmachen, sind politische Nachrichten, Ueberlegungen, Warnungen, An- und Abmahnungen, Ansuchung um Hülfe, Einladungen zu einem Bündnisse, Vorschriften, Vermittelungen, Remonstrationen, Klagen und Beschwerungen, Erklärungsforderungen, Protestationen, Entschuldigungen, Stillstands- und Friedenshandlungen. Sie werden von den Freundschafts- und Wohlstandsbriefen unterschieden, welche große Herren und vornehme Standespersonen gegen einander wechseln, weil diese nur ihre Personen, jene aber das gemeine Beste betreffen. In den Lünigschen Sammlungen der Briefe *) finden sich auch hin und wieder Exempel davon. Was den Innhalt der jetztberührten Staatsschreiben betrifft, so hat Herr D. Hallbauer **) aus den Lünigschen Sammlungen verschiedene Fälle entlehnet, die zu den mancherley Arten dieser Briefe Anlaß geben; und die ich mit seinen eignen Worten hier anführen will:

a) Ueberlegungen. Es werden die jetzigen Conjuncturen und gefährlichen Läufte, auch was

für

*) als dessen Hof- und Staatsschreiben, deutschen Reichskanzley, angenehmen Vorrath wohlstilisirter Schreiben.

**) in der Anleitung zur politischen Beredsamkeit. S. 456.

für Beschwerden bereits daher entstanden, oder noch erfolgen würden, vorgestellet, man eröffnet dem andern seine Gedanken und Anschläge, bittet sich darüber seine Meynung und Entschließung aus, damit man mit zusammengesetzten Kräften allen Gefährlichkeiten vorbeugen möge.

b) **Warnungen.** Der Schreibende bezeuget seine Freundschaft, entdeckt dem andern seine Gedanken und Muthmassungen, stellet ihm alle gefährliche Folgerung vor Augen, und bittet ihn, diese Vorstellung zu überlegen.

c) **Ermahnungen,** z. E. zur Fortsetzung des Krieges. Es wird die Macht des Feindes groß gemacht, und dessen Absichten als dem gemeinen Wesen, und besonders auch dem Fürsten und Staate höchst gefährlich vorgestellet. Die Bewegungsgründe sind die eigene Noth, die Bedrängung der Bundsgenossen, man könnte sich Sieg und guten Fortgang versprechen ꝛc. man hoffe, es werde der andere von selbst einsehen, wie nöthig es sey, die Waffen bis zu Demüthigung des Feindes und Herstellung einer beständigen Sicherheit fortzuführen.

d) **Abmahnungen.** Man führet an, wie man vernommen, daß der andre dieß oder jenes vorhabe. Es laufe aber solches wider die Billigkeit, Verträge ꝛc. es werde ihm viel Feinde machen, Schaden zuziehen, und in große Unruhe setzen: er werde die Sache nicht ausführen, noch seine Absichten erreichen können. Man versehe

sehe sich zu ihm eines bessern, und daß er davon abstehen möge.

e) **Ansuchung um Hülfe.** Es wird die grosse Gefahr, darinn man sich befindet, vorgestellet. Man berufet sich auf des andern, vermöge gewisser Verträge, gethane Versprechen ihm mit Volke zu Hülfe zu kommen. Da er nun bisher alles erfüllet, wozu er sich verbindlich gemacht; so lebe er der Zuversicht, er werde jetzt hinwiederum Beystand und Hülfe erhalten, als warum er ansuchet.

f) **Einladungen zu einer Allianz.** Es wird dieses und jenen Potentaten anwachsende Macht, dessen gefährliche Absichten, verübte Grausamkeit ꝛc. vorgestellet: daher es Zeit sey, sich dessen Unternehmungen mit mehrerem Ernste zu widersetzen, oder bey Zeiten solche Verfassungen vorzukehren, daß er seinen Endzweck nicht erreichen könne. Es sey solches nöthig, und gereiche zur Befestigung der gemeinen Ruhe und Sicherheit. Daher hoffe man, es werde der andere geneigt seyn, eine genauere und auf diese Umstände gerichtete Allianz zu schließen, als warum er ersuchet werde. Er rühmet dabey des andern bewiesene Sorgfalt für das gemeine Beste, und die gegen ihn und sein Haus bezeigte Freundschaft, und versichert ihn dabey seiner Aufrichtigkeit.

g) **Vorschriften.** Ein Fürst stellet dem andern z. E. vor, wie heftig seine Glaubensverwandwandten in dessen Landen bedrückt würden. Da aber die Lehrsätze derselben nichts in sich enthielten, welches dem Staate zuwider, vielmehr ein mehreres zu Befestigung desselben beytrüge; sie sich ruhig, und, als treuen Unterthanen gebühre, aufführeten, die Reichs=und Landesgesetze, allgemeine Friedensschlüsse ihnen die Religionsfreyheit verstatteten: so ersuche man den andern, solche bey ihren wohlgegründeten Freyheiten zu schützen. Er werde davon Ruhm und Nutzen haben. Man werde es wieder in andern Fällen zu verschulten wissen.

h) **Vermittelungen.** Der Fürst berufet sich auf des andern friedliebendes Gemüthe, davon er genugsame Proben habe, führet die Streitigkeiten oder den bisherigen landverderblichen Krieg an, zeiget den Schaden, den das gemeine Wesen, insbesondere des andern Lande, Commercien ꝛc. haben würden, wenn nicht bald Friede und Einigkeit gestiftet werden sollte, und erbietet sich eine Mittelsperson abzugeben, mit Bezeugung, daß man hierunter nichts weiter suche, als die Herstellung der gemeinen Ruhe und das Interesse des andern. Zuweilen werden gleich Friedensvorschläge gethan, und des andern Erklärung darüber erfodert.

i) **Remonstration.** Es führet der Fürst dem andern das unbillige Unternehmen zu Gemüthe, und bezeuget, daß ihm solches um so viel mehr zu Gemüthe gedrungen, je grösser das Vertrauen gewesen, welches er bisher auf dessen Freundschaft gesetzt, und je mehr er seines Orts sich bemühet, Proben seiner Aufrichtigkeit und Ergebenheit zu Tage zu legen. Hiernächst werden Gründe angebracht, daraus die Unbilligkeit seines Vorhabens abzunehmen, auch wie nachtheilig solches beyden Theilen sey. Hoffet also, es werde der andere dieses alles überlegen, und davon ablassen, damit das bisherige gute Vernehmen ferner erhalten werden könne.

k) **Klagen und Beschwerungen.** Es wird dasjenige umständlich berichtet, worüber der Fürst sich zu beschweren hat, als daß des andern Werber in seinen Landen mit Gewalt und List junge Mannschaft weggenommen. Hiernächst angeführet, was daraus für Folgerungen entstehen müßten, wenn solche Gewaltthätigkeiten nicht unterblieben. Er bittet daher um Satisfaktion, und daß dergleichen nicht ferner verhänget werden möchte, widrigenfalls man nicht zu verdenken seyn würde, wenn man alle erlaubte Gegenanstalten machen, und seine Rechtsamen, mit Hindansetzung bisheriger Freundschaft, vertheidigen müßte.

l) **Erklärungsforderung.** Man meldet die Sache, welche eine Erklärung nöthig hat, z. E. was die Absicht der vermehrten Macht, der ausgelaufenen Flotte, der mit andern geschlossenen Allianz, was der Verstand dieses oder jenen Artikels sey. Es wird bezeuget, daß dem Fürsten

V. Staats- und Obrigk. Briefen. 359

sten daran gelegen, solches zu wissen, damit er allenfalls sich darnach richten könne.

m) **Protestationen.** Es wird angeführet, wie man in Erfahrung gebracht, daß der andere unserer Rechtsame sich angemasset, einen uns nachtheiligen Vergleich oder Kauf eingegangen ꝛc. Man zeiget, daß solches Unternehmen wider die Reichsgesetze, Friedensschlüsse, Verträge ꝛc. sey. Wir wären in Besitz und Uebung; es würden daher allerhand schädliche Weiterungen erfolgen. Endlich protestiret man hierwider aufs feyerlichste, behält sich seine Rechte vor, und die Mittel, solche zu behaupten.

n) **Entschuldigungen.** Es wird die Sache gemeldet, deswegen man sich entschuldiget, hiernächst die Ursachen zur Entschuldigung angebracht, als, man habe es aus dringender Noth, und ohne Absicht, dem andern zu schaden, gethan, die Beschaffenheit der Sache habe es erfodert, es sey ein Versehen des Abgesandten, oder der Minister ꝛc. Man versichert übrigens den andern unzerbrüchlicher Freundschaft.

o) **Stillstands- und Friedenshandlungen.** Man bezeuget die Begierde zum Frieden und die Liebe zur allgemeinen Ruhe. Thut hiernächst einige Vorschläge zum Frieden, und erwartet darüber des andern Erklärung.

3. Diejenigen, die zur Ausfertigung solcher Schreiben gebraucht werden, sind insgemein geschickte und erfahrene Minister. Denn es kommt

hier

hier nicht so wohl auf die Curialien und auf den gemeinen Schlendrian, als auf die Stärke der Vorstellung und derselben Einkleidung an. Wer also einen künftigen Staatsmann oder auch nur einen Sekretär eines Staatsmannes abgeben will, der muß sich vor allen Dingen mit der Geschichte alter und neuer Zeiten, besonders mit der Geschichte des Hofes, dem er dienet, gehörig bekannt machen; er muß ein guter praktischer Weltweiser seyn, das Staatsrecht aus dem Grunde verstehen, und auch die Ceremonielwissenschaft lernen. Ich setze hier die nöthigen Gemüthseigenschaften zum voraus, daß man nämlich einen guten natürlichen Verstand, viel Klugheit und Witz habe, und daß diese Fähigkeiten durch jene Wissenschaften erst vollkommen und brauchbar gemacht werden. Denn wo die Fähigkeiten fehlen, da kann freylich weder der Fleiß noch die Kunst viel ausrichten. Neukirch *) sagt bey Gelegenheit dieser Briefe: "Man muß die Gemüther zu unterscheiden wissen, des Lesers Stärke und Schwäche suchen, seine Blöße zu treffen, die unsrige zu verhehlen, die Argumente rechtschaffen ordnen, die geordneten mit Nachdruck anbringen, und mit einem Worte so kräftig und durchdringend zu schreiben wissen, als ob wir dem Leser das Herz mit Donner rührten." Das heißt nichts anders gesagt, als daß man ein guter Redner seyn müsse, um zur Verfertigung solcher Staatsschreiben

---

*) zweyt. B. Kap. 11. §. 6.

schreiben tüchtig zu seyn. Denn die Redekunst zeiget uns die wahren Mittel, von einer Sache nachdrücklich und der Absicht gemäß zu reden, sie zeigt die besten Wege, die Affekten zu erregen, oder zu dämpfen. Allein dies ist nicht die gemeine Schuloratorie, die uns hiezu in den Stand setzt, wo der Verstand, so wenig zu denken übrig behält, und wo die Anweisungen ziemlich handwerksmäßig gegeben werden; sondern es gehöret dazu diejenige Wissenschaft, die der Natur und der Erfahrung des menschlichen Herzens gemäß ist, und die in den besten Mustern sowohl der Deutschen, als der Ausländer, die Anwendung ihrer Lehrsätze zeiget. Die Wissenschaft der Regeln macht es aber auch nicht alleine aus, sondern sie müssen durch eine lange Ausübung dergestalt fruchtbar gemacht werden, daß man nicht nur die Redekunst, sondern auch die Beredsamkeit verstehe; ich meyne die geschickteste Ausübung der Regeln (§. 3.). Endlich muß derjenige, der Staatsschreiben verfertigen will, auch alle Tugenden einer guten Schreibart (§. 21. u. f.) zu beobachten wissen. Denn Neukirch hat Recht, wenn er an obengedachtem Orte sagt: Der Unterschied, welchen man täglich in den Conceptien findet, ist Zeuge, daß viele Sachen in publicis, nicht aus Mangel zulänglicher Gründe, sondern durch ungeschickte Federn sind verdorben worden. Insonderheit gehet dies auf die deutsche Sprache, als welche uns unter den Hofleuten, aus einer allzugrossen Liebe gegen das Ausländische, noch nicht allgemein hochgeschätzet und vollkommen getrieben wird. Man kann sich oft nicht genug wundern, wie elend die Schreibart manchmal in den wichtigsten Schreiben aussiehet. Es entstehet dieses oft aus dem Vorurtheil, als ob man in öffentlichen Schriften von der Art, keine andere Ausdrüke und keinen andern Stil annehmen dürfe, als den man etwa vor hundert und mehr Jahren gebrauchet hat. Eben als ob sich eine angenehme und reine Schreibart nicht eben so gut zu dergleichen Schriften schickte, wie zu andern, die ebenfalls ernstaft seyn können. Wenn man ja nicht rathsam fünde, in diesen Briefen Neuerungen zu machen; so könnte man leicht die Curialien, als Titel, Anfangs-und Schlußformalien ꝛc. beybehalten, ohne dem sogenannten Stilo Curiæ abergläubisch anzuhängen. Die Ausländer gehen darinn den Deutschen mit guten Exempeln vor. Man lese die Staatsbriefe der Engelländer und Franzosen; man wird überall eine schöne und kräftige Schreibart darinn antreffen, die sich an diejenige nicht bindet, welche ihren Vorfahren von verschiedenen Jahrhunderten üblich gewesen ist. Die Parlamentsreden, die Vorträge der Gesandten, die Briefe, welche in Staatssachen zum Vorschein kommen, und deren man viele in dem Mercure historique et politique lesen kann, verdienten alle in einer Sammlung gut übersetzet zu werden, und

solche

solche Sammlungen würden unsern Landesleuten in Ansehung der politischen Schreibart weit mehr nutzen, als diejenigen, die uns Lünig von Deutschen geliefert hat. Der Herr Hofrath Glafey, ein Mann, dessen Verdienste ich allezeit verehre, hat eine Anweisung zur weltüblichen deutschen Schreibart drucken lassen. Das Buch ist in seiner Art brauchbar, wenn man auf die darinn vorkommenden Sachen siehet. Allein auf diese muß man auch allein sehen, wenn es einigen Werth behalten soll. Denn die Muster und Proben, die der Hr. Verfasser aufstellet, sind wohl am wenigsten geschickt, uns einen angenehmen Begriff von der deutschen Schreibart in Staatssachen beyzubringen. Und dies war doch, wo ich nicht irre, der Endzweck dieser Anweisung. Indessen muß auch die Wahl der Ausdrücke in solchen Schriften sehr wohl abgemessen seyn. Man muß nicht leichtsinnig genug seyn, gewisse Zweydeutigkeiten mit unterlaufen zu lassen, wie man zuweilen in der galanten Schreibart dergleichen verträgt, (S. 66. Anm. 5.) oder solche Worte und Ausdrücke einzumischen, die dem Principal, in dessen Namen man schreibet, auf mancherley Art nachtheilig seyn können. Dies sind oft Kleinigkeiten, die man aber nach dem strengsten Ceremoniel mit Achtsamkeit bemerken muß. Exempel von deutschen Staatsschreiben will ich, um der Kürze willen, nicht hersetzen. Wer dergleichen lesen will, der kann in den oben berührten

Lünigschen Sammlungen in Fabers Europäischen Staatskanzley, die der Hr. Prof. König zu Halle unter diesem Namen fortsetzet, und in seinen *Selectis iuris publ. nouissimis* ergänzet sind, in dem Durchlauchtigsten Archiv und verwirrten Europa ꝛc. vielen Vorrath finden*). Von lateinischen sind die litterae procerum Europae, und Lünigs Sylloge Negotiorum publicorum wohl zu lesen. Die Briefe des Plinius, die er an den Trajan geschrieben hat, sind auch als Staatsbriefe schätzbar. Schneedorfs Essai d'un Traité du Stile des Cours, welches noch im vorigen Jahre zu Göttingen herausgekommen, ist ganz brauchbar. Von französischen findet man vieles in den Actis de Nimvege, und im Mercure historique, hauptsächlich aber in des Comte d'Estrade Mémoires und Lettres de Négoc. welche in dieser Gattung sehr schön sind.

§. 136.

Mit den Staatsschreiben stehen die Obrigkeitlichen Briefe in so ferne in einiger Aehnlichkeit, weil sie beyde im Namen vornehmer Personen geschrieben werden, viele Aufmerksamkeit erwecken, und

---

*) Der Herr von Justi hat eine Anweisung zur deutschen Schreibart in Rechts- und Staatssachen drucken lassen, und ganz kürzlich ist auch eine Sammlung von Staatsbriefen und Reden in Helmstädt herausgekommen.

und eine genau bestimmte Schreibart erfodern. Sie werden öffentlich geschrieben, oder auch gedrucket, und die Obrigkeit deutet den Unterthanen in solchen etwas an, oder ertheilet ihnen einige Freyheiten, oder giebt ihnen endlich ein Zeugniß an andere.

§. 137.

Es ist also daraus schon leicht zu errathen, wie vielerley Arten der Obrigkeitlichen Briefe es gebe. Hauptsächlich gehören hieher, Obrigkeitliche Notificationen, Verordnungen, Citationen, Avocatorien, Zeugnisse, Abschiede, Pässe, Freyheits- und Gnadenbriefe, Bestättigungen derselben, Commißionen, Instructionen, Erkundigungen, Informationen, Erinnerungen, Verweise, Widerrufungen, Gutheißungen ꝛc.

§. 138.

Die Erfindung der Gedanken muß in der Materie und in dem Endzwecke des Briefes gesuchet werden. Die Schreibart ist vernünftig, rein, ernsthaft, und den Verhältnissen der Personen gemäß.

Anmerkung.

1. Es wird zur Erläuterung dieser Sätze genug seyn, wenn wir einige Umstände bemerken, worauf in den vorhin erwähnten Arten der obrigkeitlichen Briefe gesehen zu werden pfleget. Hallbauer *) giebt einige Entwürfe zu Exempeln, die ich hier größtentheils den Lesern zur Einsicht vorlegen will.

a) **Obrigkeitliche Notifikationen** sind Briefe, darinn die Obrigkeit den Unterthanen eine vorgefallene Veränderung, oder bevorstehende Gefahr, zuwissen thut. Z. E. daß der Krieg mit einem Potentaten unvermeidlich sey, daß gewissen Trouppen ein Durchmarsch verstattet worden, daß man in dieser und jener Sache mit dem benachbarten Fürsten einen Vergleich getroffen ꝛc. Es werden die Ursachen des Krieges, die guten Absichten und Vortheile des Vergleichs ꝛc. angeführet. Endlich wird angefüget, was der Fürst dabey zum Besten des Landes beobachten werde, und wie die Unterthanen sich dabey zu verhalten haben ꝛc. Oder es wird gemeldet, wie der Fürst durch reiflich erwogene Ursachen für gut finde, die Regierungsform zu verändern, sein Regiment abzutreten, oder auf eine Zeitlang sich von seinem Lande zu entfernen ꝛc.

b) **Verordnungen oder Edicte**, sind von einer zweyfachen Art. Entweder wird den Unter-

---
*) am angeführten Orte S. 460.

terthanen etwas löbliches und nützliches anbefohlen; oder etwas schändliches und sündliches verboten. In jenem Falle wird eröffnet, was der Fürst für gut befunden, und gethan haben wolle. Zuweilen werden dabey die Ursachen angeführet, zuweilen nicht. Hierauf folget der Befehl selbst, daß der Wille des Fürsten befolget werden solle. Wird es zu wiederholtenmalen befohlen: so geschiehet es oft bey Vermeidung der Ungnade, oder ernstern Einsehens, oder einer ausdrücklichen Strafe. In Verboten wird angeführet, was gestalt der Fürst berichtet worden, daß bey den Unterthanen eine grosse Unordnung z. E. bey Feyerung der Sonn= und Festtage, in Kleiderpracht, Gastereyen ꝛc. eingeschlichen. Es werden die Gründe und Ursachen angeführet, warum es nicht zu dulden, und demselben nachzusehen, als: es laufe wider göttliche Gebote, wider die ergangenen Verordnungen, ziehe göttliche Strafe nach sich, gereiche zum Schaden des gemeinen Wesens ꝛc. Das Verbot, welches dergleichen untersaget, und wie sie sich vielmehr aufzuführen, vorschreibet, wird mehrentheils mit einer bestimmten oder unbestimmten Strafe gegen die Uebertreter verknüpfet.

c) In Citationen wird der, welcher vorzuladen ist, kurz seines Verbrechens erinnert, und auf einen gewissen Tag zur Verantwortung beschieden, mit dem Bedeuten, daß, wenn er

auch

auch nicht erscheinen sollte, dennoch ergehen werde, was Rechtens sey.

d) In Advocatorien wird des Krieges gedacht, in welchen der Fürst gezogen worden. Weil nun von dessen Unterthanen viel in des Feindes Diensten stünden; so würden sie hiemit erinnert, sie sollten binnen einer gesetzten Zeit die feindlichen Dienste verlassen, nach Hause kehren, sich bey Dero Kriegskanzley melden, wo sie weiter zu dienen Lust hätten, da sie denn, jeder nach Verdienst und Würden, mit Diensten versehen werden sollten. Widrigenfalls sollten sie ihrer Haab und Güter verlustig und für Feinde des Vaterlandes erkläret seyn.

e) Zeugnisse sind Briefe, welche die Obrigkeit einem Unterthan entweder wegen seiner ehrlichen Geburt, oder wegen seines treuen Verhaltens, oder endlich zu sicherer Fortkommung auf Reisen ertheilet. Daher entstehen Geburtsbriefe, Abschiede und Pässe. Geburtsbriefe werden also eingerichtet: Es wird gemeldet, daß N. N. ein Zeugniß wegen seiner ehrlichen Geburt verlanget habe. Es werden dessen Aeltern, auch wohl Großältern und Pathen genennet, hiernächst auch die Zeugen, welche betheuret, daß er aus einer reinen Ehe und von Aeltern ehrlichen Geschlechts abstamme. Es werden darauf alle und jede Leser nach Standesgebühr ersuchet, daß sie diesen Zeugnissen völligen Glauben beymessen möchten.

f)

B. Staats- und Obrigk. Briefen. 369

f) **Abschiede** sind folgenden Innhalts: Es habe sich N. N. einige Zeit, die ausgedruckt wird, in unsern Diensten aufgehalten. Er habe sich darinn fleißig, aufwartsam und treu erwiesen; zuweilen wird auch wohl die Ursache seines Abschiedes gemeldet, als, weil er sich in der Welt weiter versuchen wollen, auch bezeuget, daß man ihn in Ansehung seines Wohlverhaltens gerne länger würde in Diensten behalten haben. Man empfiehlet ihn endlich der Lesenden Gnade und Gewogenheit.

g) **Pässe.** Es wird der Name des Reisenden, auch wohl dessen Profeßion, Statur, Alter und Kleidung gemeldet, und wohin er reisen wolle. Hiernächst wird bezeuget, daß in dieser Stadt oder in diesem Lande noch reine und gesunde Luft sey. Man bittet also die Leser, den Reisenden allenthalben ungehindert paßiren zu lassen.

h) In **Freyheits- und Gnadenbriefen** wird gemeldet, daß N N. um diese oder jene Freyheit, z. E. Druckprivilegium, unterthänigst angesuchet. Zuweilen wird seiner oder seiner Vorfahren Dienste oder anderer Ursachen gedacht, um derer willen ihm der Fürst gnädig willfahren will. Es wird ihm das verlangte Privilegium ertheilet, und allen Vasallen und Unterthanen anbefohlen, daß sie ihn darinn ungestört lassen und schützen sollen. In Beßätigungen solcher Freyheitsbriefe wird angebracht, es habe N. N.

dem

dem Fürsten unterthänigst zu erkennen gegeben, wasmassen er von Dero Vorfahren über diese oder jene Sache privilegiret worden, wobey die Worte des erhaltenen Privilegii wiederholet werden, darauf endlich die gesuchte Bestätigung mit oder ohne neue Zusätze folget.

i) In Commißionen wird erstlich die Sache selbst berühret, worüber man eine Commißion verlanget habe; der oder diejenigen werden darauf zur Untersuchung der Sache als Commissarien ernennet, und folget endlich eine Vorschrift, was sie dabey thun sollen.

k) Instructionen enthalten eine umständliche Vorschrift, was ein Abgeordneter bey Conventen, Conferenzen ꝛc. zu beobachten habe, und ein Verzeichniß der Puncte, welche sollen in Acht genommen werden. Erkundigungen bemerken, daß dieß oder jenes angebracht sey, oder, daß man dieses oder jenes vernommen habe. Weil man nun der Sache eigentliche Bewandtniß wissen wolle: so wird befohlen, sich aller Umstände genau zu erkundigen, und Bericht abzustatten. Informationen geben z. E. zuförderst dem Minister, Agenten ꝛc. Nachricht, was sich etwa zum Schaden oder Nutzen des Fürsten ereignet. Hiernächst wird ihm entweder vorgeschrieben, was er thun und wie er sich verhalten solle, oder es wird ihm nur überhaupt anbefohlen, nach den Umständen das Nöthige zu beobachten. In Erinnerungen wird angeführet, was bereits vorher anbefohlen worden, z. E. Bericht abzustatten.

Nachdem aber solches nicht befolget worden, so werde es nochmals ernstlich erinnert und anbefohlen.

l) Widerrufungen melden zuvor die Sache, womit der Hoheit, Gerechtsamen und Interesse des Fürsten zuwider gehandelt worden. Es wird die Unbilligkeit, Vermessenheit, Uebereilung ꝛc. vorgestellet, und das, was widerrechtlich, oder wider Willen und Wissen des Fürsten geschehen, für null und nichtig erkläret.

m) In Gutheissungen wird erwähnet, daß aus dem Berichte Vortrag geschehen, was der abgeordnete Minister, Agent ꝛc. in dieser oder jener Sache gethan habe. Nachdem er nun in allen Stücken seiner Pflicht nachgehandelt und wohlgethan: als halte man alles genehm, und versichere ihn Fürstlicher Gnade ꝛc.

2) Die Schreibart, welche in Briefen von dieser Art herrschet, ist der ordentliche Stilus Curiä. Ein solcher Brief macht sehr oft nur eine einzige Periode aus, darinn die Verbindungswörter, Nachdem, und, aber, als, oder erstlich ein kurzer Bericht der Sache, darauf Wannen denn oder allermassen, als ꝛc. die üblichsten sind. Z. E.

Nachdem Se. Hochfürstl. Durchl. mit höchstem Unwillen vernommen, wasgestalt man in Dero Ihnen von Gott anvertrauten Landen, nicht allein die Gotteshäuser sparsam besuchet, sondern auch mit allerley Handarbeit, und insonderheit die Festtage mit Saufen und üppigen Tanzen zu entheiligen gewohnet ist; und aber auf solches alles nichts anders, als der göttliche Zorn, und die daraus fliessende allgemeine Landstrafe erfolgen kan:

Als haben Sie zu Abwendung solcher göttlichen Ungnade, ihre Unterthanen an dero Schuldigkeit bey Zeiten erinnern wollen, und befehlen demnach hiemit und in Kraft dieses, daß ꝛc. ꝛc.

Ich will jetzt nicht untersuchen, wie weit man Recht habe, eine solche Schreibart beyzubehalten. Sie schicket sich, wie mir dünket, zum Befehlen ganz gut. Nur könnte sie vielleicht oft etwas mehr dem Sprachgebrauche und der Reinigkeit gemäß seyn, daß man keine gar zu alte Wörter, oder lateinische und französische Ausdrücke einmischte, und sich auch vor den allzulangen und weit ausgedehnten Perioden hütete. Der berühmte Herr Vicekanzler Estor zu Marburg, hat dieses in seinem deutschen Reichsprocesse in Acht genommen, und man muß sagen, daß seine Exempel dem Stilo Curiä Ehre machen. Mehr habe ich nicht hinzu zu setzen; denn ich will Anfängern keine ausführliche Anleitung geben, Obrigkeitliche Briefe abfassen zu lernen, sondern ihnen nur einige Hauptbegriffe davon beybringen, eben so wie ich schon oben bey den Staatsbriefen erinnert habe (S. 153. Anm. 1). Exempel werden diejenigen leicht finden, die sich nur einigermassen in den Gerichtsstuben, in der Geschichte und in Zeitungen umsehen wollen,

im

im gemeinen Leben auf alles Acht haben und
mit Reisenden nicht unbekannt sind *).

Das siebente Hauptst.
Von gerichtlichen Briefen.

§. 139.

Gerichtliche Briefe können bald in engerem, bald in weiterem Verstande betrachtet werden. In jenem Falle enthalten sie entweder Klagen oder Vertheidigungen; in diesem aber begreifen sie alle die Schreiben unter sich, bey welchen das öffentliche Ansehen einer Obrigkeit nöthig ist und statt finden kann, als Citation, Urthel, Contrakte, Obligationen, Reverse, Scheine, Quittungen, und dergleichen.

§. 140.

In den ersteren Gattungen der gerichtlichen Schreiben ist es erlaubt, seine Gedanken mit mehrerer Freyheit, jedoch behutsam und ordentlich auszudrücken.

*) S. auch Neukirch am angeführten Orte. S. 370.
u. f. 416. u. f.

In den letztern aber muß man bey der einmal hergebrachten Gewohnheit bleiben, und den Stilum Curiä sorgfältig beybehalten, wenn auch der Witz noch so viel daran auszusetzen fände. In diesen Briefen werden alle Wörter nach ihrer strengsten Bedeutung genommen; folglich darf man hier nicht uneigentlich schreiben, zumal, da hier die Gelegenheit wegfällt, seinen Witz zu zeigen. Eine vernünftige und natürliche Abmessung der Perioden ist hier das einzige, welches gewisser maßen willkührlich ist.

Anmerkung.

Meine Absicht ist hier nicht, weitläuftig zu zeigen, wie man gegen einander proceßiren soll, als welches man auf Universitäten in den praktischen Anweisungen der Rechtsgelehrten und in den Gerichtsstuben lernen muß. Es wird genug seyn, wenn ich die vornehmsten Arten der gerichtlichen Schreiben, die im gemeinen Leben vorkommen, bemerke, damit auch Ungeübte, die dergleichen zu schreiben Gelegenheit finden, ohne Advocaten, in einer gerechten Sache Klage führen, oder auf eine rechtmäßige Weise sich vertheidigen, oder andere Aufsätze machen lernen; die man

richt

nicht allemal unter die Feder eines Sachwalters und Notarii geben will, noch zu geben verbunden ist. Dazu werden hoffentlich folgende kurze Anmerkungen und Exempel dienen.

1. In Klagschriften wird zuerst die Sache, oder der Casus umständlich angebracht, worüber die Klage angestellet wird. Darauf folgen die Gründe, oder nach dem Advocatenausdruck die jura, mit welchen man darthut, man sey sehr beleidiget, der andere sey strafbar ꝛc. Und endlich schliesset man die Bitte, Beklagten vor sich zu laden, und zu erkennen, was Rechtens ist ꝛc. ꝛc.

Exempel.

Hochedelgebohrne ꝛc.
Hochgeehrteste Herren,

Denenselben kann ich hieburch klagend nicht verhalten, wasgestalt der mir durch den Hintritt meines sel. Vaters N. N. zugefallene Theil der Erbschaft, von meinem Schwager N.N. zu N. bisher ungeachtet aller vernünftigen und freundschaftlichen Vorstellung, vorenthalten worden.

Wann nun aber solches Verfahren nicht nur wider alle Billigkeit, sondern auch wider alle Rechte und hergebrachte Gewohnheit streitet, und gedachter mein Schwager, Sempronius, nicht den geringsten hinreichenden Grund solcher Weigerung vorschützen kann, indem er an mir nichts zu fodern, auch sonst den wirklichen Besitz der samtlichen Hinterlassenschaft des Verstorbenen eingestehen ben muß und nie geleugnet hat, zu einem gütlichen Vergleich aber sich gar nicht verstehen will.

Als ergehet an meine Hochgeehrteste Herren mein schuldigstes Ersuchen, mehrerwähnten Sempronium dahin anzustrengen, daß er ohne fernere Schwürigkeit sich mit mir rechtmäßig abfinden möge 2c. 2c.

2. Vertheidigungen wiederholen im Anfange die Klage, und es wird entweder die That geleugnet, oder zugestanden. In jenem Falle beantwortet man des andern Gründe, damit er erweislich machen wollen, daß wir sie begangen, und setzet denselben andere entgegen, aus welchen man abnehmen könne, daß es nicht geschehen. In diesem Falle hingegen wird mit angebrachten Gründen gezeiget, daß man solches zu thun befugt, oder doch dem andern dabey nichts zum Nachtheil und Schaden vornehmen wollen, und des andern Gründe werden widerleget. Die Bitte ist, Klägern entweder zu besserem Beweise anzuhalten, oder mit seiner unbefugten Klage abzuweisen.

Es ist ein Vorurtheil, wenn man glaubt, daß in Klag- und Vertheidigungsschriften häufige Anzeigen aus dem Gesetzbuche oder Aussprüche der Rechtsgelehrten erscheinen müssen, um die Schrift geltend zu machen. Dieses thun oft die Advocaten, zu desto größerer Erläuterung der Sache. Aber der Richter kann sich in dem abzufassenden Urtheil an diese Anzeigen nicht kehren, weil sie manchmal aus Unwissenheit oder aus

Arg-

Arglist irrig angewendet werden. Er braucht weiter nichts, als das sogenannte Faktum ausführlich zu wissen, und etwa die besonderen Befugnisse der streitenden Partheyen, um einen Ausspruch zu thun, weil man zum Grunde setzet, daß er das Gesetz selber wissen werde, worunter das Faktum zu stehen kommt. Oft vertheidigen wir uns auch gegen Personen, mit denen man keinen Proceß führen kann; und es ist gleichwohl viel daran gelegen, daß man nichts vergesse, was zu unserer Rechtfertigung nöthig ist. Man kann alsdann nicht allemal so kurz seyn, weil man in solchen Fällen mehr die oratorische als die juristische Schreibart anzuwenden pflegt, welche erstere auch bey grossen Herren mehr Eingang zu finden scheinet.

Exempel.

I.

An eine Regierung.

Ew. Wohlgebl. Gestr. und Herrl. werden sich ohne mein unterthäniges Erinnern annoch geneigt entsinnen, wasgestalt man unlängst gegen mich Klage eingebracht, als ob ich in der über des Cail Erben übernommenen Vormundschaft mein Amt nicht nach Gebühr verwaltet, sondern das Interesse der anvertrauten Unmündigen in einem und dem andern geschmälert hätte.

Wann ich nun in meinem Gewissen überzeuget bin, daß meine Ankläger dergleichen ungegründete Beschuldigungen nimmermehr gegen mich

mich behaupten können, indem ich den Unmündigen nicht nur aus meinem eigenen geringen Vermögen öfters treulich beygestanden habe, sondern auch mich erbiete, alle meine Vormundschaftsrechnungen der strengsten Prüfung zu unterwerfen, und überdem in gleichen Fällen noch nie zu solchen nachtheiligen Muthmassungen Anlaß gegeben:

Als ergehet an Ew. Wohlgeb. Gestr. und Herrl. mein unterthäniges Bitten, dergleichen falschen Anklagen keinen ferneren Glauben beyzumessen; sondern mir vielmehr die hohe Gewogenheit zu erweisen, eine unpartheyische Commißion anzuordnen, welche mein angenöthigtes Verbrechen gründlich und ohne Partheylichkeit untersuchen möge. Für solche hohe Gewogenheit ꝛc.

II.

Durchlauchtigster Herzog,
Gnädigster Fürst und Herr,

Noth und Wehmuth bringt mich endlich, zu Ew. Hochfürstl. Durchl. Füssen mich niederzuwerfen, und Dieselben ganz unterthänigst, wo nicht um Barmherzigkeit, dennoch um Gerechtigkeit in denen wider mich angebrachten Beschuldigungen anzuflehen. Ew. Hochfürstl. Durchl. werden sich noch gnädigst erinnern, wie meine Widersacher sich bisher äusserst bemühet haben, Höchst Denenselben einige ungleiche Meynungen wegen meines bisherigen Verhaltens beyzubringen.

Nun kann ich mit Gott und meinem Gewissen bezeugen, daß ich mich nicht entsinnen kann, Dero Hochfürstl. Intresse mit meinem Willen im geringsten geschmälert zu haben; sondern vielmehr
alles,

Von gerichtlichen Briefen. 379

alles, was zu dessen Vermehrung und Darlegung meiner unterthänigsten Treue nöthig, in Acht genommen. Es ist auch Ew. Hochfürstl. Durchl. unverborgen, wie oft ich bey denen mir anvertrauten Kassen zu dergleichen Dingen die allerschönste Gelegenheit gehabt; gleichwohl aber jederzeit in meinen Rechnungen richtig und treu befunden worden. Und es wird nicht leicht zu vermuthen seyn, daß ich meinen Feinden, welchen nichts als eine gute Ursache, mich zu stürzen, mangelt, selber die Pforte zu meinem Verderben so unbesonnen öffnen sollte. Die ganze Welt muß mir endlich das Zeugniß geben, daß ich mich weder über meinen Stand erhoben, noch über mein Vermögen gelebet, und folglich nicht den geringsten Anlaß gegeben habe, dergleichen unbilligen Verdacht von mir zu schöpfen. Obgleich meine Widersacher Ew. Hochfürstl. Durchl. mein aufgebürdetes Verbrechen mit den allerscheinlichsten Umständen vorgestellt haben: so sind doch die ausgezogenen Fehler in meiner Rechnung von so geringer Erheblichkeit, die übrigen Beschuldigungen aber so schlecht beschaffen, daß ich mir allzeit, wenn und wo es Ew. Hochfürstl. Durchl. befehlen, derselben Ungrund darzulegen, und wider einen jeden rechtlich zu behaupten getraue. Wie ich denn auch nicht zweifle, Gnädigster Herr, Ew. Hochfürstl. Durchl. werden ihn nach Dero höchsterleuchteten Einsicht zum Theil schon daraus ermessen haben, weil meine Ankläger nicht nur allen Zutritt zu Ew. Hochfürstl. Durchl. mir beschnitten, sondern auch wider meine ausgebetene Commission protestiret haben; welches sie doch beydes, wenn sie in ihrem Gewissen verwahret, und vor Ew. Hochfürstl. Durchl. gerechtesten Gemüthe nicht schüchtern wären, bey dem grossen

Vor-

Vortheile, den sie ohnedas vor mir besitzen, nicht nöthig hätten.

Ew. Hochfürstl. Durchl. geruhen demnach, mein unterthänigstes Flehen in Gnaden statt finden zu lassen, und es nach Dero weltgepriesenen Clemenz gnädigst dahin zu ordnen, daß die einmal benannte Commißion vor sich gehen, ich mit meiner Rechtfertigung gehöret werden, und endlich wider meine Kläger und Ehrenschänder alle rechtliche Genugthuung erhalten möge. Solche hohe Fürstl. Gnade ꝛc. ꝛc. *)

3. In Contrakten stehen zuerst die Namen der Contrahenten, hiernächst die Sache, darüber sie contrahiren, darauf folgen alle Conditionen, Cautelen und dergleichen, die dabey vonnöthen, nebst der Vollziehung, Unterschrift und gerichtlichen Bestättigung. Ein Contrakt wird entweder durch eine gewöhnliche Formel oder durch eine Punktation entworfen. In jener wird erst gesetzet, was der Vermiether, Verkäufer ꝛc. und hernach was der Miethmann, Käufer ꝛc. zu thun verspricht. In diesen wird nach gewissen Numern wechselsweise angeführet, wozu beyde sich gegen einander verbinden. Eben so werden auch die Erb- und andern Vergleiche gemacht. Exempel muß man bey den Notarien suchen.

4. In Obligationen wird zuerst der Schuldner und Gläubiger genennet, die Schuld woran sie ist, auch wohl wozu sie aufgenommen worden,

aus-

---

*) Neukirch S. 496.

Von gerichtlichen Briefen. 381

ausgedruckt. Der Gläubiger wird über den Empfang quittiret mit Entsagung aller Ausflüchte. Der Schuldner verspricht die Schuld binnen gewisser Zeit oder nach vierteljähriger Aufkündigung zu bezahlen, und das Interesse jährlich mit 5. oder 6. für hundert abzutragen. Hierauf folget das Unterpfand, woran sich Gläubiger bey nicht erfolgter Wiederzahlung wegen Capitals, Zinsen und Unkosten halten und erholen solle. Es wird deutlich angeführet, worinn es bestehe, wo die Aecker liegen, zwischen welchen Nachbarn, wie viel sie jetzt werth ꝛc. das Eheweib begiebt sich auch wohl nebst dem Vormunde ihrer weiblichen Rechte. Endlich kommt die Verzicht, durch welche der Schuldner allen Ausflüchten und rechtlichen Wohlthaten entsaget, die Vollziehung und Bestättigung.

Die Gattungen der Obligationen können mancherley seyn, nachdem die Bedingungen, die Clausuln und die Sachen selbst verschieden sind, die man zur Schuld übernimmt. Nach solchen verschiedenen Verhältnissen giebt es Obligationen ohne Rente, mit Rente, Tauschobligationen, solche, die nach gewisser Zeit die Kraft eines Wechsels haben sollen, und andere mehr. Meine Absicht leidet es nicht, davon alles das zu sagen, was man erinnern könnte. Diejenigen, die der Welt mit Nachrichten von Handelsbriefen gedienet haben, sind hierüber zu Rathe zu ziehen, wenn man dessen bedarf; insonderheit was Marperger. *) in weitläuftigen Exempeln zu erläutern sucht. Betrifft die Obligation eine Sache von Wichtigkeit: so thut man am besten, wenn man sich hierinn einem geschickten und aufrichtigen Rechtsgelehrten anvertrauet, der in allen denen anzumerkenden Puncten wohl erfahren ist. Denn oft werden aus Versehen solche Bestimmungen vergessen, die man hernach nicht als Kleinigkeiten ansiehet, wenn sie erst zu einem verdrüßlichen Processe Anlaß geben. Und es ist kaum zu sagen, wie vielen Ausflüchten, Zweydeutigkeiten und dergleichen man unterworfen sey, wenn man die Obligation nicht recht genau bestimmt, errichtet hat. Indessen will ich doch nur einige der vornehmsten Umstände anführen, worauf der Gläubiger bey Annehmung einer Obligation zu seiner Versicherung sehen kann: 1) Die verschriebenen Unterpfänder müssen nach ihren Hauptumständen genau bezeichnet werden, nebst ertheilter Vollmacht, solche gegen die verflossene Zeit frey angreifen, und ohne ferneren gerichtlichen Proceß seine Bezahlung daran suchen zu mögen, im Fall, daß dieselbe nicht versprochener massen erfolget. 2) Wenn sich eine Frau, auch in Gegenwart ihres kriegerischen Vormunds, zur Schuldnerinn verschreibet: so muß sie sich ausdrücklich des sogenannten Beneficii Senatus Consulti Vellejani und anderer weiblichen Freyheiten überhaupt

---

*) im Handlungscorrespondent T. I. S. 379. u. f. wie auch T. II. S. 724. u. f.

Von gerichtlichen Briefen. 383

haupt in der Obligation begeben, und solches an Eides statt erklären. 3) Wird ein Bürge gestellet: so muß sich dieser des beneficii ordinis ausdrücklich begeben, und solches durch seine Unterschrift mit bekräftigen. Wo mehrere Bürgen vorhanden sind: so müssen sie dem sogenannten beneficio diuisionis, excussionis und cedendarum Actionum entsagen, oder sich auch in solidum verbürgen; so daß einer für alle, und alle für einen sich an Eides statt verschreiben.

Exempel.
I.
Obligation, die nach gewisser Zeit die Kraft eines Wechsels haben soll.

Ich Endsbenannter bekenne hiemit, daß ich von Herrn Terentio für 1800. schreibe achtzehn hundert Gulden an guten und tüchtigen Waaren, gekauft und empfangen, welche ich ihm oder getreuen Innhaber dieser meiner Obligation, von dato über 4. Monat richtig in hiesigem curant Geld zu bezahlen verspreche, und ob ich nach Verlauf dieser Zeit mit der Bezahlung säumig seyn sollte, so soll mir zwar noch eine 6. wöchentliche Frist zu Bezahlung (gegen Erlegung ein p. c. Interesse für solche 6. Wochen) gegönnet werden, nach Verlauf aber derselben, soll die Obligation einem Wechselbrief gleich geacht, und darauf executivé nach Wechselrecht ohne einige Gegeneinwendung mit mir können verfahren werden. Urkundlich dieser meiner eigenhändigen Unterschrift. Danzig den 16. May 1750.

II.

II.

Ich Titus, Erbgeseßen auf L. urkunde und bekenne hiemit für mich, meine Erben und Erbnehmen, daß ich der Wohledlen und Tugendreichen Frau N. N. zu N. kaiserl. und sächsischen Schrot und Korns, wissentlicher und wahrer Schuld Species Reichsthaler drey tausend, schreibe 3000. Stück Reichsthaler, wovon jedes Stück nach den Reichssatzungen a. Gulden werth ist, schuldig worden bin, so sie mir auf mein Ansuchen zu meiner unumgänglichen Nothdurft vorgeschossen, weßfalls ich die Frau Gläubigerinn solcher empfangenen Gelder halber quit, ledig und lossspreche, auch mich der Ausflucht des nicht empfangenen, auch nicht in meinen Nutzen verwandten Geldes, hiemit in bester Form Rechtens begebe: gerede, gelobe und verspreche auch, so lange solche drey tausend Reichsthaler bey mir unabgeleget bleiben, daß ich selbige jährlich mit 6. von hundert obigen Werhs verzinsen, und den Zins der Frau Gläubigerinn in ihren sichern Gewahrsam zufertigen will. Sollte auch einem und anderm Theile diese Gelder zinsbar zu behalten oder zu lassen nicht gefällig seyn; so soll jeder Theil ein Vierteljahr vor Ablauf des Jahres die Losskündigung zu thun Macht haben; da denn ich, der Schuldner obgedachter Hauptsumme, nebst allen alsdann noch rückständigen Zinsen, an harten, vollgültigen und unverschlagenen Reichsthalern obgedachten Werths zu bezahlen erbietig bin. Zu dessen Versicherung ich alle meine Güter, Lehen und Erbe, gegenwärtige und künftige, mit dem Anhang erlaubter Besitznehmung, gewährter Verschreibung und vorzüglicher Zwangsleistung hiemit kräftigst verpfände, auch meiner Frau Gläubigerinn freye Macht und Gewalt gebe, meine Güter nach Belieben

eigen-

Von gerichtlichen Briefen.

eigenmächtig in Besitz zu nehmen, mich aus denselben mit gewaffneter Hand heraus zu setzen, und selbige sodann als ihren Eigenthum, ohne einige Rechnung, selbst zu besitzen, zu geniessen, und zu gebrauchen, dergestalt, als wären sie durch richterliche Hülfe nach ergangener Erkenntniß, darein eingesetzet worden: zu welchem Ende ich mich aller und jeder Rechtswohlthaten, insonderheit der Ausflucht eines Betrugs, eingejagter Furcht, hinterlistiger Ueberredung, anderst und nicht also vorgegangenen Handels, ingleichen, daß man den Proceß nicht von der Auspfandung anfangen müsse, auch allen andern Rechtsbehelfen, sie haben Namen wie sie wollen, und mögen durch Menschenwitz schon erdacht seyn, oder noch künftig erdacht werden, in kraftiger Form Rechtens begebe.

Damit auch vorgedachte meine Frau Gläubigerinn ihrer Schuldfoderung desto mehr versichert seyn möge: so habe ich ihr Herrn A. und B. beyde hier im Lande gesessene Edelleute zu selbstschuldigen sachwaltigen Bürgen eingesetzet, und ich A. wie auch B. versprechen hiemit, daß wir auf Ansuchen des Herrn Titii für obige 3000. Reichsthaler uns als selbstschuldige Bürgen verpflichtet, thun auch solches kraft dieses dergestalt, daß, im Fall er einigermassen säumig werden sollte, wir auf eben die Weise für die ganze Summe haften wollen, als wäre es unsere eigene Schuld. Zu welchem Ende wir uns zu gedachtem Capital, rückständigen Zinsen, wie auch allen verursachten Schaden und Unkosten, und also für alle damit verknüpften Händel verbunden haben wollen, massen wir zugleich unsere Habe und Güter nach allen den von dem Hauptschuldner beliebten Bedingungen verpfändet haben wollen, und geben auch der Frau

Gläubigerinn freye Macht und Gewalt über die Verpfändung solcher unserer Güter, die lehensherrliche Bewilligung auf unsere Unkosten einzuholen, mit kräftigster Begebung der Ausflüchte der Vertheilung unter die Mitbürgen, Auslerung des Hauptschuldners, Ueberlassung der Klage, Verlängerung der Frist, welche der Hauptschuldner ohne Mitwissen der Bürgen gemacht, ingleichen desjenigen Rechts, welches saget, daß eine allgemeine Verzicht nicht gelte, wenn nicht eine besondere vorhergegangen sey, auch allen andern Rechtsbehelfen, wie diese bereits erdacht sind, oder noch erdacht werden möchten: wie wir dann aller solcher Rechtswohlthaten bey Vor- und Ueberlesung dieser Obligation genugsam erinnert sind. Es soll auch uns sämmtlich oder einen jeden insonderheit, auch alle unsere Erben und Erbnehmen, an dieser unserer Verpflichtung keine Obrigkeit oder Herrschaft, sie sey geistlich oder weltlich, Gebot oder Verbot, weder Reichs- noch Kreisordnung, weder Landfriede, Acht, Kummer, Immunitäten, Indulten, Quinquenellen Freyheiten, oder andere vorfallende Behelfe, es sey gleich mit oder ohne Recht, wie solches immer Namen haben mag, an Zahlung dieser Obligation nicht hindern oder irren, sondern allein die gute, baare und richtige Bezahlung soll uns davon befreyen. Sollten auch mittlerzeit die harten Species Reichs-Thaler fallen, oder sonst in Münzsachen durch der hohen Obrigkeit Landesverordnung eine Veränderung vorgenommen werden: so verbinden wir uns hiemit, solchen Schaden auf uns zu nehmen, und der Frau Gläubigerinn dießfalls, unter welchem Schein Rechtens es immer seyn möchte, nicht das geringste abzuziehen. Alles getreulich, sonder Arglist und Gefährde. Zu dessen Urkund ist diese Obligation mit des Herrn Principalschuldners

und

Von gerichtlichen Briefen.

und der selbstschuldigen Bürgen eigenhändigen Unterschrift und beygedruckten Insiegeln bestärket worden: so geschehen N. N. im Jahr ...

III.

Urkund dieser meiner Obligation bin ich Endes Unterschriebener an Herrn N. dato schuldig geworden 30. Reichs-Thaler, sage dreyßig Thaler, welche er mir zu meiner höchsten Bedürfniß und auf mein inständiges Ersuchen an guten gangbaren Münzsorten baar vorgeschossen hat, wie ich darüber cum renunciatione exceptionis non numeratae pecuniae hiemit bestermassen quittire, und auf den bevorstehenden Michaelistag dieses 1750ten Jahres solche 30. Thaler dem Herrn N. oder dessen Gevollmächtigten mit einer jährlichen Interesse a. 5. pro Cent ohne einzigen Aufenthalt dankbar wieder zu bezahlen bey Treu und Glauben verspreche; wie dann zu dessen mehrerer Versicherung ihm mein bereitestes Vermögen hiedurch verpfände, so viel hiezu vonnöthen ist; auch mich eigenhändig deswegen unterschrieben, und diese Obligation mit meinem Petschaft bedrucket. So geschehen N. den 4ten Jäner, im Jahre 1750.

(L. S.)

N. N.

5) In Quittungen nennet man die Summe, die der andere bezahlet hat, und meldet wofür; gestehet den richtigen Empfang, auch wohl, daß man völlig bezahlet sey, und weiter nichts an dem andern zu fodern habe. Man quittiret den andern darüber in bester Form Rechtens, und begiebt sich aller Ausflüchte. Oft bedarf es auch nicht so vieler Weitläufigkeit, wo man mit Leuten

ten von gutem Glauben zu thun hat, und es nicht ausdrücklich verlanget wird, auf eine so bestimmte Art in allen Stücken zu quittiren.

Exempel.

I.

Daß Herr N. N. mir Endes Unterschiebenen dato wegen seines Hauses fünfzehen Gulden, zu Pfingsten dieses Jahres fällige Erbgelder entrichtet habe: solches bekenne ich hiemit, und quittire erwähnten Herrn N. N. über besagte 15. Gulden mit Verzicht der Exception non numeratae pecuniae unter meiner eigenen Hand und Unterschrift und Vordrückung meines gewöhnlichen Petschafts in bester Form Rechtens. Urkundlich Halle, den 26. April 1750.

II.

Ich Endes Unterschriebener bekenne hiemit, daß Herr N. die auf Ostern dieses 1750ten Jahres fällig gewesene Zinsen von tausend Reichsthalern Kapital wohl bezahlet habe; maßen ihn dann hierdurch beständig darüber quittire. Leipzig, den 10. May 1750.

6) Wechselbriefe können in verschiedener Form abgefaßet werden. Man muß hier nicht eine schöne zusammenhängende Schreibart suchen, sondern bey der längst eingeführten Gewohnheit der Kaufleute bleiben, die in der geringsten Aenderung Unrichtigkeiten vermuthen würden: und ein Wechsel, der gültig seyn soll, muß in allen überaus richtig geschrieben werden, wozu selbst die

sechs

Von gerichtlichen Briefen. 389

fehlerhafte Schreibart gehöret. Es muß erstlich das Datum bemerket werden, darauf der Name dessen, der ihn zahlen, und dessen, dem er gezahlet werden soll, endlich die Summe und Geldsorten, die Valuta, und von wem solche zu empfangen sey, ob er mit oder ohne Sicht bezahlet werden solle, ob es ein sola, oder prima, oder secunda Wechsel sey. Nach diesen allen folget die Unterschrift dessen, der den Wechsel ausstellet. Sie werden oft nur als eine bloße Obligation eingerichtet, da man einem eine Handschrift wegen versprochener Zahlung für empfangene Waaren geben will; und sie werden von den Kaufleuten lieber als andere bloße Verschreibungen genommen, wegen des strengen Rechts, welches mit Wechselbriefen, der Sicherheit gemäß, verknüpfet ist. Die Wechsel pflegen eingetheilt zu werden in eigene und in *trassirte* Wechselbriefe. Jene erhalten eine kurze von dem Schuldner an den Gläubiger ausgestellte Schrift, darinn das Wort Wechsel stehet, und darinn der Schuldner die empfangene Summe wieder zu bezahlen sich anheischig macht. Diese, welche in Ansehung der ersteren, auch fremde Wechsel genennet werden, begreifen eine kurze das Wort Wechsel in sich haltende Schrift, darinn der Trassans den Acceptanten ersuchet, dem Præsentanten eine gewisse Summe Geldes zu der gesetzten Zeit an dem benannten Orte zu bezahlen, und worunter sich des Trassantis Vor- und Zunamen be-

R 3 fin-

findet. Beyde theilen sich wieder in Regulier- oder Meßwechsel, oder in Irregulier-oder Nicht-Meßwechsel ein. Erstere sind auf die Messe zahlbar, die andern haben ihren Zahlungstag ausser der Messe. Die traſſirten Wechsel sind entweder a vista oder a uso zahlfällig. Erstere müssen sofort acceptiret und längstens binnen 24. Stunden bezahlet werden; letztere aber nehmen einige Tage Auffchub an, nachdem die sogenannten Respit- und Discretions-Tage in den verschiedenen Wechselordnungen bestimmet sind.

Zu einem solchen traſſirten Wechsel gehören nun vier Personen: als Titius, der den Wechsel begehrt, (Campsarius) Cajus, der den Wechsel verschaffet, (Traſſans) Sempronius, der den Wechsel wegen Titii des andern Orts empfängt, (Praesentans) Mävius, der den von Cajo überschriebenen Wechsel auszahlet (Acceptans).

Es giebt vielerley Vorsichtigkeiten, die man bey Ausstellung der Wechsel zu beobachten hat. Meine Absicht leidet es nicht, dieselben hier ausführlich zu zeigen, und eine Anleitung zum Wechselrechte zu geben. Doch wird es mir erlaubt seyn, nur einige Hauptpunkte zu erinnern, darauf man bey dieser Art von Briefen sehen muß.
1) Diejenigen, welche keine Wechsel ausstellen können, sind solche, die das 8te Jahr noch nicht erreichet haben, ausgenommen die Fremden, die auch unter diesen Jahren wechselfähig sind:

fer-

ferner geistliche Personen, Weibspersonen, die keine Handlung treiben, Kaufmannsfrauen und auf gewissen Univerſitäten die Studioſi. 2) Ein ordentlicher Wechſel muß auf einem Stempelbogen a 4. ggl. geschrieben, oder doch mit solchem wenigſtens umſchlagen werden, wenn der Creditor bey vorfallender Klage besfalls nicht sträflich seyn soll. 3) Die Summe wird zu mehrerer Sicherheit mit Buchſtaben geschrieben, aber nicht zweymal ausgedrücket. 4) Iſt kein Zahlungstermin in dem Wechſel ausdrücklich benennet: so wird er nach Verflieſſung eines Jahres zahlbar. 5) Wenn der Wechſelſchuldner den Zahlungstermin ohne Abtrag verſtreichen läßt: so muß der Gläubiger dagegen proteſtiren laſſen; oder wenn ein traſſirter Wechſel nicht acceptiret wird: ſo muß ihn Praeſentans einem Notario zuſtellen, welcher ſich damit zu dem Traſſenten verfüget, und vermittelſt eines solennen Inſtruments feyerlichſt proteſtiret, daß man ſich wegen nicht erfolgter Bezahlung, alles Schadens an Capital und Intereſſe, wie auch des Rückwechſels und der Unkoſten halber bey dem Traſſirer erholen wolle. Und dieſes Inſtrument, wodurch ſolches bekräftiget wird, heiſſet alsdann ein Proteſt. 6) An Zinſen können die Wechſelſachen 6. für hundert gültig ſeyn, und werden ganz nüßlich in dem Wechſelbriefe ausdrücklich ſtipuliret; widrigenfalls laufen ſie dennoch bis zur beſtimmten Verfallzeit.

Was die übrigen Anmerkungen und Vorsichtigkeiten betrifft, die man bey Wechselbriefen vor Augen haben muß: so kann man sich theils bey denen, die von dem Wechselrechte und von den Vorsichtigkeiten eines Wechselgläubigers geschrieben haben, mehreres Raths erholen *), theils aber auch und insonderheit die verschiedenen Wechselordnungen, die in jedem Lande besondere Gesetze in sich halten, nachsehen; denn nach diesen muß doch das meiste entschieden werden. Ich will einige Beyspiele zur Erläuterung hersetzen:

Exempel.

I.

(Als eine Obligation, oder als ein eigener Wechselbrief.)

Adi Leipzig, den 4 Jan. 1750.

Durch diesen meinen Sola-Wechselbrief verspreche, daß ich allhier unterschriebener Friedrich Fischer, Leipziger Ostermesse 1751. an Herrn Jacob Brummern, oder dessen Commiss. die Summa von fünf Hundert Reichsthalern zahlen

---

*) Hieher sind insonderheit des Herrn D. Siegels Einleitung zum Wechselrecht überhaupt, 4 Leipzig, 1743. und vorsichtiger Wechselgläubiger, 4. ebendaselbst 1739. zu rechnen; wie auch der Vorsichtige Banquier Raumbergers Tr. von Wechsel- und Commerciensachen; D. Zipfels Tr. von Wechselbriefen; das Leipziger Wechselrecht mit D. Königs Anmerkungen u. s. m.

Von gerichtlichen Briefen.

len will. Den Werth von ihm an guten und richtigen Waaren empfangen. Gott mit uns.

Friederich Fischer.

Auswendig stehet
An mich
Friederich Fischer
in Leipzig.

Oder, um alle Vorsichtigkeiten, die ein Wechselgläubiger bey Schliessung des Wechsels in Annehmung des Wechselbriefes beobachten kann, auszubrucken, und ohne etwas überflüßiges hereinzusehen: so könnte ein gerechter Wechselbrief zum Besten der Gläubigers folgendermassen eingerichtet werden:

Laus Deo. Leipzig, den 1. May 1750.
2000. Thaler ⅔ Stück.

Gegen diesen meinen Sola Wechselbrief gelobe ich Endes Benannter an Herrn Hans Fritzen Hausmann künftige Michaelismesse zu Leipzig die Summe von zwey tausend Thaler ⅔. Stück benebst denen Interessen a 6 pro Cent zu bezahlen, renuncire anbey der Exceptioni laesionis, vltra dimidium, praescriptionis, depositionis, feriarum, Rescripti Moratorii, verspreche wegen des nicht gebrauchten Stempelbogens gehörige Schadloßkeit*) unterwerfe mich aller Orten dem Leipziger Wechselrechte**), und leiste bey dem Worte

der

---

*) Wenn der Wechsel auf einen 4. ggl. Bogen geschrieben worden: so ist diese Clausul unnöthig.

**) oder desjenigen Landes, dahin der Wechselgeber, darinn man ein Unterthan ist rc.

der ewiger Wahrheit zu gesetzter Zeit richtige Zahlung, nehme auch Gott zu Hülfe.
Carl Windmacher.
Heinrich Schweinefuß, als Zeuge.
Bartholomäus Hase, als Zeuge.

An mich
Carl Windmacher, zur
Zahlungszeit in Leipzig, oder
wo ich anzutreffen.

Von traßirten Wechselbriefen können folgende Exempel angenommen werden:

II.

Laus Deo. Anno 1750. Adi 7. Febr.

Ehrenvester,
Vielgeehrtester Herr und Freund,

Vierzehn Tage nach Sicht dem Herrn zu bezahlen diesen meinen Sola (prima, secunda) Wechsel von Reichs-Thalern vierhundert, sage 400. Reichs-Thaler, an Herrn N. N. oder dessen Commiss. den Werth allhier seinetwegen wohl empfangen. Thut gute Zahlung, und stellets a Conto. Gott mit uns. Des Herrn

dienstwilliger
N. N.

III.

Hamburg, d. 13. May 1750. per Reichs-Thl. 600.

Auso beliebt der Herr auf diesen meinen Prima Wechselbrief an Herrn David Heinrichen, oder dessen Ordre zu bezahlen Reichs-Thaler sechshundert. Den Werth habe ich von ihm allhier empfangen. Der Herr thut gute Zahlung, und stelle es a Conto laut Aviso

Herrn

Von gerichtlichen Briefen.

Herrn,   Lübeck
Herrn Christian Königen Des Hrn. dienstw.
ggst. nPrima.   Heinrich Braut.

IV.

Dreßden d. 12. July 1749. Th. 1000. Louis-blancs-

Nächstkommenden Leipziger Michaelmarkt, belieben Ew. Liebbn. gegen diesen meinen Secunda Wechselbrief (prima unbezahlet) in Leipzig an Herrn Titium oder dessen Ordre Thaler 1000. Louis-blancs zu bezahlen. Den Werth von demselben habe empfangen. Ew. Liebbn. stellen es in Conto, laut Aviso.

       Hieronymus Profit.

An
Herrn Carl Wucherern
 in Leipzig.
 Secunda.

Adi ist Italiänisch und bedeutet so viel als den Tag. Vierzehn Tage nach Sicht heißt, daß derjenige, so den Wechselbrief vorzeiget, vierzehn Tage dem Kaufmann nachsehen muß, ehe ihm derselbe den ausgestellten Wechsel bezahlet, wird auch sonst, Wechsel a uso gennenet; und daher ist Avso doppio so viel als zweymal vierzehn Tage, oder einen ganzen Monat nach Sicht. Wenn hingegen à vista stehet, das ist, bey Auffsicht dieses: so muß der Wechsel alsofort bezahlet werden. A conto stellen heißt, auf Rechnung schreiben. Laut Aviso aber bedeutet,

tet, laut der Nachricht, die man in einem besondern Berichtschreiben dem Zahler deswegen gegeben habe, u. d. m.

Ich könnte noch mehrere Arten der gerichtlichen Schreiben hier aufführen, als Berichte, Citationen, Urthel, Reverse, Scheine, Ehestiftungen, Testamente, und dergleichen mehr. Allein dies würde für meine Absicht zu weitläuftig werden, indem ich weder Geduld noch Erfahrung genug besitze, die gerichtliche Schreibart nach allen Fällen ausführlich zu zeigen, ich müßte denn die weitläuftigen Anweisungen und Exempel anderer hier nur abschreiben, wozu ich keinen Beruf bey mir finde. Ich würde selbst dieses wenige, was ich davon gesagt, ganz übergangen haben, wenn ich den Rath einiger Freunde nicht höher hätte schätzen wollen, als meine Neigung. Indessen werden diese wenigen Proben hinlänglich seyn, dem Leser einen Begriff von den gewöhnlichsten gerichtlichen Schreiben beyzubringen. Wer noch weiter gehen will, der muß in Eſtors Einleitung zum Proceß, in Saymens Tr. de Stilo Curiae, in luſtigen Juriſten, und andern mehr, ſich fleißig umſehen. Vielleicht erwarten einige von meinen Leſern, daß ich auch bey dieser Gelegenheit etwas von Kaufmannsbriefen ſagen ſollte, ob ſie ſich gleich nicht eigentlich als Arten der gerichtlichen Schreiben betrachten laſſen. Allein auſſerdem, daß man in dieſen Briefen eine beſondere Sprache

Von gerichtlichen Briefen.

anzunehmen pflegt, die ich nicht sattsam verstehe, auch niemals grosse Lust gehabt habe, vieles stehen zu lernen: also haben auch andere schon reichlich dafür gesorget.

Man verstehet mich unrecht, wenn man mir hieraus die Folge aufbürden will, als ob ich diese Arten von Briefen verachtete. Nein, wer den wahren Werth der Handlung nur einigermassen kennet, muß eine gewisse Hochachtung für das alles annehmen, was zur Beförderung derselben etwas bey tragen kann. Ich glaube, daß es einem Gelehrten ganz anständig sey, dergleichen kennen zu lernen, und die Schreiben der Kaufleute geben ihm dazu unter andern die beste Gelegenheit; ohne anitzt zu gedenken, daß ihm oft selber Fälle möglich sind, wo er genöthiget wird, mit einem Kaufmann in Unterhandlung zu treten, und wie will er dieses zur Erreichung seines Zweckes und nach den Maximen der Handlung vollkommen einrichten, wenn er die Handelssprache und Gewohnheiten nicht verstehet? Wir setzen einmal, er soll zur Verschickung dieser und jener Sachen, Bücher, Waaren ꝛc. an einen Kaufmann, zugleich einen sichern Versend- und Frachtbrief schreiben, (und dieser Fall ist möglich;) wie leicht kann er alsdann aus Unwissenheit oder Uebereilung etwas setzen oder auslassen, das ihm nachtheilig ist; da er doch z.E. so schreiben müßte, um mit dem Kaufmann zu reden:

Hamburg, ben 6. Märʒ 1750.

Geehrter Herr,

Im Namen und unter dem Geleite Gottes überſende demſelben durch Fuhrmann Zacharias Rauſch von Braunſchweig, hier unten verzeichnete Güter, welchem, wenn ſie von ihm in rechter Zeit wohl, und wie hier nach bedungen, geliefert werden, gebührender Lohn, wie hier unten zu erſehen, zu bezahlen, und damit, laut Berichts, zu verfahren iſt. Weil auch der Fuhrmann verſprochen, die Güter auf einer Achſe zu liefern, keine verbotene Straſſen zu fahren, und alle Zoll-und Weggelber getreulich zu entrichten; ſo werden bey Unterlaſſung deſſen die Herren Zolleinnehmer und Mautner ſich allein an des Fuhrmanns Perſon, Geſchirr und Pferde zu halten, auch ſonſt ein jeder ſich vorzuſehen wiſſen, ihm Fuhrmann keinen mehreren Vorſchuß zu thun, als was er demſelben ſelber anvertrauen mag, auf die Güter aber keine Abſicht zu machen haben. Der Höchſte bringt es in Sicherheit, deſſen Schuʒ ich denſelben erlaſſe, und verharre ꝛc.

Des Herrn

dienſtwilligſter

Titius.

Ein Faß und eine groſſe Kiſte, beyde in Leinen eingepackt, ſo zuſammen gewogen ſechs und ein halbes Schiffpfund, im Lohn fünf Reichsthaler, ſchreibe fünf Rthlr. vom Schiffpfund, worauf bezahlet zehen Rthlr. Reſt 22½ Rthlr. zu bezahlen.

Herrn

Von gerichtlichen Briefen.

Herrn,
Herrn Jacob Laurentius
Samt 1. Faß. 1. Kiste,   in
I. L. N. 1. 2.   Braunschweig.

Nur meine Absicht verbietet mir, mich in ein so weites Feld zu wagen, dadurch die Anleitung die ihr einmal bestimmten Gränzen verlieren würde. Ich will indessen nicht so eigensinnig seyn, um bey dem Schlusse dieses Buches nicht ein kurzes Verzeichniß der eigenen Handelswörter, zum Gebrauche derer, die etwas von der Kaufmannschaft wissen wollen, beyzufügen. Diese Arbeit kostet mir nicht so viel Mühe, als die Zahl derer zu vermehren, die dazu besondere Anweisung geben, und ganze Sammlungen von Kaufmannsbriefen in die Welt geschicket haben. Mir fallen jetzt nicht mehrere bey, die ich dem Leser anpreisen könnte, als Seynens dreyhundert auserlesene Kaufmannsbriefe *), Marpergers Handelscorrespondent, und Bohns wohlerfahrner Kauf= und Handelsmann **). Die Fertigkeit, Kaufmannsbriefe zu schreiben, macht einen Theil der Handlungswissenschaft aus, und folglich wird der eingeführte Gebrauch und die be=

---

*) Sie sind zu Nürnberg 1727. zum erstenmale in 8. heraus kommen.

**) Ist in diesem Jahre zu Hamburg aufs neue in 8. ans Licht getreten, und man hat mir diese Arbeit besonders gerühmet.

beständige Uebung der Lehrlinge im Handel am besten durch den Unterricht ihrer Handelslehrer gegeben werden.

Das achte Hauptstück.
Von Zueignungs- oder Dedicationsschriften.

§. 141.

Zu den grösseren und öffentlichen Schreiben gehören auch die Dedicationen. Diese sind solche Briefe, die man zu Bezeugung seiner Hochachtung an gewisse Personen vorgedruckte Schriften zu richten pflegt.

§. 142.

Nachdem die Endzwecke verschieden sind, die man durch dergleichen Schreiben zu erhalten suchet; nachdem hat man auch ihren Innhalt einzurichten.

§. 143.

Meistentheils bestehen sie jedoch in Complimentschreiben. Folglich gelten alsdann bey ihnen auch alle Hauptregeln, die wir oben bey den Complimentbriefen bemerket haben (§. 32. u. f.)

§. 144

§. 144.

Weil man hier insgemein zugleich ein Lobredner wird, und man bey solchen Gelegenheiten selbst in der mündlichen Unterredung einige Kunst zeigen würde, sich wohl auszudrucken, auch überdem bey einem Briefe, wobey man Zeit zu denken hat, nicht so viel Nachsicht wegen des Ausdrucks statt findet, als bey einem persönlichen und mündlichen Vortrag (E. §. 2. Anm.): so ist es erlaubt, in diesen Schreiben etwas erhabener und prächtiger zu reden, als man ausserdem reden würde. Folglich ist es auch hier erlaubt, in größeren Perioden zu schreiben.

Anmerkung.

Ich habe für die Dedicationen in der Ordnung diesen Platz erwählet, weil ich sie als eine Art öffentlicher Schreiben betrachte, davon schon in den vorigen Hauptstücken verschiedene angeführet worden. Vielleicht hätten sie sich besser als ein Anhang der Complimentschreiben betrachten lassen, weil sie dem Wesen nach vieles damit gemein haben (§. 143.); allein da dieses nicht geschehen, so müßte ich nunmehr die ganze Ordnung der §§. brechen, wenn es mir zugemuthet werden sollte;

und

und ich fürchte wegen des Zusammenhanges keine Dunkelheit zu verursachen, wenn ich bey dem gegenwärtigen Entwurfe bleibe. Eine Dedication zu schreiben, ist wie aus dem obigen (§. 141. u. f.) erhellet, so leicht nicht, wie man sich wohl einbilden möchte. Es gehöret viel Klugheit, viel Witz und Beredsamkeit dazu, um eine Zueignungsschrift zu machen, die nach allen ihren Absichten gut seyn soll, und man ist im Stande, aus einer Zueignungsschrift vieles von dem Charakter des Verfassers zu denken (E. §. 2. Anm.), welches billig desto mehr Aufmerksamkeit wirken sollte, da man insgemein solchen Personen etwas zuschreibet, die einen starken Einfluß in unsere Glücksumstände haben. Ich will meine Gedanken frey davon entdecken, ungeachtet ich noch keine Dedication jemals gemacht habe. Einige betreffen gewisse Regeln der Klugheit überhaupt, einige gehen auf die innere und äussere Einrichtung solcher Zueignungsschriften. Ihr Verfasser muß einmal folgendes überlegen: 1) Ob man andern nicht gar zu offenbaren Anlaß gebe, eigennützige und niederträchtige Absichten zu errathen, oder wenigstens doch zu vermuthen, indem man dieser oder jener Person etwas zuschreibet, die sehr geschickt ist, unser Glück zu machen. Es wird gesagt, daß mancher vornehmer Minister selbst am wenigsten eine Zueignungsschrift von denen gerne gesehen, die er zu beförderen gewünscht hätte, um dem Verdacht zu ent-

V. Zueign. oder Dedicationsschr.

gehen, als ob er die Dedication belohnen wollte. Ich will keinen Ausspruch thun, ob die meisten Zueignungsschriften in der Absicht geschrieben werden; nur dies weiß ich, daß sie wegen der häufigen Mißbräuche dem Argwohn ungemein stark unterworfen sind; und daß der Eigennutz durch so viele Merkmale in manchen verrathen wird, daß sie den Noten ohne Text *) ähnlich sehen. Ich kenne einige Freunde, die sich bereits durch ihre Schriften Beyfall erworben, und aus der obigen Vorstellung noch nicht die Blödigkeit abgeleget haben, ihren größten Gönnern öffentlich etwas zuzuschreiben, ob sie gleich die erhaltenen Wohlthaten eines öffentlichen Danks werth schätzten. 2) Wem man etwas zuschreiben könne? Ich habe Dedicationen gesehen, welche an Gott, ja an die ganze Dreyeinigkeit, an Enkel und Verstorbene gerichtet waren, wie z. E. Hübner seine Uebersetzung des Thomas von Kempis seiner verstorbenen Frau zuschreibet, und andere mehr. Allein soll ich sagen, was ich davon denke: so kommt mir diese Art zu dediciren etwas unnatürlich und lächerlich vor. Es ist nichts weniger, als ein gesunder Witz, der solche Erfindungen macht. Die Ehrerbietung gegen die Religion scheinet es nicht zu vertragen, daß man an dem Eingang eines Buches, welches oft schlecht genug ist, mit Gott complimentiret, und ihn dadurch gleich-

*) S. Bremische Beyträge zum Vergnügen des Verst. und Witzes, Th. II. S. 268.

gleichsam irdischen Patronen an die Seite setzet. Hat man gute Gedanken darunter: so kann man sie auf eine weit schicklichere Art zu erkennen geben, und also andern alle Gelegenheit entziehen, darüber zu spotten. Die Verstorbenen aber bis ins Reich der Todten mit einer Dedication zu verfolgen, scheinet mir ein lächerlicher Einfall zu seyn. Will man etwa der Fr. Row Freundschaft nach dem Tode, oder Briefe der Verstorbenen an ihre lebenden Freunde, zum Schutze dieser Erfindung anführen: so glaube ich, daß der Fall hier ungleich sey. Die Verstorbenen haben mehr Ursache, sich um ihre zurückgelassenen Brüder zu bekümmern, als diese um die abgeschiedenen. Jene könnten noch manches in dem Zustande der Lebenden ändern, wenn sie noch fähig wären, sie aus jener Welt zu unterrichten und dasjenige wirklich zu sagen, was sie die witzige Frau Row in ihren Briefen schreiben läßt; das hingegen das Schicksal der einmal abgeschiedenen auf ewig fest gesetzet ist, und in deren Glückseligkeit oder Unglückseligkeit wir nichts mehr ändern können. Die Fr. Row will ferner hierdurch der Welt die sinnlichsten Ermahnungen der Tugend geben, die wirklich bey einem aufmerksamen Leser Nutzen schaffen müssen; und daher war ihr diese Erfindung erlaubt: aber was kann denen, die ihren Lauf vollendet haben, die Sittenlehre der noch herumirrenden Pilgrimme helfen? Kurz, ich sehe nicht, wie es möglich sey, die Zueignungs-

schrif-

schriften an die Todten, nach den Regeln des guten Geschmackes, zu rechtfertigen. Aus Scherz pfleget man auch zuweilen solchen Personen etwas zuzuschreiben, die man sonst für verachtungswürdig, oder für keine wirkliche Personen hält; als wenn man z. E. eine Dedication an seine Feinde, an den Tod, an den Cupido, an die Astråa und dergleichen machen wollte. So erinnere ich mich auch in Richelets Sammlung von auserlesenen galanten Briefen eine Dedication an einen Scharfrichter gele'en zu haben, die mit sehr guten Einfällen ausgeführet ist. Wer solche scherzhafte Zuschriften machen will, der muß einen lebhaften Witz haben, und die zum Scherze nöthigen Eigenschaften (§. 104. u. f. Anm.) verstehen. Die Dedicationen im ordentlichen Verstande werden an solche Personen gerichtet, denen wir eine wahre Hochachtung und Freundschaft leisten, oder wenigstens doch zu leisten scheinen wollen. Hierbey aber entstehet eine neue Regel der Klugheit. 3) Man muß prüfen, ob die Schrift der Person, welcher sie zugeschrieben werden soll, verständlich und angenehm sey. Es ist doch die Absicht, daß wir durch das Zueignungsschreiben dem Gönner zugleich unsre Arbeit zu geneigter Beurtheilung oder Lesung empfehlen wollen, und diese kann nicht erreichet werden, wenn ihm das Buch selbst ein Räthsel bleibet. So siehet es z. E. etwas pedantisch aus, wenn man einer vornehmen Dame eine arabische Schrift zueignen wollte, oder einem

gro-

grossen General eine Kritik über den Talmud. Der Verfasser der Abhandlung von Buchdrucker‑ stöcken *) ziehet diesen Fehler in einer feinen Sa‑ tyre durch, und macht ihn nach Verdienst lä‑ cherlich. Die Schrift muß aber nicht nur verständ‑ lich, sondern auch der Person angenehm seyn, der man sie zueignet. Sie muß der Neigung und Gemüthsart derselben nicht zuwider laufen, und den übrigen Verhältnissen des Wohlstandes gemäß seyn. So darf man z. E. einem Fürsten keine Grammatik, einem Prediger keinen Lacul oder Ovid, einem Staatsmanne kein Wörterbuch zu‑ schreiben; denn es würde fast eben so unüberlegt seyn, als wenn ich ihm diesen Briefsteller zueig‑ nen wollte, der doch nur einer Art von Anfän‑ gern gewidmet ist. Hingegen lassen sich Schrif‑ ten, die von der Religion handeln, ohne Unter‑ schied den Bekennern dieser Religion zuschreiben, sie mögen Vornehmere oder Geringere seyn, wenn sie nur in einer ihnen verständlichen Sprache, und nicht als Anweisungen für Kinder, abgefasset sind, oder keine Streitschriften ausmachen.

II. Was die innere Einrichtung einer guten Dedication betrifft: so setzen wir hier das zum voraus, was bereits oben (§. 143.) erinnert wor‑ den. Hauptsächlich muß man sich vor einem ge‑ doppelten Fehler sorgfältig in Acht nehmen: 1) Daß man keinen unvernünftigen und nieder‑ trächtigen Schmeichler abgebe, indem man
lobet.

*) S. die Brem. Beytr. 1. B. S. 423.

lobet. Es ist ganz billig und schicklich, daß man in der Zueignungsschrift der Welt etwas von den Verdiensten und dem Ruhme des Gönners sage; aber diese Verdienste müssen einmal wahr und gegründet seyn: zum zweyten dürfen sie auch nicht zu unmäßig erhoben werden. Es ist keine so geringe Kunst, mit einem beliebten Anstande zu loben, weder die Bescheidenheit des Gelobten zu beleidigen, noch bey der Welt in den Verdacht des Schmeichlers zu fallen (§. 38.), und unter vielen Tugenden nur die schönsten und eindrücklichsten zu loben. Wie niederträchtig siehet es aus, wenn man seinem Helden Vorzüge andichtet, die er kaum mit Namen kennet, oder die sich niemals mit ihm vereiniget haben! Sind nicht dergleichen Lügen eine Beschämung für ihn, und muß nicht die ganze Lobrede, die damit angefüllet ist, eine Satyre werden, dadurch die Tadler Materie erhalten, spöttisch zu lachen? So schön war die Schmeicheley, die ein gewisser französischer Dichter in der Ode auf einen König von Frankreich saget, in welcher er ihn mit dem Degen in der Faust die Mauern einer Niederländischen Festung stürmend ersteigen läßt, eben zu der Zeit, da der König mit ganz andern Eroberungen beschäfftiget war. Wie gleichgültig und wie frostig lautet es, wenn man nur solche Dinge an seinem Helden lobet, die keines weitläuftigen Lobes werth sind, oder die ihn doch vor andern Menschen nicht unterscheiden! Man muß
nichts

nichts an ihm loben, was er so zu sagen mit allen Menschen gemein hat, sondern nur hauptsächlich das, was ihm einen wahren Vorzug giebt. Fände man etwa bey dem Gegenstande so wenig, daß man nichts, ohne ein Lügner zu werden, loben könnte: so wäre es am besten gethan, eine solche Bemühung ganz ruhen zu lassen, und einen würdigern zu suchen. Man muß sich sorgfältig hüten, nicht zu viel von dem Werke selbst zu sagen, das man dem Gönner zuschreibet. Diese Anmerkungen, die man erst in der Dedication dem Werke beyfügen will, sind unzeitig. Denn wollte man seine eigene Arbeit loben; so weiß man, daß sie dadurch ihren Werth mehr verliere als erhalte. Wollte man sie zu tief herunter setzen; so verräth man dadurch insgemein eine stolze Demuth. Der Verfasser thut am besten, daß er den Leser das Urtheil sprechen läßt, ohne ihm dazu Anweisung zu geben. Aber es schickt sich auch nicht, von der Einrichtung der Schrift, ihrer Veranlassung, und dergleichen, in einer Dedication, die nur ein Compliment und keine Kritik seyn soll, weitläuftig zu reden. Es ist eine Art der Pedanterey, dem Gönner vieles aus der Logik oder aus den klasischen Schriftstellern vorzusagen, die Bewegungsgründe, die Mittel und Hindernisse zu erzählen, die bey der Schrift beschäfftiget gewesen sind. Alles dieses gehöret mehr in eine Vorrede, als in eine Dedication; und man muß sich nicht das Ansehen herausnehmen

men, als ob man denjenigen, den man loben will, unterrichten wolle. zumal wenn er an allen diesen Herrlichkeiten keinen Geschmack findet. Es sind nur wenige Fälle, darinn diese Regel eine Ausnahme leidet. Nämlich, wenn man z. E. eine wichtige Materie der Religion und des Christenthums abhandelt, so verstattet es die allgemeine Ehrerbietung gegen die Sache, davon auch in der Dedication etwas zu erwähnen; oder man besorget nur die Ausgabe eines andern berühmten Schriftstellers, so kann man nicht nur in der Dedication etwas zum Lobe des Verfassers sagen, sondern auch von den vornehmsten Umständen seines Werkes reden. Doch muß dieses alles keine ordentliche und weitläuftige Abhandlung seyn.

III. Wir müssen noch einige Regeln hinzuthun, die auf das Aeußerliche der Dedication gerichtet sind. 1) Sie kann entweder als ein ordentliches Schreiben, oder in Form einer Inscription gemacht werden. Die letztere Art zu dediciren ist besonders vor kleinen Schriften als Disputationen und dergleichen gebräuchlich. Man fasset alsdann alles das zusammen, was zum Wesentlichen einer Dedication gehöret, und läßt die Erweiterungen weg, die in einem grössern Schreiben anzubringen sind. Aber alles muß kurz, sinnreich und nachdrücklich gesetzet werden, wie es der Charakter einer Inscription erfodert. In beyden setzet man bey dem

Namen des Gönners seinen völligen Titel. 2.) Sie darf nicht zu lang ausgedehnet werden. Es ist nicht rathsam, daß man aus einer Zueignungsschrift einen besondern Tractat mache, der doch allzuoft ungelesen bleibt. Man kann in diesen Fehler fallen, wenn man sich vor jenen nicht in Acht nimmt, die wir vorhin bemerket haben; oder wenn man es allzugut machen will, und sich mit häufigen Segenswünschen aufhält. Ein Complimentschreiben muß kurz seyn (§. 33. Anm.) *).

Ich habe unlängst noch eine Dedication des Herrn Kanzlers von Mosheim **) gelesen, die an den Herzog August Wilhelm glorwürdigsten Andenkens, und dessen Durchlauchtigste Gemahlinn gerichtet ist. Ich bekenne, daß alle Zueignungsschriften, die ich noch von diesem grossen Geiste gelesen habe, ungemein schön sind. Doch hat mich jene besonders gerühret. Und Obgleich die Mosheimischen Schriften nicht unbekannt sind; so wird es doch vielleicht meinen Lesern nicht zuwider seyn, die gedachte Dedication statt eines Exempels hier einzurücken:

Exem-

*) *Dan. Frid.* JANI diss. de satis dedicationum librorum.

**) Sie stehet gleich vor dem ersten Theile seiner Heil. Reden.

Exempel.

Durchlauchtigster Herzog,
 Gnädigster Fürst und Herr,
Durchlauchtigste Herzoginn,
 Gnädigste Fürstinn und Frau,

Es ist schwer, Zuschriften zu verfertigen, die kein Spiel der Beredsamkeit, sondern ein Abriß von den reinesten Bewegungen der Seele seyn sollen, von denen man doch die Ursachen nicht frey entdecken darf. Die Sprachen sind reich genug, wenn man nichts, als geschickte Worte sucht, einige bekannte Sätze damit einzukleiden, welche die Gewohnheit zum Innhalt von dergleichen Schriften gemacht hat. Aber wer der vollkommensten Ehrerbietung und der ehrerbietigsten Liebe ihre wahre Sprache geben, und dabey eine der edelsten Tugenden nicht beleidigen will, der findet bey dem Ueberfluß der Gedanken einen Mangel an Geschicklichkeit, die Wahl unter denselben zu treffen.

Die Erfahrung, Durchlauchtigste, ist bey mir anjetzt der Lehrmeister von dieser Wahrheit. Alles, was man jemals von Ursachen der Zuschriften ersonnen, hat zugleich mich bewogen, diese Reden Ew. Ew. Durchl. Durchl. unterthänigst zu widmen. Und alles, was die Freyheit des Geistes einschränken kann, macht mir die Zeilen mühsam, worinn ich die Ursachen erklären will. Vielleicht würde die Erkenntniß, die ich von mir selbst habe, die Worte liefern, die zur Abbildung der Bewegungen meiner Seele erfodert werden, wenn ich nicht mit diesen zugleich die Vollkommenheiten, welche die Welt in Ew. Ew. Durchl. Durchl. verehret, vorstellen müßte. Und vielleicht

leicht würde mir hier das Urtheil der Welt den Weg bahnen, wenn Ew. Ew Durchl. Durchl. so gerne ein verdientes Lob, als die Stimmen der Beschwerten und Nothleidenden, hörten. Die Schrift selbst, die ich hiemit zu Deroselben Füßen lege, wird mich endlich rechtfertigen, wenn man Fehler in der Zuschrift derselben entdecken wird. Es sind Predigten, die auf nichts, als das Wachsthum einer rechtschaffenen Erkenntniß und ungefärbten Gottseligkeit gerichtet sind. Es ist keine Gattung von Schriften, die eher eine Zuschrift vertragen kann, die dem Triebe der Seele, mehr als allen übrigen Dingen, Gehör giebt, denn diese.

Durchlauchtigster Herzog, keine Regierung ist glücklicher, als diejenige, wo eine wahre Furcht des Schöpfers und die Liebe der Menschen zum Grunde der Staatsklugheit lieget. Ein Regent, der den Herrn verehret, und die, so ihm unterworfen, mehr als Knechte des großen Schöpfers, denn Unterthanen, betrachtet, der führet die Zufriedenheit in die niedrigsten Hütten ein, und bauet sich so viele Altäre auf, worauf ein ewiges Feuer für seine Wohlfahrt brennet, als Menschen seinen Gesetzen gehorchen. Die Welt bewundert in Ew. Herzogl. Durchl. gnädigsten Regierung das Exempel zu dieser Regel, zu einer Zeit, da man eher die Fehler, als die Tugenden der Menschen bewundert. Eine ausgesuchte Zahl der klugsten Staatsbedienten und die Wünsche so vieler Tausenden, unterstützen das Urtheil der Welt. Diese Dinge sind größere Lobsprüche, als die richtigsten Gedanken eines Menschen, von dem man muthmassen kann, daß er wohlgesetzte Worte für unzählige Gnadenzeichen gebe.

Durchlauchtigste Herzoginn, zugleich hoch und niedrig zu seyn, niedrig in der Seele, hoch in

den

den Augen der Welt, unter einer steten Zerstreuung, die von dem Leben der Hohen dieser Erden nicht kann getrennet werden, den Geist auf das Unsichtbare zu lenken, die höchsten Stuffen der Hoheit, der Ehre und des Vergnügens bloß deswegen nicht zu verwerfen, als weil es Merkmale der Barmherzigkeit und Güte des unendlichen Gottes sind, Wahrheit und Gottseligkeit über alles zu schätzen, beym Genuß der größten Zufriedenheit Aegypten für eine Wüste zu halten, und nach einem besseren Lande sich zu sehnen, sind Eigenschaften, die man ordentlich mehr auf den Lippen der Redner und in den Büchern der Weisen, als unter dem Purpur, sucht. Die Knechte Cristi, welche die Gnade haben, sich Ew. Durchl. zu nähern, sind ungewiß worden, wie weit man Recht zu dieser Meynung habe. Man ist eins, daß diese Dinge zu den nothwendigsten Stücken gehören, woraus man das wahre Lob von Ew. Durchl. zusammensetzen müsse. Und wie vieles könnte ich sagen, dieses Urtheil zu bestärken, wenn ich glauben dürfte, Ew. Durchl. würden diese Zeugnisse mit eben der Gleichgültigkeit ansehen können, womit Sie die menschlichen Hoheiten und Vorzüge betrachten!

Durchlauchtigste! Eins wird mir aus allen, was sich meinen Gedanken vorstellet, zu sagen erlaubt seyn: Ew. Ew. Durchl. Durchl. ungemeine Gnade überführet mich, daß ich für diese Reden nicht umsonst ein gnädiges Auge ausbitten werde. Der größte Theil derselben hat das Leben von Ew. Ew. Durchl. Durchl. gnädigsten Befehlen empfangen. Und alle würden vielleicht bey den verworfenen Blättern ihren Platz gefunden haben, wenn ein gnädigster Wink dem Verfertiger nicht etwas mehr Neigung für dieselben eingeflößet hätte. Mein weniger Eifer, das Reich unsers theureellen Erlösers zu bauen, und die Unwissenheit sammt der Gottlosigkeit auszurotten, hat das Glück gehabt, Ew. Ew. Durchl. Durchl. nicht zu mißfallen. Meine wohlgemeynten Vorschläge haben bey Deroselben Gottseligkeit stets das nöthige Gewicht, und meine Arbeiten bey Deroselben Großmuth und Gnade unzählige Ermunterungen gefunden. Diese Reden gehören zu diesen Arbeiten. Und der Innhalt derselben sind theure Wahrheiten der Lehre Jesu Christi, zur Fortpflanzung der Kraft Christi unter meiden Brüdern. Kann ich größere Ursachen haben, zu glauben, Ew. Ew. Durchl. Durchl. werden dieselben mit eben der Gnade aufnehmen, womit Sie die meisten vordem angehöret haben? Der Herr gründe diese heilige Wahrheiten in den Seelen von Ew. Ew. Durchl. Durchl. und lasse dieselben die Stärke empfinden, die den wahren Gliedmaßen des Erlösers zugesaget ist. Sein Geist rüste dieselben mit allerley göttlicher Kraft aus, und mache Sie zu Werkzeugen seiner Barmherzigkeit unter den Menschen. Er vermehre die Jahre des Lebens und mit denselben die Zufriedenheit. Das Land müsse unter Ew. Ew. Durchl. Durchl. Regierung und Aufsicht gesegnet seyn, und die Früchte des vollkommensten Friedens von den Pallästen bis zu den Hütten der Armen sich erstrecken.

Der Rest meiner Tage wird mir bey der Mühe angenehm, und meine Arbeit unter dem Schutze, den ich bisher genossen, eine Art des Vergnügens seyn, wenn ich die Erfüllung dieser getreuen Wünsche sehen kann. Ich habe die Ehre mit der unterthänigsten Ehrerbietung zu seyn ꝛc. ꝛc.

In einem freyen Schwunge und gewissermassen in einem neuen Tone der Dedicationsbriefe, wird

man

man denjenigen, finden, der vor den Sitten stehet, und ein sehr feines Lob eines Frauenzimmers, ohne eigene Erniedrigungen, ausdrückt.

Das neunte Hauptstück
Von Antwortschreiben.

§. 145.

Antwortschreiben enthalten eine schriftliche Erklärung der Gedanken zur Erwiederung auf diejenigen, die uns ein anderer überschrieben hat.

§. 146.

Folglich giebt es eben so mancherley Antwortschreiben, als es verschiedene Gattungen der Briefe giebt, die sie veranlassen.

§. 147.

Ihre Erfindung ist leicht; denn sie liegt größtentheils in dem Schreiben selbst, welches beantwortet werden soll.

§. 148.

Mann kann entweder den zu beantwortenden Brief von Stück zu Stück verfolgen, zumal wenn man auf vermischte Briefe ausführlich antworten soll (S. 127.);

127.); oder man läßt sich damit begnügen, seine Meynung kurz und überhaupt zu sagen. Dies muß nach der Wichtigkeit der Sachen und der Personen entschieden werden, die man vor sich hat.

§. 149.

Die Schreibart und die Ordnung der Sätze muß sich nicht auf eine sklavische Art nach derjenigen binden, die man in dem zu beantwortenden Briefe vor sich hat.

§. 150.

Schreibt man sie an vornehmere Personen: so erfodert der Wohlstand, daß man zuerst von denen Dingen redet, die sie selber betreffen, ehe man auf seine eigenen oder fremde Angelegenheiten kömmt.

Anmerkung.

In Antworten darf man nicht faul seyn, wenn es entweder die Wichtigkeit der Sache, oder auch nur die Gefälligkeit gegen den andern erfodert (E. §. 2. Anm.). Selbst die vornehmsten Personen handeln darinn löblich, daß sie den geringeren keine baldige Antwort versagen. Hingegen giebt es auch unnöthige Antworten, die man zu den verdrüßlichen Briefen rechnen muß.

Von Antwortschreiben. 417

3. E. wenn man auf die Antwort eines Vornehmern eine neue Antwort ergehen läßt, die weiter nichts in sich fasset, als daß man ihn in einen Briefwechsel ziehen will, der seinen Geschäfften, oder auch seinem besondern Ansehen nicht gelegen fällt; oder man bezahlet einen einzigen Brief mit zwo bis dreyen Antworten, indem man mit dem ersten Abschlag noch nicht zufrieden ist. Dergleichen Schreiben entziehet man sich gerne, wenn man Klugheit und ein geschäfftiges Leben hat. Es giebt aber auch gewisse Briefe, die man nicht so geschwinde und im ersten Affecte beantworten muß, wenn man sie vernünftig und ohne Reue beantworten will. Man verfährt insonderheit bey den unangenehmen am besten, daß man sie erst nach etlichen Tagen entwirft, wo die Hitze nicht mehr die Seele hindert, alles genau zu prüfen und ohne Vorurtheile zu überdenken.

2) Was die Erfindung der Antwortschreiben betrifft; so kann dieselbe, außer ganz besonderen Fällen nicht schwer seyn, weil die Hauptsätze der Antwort sich auf das zu beantwortende Schreiben gründen (§. 147.). Dem ungeachtet scheinet sich Neukirch *) ganz erschöpft zu haben, Quellen der Erfindung zum Antworten anzuweisen, die aber, wie mir dünket, nicht allgemein noch vollständig genug sind. Und was ist es bey dem

*) in der Anweisung zu deutschen Briefen IV. B. Kap. 24. S. 383.

dem allen nöthig, so weitläuftig zu seyn? Ich denke, daß der, welcher die vorigen Arten der Briefe gut schreiben kann, auch eine gute Antwort verfertigen müsse, weil doch eine jede Antwort allemal zu einer Art von diesen Briefen gehöret. Man weiß es ja auch wohl, daß man auf ein Glückwunsch= oder Beyleidschreiben eine Danksagung abstattet, ein Geschenke rühmet, bey einem Bittschreiben seine Dienste zu leisten verspricht, und bey einem freundschaftlichen Briefe seine Verbindlichkeit bezeuget. Mit einem Worte, wer nicht einmal im Stande ist, eine taugliche Antwort zu schreiben, der ist noch viel weniger fähig, einen andern Brief aus freyer Betrachtung zu entwerfen. Es giebt freylich auch zuweilen solche Schreiben, die schwer zu beantworten sind, und bey denen man viel Klugheit, viel Ueberlegung nöthig hat, wenn etwa die Sache wichtig ist, über die wir uns erklären sollen, oder die Gemüthsart des andern sehr empfindlich ist. Allein außer dem, daß es nicht wohlthunlich wäre, alle mögliche Fälle anzubringen, und dabey die mannigfaltigen Arten des Ausdrucks aufzusuchen: so würde auch dieser Weg für unsere Absicht viel zu weitläuftig und ohne sonderbaren Nutzen seyn. Ein Briefsteller ist eigentlich keine Klugheitslehre, sondern er setzet dieselbe billig zum Grunde: und es ist genug, wenn er die allgemeinen Regeln der Klugheit zum Briefschreiben in sich hält.

Der

Der Dritte Theil

Von den

äußerlichen

Bestimmungen

der Briefe

insonderheit.

Des dritten Theils
erstes Hauptstück.
Von der Rechtschreibung
und äußerlichen Zierde eines Briefes nach dem Wohlstande.

§. 151.

Weil ein Brief deutlich und verständlich seyn soll (§. 21.); hiezu aber die Rechtschreibung der Wörter sehr vieles beytragen kann: so ist es nöthig, daß alle Wörter nach den vernünftigsten Regeln der Rechtschreibung geschrieben werden.

Anmerkung.

I. Sowohl die Verständlichkeit als auch der Wohlstand erfodert es, daß man orthographisch schreibe. Das erste erhellet insonderheit bey denen Fällen, wo die Wörter einerley Laut und Aussprache haben, und dennoch im Schreiben müssen von einander unterschieden werden. Das letztere ist daher klar, weil man von dem, der nicht orthographisch schreibe, vermuthet, daß er nicht recht buchstabieren gelernet habe; und dieser Begriff ist allerdings nachtheilig genug. Wenn also ein Brief in allem übereinstimmend seyn soll: so muß er nothwendig auch orthographisch geschrieben werden. Und daher ist es ohne Zweifel gekommen, daß viele Lehrer des Briefschreibens zugleich Anweisung zur Orthographie gegeben, und ihren Vorschriften angehänget haben *). Aber hier entstehet die wichtige Frage. Welche Orthographie die vernünftigste und folglich die beste sey? Man weiß, daß besonders in unsern Tagen darinn eine grosse Verschiedenheit eingerissen, und eine jede Partey schmeichelt sich in diesem Buchstabenkriege Recht zu behalten. Ich bin nicht der Meynung, die Lehre von der Rechtschreibung und alle verschiedene Arten derselben, hier ausführlich abzuhandeln. Sie macht einen Theil

der

---

*) S. unter andern des Herrn von Schafenbergs orthographisches Lexicon, welches Wertheims Briefsteller beygefüget ist.

der Sprachkunst aus, und diese setzen wir bey unserer Arbeit zum Grunde. Jedoch will ich nur einige Hauptregeln anführen, worauf das ganze Gebäude der Rechtschreibung zu gründen ist.

Die erste Hauptregel.

Man muß alle Wörter so schreiben, wie sie nach der hochdeutschen Mundart ausgesprochen werden. Es ist ohne Streit eine vernünftige Regel: Schreibe die Wörter so, wie du sie aussprichst. Allein, wenn man diese Regel in unsern Tagen ganz ohne Einschränkung annehmen wollte, was für Verwirrungen würden dadurch entstehen, da die Aussprachen der Deutschen so verschieden sind, und eine jede Partey die ihrige vielleicht für die beste hält! Die hochdeutsche Mundart ist nicht nur wegen ihrer Reinigkeit und eigenen Annehmlichkeiten vor allen andern vorzüglich, sondern sie ist auch unter Leuten von Stande, am Hofe, und unter den Gelehrten in Deutschland allgemein. Selbst diejenigen, welche sich an eine andere Mundart gewöhnet haben, können sie zum wenigsten verstehen. Es werden alle deutsche Bücher ordentlicher Weise darinn geschrieben, und auch fast in allen Orten nach der hochdeutschen Mundart geprediget. Daher sollte man durchgehends bey der Erziehung junger Leute in Deutschland sorgen, daß sie beständig zur hochdeutschen reinen Aussprache angehalten

wür-

würden. Man könnte aus dieser Hauptregel noch viele Folgerungen herleiten, welche die Orthographie betreffen, allein wir müssen sie jetzt der Kürze halben übergehen, und berufen uns nur auf des Herrn D. Hallbauers Sätze *)

Die andere Hauptregel.

Man muß die abgeleiteten Wörter so schreiben, wie es ihr Stamm erfordert. Was würde für eine Uebereinstimmung und Gewißheit im teutschen Schreiben seyn, die doch sowohl zur Zierde, als auch zur Richtigkeit einer Sprache gehöret, wenn diese Regel umfallen sollte! Und wie wollte man die Buchstaben und Wörter, die in der Aussprache einerley Laut haben, aber doch im Schreiben zu unterscheiden sind, als Feld, er hält, die Kelter und kälter, bis und biß ꝛc. von einander unterscheiden, wenn es erlaubt wäre, gar nicht auf diese zurückzusehen? So schreibt man z. E. ganz recht: bändigen von Band, wählen von Wahl, zählen von Zahl, dürsten von Durst, nicht aber bendigen, wehlen, zehlen, dirsten.

Die dritte Hauptregel.

Man muß sich nach dem allgemeinsten Gebrauche in der hochdeutschen Rechtschreibung rich-

---

*) In der Anweisung zur deutschen Oratorie Th. 1. Kap. 3. §. 2.

richten, und so schreiben, wie angesehene, gelehrte und verständige Männer zu schreiben pflegen. Der Verstand dieser Regel gehet nicht dahin, daß man dadurch eine jede Art zu schreiben, zumal wenn sie nur von wenigen angenommen worden, und noch dazu wider die beyden vorigen Regeln streitet, rechtfertigen könne. Eine Gewohnheit, die sich noch keinen so starken Anhang erworben hat, giebt in einer Sprache noch keine Gesetze. Man muß darauf sehen, was bey den geschicktesten Leuten durchgehends gebräuchlich ist, gesetzt auch, daß es dieser oder jener Regel nicht gemäß wäre. Ich kann bey dieser Gelegenheit nicht leugnen, daß mir die sogenannte Leipziger Rechtschreibung, wie sie insonderheit von der berühmten deutschen Gesellschaft daselbst ausgebessert worden, vor allen andern wohlgefallen habe. Sie scheinet mir unter allen die meisten Gründe für sich zu haben, und wenn ich nicht irre, so hat sie auch den größten Anhang und Beyfall gefunden. Man kann sie zum Theil in der fortgesetzten Nachricht von dieser vortrefflichen Gesellschaft*), theils in den kritischen Beyträgen zur Historie der deutschen Sprache, nach ihren Regeln kennen lernen, den Gebrauch derselben aber in ihren eigenen bekannten Schriften antreffen. Diejenigen, welche in der Rechtschreibung, das

ist,

---

*) die zu Leipzig in 8. 1731 herausgekommen, und wobey sich ein besonderer Anhang von der Rechtschreibung findet.

ist in einer Sache, die ihrem Ursprunge nach, willkührlich ist, beständig reformiren wollen, und manchmal um eines Wortes willen ihre Widersacher mit ordentlichen Schmähschriften bekriegen, machen sich ganz gewiß lächerlich, und es ist Glück genug für sie, wenn sie einige Anhänger und Vertheidiger bekommen, denn wie Boileau sagt:

> Un sot trouve toujours un plus sot, qui l'admire.

Ich verstehe hierunter nicht diejenigen Verbesserer der Rechtschreibung, die Gründe zur Bestärkung ihrer Meynungen beybringen können, und ihre Erfindungen andern nicht als Gesetze aufbringen, sondern aus einer forschbegierigen Wahrheitsliebe urtheilen. Der gelehrte Dr. P. Wedekind zu Göttingen, der wegen seiner besondern Rechtschreibung ebenfalls Anfechtung gehabt hat, denket ganz richtig von der Sache, wenn er sagt*): „Dinge, woran der Eigensinn der Menschen, „und der tyrannische Gebrauch so vielen Antheil „nimmt, als an der Rechtschreibung der Deut„schen, müssen sich durch Exempel, das ist, durch „Vorgehen und Nachfolgen auf derjenigen Seite, „die die beste ist, nach und nach von selbst ein„führen, und allgemein machen: wiewohl hier„bey so vielen Köpfen Deutschlands, bey so vie„len

---

*) in dem Sendschreiben an den Herrn Cuno zu Amsterdam, S. 17.

„ten Provinzen und Mundarten, und bey unter=
„schiedenen Grundsätzen, woraus man schließet,
„nimmermehr eine allgemeine Gleichförmigkeit
„und Uebereinstimmung zu hoffen stehet." Viel=
leicht ließe sich der letztere Zweifel des Herrn
Prof. am besten dadurch heben, wenn endlich ein=
mal der längst bekannte Wunsch einiger Gelehrten
erfüllet würde: Nämlich, daß die höchsten Häup=
ter der deutschen Provinzen einer Gesellschaft die
Verbesserung und Einrichtung der deutschen Recht=
schreibung auftrügen, hernach aber allen Kanz=
leyen, Rathhäusern, Akademien und Schulen
anbefählen, sich derselben beständig, wenigstens
in öffentlichen Schriften zu bedienen; so wie man
weiß, daß auf diese Art die Orthographie in
Frankreich auf einen gleichförmigen Fuß gesetzet
worden ist. Ob man aber dazu eine größere Hoff=
nung fassen könne, als bisher, wird die Zukunft
am besten entscheiden.

2. Außer der unzeitigen Begierde zu Neuerun=
gen, sind noch zween andere Wege, die zu einer
fehlerhaften Orthographie führen, und in wel=
che man sich von andern hinleiten läßt, ohne sich
selbst zu erkennen. Einmal werden die Kinder
in den niederen Schulen zuweilen nicht recht zum
Buchstabieren angehalten. Die Schulmeister be=
gnügen sich oft damit, wenn sie ihre Untergebenen
nur bald zum Lesen gewöhnen können, und
die Lehrlinge, aus einer eiteln Ehrbegierde, er=
wählen freylich dieses lieber, als jenes. Aber
was

was diese Versäumung hernach im Schreiben für einen Einfluß beweiset, siehet man aus täglichen Exempeln. Bald kann man es an der Verwechselung der harten und weichen Buchstaben, bald aber auch an der unrichtigen Abtheilung der Wörter, und dergleichen, genugsam bemerken. Daher muß die Jugend gleich von Kindheit an zum genauen Buchstabieren gewöhnet werden, und man kann ihnen die Fehler darinn nicht lebhafter zeigen, als wenn man mit ihnen zuweilen einige Uebungen im Schreiben vornimmt. Aber auch hier kann ein neuer Fehler unterschleichen, indem die Schulmeister, oder welche noch etwas besser seyn wollen, die Schreibmeister ihren Lehrlingen selbst unrichtige Vorschriften geben. Mancher schreibet seine Fehler in der Orthographie mit den schönsten Buchstaben, und die Lehrlinge, die an diesen einen Gefallen haben, ahmen jene zugleich unvermerkt mit nach. Daher muß man in den Unterrichtungen eines Schreibmeisters nicht sowohl auf die äusseren Buchstaben und Schönheit der Züge, als vielmehr auf seine Rechtschreibung, Acht geben; denn wer darinn fehlet, der sündiget weit mehr, als der es nur im Malen der Buchstaben nicht weit genug gebracht hat.

3. Unter den Schriftstellern, welche sich die Verbesserung und die Reinigung der Orthographie mit gutem Erfolge haben angelegen seyn lassen, verdienen insonderheit genennet zu werden, Bödiker in den Grundsätzen der deutschen Sprache;

che; Freyer in der Anweisung zur deutschen Orthographie; Gottsched in seiner deutschen Sprachkunst; Töllner in dem deutlichen Unterrichte von der Orthographie der Deutschen. Unter den ältern aber sind Schotters und Spatens Bemühungen nicht zu übergehen.

§. 152.

Ein Brief muß nicht nur leserlich, sondern auch zierlich geschrieben seyn. Jenes erfodert überhaupt die Absicht, dieses aber die äußere Vollkommenheit eines Briefes.

Anmerkung.

Ein Brief soll zierlich geschrieben seyn. Dieses Wort gehet hier nicht auf die innern Schönheiten eines Briefes, in Ansehung der Gedanken und der Schreibart; sondern es heißt so viel: daß man die Buchstaben und Wörter nach solchen Gleichheiten zu malen wisse, daß sie schön ins Auge fallen. Wir haben hier zweyerley zu bemerken; einmal, daß man verbunden sey, auch nach dieser Bedeutung schön schreiben zu lernen: sodann, welches die besten Mittel seyn, eine solche Geschicklichkeit zu erlangen. Was das erste betrifft: so wird man leicht zugeben, daß eine schöne Schrift besser sey, als eine häßliche, zum wenigsten macht sie einen Theil der äußerlichen Vollkommenheiten der Schreibkunst aus, und
wir

wir sind auch verbunden, nach diesen zu streben, zumal da es ohne Nachtheil der innern Tugenden im Schreiben geschehen kann. Das bekannte Sprüchwort: die Gelehrten schreiben schlecht; ist meines Erachtens kein Lobspruch; und diejenigen, die dadurch den Namen eines Gelehrten erlangen wollen, verdienen Mitleiden. Eine schöne, wohlabgemessene Schrift scheinet beynahe den innern Werth derselben zu erhöhen, und wird selbst bey Leuten von Stande, insonderheit aber bey dem Frauenzimmer, nicht unbillig hochgeschätzet. Man findet aber auch solche, die der Sache zu viel thun, und die Schreibekunst so hoch treiben wollen, daß ihre Buchstaben und Wörter aussehen, als ob sie in Kupfer gestochen wären. Daher zirkeln sie an einer Zeile über eine Stunde lang, und gewöhnen sich überhaupt eine sehr gezwungene und mühsame Hand zu schreiben an. Es ist zuweilen bey gewissen Gelegenheiten gut, wenn man es kann. Aber wer sehr viel zu schreiben hat, der wird weder Lust noch Zeit dazu bekommen. Und wer diese Schreibekunst, oder vielmehr, diese Malerey in Briefen gebrauchet, der muß oft das Urtheil erfahren, daß er sonst nichts zu thun haben würde, als dergleichen Briefe zu malen. Zu einer zierlichen Schreibekunst erfodern wir hier nur dieses, daß alle Buchstaben und Wörter in einer fließenden und ungekünstelten Symmetrie gegen einander zu stehen kommen, worinn man es durch eine anhaltende Uebung leicht zur Fertigkeit bringen kann.

Was die Mittel betrifft, durch welche junge Leute zur Erlernung einer solchen Schreibekunst angehalten werden sollen, so findet sich dabey verschiedenes zu erinnern: 1. Ist es gar nicht rathsam, daß man die Kinder sogleich in ihren ersten Jahren anstrenge, nach einer zierlichen Hand zu schreiben. Sie haben noch nicht die nöthige Aufmerksamkeit, die zu einer genauen Nachahmung erfodert wird; sie glauben sich ein Vergnügen, oder eine Schuldigkeit geleistet zu haben, wenn die Seite oder das Blatt nur voll beschmieret ist. Geschiehet es ja, daß sie anfangen gut zu schreiben, so verlieren sie doch insgemein mit den zunehmenden flüchtigen Jahren diese Geschicklichkeit wieder, so bald der Zwang wegfällt. Der Herr le Fevre sagt an einem Orte seiner Unterweisung, wie man die schönen Wissenschaften studieren solle, daß er seinen einzigen Sohn, den er nach dieser Unterweisung so glücklich gebildet hatte, nur erst zur zierlichen Schreibekunst angewiesen hätte, da er bereits alle klaßische Schriftsteller erklären, und eine Sache mit sehr guter Beurtheilungskraft prüfen können, und versichert, daß ihm dieser Weg binnen kurzer Zeit gelungen sey. Dieses kann man thun, daß man Kinder bey frühen Jahren schreiben läßt, wie sie denn von selbst Lust dazu haben, um sie hauptsächlich in der Rechtschreibung zu üben (§.151. Anm.2.) auch ihnen wohl zuweilen die Unförmlichkeit ihrer Buchstaben und die Verbesserung derselben zu zeigen;

gen; aber die ordentliche Anweisung dazu muß erst alsdann erfolgen, wenn sie schon zu etwas mehrerem Nachdenken gekommen sind. 2) Wer fraget, was man für eine Vorschrift wählen müsse, ob es eine geschriebene oder in Kupfer gestochene seyn solle, dem antworte ich, daß die erstere einigen Vorzug verdiene. Es ist wahr, eine Vorschrift, die in Kupfer gestochen, als die sogenannten Hallischen und Dresdner Vorschriften, ist in allem genauer abgemessen. Aber ich glaube auch bemerket zu haben, daß diejenigen, die sich sehr stark im Nachahmen daran gewöhnet, etwas zu gezwungen, und gekünstelt schreiben; dahingegen die Buchstaben einer geschriebenen Vorschrift fließender und natürlicher sind. Oft gewöhnet man sich auch aus den gestochenen Vorschriften die allzuhäufigen Züge der Buchstaben an, und, indem man es denn gar zu schön machen will, so fügt man oft viele gothische Zierrathen an, so daß man fast nichts vor allen verzogenen Buchstaben lesen kann. Wenn man indessen beyde Arten der Vorschrift gehörig zusammen zu brauchen weiß: so kann freylich eine sowohl als die andere nützlich seyn. Allein, wenn man sich der erstern bedienet, so muß man 3) wohl zusehen, daß man nicht bald an diese, bald an jene Hand geräth. Man muß einerley Vorschrift behalten, um in der Nachahmung nicht irre zu werden. Viele sind dadurch elende Schreiber geworden, weil sie bald dieses, bald jenes Lehr-

meis

meisters Buchstaben, die sehr verschieden waren, nachmalen mußten. Denn dadurch wird die Hand sich selber ungleich. Was hilft es mir, wenn ich schon zween schöne Buchstaben bilden kann, und dabey wohl zehn unförmliche hinzu füge? 4) Man muß nicht allzu geschwinde schreiben. Dies ist eine Regel sowohl für die, welche sich erst bemühen, gut schreiben zu lernen; als auch für die, welche darinn schon weit gekommen sind: für jene, um ihre Bemühung nicht fruchtlos zu machen, für diese, um die erlangte Geschicklichkeit nicht wieder zu verderben. Junge Leute, welche nicht gerne langsam eilen, pflegen insgemein eine schlechte Hand sich anzugewöhnen, wie man es z. E. auch bey denen finden wird, die die Vorlesungen derer Lehrer auf hohen Schulen von Wort zu Wort nachschreiben, und daher sich die vielen Abkürzungen der Sylben und häßlichen Züge der Buchstaben nach und nach angewöhnen, so daß endlich alles, was sie schreiben, einem nachgeschriebenen Hefte ähnlich siehet. 5) Die Werkzeuge, deren man sich zur Schreibekunst bedienet, müssen gut seyn. Dahin gehöret z. E. eine gute Feder, gute Dinte und Papier. Die Kunst hat alles leicht machen wollen, und daher hat sie auch eine Maschine erfunden, dadurch man mit einem einzigen Druck eine geschnittene Feder bekommen soll. Allein außerdem, daß die grosse Bequemlichkeit in der That etwas lächerlich ist: so kann auch dieses Werkzeug von keinem allgemeinen Rußen seyn, indem der Federschnitt bey diesem bald so, bey jenem bald anders seyn muß, die verschiedene Hände schreiben. Es ist am besten, wenn man sich bey Zeiten gewöhnet, aus freyer Hand eine gute Feder zu schneiden, wozu insonderheit die sogenannten englischen Federmesser brauchbar sind. Man muß damit den Brief ganz schreiben, weil die abwechselnden Federn die Schrift gar zu sehr verändern, und sie bald grob, bald klar machen. Es wird ferner eine schwarze und wohlfließende Dinte erfodert, die nicht durchschläge, damit die Buchstaben gut ins Auge fallen mögen *). Endlich muß auch das Papier weiß und klar seyn, und nicht durchschlagen. Wem diese Erinnerungen klein und überflüßig vorkommen, der wird bedenken, daß wir uns auch nach einer gewissen Art von Lesern richten müssen, denen sie vielleicht ganz unnützlich sind. Das übrige überlassen wir den Schulen der Schreibemeister.

§: 153.

An vornehmere Personen muß auch das Papier, worauf der Brief geschrieben ist, in allen nach dem eingeführten Wohlstande zubereitet seyn.

Anmerkung.

Nach dieser Regel hat man auf folgende Sätze, als eben so viele Postulata oder Forderungs-
fä-

*) S. das aufs neue wohl zubereitete Dintenfaß, 8. 1731.

sätze Acht zu geben. 1) Das Papier wird seiner Form nach in Folio genommen, wenn man an Fürsten, Grafen, Standespersonen und ganze Collegia schreibet, wie auch bey Einladung zur Hochzeit, zu Gevaterschaften, Begräbnißen und dergleichen Solennitäten; in groß Quart aber, an vornehme Gönner; in klein Quart an gute Freunde, unsers gleichen, und Niedrige, wiewohl es auch da willkührlich ist, groß Quart zu nehmen. 2) Es muß wohl und gleich beschnitten seyn. 3) Papier, welches am Rande vergoldet ist, kann man nehmen, wenn man an Vornehme schreibt: sonst aber scheinet es etwas affektirt zu seyn. 4) Das Papier ist schwarz an dem Rande, wenn man Trauer hat und an gute Freunde schreibet, nicht aber an sehr vornehme Personen; ausgenommen, wenn man ihnen selbst bey einem Trauerfalle condoliret. 5) Vornehme Personen bedienen sich in eigener tiefer Trauer, sonderlich in Notificationsschreiben, am Papiere eines breiten schwarzen Randes, da die Seiten eines Kiels breit geschwärzet sind. 6) In Wohlstandsbriefen an Vornehme läßt man zwischen der Anrede und dem Anfange des Briefes so viel Raum, daß auf die erste Seite kaum etliche Zeilen kommen; auf der andern und folgenden Seite kann man entweder eben so tief wieder anfangen, und desto weiter herunter schreiben; oder, welches besser aussiehet, oben und unten einen gleichen Raum leer lassen. 7) Auf der linken Seite lässet man ein paar Finger quer breit leer, doch ohne sie zu brechen, wie die elenden Scribenten manchmal thun, die außerdem nicht gerade schreiben können; auf der rechten Seite aber schreibet man ganz hinaus *).

Das zweyte Hauptstück.
Von der Titulatur.

§. 154.

Um die Titulatur, welche der Person zukommt, oder welche sie annimmt, muß man sich genau erkundigen.

Anmerkung.

Wir haben bereits oben die Ursachen angezeiget, warum man bey den Briefschaften in der Titulatur so sorgfältig seyn müße (§. 26. u. f.) und damals zugleich die allgemeinen Anmerkungen gemacht, die wir hier zum Grunde legen. Die Titel giebt man entweder aus Schuldigkeit, oder aus Höflichkeit. Daher entstehen die unveränderlichen und veränderlichen Titel. Die letzteren reissen insonderheit im bürgerlichen Stande, und bey
den

---

*) S. J. J. Schatzens gründliche und leichte Methode zur Kunst verständlich zu lesen, und deutlich zu schreiben. 8. 1725.

Von der Titulatur.

den Niedern von Adel stark ein. Daher geschiehet es zuweilen, daß man zweifelhaft wird, was man einer Person von solchem Stande für einen Titel geben soll, der ihr gefällig ist, und hierunter muß man sich etwa von ihren Bedienten oder guten Freunden unterrichten lassen. Die Titel großer Herren, und die, welche in Kanzleyen ausgegeben werden, sind einmal fest gesetzet, und sie ändern sich zum wenigsten weit langsamer, als jene. Diese wird man in der neuesten Ausgabe des Lünigschen Titularbuches, die wir dem Fleisse des berühmten Hrn. D. Jenichens zu Giessen zu danken haben, am vollständigsten antreffen*). Bey denen, die man aus Höflichkeit austheilet, hat man sich hauptsächlich mit nach seinem eigenen Zustand zu richten, ob man nämlich gleichen, höheren oder geringern Standes, als derjenige, sey, an welchen man schreiben will, ob man von demselben etwas suchet, und dergleichen. Wie ich nicht gesonnen bin, hier ein ordentliches Titularbuch zu schreiben: so wird es zu meiner Absicht schon genug seyn, wenn ich hier überhaupt anzeige, welche Beywörter oder Titel einem Stande zukommen. Man kann nach dieser Verschiedenheit der Stände drey Hauptklassen der Titel annehmen, nämlich die geistlichen, weltlichen, gelehrten und bürgerlichen Titel.

*) Hieher gehöret auch das letzthin heraus gekommene deutsch-französische Titularbuch, von Hrn. Pr. Colom du Clos. 8. Nordh. 1756.

1. **Geiſtliche Titel ſind:**

a) **Allerheiligſter, Allerhochwürdigſter und Allerdurchlauchtigſter Vater und Herr**, wird dem Papſt von denen, die ſich zu ſeiner Kirche bekennen, beygeleget.

b) **Hochwürdigſter** (und **Heiligſter in Gott Vater und Herr**) wird den geiſtlichen Churfürſten, Cardinälen, Patriarchen, Erzbiſchöffen und Biſchöffen Römiſcher Religion beygeleget. Auch erhalten dieſes Prädicat gefürſtete Aebte und Aebtiſſinnen, der Hoch= und Deutſchmeiſter ꝛc. Sind ſie gebohrne Fürſten, ſo haben ſie zugleich den Titel, **Durchlauchtigſte**; doch ſtehet jener allezeit vorher.

c) **Hochwürdiger.** Dieſes Prädicat bekommen ungefürſtete Aebte, Domherren in hohen und beſonders Erzbiſchöfflichen Stiftern, Dechante, und Seniores in geringeren Stiftern, nebſt dem Nebentitel, **Hochwohlgebohrner**, oder, wenn ſie nicht von Adel ſind, **Wohlgeborner**, die Däniſchen, Schwediſchen und Preußiſchen Biſchöffe, auch Generalſuperintendenten, vornehme Lehrer der Gottesgelehrtheit auf Akademien, Oberhofprediger und Fürſtliche Beichtväter. Man läßt aber alsdann den Titel: **Hochgelehrter**, weg, und ſchreibt bloß:

Hoch=

Hochwürdiger und (Hochwohlgebohrner) Wohlgeborner
  Herr,

Hochzuverehrender (gnädiger)
  Herr,
    oder
Hochwürdiger Herr,
Hochzuehrender Herr,

welches, nach einiger Meynung mehr seyn soll, als wenn man Hochgelehrter hinzu setzet, wiewohl manche diesen Zusatz lieber leiden mögen.

d) Hochehrwürdiger ist ein Titel für Doctores Theologiæ, Specialsuperintendenten, Oberprediger, und Hauptprediger in vornehmen Städten.

e) Hochwohlehrwürdiger kommt den Archidiaconis, Diaconis und andern Predigern in angesehenen Städten zu.

f) Wohlehrwürdiger ist ein Prädicat, welches man Diaconis in kleinen Städten, wie auch den Predigern auf dem Lande zu geben verpflichtet ist; ob sie gleich oft ieber Hochwohlehrwürdige oder gar Hochehrwürdige heißen mögen.

2. **Weltliche Titel sind.**

a) Allerdurchlauchtigster, Großmächtigster und Unüberwindlichster, wird dem

Römischen Kaiser im deutschen Reiche bey=
geleget.
b) Allerdurchlauchtigster und Großmäch=
tigster, wird einem Könige gegeben.
c) Durchlauchtigster bekommen Churfürsten,
Kronprinzen, Herzoge, Landgrafen, Mark=
grafen, Fürsten. Die Churfürsten neh=
men auch den Titel Großmächtigster an.
Hingegen erhalten Bischöffe oder gefürstete
Aebte den Titel Durchlauchtigster nicht,
wenn sie nicht zugleich gebohrne Fürsten
sind.
d) Erlauchter ist ein Beywort, das so viel
als erhaben und verehrungswürdig heisset,
und wird oft vornehmen Reichsgrafen bey=
geleget, als, Erlauchter und Hochge=
bohrner Reichsgraf.
e) Hochgebohrner ist ein Titel für die Gra=
fen, wird auch vornehmen Freyherren ge=
geben, wenn sie etwa Premiers Ministres
sind und dergleichen.
f) Hochwohlgebohrner bekommen eigentlich
die Freyherren, und wenn sie Reichs=Ba=
ronen sind, mit dem Zusaße: Reichsfrey.
Auch wird es wirklichen geheimen Staats=
räthen, Generalen, Abgesandten 2c. bey=
geleget, sie mögen Freyherren seyn oder
nicht. Man macht auch heutiges Tages
keine so große Seltenheit aus diesem Titel,
daß man ihn nicht allein Obristen, Obrist=

lieus

Lieutenants, Regierungsräthen ꝛc. wenn sie von adelichem Stande sind, ertheilet, sondern es werden auch alle Vornehme und Alte von Adel, die in gutem Ansehen leben, wenn sie schon keine Chargen haben, aus Höflichkeit Hochwohlgebohrne tituliret.

g) **Wohlgebohren** kommt dem geringen Adel zu. Auch wird es Personen von bürgerlichem Stand: beygeleget, die in adelichen Bedienungen stehen, oder angesehene Aemter verwalten, als Regierungsräthe, Hofräthe, und die ungefähr von gleichem Range sind.

h) **Hochedelgebohrner.** Dieses Beywort nehmen Professores auf Universitäten und Gymnasiis, Räthe, graduirte Personen, Hauptleute von bürgerlichem Stande an, und die mit ihnen in gleichem Range stehen. Dieser Titel hat in den neueren Zeiten sehr von seiner Strenge nachgelassen. Diejenigen, die sonst zufrieden waren, Hochedle, oder Wohledle zu heissen, begehren jetzt Hochedelgebohrne genennet zu werden, und die Schmeicheley der Menschen bindet sich an die eigentliche Bedeutung dieses Wortes gar nicht mehr.

i) **Hochedler** wird heutiges Tages denen beygeleget, die in niederen Bedienungen stehen, die den Studien obliegen, aber noch außer

außer Bedienung und Character stehen, Advokaten, die keinen Gradum haben ꝛc.

k) **Hochwohledler** ist vom Gebrauche verlassen worden.

l) **Wohledler** bekommen diejenigen Personen, die von den Künsten Profeßion machen, als Apotheker, Buchdrucker, Chirurgi, und dergleichen.

3) **Gelehrte** gehören entweder zu den geistlichen oder weltlichen Personen; daher bekommen sie allemal im Anfangstitel zuerst einen von denen, welche wir im vorhergehenden bemerket haben, und der ihrer Bedienung, ihrem Stande oder Character gemäß ist. Der Neßentitel, wenn er ausgedruckt wird, ist dreyfach; sie heissen entweder Hochgelahrte, Hochwohlgelahrte oder Wohlgelahrte.

   a) **Hochgelahrte**, welches mehr seyn soll, als Hochgelehrte, bekommen diejenigen Gelehrten, die in einem vornehmen Amte stehen, auch die Doctores in allen Facultäten. Rechts=Hochgelahrte werden vornehme Juristen und Doctores der Rechte genennet. Vest=und Hochgelahrter wird ebenfalls den graduirten Personen und andern, die ihnen gleich sind, gegeben. Wiewohl beyde Zusätze anjetzt ziemlich abkommen, und man schreibet blos: Hochgelahrter.

   b) **Hochwohlgelahrte** heißen diejenigen, die in geringeren Bedienungen stehen, oder

als

als Candidaten der Doctorwürde anzusehen sind.

c) **Wohlgelahrte** werden diejenigen Gelehrten tituliret, denen man nur den Titel Hochedle giebt.

d) **Hocherfahrne** werden insonderheit die Doctores der Heilungsgelehrheit genennet.

e) **In Gott andächtige** werden zuweilen grosse Gottesgelehrten genennet, denen das Prädicat Hochwürdiger zukommt.

f) *Magnificus* ist ein Titel des Prorectors auf Akademien, so wie der Ober-Rector Magnificentissimus heisset; ferner, werden die Ordinarii, auch Professores, wenn sie das Prorectorat schon etlichemal geführet haben, Burgermeister in Reichsstädten, Generalsuperintendenten, Oberhofprediger ꝛc. Magnifici genennet.

Man muß nicht denken, daß diese verschiedenen Titel der Gelehrten allemal nach den Verdiensten abgemessen sind (§. 26. Anm.), denn so müßte vielleicht mancher nur Wohlgelahrter, genennet werden, den man doch einen Hochgelahrten nennen muß, und umgelehrt. Einem Vernünftigen ist daran ohnedas nicht viel gelegen, und wem man durch das Beywort, Hochgelahrt, einen besondern Gefallen zu erweisen glaubt, oder sich selbst darunter zu nutzen, dem kann man es ohne Gewissensangst leicht geben, es mag ihm zukommen, oder nicht.

Unter den bürgerlichen Titeln, kommt

α) Wohlweise, Hochwohlweise und Hochweise, den Rathsherren zu. Das erstere, den Rathsherren in kleinen Städten, das letztere, denen in Reichsstädten, oder welche zugleich Doctores sind.

β) Kunsterfahrner, Kunsthocherfahrner, werden die Künstler genennet, z. E. Maler, Kupferstecher, Bildhauer ꝛc. auch Apotheker und Chirurgi.

γ) Wohlehrenvester, Vorachtbarer, oder Ehrsamer und Wohlgeachteter ꝛc. sind für schlechte Bürger, Handwerksleute und dergleichen. Einen Bauer könnte man einen Arbeitsamen nennen.

§. 155.

Die Titulatur an Frauenzimmer wird entweder nach ihrer Geburt und zuweilen nach ihrem Amte, oder nach dem Stande ihrer Väter oder Männer eingerichtet.

Anmerkung.

Es ist dabey zu bemerken, daß gewisse Prädicate, welche die Mannspersonen bekommen, in den Titeln an Frauenzimmer weggelassen werden, als 1) die geistliche Titulatur; Hochwürdige oder Hochehrwürdige, woferne es nicht eine Priorinn oder Domina ist. 2) Die gelehrte Titulatur,

Von der Titulatur. 415

tur, als Hochgelahrte. 3) Gewiſſe Prädicate, die der Obrigkeit und andern Perſonen ihres Amtes wegen inſonderheit zukommen, als: Magnificenz, Geſtrenge, Veſte, Ehrenveſte, Hochweiſe ꝛc. Die bürgerlichen empfangen außer denen, die in einem Stifte geiſtliche Bedienungen haben, alle weltliche Titel, als: Wohlgebohrne, Hochedelgebohrne, Hochedle, Wohledle ꝛc. nachdem ſolche dem Vater oder Manne zukommen, oder den geiſtlichen Titeln gleich gelten: z. E. ſo heiſſet die, Hochedelgebohrne, deren Vater Hochwürdiger genennet wird. Frauenzimmer von hohem Stande bekommen die Titel, welche ihnen ihre hohe Geburt giebt, wenn ſie auch in einem geringern Stande verheirathet wären, z. E. Durchlauchtigſte, Hochgebohrne, Hochwohlgebohrne, Wohlgebohrne. Einige haben die Mode, dem Titel an Frauenzimmer noch Hoch- Ehr- und Tugendbegabte, Viel Ehr und Tugendbegabte, Tugendbelobte, oder Tugendreiche, beyzufügen; doch ſcheinet dieſe Schmeicheley jetzt nicht mehr ſo allgemein zu ſeyn. An verheirathete Frauenzimmer fügt man auf der auswendigen Aufſchrift auch den Namen des Stammhauſes bey, wenn er gegen den Rang des Mannes nicht gar zu geringe iſt. Sonſt kann man ſich zuweilen der Kürze bedienen, und im Anfangstitel ſchreiben. Gnädige Frau, gnädiges Fräulein, meine Jungfer oder Mademoiſelle,

selle, wo man weiß, daß diese Kürze nicht übel genommen wird.

§. 156.

In dem Briefe selbst werden gewisse Abstracta zu Titeln gemacht, die allemal nach dem Anfangstitel müssen abgemessen und mit vieler Behutsamkeit gewählet seyn, wenn sie etwa nicht unmittelbar aus demselben gemacht werden.

Anmerkung.

Die Abstracta, welche den höheren Standespersonen gegeben werden, fliessen nicht alle unmittelbar aus dem äusserlichen Anfangstitel, wohl aber diejenigen, welche man geringeren giebt. Wir wollen von bepderley Arten die üblichsten anführen:

α Majestät wird dem Kaiser und allen Königen beygeleget, mit dem Zusatze: Ew. Kaiserl. Majestät, Ew. Königl. Majestät.

β Königliche Hoheit kommt allen Prinzen und Prinzeßinnen zu, die aus königlichem Geblüte abstammen.

γ)

Von der Titulatur.

γ) Durchlaucht oder Durchlauchtigkeit, den Churfürsten, wenn sie gebohrne Fürsten sind, Herzogen, Landgrafen, Markgrafen, Fürsten; auch Cardinälen, Bischöffen und Aebten, wenn sie gebohrne Fürsten sind. Sind aber die Churfürsten keine gebohrne Fürsten: so heissen sie nur, Churfürstl. Gnaden; ingleichen die gefürsteten Aebte, Fürstl. Gnaden.

δ) Excellenzen giebt es dreyerley. Standes-Excellenzen, dahin die Reichsgrafen gehören: also schreibet man Sr. Hochgräfl. Excellenz. Ferner Staats-Excellenzen, dahin zählet man Ambassadeurs, Plenipotentiarien des Kaisers, der Könige, Churfürsten, Herzoge, Reichshofräthe, geheime Staatsräthe, und die ihnen gleich gehalten werden. Krieges-Excellenzen, dahin vornehme Generale zu rechnen sind. Die Schul-Excellenzen sind aus der Mode gekommen, und ein vernünftiger akademischer Professor wird anitzt die Excellenz nicht leicht mehr annehmen.

ε) Eminenz giebt man den Cardinälen.

ζ) Magnificenz wird allen denen gegeben, die im Anfangstitel Magnifici heissen. S. 394.

ι)

w) Herrlichkeiten wird ganzen hohen Collegiis, als dem akademischen Rathe, den Regierungen, Kanzleyen ꝛc. gegeben. Bey einzelnen Personen ist es nicht leicht üblich.

x) Gnaden wird Adelichen gegeben, die man im Anfangstitel Hochwohlgebohrne nennet, wenn sie sonst keinen andern Titel haben; doch mehr dem Frauenzimmer, als den Mannspersonen, es sey denn, daß man etwa in ihren Diensten stehe. So schreibt man Ew. Hochwohlgebl. Gnaden, wiewohl man auch abwechseln, und bald Ew. Hochwohlgebl. bald Ew. Gnaden allein schreiben kann.

Die übrigen Abstracta fließen aus den Anfangstiteln; als, von Wohlgebohrner, Ew. Wohlgebl. von Hochedelgebohrner Ew. Hochedelgebl. von Hochedler Ew. Hochedl. von Wohledler Ew. Wohledl.

§. 157.

Man hat auch gewisse Zueignungs- und Ehrenworte, deren man sich sowohl im Anfange als im Context des Briefes bedienen kann, und welche nach dem Range der Personen, an die man schreibet, abzumessen sind, damit man

in

Von der Titulatur. 449

in der Höflichkeit weder zu viel, noch zu wenig thue.

Anmerkung.

Einige pflegen den Gebrauch solcher Ausdrücke die Insinuation zu nennen. Im Anfange kommt nach dem Hauptitel (§. 154. Anm.) ein Nebentitel, der diese Insinuation in sich fassen soll. Wir wollen die vornehmsten bemerken:

a) Hochgeehrter, Hochgeehrtester, Hochzuehrender, Hochzuverehrender Herr, sind die üblichsten Anreden an Personen bürgerlichen Standes, wo jedoch immer eines mehr bedeutet, als das andere. Oft setzet man auch die Charge hinzu z. E. insonders Hochgeehrtester Herr Doctor, Amtmann ꝛc.

b) Allergnädigster an einen Kaiser oder König, gnädigster an alle Fürsten auch Reichsgrafen, wenn man ein Unterthan von ihnen ist, gnädiger Herr an alle die, welchen man Excellenz oder Ew. Gnaden giebt. S. 398.

c) Hochgeschätzter, Hochwerthgeschätzter, Hochgeneigter, Vornehmer, Großer Gönner, an solche Personen bürgerlichen Stan-

Standes, die wir als angesehene Freunde, oder als unsere Beförderer, anzusehen haben.

d) **Hochgebietender Herr** schreibet man an vorgesetzte obrigkeitliche Personen, auch an vornehme Staatsräthe, als Gnädiger und Hochgebietender Herr.

e) **Großer, Hoher, Vornehmer, Hochgeneigter Patron,** schreibet man an seine Beförderer, wenn sie bürgerlichen Standes sind. Wiewohl das Wort Patron in unseren Zeiten nicht unbillig mehr und mehr abkommt, und an dessen statt Gönner gesetzet wird. An ein Frauenzimmer Patroninn zu schreiben würde lächerlich seyn. Es gienge eher an davor Gönnerinn zu setzen, wiewohl auch nur unter gewissen Umständen.

f) **Werthgeschätzter, Werthester, Hochgeschätzter Freund** schreibet man nur an seines gleichen und Vertraute.

Die meisten pflegen bey diesen Anreden in dem Briefe ein Ausrufungszeichen (!) zu setzen, aber ohne Grund, wenn man auf den wahren Gebrauch dieses Zeichens Achtung geben will. Es wird sich ein Beystrich (,) weit natürlicher dazu schicken. Die

Von der Titulatur.

Die Insinuation in dem Briefe selbst wird durch verschiedene Ausdrücke und Beywörter angezeiget, nachdem es unsere verschiedenen Verhältnisse gegen die Personen, an die wir schreiben, erfordern; weil man doch nach dem Ceremoniel vornehme Personen mit geringen Leuten nicht in eine Klasse setzen darf. So macht man sich z. E. eine Gnade, Glück, Ehre, Vergnügen ꝛc. aus allem, was der andere verlanget oder berichtet ꝛc. Dagegen schreibet man von seiner Unterthänigkeit, Schuldigkeit, Gehorsam, Ehrerbietung, Dankbarkeit, Erkenntlichkeit, Verbindlichkeit, Ergebenheit ꝛc. Man bittet allerunterthänigst, unterthänigst, unterthänig, gehorsamst, unterthänig gehorsamst, ergebenst, dienstlich ꝛc. daß der andre allergnädigst, gnädigst, gnädig, hochgeneigt, geneigt, gütigst, gütig ꝛc. dieses oder jenes uns wiederfahren lassen oder thun wolle. So muß man sich auch höflicher Beywörter bedienen, die sich zu den Personen und Sachen schicken. Z. E. ein allergnädigster Befehl, gütigst versprochen, allermildest befreyet, erlassen, angedeihen lassen, allerhöchste, hohe Verordnung, ein hochgeneigtes, hochgeschätztes, hochwerthes Schreiben, eine hohe Gnade, unverdiente Huld, unschätzbare Wohlthat, eine besondere Ehre, ein hochvermögender Fürspruch, eine hochgültige Empfehlung, ein kluges Ermessen, ein

er-

erwünschtes Vergnügen 1c. 1c. Hingegen heißset es mit tiefstem Respect, mit geziemender Ehrerbietung, mit vollkommenster Hochachtung, beständiger Ergebenheit, schuldigstem Danke 1c. 1c. Ich würde gar zu weitläuftig werden, wenn ich alle Ausdrücke und Beywörter herzählen wollte, die man im Schreiben einlaufen läßet; noch mehr aber, wenn ich ihren gemäßigten und bestimmten Gebrauch nach den Verhältnißen der Personen anzeigen sollte. Es kommt darinn auf eine gute Beurtheilungskraft an, und man muß allemal des andern Stand, Amt, Würde, Verdienste, und dergleichen, gegen seinen eigenen Zustand in Betrachtung ziehen. Es wird auch für Anfänger nützlich seyn, wenn sie fleißig gute Briefe lesen, und auf die darinn vorkommenden Beywörter nach einem guten Unterscheidungsgebrauch, Achtung geben.

§. 158.

Das Unterscheidungscompliment oder die Submißion ist im Briefe diejenige Benennung, die man sich zu Ende desselben, in Ansehung dessen, an den man schreibet, beyleget. Sie wird gleich über den Namen gesetzet, und man muß sich in Acht nehmen, daß man darinn weder zu wenig noch zu viel sage.

Anmerkung.

Es kömmt auch hier auf eben die Beurtheilungskraft an, eine schickliche Submission zu wählen, die wir schon oben erfodert haben. Die Hauptfälle sind diese: An den Kaiser oder an einen König, nennet man sich einen allerunterthänigsten allergehorsamsten Knecht; bey einem Grafen und andern vornehmen Herrn, Unterthäniger; bey andern Patronen, gehorsamster, verpflichtester, verbundener; bey seines gleichen, gehorsamer, ergebenster, schuldigster Diener; bey noch geringern, dienstergebenster, dienstschuldigster, (wo aber alsdann das Wort Diener wegbleibt). Ehe die Unterschrift gesetzet wird, wiederholet man vorher entweder den ganzen Titel des andern wie in der Anrede, oder man setzet nur das Abstractum hin. Das erstere wird in Briefen an vornehme Herren beobachtet, das letzte an bekannte und gute Freunde. J. E.

Durchlauchtigster Fürst,
 Gnädigster Fürst und Herr,
  Ew. Hochfürstl. Durchl.
   Oder:
Hochwohlgebohrner Herr,
 Gnädiger Herr,
  Ew. Excellenz, (Dero)
im andern Falle blos Ew. Hochedelgebl. oder Ew. Hochedl. u. s. w.

Ich will indessen ein kleines Verzeichniß der mancherley Unterschriften nach alphabetischer Ordnung hier einrücken, wie Lünig *) bereits gethan hat, und hier und da, wo es nöthig ist, einige vielleicht nicht unnütze Erinnerungen mit beyfügen:

A.

Allerunterthänigst
Aufrichtiger Freund und Diener
Aufrichtigster Freund und Diener
Aufrichtigster treuer Diener
} schreibet man an vertraute und geringere Personen.

B.

Bereitwilliger oder bereitwilligster Diener
Bereitwilligster zu dienen
Beständiger Freund
} schreibt man an Vertraute und Niedere.

D.

Demüthigste, demüthige, wird vornehmlich vom Frauenzimmer gebraucht, z. E. in Supplіquen, wenn ihnen unterthänigste Dienerinn zu schreiben etwa bedenklich fallen sollte. Doch pflegen auch die Gesandten demüthigst an statt unterthänigst zu setzen.

Dienstergebener oder Dienstergebenster
Dienstgeflissenster
Dienstschuldigster

Dienst-

*) im Titularbuch S. 538.

Von der Titulatur.

Dienstverbundenster

Dinstwilligster

Dienstwilliger Freund gebrauchen Höhere an Niedere.

Dienstwilligster von ganzem Herzen, ist nicht Mode, und siehet einem leibhaftigen Franzosen ähnlich.

E.

Ergebenster Diener

Ergebener Diener

Ergebenster treuer Diener.

Ehrenergebenste oder dienstwillige, schreibe Frauenzimmer. Allein es ist der Zusatz ganz unnöthig, denn es verstehet sich ohnedas, daß sie nur in Ehren dienstwillig seyn wollen.

Freundwilliger schreiben Hohe an Niedere.

G.

Geflissenster Diener schreibt man an weit Geringere.

Ganz ergebenster Diener

Gehorsamer Diener

Ganz gehorsamer Diener

Gehorsamster Diener

Gebet- und dienstschuldigster schreiben geistliche

Gehorsamster treuer Fürbitter Personen, bey Gott und zwar angesehene Geistliche, wenn sie an Vornehme so schreiben.

Ge-

Geneigtwilliger]
Guter Freund; schreiben Hohe an Niedere.
Gehorsamster Sohn

P.

Pflichtschuldigst-gehorsamer Diener, schreibt man gegen diejenigen, denen man mit Pflichten zugethan.

S.

Schuldigster Diener
Schuldigster und gehorsamster Diener
Schuldigster und ergebenster Diener.

T.

Treuer Vater
Treuer Diener
Treuergebenster Diener
Treugehorsamster Diener.

V.

Verbundenster Diener
Verpflichtester Diener

U.

Unterthänigster Diener
Unterthänigster Knecht
Unterthäniger Diener
Unterthänigster, treugehorsamster Vasall und Knecht, schreibt allein der Adel an den Landesherrn.
Unterthänig gehorsamster.

W.

Willigster Diener
Willigster zu dienen

Wil-

Williger } schreiben allein Hohe an
Wohlaffectionirter } Niedere.

Vielleicht wird es nicht undienlich seyn, alles, was wir von den Titeln im Vorhergehenden hauptsächliches gesagt haben, in einer Tabelle vorzustellen, damit man in einem Augenblicke bey jedem Falle sogleich das nöthige bemerken könne. Der Hr. Prof. Fabricius ist mir hierinn vorgegangen*), und ich finde seinen Entwurf so bequem, daß ich ihn hier beybehalten will, nur mit der einzigen Freyheit, daß ich hier und da einige Aenderungen einrücken darf, die die Zeit gemacht hat.

*) In der philosophischen Redekunst L. B. S. 177.

Titel=

I. An Stan

die Ueberschrift	im Briefe;
1) Allerdurchlauchtigster, Großmächtigster, Unüberwindlichster Kaiser, Allergnädigster Kaiser und Herr,	1) Ew. Kaiserl. Majestät (bey der Röm. Kaiserinn: Ew. Kaiserl. Königl. Maj.)
2) Allerdurchlauchtigster, Großmächtigster König, Allergnädigster Fürst (König) und Herr,	2) Ew. Königl. Majestät.
3) Durchlauchtigster, Großmächtigster Churfürst, gnädigster Fürst und Herr,	3) Ew. Churfürstl. Durchlauchtigkeit.
4) Durchlauchtigster Herzog, (Landgraf, Markgraf, Fürst,) gnädigster Fürst und Herr,	4) Ew. Hochfürstl. Durchlauchtigkeit, Ew. Königl. Hoheit.
5) Durchlauchtiger Fürst, (Prinz) gnädigster Fürst und Herr,	5) Ew. Fürstl. (Hochfürstl. Durchlauchtigkeit.

Von der Titulatur.

Tabelle

bespersonen.

	die Unterschrift	bey.
1)	allerunterthänigster Knecht.	1) Kaisern.
2)	allerunterthänigster Knecht.	2) Königen.
3)	unterthänigster (unterthänigst gehorsamster) Knecht.	3) Churfürsten, weltliche.
4)	unterthänigster (unterthänigst gehorsamster) Knecht.	4) regierenden Fürsten, Kronprinzen, oder Prinzen von Königl. Geblüte.
5)	unterthänigster Knecht.	5) andern Fürsten.

die Ueberschrift im Briefe;

6) Hochgebohrner Reichsgraf (Graf), gnädigster Graf und Herr,

6) Ew. Hochgräfl. Excellenz (Gnaden)

7) Reichs-Frey-Hochwohlgebohrner Herr, Gnädiger Herr,

7) Ew. R. Frey-Hochwohlgebl. Excellenz (Gnaden)

8) Hochwohlgebohrner Freyherr, Gnädiger Herr,

8) Ew. Hochwohlgeb. Excellenz (Gnaden)

9) Hochwohlgebohrner Herr, Gnädiger Herr,

9) Ew. Hochwohlgebl. (Excellenz, Gnaden)

10) Wohlgebohrner Herr, Hochzuverehrender Herr (Gnädiger Herr,)

10) Ew. Wohlgebl. (Gnaden)

II. Bey bürgerlichem

1) Wohlgebohrner Herr, Hochzuehrender Herr,

1) Ew. Wohlgebl. (Excellenz)

2) Hochedelgebohrner (Wohlgebohrner) Herr, Hochzuehrender Herr,

2) Ew. Hochedelgebl. (Wohlgebl.)

3) Hochedelgebohrner und Hochgelahrter Herr, Hochzuehrender Herr N. N.

3) Ew. Hochedelgebl.

Von der Titulatur.

die Unterschrift   bey

6) unterthäniger   6) Grafen.
Knecht.

7) unterthänigster Die-   7) Reichsadel.
ner.

8) unterthänigster Die-   8) Freyherren.
ner

9) unterthäniger Die-   9) Vornehmen von
ner.   Adel.
10) unterthäniger Die-   10) Geringen von Adel,
ner.   oder angesehenen Pa-
                         tricils.

Stande und Gelehrten.

1) unterthäniger D[ie]-   1) Bürger in adelichen
ner.   Bedienungen.

2) gehorsamster Die-   2) Hofräthe, Professo-
ner.   res Ordinarii etc.

3) gehorsamster (erge-   3) Professores Extra-
bener) Diener.   ord. Doctores Juris
                          etc.

die Ueberschrift	im Briefe;
4) Hochedelgebohrner, Hocherfahrner und Hochgelahrter, Hochzuehrender Herr Doctor,	4) Ew. Hochedelgebl.
5) Hochedler und Hochgelahrter Herr, Hochgeehrtester Herr,	5) Ew. Hochedl.
6) Wohledler)Hochedler)und Wohlgelahrter Herr, H. H.	6) Ew. Wohledl. (Hochedl.)
7) Edler (Wohledler) und Großachtbarer, Hochgeehrtester Herr,	7) Ew. Edlen (Wohl-Edlen)
8) Wohlgeachter und Wohlehrenvester	8) Dessen
9) Ehrsamer und Vorachtbarer,	9) Dessen

III. Bey geistlichen und

1) Hochwürdigster Durchlauchtigster (Chur-)Fürst, Gnädigster Herr,	1) Ew. Hochwürdigsten Durchlauchtigkeit

Von der Titulatur.

die Unterſchrift	bey
4) gehorſamſter (ergebenſter) Diener.	4) Doctores und Profeſſores Medicinae.
5) ergebenſter Diener.	5) Magiſtri, Licentiati, Rectores auf Schulen ꝛc.
6) ergebenſter Diener.	6) Studio etc.
7) ergebener Diener.	7) vornehmen Bürgern.
8) dienſtwilliger	8) Meiſtern der Handwerker.
9) bereitwilliger.	9) gemeinen Bürger n.

Obrigkeitlichen Perſonen.

1) unterthänigſter (unterthänigſt gehorſamſter Knecht.)	1) geiſtlichen Chur-und Fürſten.

die Ueberschrift   im Briefe;

1) Hochwürdigster und Hochgebohrner (Chur-) Fürst, Gnädigster Herr,

2) Ew. (Chur) Hochfürstl. Gnaden.

3) Hochwürdigster Hochgebohrner Graf, Gnädigster Herr,

3) Ew. Hochgräfl. Excellenz (Gnaden)

4) Hochwürdigster (Hochwürdiger) und R. F. Hochwohlgebohrner Herr, Gnädiger Herr,

4) Ew. R. F. Hochwohlgebohrnen Gnaden (Excellenz)

5) Hochwürdiger und Hochwohlgebohrner Herr, Gnädiger Herr,

5) Ew.   Hochwürd. Gnaden.

6) Magnifice, Hochwürdiger (Wohlgebohrner) Hochzuehrender (Hochgebietender) Herr,

6) Ew. Hochwürd. Wohlgeb.) Magnificenz

7) Magnifice, Wohlgebohrner, Hochweiser (Hochgelahrter) Herr, Hochgebietender (Hochzuehrender) Herr,

7) Ew. Wohlgeb. Magnificenz und Hochweisheit en.

die

Von der Titulatur.

die Unterschrift	bey
2) unterthänigster, (unterthänigst gehorsamsamster) Knecht.	2) Geistliche nicht gebohrne Chur-und Fürsten.
3) unterthäniger Knecht.	3) Geistliche gräflichen Standes.
4) unterthäniger Diener.	4) Reichsadel in geistlichen Bedienungen.
5) unterthäniger Diener.	5) Vornehmen von Adel in geistl. Bedienungen, z. E. Domherren.
6) unterthäniger Diener.	6) Pro-Rectores auf Universitäten.
7) unterthäniger (gehorsamster) Diener.	7) Bürgermeistern in grossen Reichsstädten.

die

die Ueberschrift	im Briefe;
8) (Magnifice) Hochwürdiger (in Gott andächtiger) und Hochgelahrter Herr,	8) Ew. Hochwürden (Hochwürdigen Magnificenz)
9) Hochehrwürdiger und Hochgelahrter Herr,	9) Ew. Hochehrwürden
10) Hochwohlehrwürdiger und Hochwohlgelahrter Herr H. H.	10) Ew. Wohlehrw.
11) Wohlehrwürdiger und Wohlgelahrter Herr, Hochgeehrtester Herr,	11) Ew. Wohlehrw.
12) Ehrwürdiger und Wohlgeachter, Günstiger Herr,	12. Ew. Ehrwürden

Von der Titulatur.

die Unterschrift bey

8) gehorsamster Die-
ner.

8) Doctores Theolo-
giae und vornehme
Professores.

9) gehorsamster Die-
ner.

9) Special-Superin-
tendenten, und vor-
nehme Pastores in
grossen Städten.

10) gehorsamster Die-
ner.

10) Pastores und Dia-
coni in mittelmäßigen
Städten.

11) ergebenster Diener.

11) Pastores auf dem
Lande.

12) dienstwilligster.

12) geringere geistliche
Personen.

Endlich, sollte in diesem Hauptstücke auch noch wegen der auswendigen Aufschrift des Briefes etwas erinnert werden, und hier könnte ich weitläuftig genug seyn, wenn ich alles durchgehen wollte, wie andere gethan haben. Der Titel in der auswendigen Aufschrift pfleget mehrentheils französisch zu seyn, und habe ich darüber meine Gedanken schon oben entdecket (§. 87. Anm.). Deutsch wird er abgefasset an ganz vornehme, oder ganz geringe Personen. Die vom mittlern Stande binden sich noch mehr an die französischen. Die, welchen man im Briefe die Excellenz aus Schuldigkeit giebt, werden auf dem Briefe auswendig so bezeichnet:

A Son Excellence (Illme)
Monseigneur (Monsieur) le (Comte)
(le Baron) de

Bey den andern heißet es:

A Monsieur

Monsieur (de) N. N.

Die Aemter, in welchen sie stehen, werden nebst Beyfügung der Herren benennet, in deren Diensten sie solche Aemter verwalten, als:

A

Von der Titulatur.

A Monſieur
Monſieur *de Prelling*
Conſeiller de la Cour

- de Sa Majeſté le Roi de****
- de S. A. E. l'Electeur de****
- de S. A. S. le (Duc, Landgrave, Marggrave, Prince) de****
- de S. E. Illme Monſgn. le Comte de****

Bey Predigern, Doctoribus, Profeſſoribus und andern, wird der Titel des Landesherrn mehrentheils ausgelaſſen, und dagegen ein gewiſſes Beywort angehänget, als bey Predigern, très-révérend, très-fidelle etc. bey Gelehrten, très-digne, très-célebre, très-renommé etc. welches man aber nicht an den Titel des Landesherrn anhänget.

3. E. A Monſieur
Monſieur N.
Miniſtre de la Parole de Dieu) Paſteur de l'Egliſe) très-révérend (très-fidelle)
     à   N.

   A Monſieur
Monſieur N.
Docteur es Droits très-célebre
     à   N.

A Monsieur
· Monsieur N.
 Docteur et Professeur en Philosophie
 très-digne et très-célebre etc.
à N.

Die Namen der Verwandschaft werden nicht mit in die Aufschrift gesetzet, als: mon trèscher Pere, mon très-cher Frere, mon très honoré Cousin, und dergleichen, eben so wenig auch die Vornamen der Personen, als Jean Chrétien, Pierre etc. wo man nicht zwo Personen eines Zunamens dadurch unterscheiden will.

Diejenigen, denen es schwer fallen möchte, alle Namen der Bedienungen und Aemter, französisch zu geben, werden an dem Schlusse dieses Theils ein kurzes Verzeichniß von dergleichen finten, darinn die vornehmsten und üblichsten angemerket sind. Denn an Schuster, Schneider, Seifensieder und gemeine Handwerksleute, macht man keine französische Aufschriften. Wird die Aufschrift deutsch gemacht: so muß man den Anfangstitel aus dem Briefe, den Namen, und darunter die Bedienungen und Aemter setzen, die der andere bekleidet: z. E.

Dem Hochwohlgebohrnen Herrn
Herrn von N.
Ihro Königl. Majestät (Hochfürstl. Durchl.)
Hochansehnlichen geheimen Regierungs-Rath,
Meinem gnädigen und hochzuverehrenden
Herrn ıc.
zu N. An

Von der Titulatur.

An gute Freunde ist man nicht so weitläuftig. Z. E.
Tit. Herrn,
Herrn N.
der Gottesgelahrheit würdigen Candidaten ꝛc.
    zu   N.

Zu großgünstigen Händen, oder, gehorsamst abzugeben, und dergleichen, setzet man nicht mehr unter die Aufschrift, eben so wenig, als das Wort vorigo, oder gegenwärtig, present, wenn man an Personen schreibet, die nicht auf Reisen sind.

Gemeine Leute, und die, welche affektiren oder nur eine gemeine Einsicht haben, lassen oft viel Lächerliches und Abgeschmacktes in deutsche Titel mit einfließen. Ein Ungenannter in seinem einfältigen Titelschmide, und Simplicissimus im albernen Briefsteller und lächerlichen Titularbuche haben verschiedene närrische Titel, wie sie in Postämtern gesammlet worden, der Welt mitgetheilet: z. E.

I.
Dieser Brief zukomme an den Weißgerber, so vor einiger Zeit dem Herrn Rittmeister N. die Hosen gerben müssen
    in   Stettin.

II.
Dieses werde überbracht an meinen lieben Vater und Mutter, Geschwister und andere gute Freunde, zu eigener Eröffnung
    auf
        Petersberg in Halle.

III.

Musieus Musieus Johann N. Eines Hoch
E. E. Wohlw. Raths höchst verordneten Thür-
knechte großgl.

in Leipzig.

IV.

Liebes Weib, dieses Brieflein schick ich nacher
Wien, schreibt mir doch, wo ihr seyet, kann
euch doch kein Teufel erfragen, wenn dem also,
daß ihr dort seyet, so schreibet einmal.

Ich habs vergessen, sie heißt Regina
mit meinem Zunam.

Das dritte Hauptstück.
Von der Unterschrift, Siegelung
und äußerlichen Einrichtung eines Briefes.

§. 159.

Wir haben hier einige Grundsätze anzuführen, die der Wohlstand ge-
wissermaßen für nothwendig erkläret,
und auf den man sich berufen muß, wenn
man Beweise davon verlanget. Dahin
gehören also folgende Regeln:

§. 160.

§. 160.

Die Unterschrift muß tief abgerücket seyn von dem Titel oder der Anrede beym Schlusse, und man lässet daher gerne zwischen beyden einen ziemlichen Raum.

§. 161.

Der Vorname des Briefstellers wird in der Unterschrift an Vornehmere ganz ausgeschrieben, und zwar in einem deutschen Briefe, deutsch; z. E. Johann Ludwig Müller, und nicht Iohannes Ludovicus Müllerus.

§. 162.

Man braucht seine eigenen Ehrentitel nicht beyzufügen, als wenn dem andern daran gelegen seyn kann, sie zu wissen.

Anmerkung.

An Fürsten und Herren läßt man auch oft das Doctor-Magister-Licentiatenzeichen von dem Namen weg, aus Ehrerbietigkeit. Bey vielen wird es aber auch beybehalten, und gegen andere kann man es allemal beybehalten, da es ohnedas wenig Raum einnimmt. Denn die, welche niemals von dem Titel etwas in ihren Unterschriften bemerken, der auf ihnen haftet, verrathen nicht selten darunter eine kleine Eitelkeit, als ob sie sich einbildeten, ein jeder werde ohnedas bey der Erblickung ihres berühmten Namens alle Titel leicht ergänzen können, oder zu ihrer ganzen Ehre sey nichts, als ihr bloßer Name nöthig. Trifft dieser Schluß nicht bey allen ein: so zweifle ich doch nicht, daß man sehr viele Demüthige von dieser Art finden werde, wenn man sich die Mühe geben will, die Unterschriften mit der Gemüthsart ihrer Verfasser allemal vernünftig zu vergleichen. So wenig man dieses billigen kann: so thöricht ist es auch, an bekannte Personen den ganzen Schwarm der oftmals wenig bedeutenden Titel anzuhängen, oder auf allen Zetteln anzuzeigen, was man für ein Landsmann sey. Beydes gehet nur alsdann an, wann man an Unbekannte, und zwar unter gewissen Umständen, schreibet, z. E. wenn der andere wissen möchte, wer an ihn schreibe, damit er seine Antwort darnach einrichten könnte, oder wenn zwo ganz verschiedene Personen eines Namens sich etwa an einem Orte aufhalten sollten, daß man auf diese Weise durch Bezeichnung des Vaterlandes aller Verwirrung und allem Mißverstande vorbeugen könne. Das manu propria, mit eigener Hand, welches insgemein in einem verworrenen Zuge dem Namen angehänget wird, kann zwar in gerichtlichen Schreiben, in Quittungen, Scheinen, Obligationen ꝛc. statt finden, aber in Briefen hat es keinen hinreichenden Grund; noch lächerlicher ist es, wenn man es in Briefen an Vornehmere anhänget.

§. 163.

§. 163.

Der Name des Orts und das sogenannte Datum hat seine Stelle zur linken Hand, etwas gegen dem Unterschriftscompliment über.

Anmerkung.

Kaufleute setzen dieses gleich oben zur rechten Hand der ersten Seite im Briefe. In Geschäftsbriefen an gute Freunde und Bekannte ist es wohl erlaubt, eben das zu thun. Aber ausserdem streitet es mit dem Wohlstande. Den Ort muß man genau bestimmen, sowohl inwendig in dem Briefe, als auf der auswendigen Aufschrift, wenn etwa mehrere gleiches Namens sind; z. E. Frankfurt an der Oder, Neustadt an der Dosse, Halle im Schwäbischen, ꝛc. damit der andere wisse, wohin er seine Antwort richten könne, und die Briefe nicht irrig laufen. Eben das ist auch zu sagen, wenn man aus einer grossen Stadt schreibet, darinn man nicht sonderlich bekannt ist: denn da muß man das Haus und die Strasse zugleich melden, wohin der andere seine Antwort zu adressiren habe. Weil ausser Deutschland nicht in allen Ländern der verbesserte Kalender eingeführet ist: so muß man auch die Meldung des Tages bestimmen durch Zeichen st. v. oder Stili veteris; und st. n. oder Stili novi. Doch hat man dieses nur in den Fällen zu bemerken, wo
man

man nach verschiedenen Kalendern rechnet, und etwas an der eigentlichen Bestimmung des Tages gelegen ist.

§. 164.

In Briefen an Vornehmere setzet man nicht leicht zum Dat. in Eile, in höchster Eile; wie es denn jungen Leuten, und denen, so nicht in großen Geschäfften stehen, überhaupt nicht wohl zuläßt, so zu schreiben; auch die Entschuldigung der eingeschlichenen Fehler durch dieses in Eile nicht allemal erhalten wird.

§. 165.

In Wohlstandesbriefen an Vornehmere muß man kein Postscriptum machen, sondern wohl eher, wenn es nöthig ist, in Geschäfftbriefen, ein Inserat oder P. S. auf einen besondern Bogen.

Anmerkung.

Ein solches unzeitiges Postscriptum läuft noch mehr wider den Respekt, wenn man darinn etwa einem vornehmen Manne aufträge, seine Gemahlinn, Kinder oder andere von uns zu grüssen. An Herrschaften, hohe Collegia, und andere hohe Personen muß man zuweilen gewisse Postscripta oder Inserata machen; aber zu jedem nimmt man
einen

einen besondern Bogen. Oben darüber schreibet man: unterthänigstes Inserat; hernach fänge man mit einem Verbindungsworte, auch, ingleichen, noch ferner ꝛc. an, als

 Auch Durchlauchtigster Herzog,
  Gnädigster Fürst und Herr,
oder schlechtweg, Auch gnädigster Fürst und Herr. Zuletzt wird entweder das Datum und die Courtoisie wiederholet, oder man schreibet blos: ich beharre *ut in litteris* oder, datum *ut in litteris*. Indessen ist dieses Gesetz nicht über die Epistolas ad familiares gesprochen, indem gu'e Freunde oder auch Vornehmere gegen die Niedern sich nicht so sehr zu binden Ursache haben.

§. 166.

Der Brief muß vorher von dem Sande etwas abgerieben seyn, ehe man ihn versiegelt.

Anmerkung.

Ich will nicht bestimmen, was man für Sand gebrauchen müsse. Nur dieses werden meine Leser ohnedas verstehen, daß man sonderlich in Wohlstandsbriefen keine Leimerde, oder allzugroben Sand dazu nehmen dürfe. Wenn man nicht in einem gar starken Briefwechsel stehet: so kann man die Dinte von selbst auf dem Papier trocknen lassen, wodurch die Schrift dauerhafter wird; oder auch, um kürzer davon zu kommen, ein Lösch-

Papier unterlegen. Wird der Sand nicht etwas abgerieben: so kann die Schrift und das Papier leicht dadurch beschädiget werden, wenn der Brief eine weite Reise zu thun hat. Und es stehet überhaupt nicht allzufein, wenn der andere erst bey Erbrechen des Briefes den Sand heraus schütten soll, der um die Augen flieget.

§. 167.

Wenn der Brief wohl beschnitten ist; so macht man einen Umschlag oder ein Couvert darüber; gesetzt auch, daß nur eine Seite des Briefes beschrieben wäre.

Anmerkung.

Man beobachtet hiedurch nicht nur den Wohlstand, sondern der Brief selbst ist auch desto besser verwahret. Es würde sich nicht schicken, zu dem Umschlag feiner Papier zu nehmen, als zum Briefe selbst; gesetzt auch, daß man dazu ein noch übriges Blat, aus Sparsamkeit, anbringen könnte; wohl aber muß das Papier stärker seyn, wenn der Brief über viele Posten gehet, oder im Besorgungsfall, daß es sich gar durchreiben möchte, kann man einen gedoppelten Umschlag machen, und auf jeden den Titel schreiben, damit der äußerste allen Falls ohne Schaden zerrissen seyn könne. Die Couverte mit zween Zipfeln sind übrigens nicht nur der Mode gemäßer,

son-

sondern auch darum bequemer, weil die Schrift verdeckt werden kann, wenn etwa der Brief auf allen Seiten beschrieben ist. Hat man aber keinen Umschlag gemacht; so wollen es einige für höflicher halten, wenn alsdann das Siegel mehr nach der rechten Hand zu, als in der Mitten aufgedrücket, auch die Lage des Briefes nicht zu klein eingerichtet wird. Gewisse Briefe, z. E. die Memorialien und Suppliquen, werden weder mit einem Couvert umschlagen, noch, wenn sie nicht auf der Post geschicket werden, versiegelt; wiewohl es hier auf den Landesgebrauch mit ankommt.

§. 168.

Das Siegellack, welches man gebrauchet, muß eben nicht das schlechteste seyn. An Standespersonen gebraucht man nicht leicht schwarzes in eigener Trauer; sind sie aber selbst in Trauer gesetzt: so führet man sich clientenmäßig und gegen seine Freunde höflich auf, wenn man dergleichen ihnen zu gefallen, und in Condolenzbriefen nimmt.

Anmerkung.

Mit dem schwarzen Siegellack hat es in in Ansehung des Wohlstandes beynahe eben die Bewandniß, wie mit dem Trauerpapier (S. 153. Anm.)

Anm.) Ordentlich führet man also roth Siegellack, weil weder das bunte, noch das schwarze, außer dem Trauerfalle, für wohlanständig gehalten wird. Man muß aber von dem Lacke nicht zu viel aufträufeln, damit das Siegel nicht leicht breche; auch muß man das Lack mit der Stange wohl herumrühren, um keine schwarze Flecken in dem Siegel übrig zu lassen. Einige bedienen sich anstatt des Siegellacks der Oblaten. Bey kleinen Handbriefen an gute Freunde gehet es an, aber außerdem schickt es sich nicht wohl. Es ist wahr, die Briefe, die mit einer Oblate verwahret sind, können nicht so leicht aufgemacht und mit eben dem Siegel wieder zugeschlossen werden, wie es bey den Lacksiegeln zuweilen zu geschehen pfleget. Allein wenn man dieses besorget, und die Heimlichkeiten des Briefes recht in Sicherheit setzen will: so könnte man etwa das ordentliche Lacksiegel mit einer Oblate unterlegen.

§. 169.

Die Lage der Briefe wird an vornehme Personen und bey feyerlichen Gelegenheiten in grösserer Länge und Breite eingerichtet, als bey gewöhnlichen Briefen an gute Freunde und Geringere.

Anmerkung.

Einige lassen ihre Kunst zur Unzeit sehen, wenn sie die Briefe in gar zu viele Falten brechen, daß

man

man fast alle Mühe nöthig hat, sie auseinander zu wickeln. Es siehet etwas pedantisch aus, und wenn man begierig ist, den Brief zu lesen: so hält man sich nicht gerne mit langen Entwickelungen auf, und nimmt sich noch viel weniger die Zeit, dergleichen Künsteleyen zu bewundern. So einfach man auch den Brief zuleget: so kann man dennoch durch die breitere Brechung desselben sorgen, daß man nichts lesen könne, wenn etwa jemand zwischen hinein sehen wollte, und kein Couvert darum gemacht wäre. Briefe an fürstliche und andere Standespersonen, an ganze Collegia, wie auch bey Einladungen auf Hochzeiten, Gevatterschaften ꝛc. werden in mehr denn gewöhnlicher Länge und Breite gebrochen, doch macht man alsdann nicht leicht ein Couvert darum.

§. 170.

Die Siegelung der Briefe an vornehmere Personen darf mit keinem allzugroßen Pettschaft geschehen, oder man drucket doch wenigstens dasselbe nicht vollkommen aus. Es muß aber aufwärts gegen die Ueberschrift gerichtet seyn.

Anmerkung.

Weil ich hier Gelegenheit habe, etwas von dem Gebrauche und Mißbrauche der Pettschafte zu sagen: so will ich nur dieses bemerken. Man hat entweder ein Geschlechtswappen, oder nicht.

Im letzteren Falle wird es nicht gar zu gut beurtheilet, wenn man sich selber eines anmasset, ohne durch ein vorzügliches Amt, darinn man etwa stehet, dazu einigermassen berechtiget zu seyn. Es ist besser gethan, wenn man alsdann seinen verzogenen Namen im Pettschaft führet, oder ein gewisses Sinnbild erwählet. Nur muß es nicht ärgerlich oder lächerlich und einfältig herauskommen, sondern ehrbar und wohlanständig seyn. Denn es siehet sehr übel aus, wenn man sich gegen seine Gönner schon im Siegel verräth, was man für eine Gemüthsart habe. Einige, die ein Wappen führen, wechseln auch wohl zuweilen mit einem andern Abdruck, darauf ein alter Heidenkopf oder dergleichen geschnitten ist. Bey Billeten und kleinen Handbriefen gehet dieses an, aber bey Wohlstandsbriefen nicht.

§. 171.

Schreibet man in seinen eigenen Angelegenheiten, oder an vornehmere Personen; so halte man die Briefe franco oder postfrey. Das cito, citissime erreichet nicht leicht seine Absicht; folglich kann es ganz füglich wegbleiben.

Anmerkung.

Die Briefe an vornehmere Gönner kann man, wo es möglich, am füglichsten an einen guten Freund oder Bekannten schicken, der sie selber über-

überreichet, und daß also jene nicht nöthig haben, das geringste dem Briefträger zu geben; in diesem Falle braucht das franco nicht auf dem Briefe zu stehen, und es ist genug, daß es auf dem Couvertbriefe stehet. Zur linken Hand muß man auch öfters melden, wo der Brief abzugeben sey, wenn die Person nicht gar zu bekannt ist. Schicket man ein Paquet oder Geld mit, so muß es auch daselbst angemerket werden, weil sonst die Posten nicht dafür stehen. Sind es Schriften, die man im Paquet übersendet: so schreibet man ebenfalls dahin: gedruckte Sachen, weil sonst das Postgeld nach der Schwere des Packs viel höher laufen würde.

§. 172.
Unter vertrauten Freunden werden manchmal die zufälligen Regeln der Courtoisie so strenge nicht beobachtet. Eine wohlangebrachte Nachläßigkeit macht auch ihre Briefe nicht gleich verwerflich. Wie sie nicht nöthig haben, allemal mit einem besonderen Eingange anzufangen, wenn sie nur Sachen schreiben wollen, und das Gefällige der Freundschaft zum voraus setzen (§. 10. Anm.), oder sich in Ansehung der Verbindungssätze viele Mühe zu geben: so können sie sich auch von vielen Ceremonien

nien frey sprechen, die man nur gegen andere als Gesetze beobachten muß. Es ist genug, wenn sie nur gut denken, wenn sie ihren Freunden in ihrer Sprache gefallen, und ihrer Absicht in den äußerlichen Richtigkeiten des Briefes nichts entgegen setzen. Wie, sollte man nicht auch von einem solchen Briefe oft das urtheilen, was Boileau an einem Orte von der Ode sagt?

<blockquote>Chez elle un beau désordre est un effet de l'art.</blockquote>

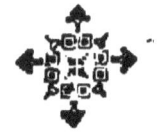

I.
Verzeichniß
der
vornehmsten und üblichsten Titel in den französischen Aufschriften.

A.

Abgeordneter, Député.
Abgesandter, Ambassadeur, Envoyé, ein ordentlicher Gesandter, Envoyé ordinaire, ein außerordentlicher, extraordinaire.
Abt, Abbé.
Accis-Einnehmer, Receveur de l'Accise.
Actuarius, Actuaire, Greffier de la Justice.
Adjutant, Aide de Camp.
Admiral, Admiral.
Advocat, Avocat.
Aebtißinn, Abbesse.
Agent, Agent.

Amtmann, Bailli du Baillage &c. Oberamtmann, Grand-Bailli des Baillages &c.
Amts-Kammerath, Conseiller de la Chambre des Domaines.
Amtshauptman, Intendant du Baillage, oder Drossart du Baillage de N.
Amtsschreiber, Greffier du Baillage de N. auch Ecrivain des finances du Baillage de N.
Amts-Steuer-Einnehmer, Receveur des Tailles du Baillage de N.

Amts-

Amtsverwalter, Administrateur des finances du Baillage de N.
Apotheker, Apothicaire.
Appellations-Gerichts-präsident, Président à la Cour des Appels, oder de la Chambre des Appellations.
Appellationsrath, Conseiller de la Chambre des Appels.
Archidiaconus, Archidiacre.
Archivarius, Archiviste auch Garde des Archives.
Arzt, Médecin, Wohlerfahrner, Excellent, Stadt-Arzt Médecin de Ville.
Assessor, Assesseur.
Auditeur, Auditeur.
Aufseher, Inspecteur, Intendant.
Augenarzt, Oculiste.

B.

Ballmeister, Paumier, Maitre de jeu de Paume.
Banfier, Marchand, Banquier.
Baron, Barón.
Baroninn, Baronne.
Bau-Director, Intendant des Bâtimens.
Bau-Meister, Edile, oder wie vorhin.
Bau-Schreiber, Secrétaire des Bâtimens.
Beicht-Vater, Confesseur, Pére-Confesseur.
Berg-Beamter, Officier des Mines.
Berg-Commissionsrath, Conseiller des Commissions des Miniéres.
Bettmeister, Intendant de Lits & des Meubles.
Bibliothekarius, Bibliothécaire.
Bildhauer, Statuaire.
Bildschnitzer, Tailleur d'Images

Bild-

Bildstecher, Sculteur d'images.
Bischoff, Evêque.
Blutrichter, Lieutenant Criminel.
Botenmeister, Maitre des Dépêches, Maitre des Actes.
Brigadier (zu Pferde), Brigadier de Cavalerie, (zu Fuße), d'Infanterie.
Brunnenmeister, Fontainier, Maitre fontainier.
Buchdrucker, Imprimeur, (einer Regierung, Imprimeur du Gouvernement; einer Universität, de l'Université)
Buchführer, Libraire, Marchand Libraire.
Buchhalter, Maitre des Comptes.
Büchsenspanner, oder Leibjäger eines Königs 2c. Porte-Arquebuse du Roi etc.
Bürgermeister, Bourguemaitre, Consul.
Burggraf, Bourggrave.
Burg-Voigt, Châtelain, oder Concierge.

C.

Cabinet Maler, Peintre du Cabinet.
Cabinets-Minister, Ministre du Cabinet.
Cadet, Cadet.
Cadeten-Hauptmann, Capitaine de la Compagnie des Cadets.
Cadeten-Obrist, Colonel des Cadets.
Caffe-Schenk, Caffetier.
Cämmerer, Chambellan.
Cämmerierer, Chambrier.
Cammer-Agent, Agent de la Chambre.
Cammerdiener (bey großen Herren), Homme de Chambre, bey geringern Herren), Valet de Chambre.

Ii 4

Cam-

Cammerdirector, Directeur de la Chambre.
Cammer-Fourier, Fourier de la Chambre.
Cammer-Fräulein, Dame d'Honneur.
Cammer-Gerichts-Advocat, Avocat de la Chambre de Justice.
Cammer-Gerichts-Botenmeister, Chef des Messagers de la Cambre de Justice.
Cammer-Gerichts-Procurator, Procureur de la Chambre de Justice.
Cammer-Gerichts-Secretarius, Secrétaire de la Chambre de Justice.
Cammerherr, Chambellan, (wirklicher, Cambellan actuel du Roi, du Duc etc.)
Cammer-Junker, Gentil-homme de la Chambre.
Cammerjungfer, Demoiselle d'honneur.
Cammermeister, Maitre à la Chambre, auch Intendant de l'Epargne.
Cammer-Page, Page de la Chambre.
Cammer-Präsident, President de la Chambre.
Cammer-Procurator, Procureur de la Chambre.
Cammer-Rath, Conseiller de la Chambre.
Cammer-Registrator, Régistrateur de la Chambre.
Cammer-Schreiber, Ecrivain de la Chambre.
Cammer-Secretair, Secrétaire de la Chambre.
Candidatus Philos. Candidat en Philosophie.

Can-

Candidatus Theolog. Candidat en Théologie.
Candicatus Medicin. Candidat en Médecine.
Candidatus Juris, Candidat ès Droits.
Canonicus, Chanoine.
Cantor, Chantre.
Canzelist, Copiste.
Canzler, Chancellier.
Canzley-Archivarius, Garde des Archives de la Chancellerie.
Canzley-Director, Directeur de la Chancellerie.
Canzley-Rath, Conseiller de la Chancellerie.
Canzley-Registrator, Régistrateur de la Chancellerie.
Canzley-Schreiber, Ecrivain de la Chancellerie.
Canzley-Verwalter, Administrateur de la Chancellerie.

Capellan, Chapelain.
Capellist, Musicien de la Chapelle.
Capellmeister, Maitre de la Chapelle, ober de la Musique.
Capitain, Capitaine.
Capitain-Lieutenant, Capitaine-Lieutenant.
Capitain von den Dragonern, Capitaine de Dragons.
Capitain zu Fuß, Capitaine d'Infanterie.
Cardinal, Cardinal.
Carierer, Caissier.
Castellan, Châtelain.
Cavalier, Chevalier.
Centgraf, Prévôt de la Justice criminelle.
Ceremonien-Meister, Maitre des Cérémonies.
Chirurgus, Chirurgien.
Churfürst, Electeur.
Churfürstinn, Electrice.
Chur-Prinz, Prince Electoral.
Coadjutor, Coadjuteur
Co-

ComesPalatinus, Comte du Palais Impérial, Comte Palatin Impérial.

Commendant, Commandant (einer Stadt, de la ville de N. einer Festung, de la Forteresse.)

Commerzien-Rath, Conseiller de Commerce.

Commissarius, Commissaire.

Commenthur oder Commendator, Commandeur.

Conditor, Confiseur.

Con-Rector, Con-Recteur, Sous-Recteur.

Consistorial-Präsident, Président du Consistoire.

Consistorial-Rath, Conseiller du Consistoire.

Consistorial-Assessor, Assesseur au Consistoire.

Cornet, Cornet.

Kreis-Einnehmer, Receveur des tailles du Cercle de N.

Criminal-Gerichts-Rath, Conseiller à la Chambre de la Justice Criminelle.

D.

Dechant, Decanus, Doyen.

Diakonus, Diacre.

Director eines Gymnasii, Directeur du Collége illustre.

Doctor Juris, Docteur ès Droits.

Doctor Medic. Docteur en Médecine.

Doctor Theo. Docteur en Théologie.

Doctor Philos. Docteur en Philosophie.

Dom-Dechant, Doyen du Chapitre.

Domherr, Chanoine de l'Eglise Cathédrale de N.

Domprobst, Prévôt du Chapitre, Prélat.

Dorfin den französischen Aufschriften. 491

Dorfprediger, Ministre de la Parole de Dieu. (bey den Katholiken, Curé.)
Durchlauchtigst, Sérénissime, Allerdurchlauchtigst, Très-haut & Sérénissime.)

E.

Edelknabe, Page.
Edelmann Gentilhomme.
Edler Herr, 2c. Seigneur de et à N.
Einfahrer bey Bergwerk, Inspecteur des Mines, Contrôleur des Mines.
Einnehmer, Receveur des Tailles.
Erb-Cämmerer, Chambellan héréditaire.
Erb-Fähnrich, Enseigne héréditaire.
Erb-Falkenmeister, Fauconnier héréditaire.
Erbherr, Seigneur héréditaire.
Erb-Jägermeister, Grand-Véneur héréditaire.
Erb-Schenke, Echanson héréditaire.
Erb-Prinz, Prince héréditaire.
Erb-Truchses, Porte-Plat héréditaire.
Erster Cammer-Herr, Premier Chambellan.
Erster Staats-Minister, Premier Ministre d'Etat.
Erz-Bischoff, Archevêque.
Erz-Cämmerer, Archi-Chambellan; Grand-Chambellan.
Erz-Herzog, Archi-Duc.
Erz-Herzoginn, Archi-Duchesse.
Exercitien-Meister, Maitre d'Exercice.

F.

Factor, Agent, Commis, Facteur.

X 6

Fähnrich, Enseigne de la Compagnie de Mr. le Capitaine. N.

Fahnen-Junker, Port-Enseigne.

Falknier, Fauconnier.

Falken-Meister, Maitre des Faucons.

Fechtmeister, Maitre des Armes.

Feld-Arzt, Médecin de l'Armée.

Feld-Marschall, Maréchal de Camp.

Feld-Prediger, Aumonier du Régiment de Monf. le Colonel de N. ober Ministre de la Parole de Dieu au Service de S. A. S. le Duc de N. au Régiment de Monf. le Colonel de N.

Feldscherer, Chirurgien de l'Armée.

Feldwebel, Premier-Sergent.

Feld-Zeugmeister, Maitre d'Artillerie.

Festungs-Bau Schreiber, Secrétaire des Fortifications.

Finanz-Rath, Conseiller des Finances.

Floß-Inspector, Inspecteur de Fleuves.

Förster, Forétier, (Ober-Förster, Intendant des Forêts.)

Forstmeister, Maitre de Forêts.

Forst-Schreiber, Secrétaire, ober Ecrivain de Forêts.

Freyherr, Baron.

Früh-Prediger, Prédicateur pour les Matinées.

Fürst, Prince.

Fürstinn, Princesse.

Futter-Marschall, Maréchal de Fourage.

G.

Gardian, Gardien, ber Vorsteher eines Klosters bey etlichen Orden der römischen Kirche.

Gar-

Garnison-Medicus, Médecin de la Garnison de N.

Garnison-Prediger, Pasteur de la Garnison etc.

Gegenschreiber, Contrôleur.

Geheimer-Assistenz-Rath, Conseiller privé de l'Assistence au Cabinet.

Geheimer Cabinets-Secretär, Secrétaire privé du Cabinet.

Geheimer Conferenz Minister, Ministre privé des Conférences.

Geheimer Justiz-Rath, Conseiller privé de la Justice.

Geheimer Kriegs-Rath, Conseiller privé de Guerre.

Geheimer Rath, Conseiller privé, wenn sie nur Titul-Räthe sind, aber Conseiller auch Ministre d'Etat privé, Conseiller intime, wenn sie wirkliche Räthe sind.

General zu Fuß, Général d'Infanterie (zu Pferde, Général de Cavallerie).

Generals-Accis-Director, Directeur Général d'Impôt de la Grande Consumtion.

General-Adjutant, Aide de Camp Général.

General-Auditeur, Grand-Juge et Chef de la Justice militaitre de l'Armée des Troupes de N.

General-Caßierer, Trésorier, oder Caißier Général.

General-Feld-Marschal, Maréchal de Camp Général.

General-Feld-Wachtmeister, Major de Camp Général.

General ‒ Feld Zeugmeister, Général ober Grand-Maître de l'Artillerie.

General ‒ Fiscal, Procureur Général.

General ‒ Gewaltiger, Grand-Prévôt d'Armée.

Generalißimus, Généralissime.

General ‒ Kriegs Zahlmeister, Receveur Général des Deniers destinés pour la Milice de N.

General ‒ Lieutenant, Lieutenant-Général.

General Münz-Wartein, Guardein-Général des Monnoies et premier Essayeur du Cercle de N.

General=Proviant-Meister, Maitre Général de Vivres.

General=Quartier=Meister, Maréchal Général des Logis, ober Grand-Maitre des Logis des Troupes de N.

General ‒ Schaß ‒ Meister, Tréforier Général.

General=Stabs= Secretair, Secrétaire du Généralat de Sa Majesté etc.

General ‒ Statthalter, Gouverneur Général.

General ‒ Superintendent, Surintendant Général etc.

General über die Leibwache, Général de la Garde du Corps de N.

General ‒ Wagen ‒ Meister, Waguemaitre Général.

General=Wachtmeister, Major-Général.

Gerichts Actuarius, Greffier de la Justice.

Ge=

Gerichts-Assessor, Assesseur au Conseil de la Justice.

Gerichts-Verwalter, Directeur de la Justice.

Gesandter, Ambassadeur.

Gesandtinn, Ambassadrice.

Geschworner beym Bergwerke, Inspecteur juré des Mines.

Glas-Hütten-Inspector, Inspecteur de Verreries.

Graf, Comte, regierender, Comte régnant.)

Gräfinn, Comtesse.

Greffen-Herr, Député du Magistrat de la Gabéle à Halle.

Gränz-Rath, Conseiller des Confins, des bornes, oder pour les limites.

Groß-Cämmerer, Grand-Chambellan.

Groß-Canzler, Grand Chancelier.

Groß-Herzog, Grand-Duc.

Groß-Herzoginn, Grande Duchesse.

Großmächtigst, Trés-puissant.

Groß-Meister, Grand-Maitre.

Groß-Prior, Grand-Prieur.

Gruben-Steiger, Inspecteur de la Mine Métalique.

Guardein, Essayeur de Monnoies, oder des Métaux.

Gouvernantinn, Gouvernante.

Gouverneur, Gouverneur.

H.

Hauptmann, Capitaine Intendant, über eine Grafschaft, Gouverneur du Comté de N. über ein Amt, Grand-Bailli, oder Drossart du Baillage de N.

Haupt-

Hauptmann zu Fuß, Capitaine d'Infanterie au Régiment de Monf. le Colonel N. au Service de Sa Majefté (de Son Alteffe N.

Haus-Hofmeifter, Maitre d'Hôtel.

Haus-Hofmeifterinn, Maitreffe d'Hôtel.

Haus-Marschall, Maréchal de Maifon.

Haus-Voigt, oder Hof-Richter, Juge de la Cour oder Prévôt de l'Hôtel.

Heermeister des Joh. Ordens, Grand-Maitre de l'Ordre de St. Jean.

Hegereuter, Garde-Chaffe, oder Garde-Forêt.

Herr eines Rittergutes, Seigneur de N.

Herzog, Duc.

Herzoginn, Ducheffe.

Herzogl. Ducal.

Hochgebohrnen, Illuftriffime.

Hochwürdigft, Révérendiffime.

Hof-Apotheker, Apothicaire de la Cour.

Hof-Bibliothekarius, Bibliothécaire de la Cour, oder de la Bibliothéque de S. A. etc.

Hof-Cammerrath, Conseiller de la Chambre Générale des Domaines à la Cour de N. und so setzet man zu allen Benennungen der Hof-Bedienungen die Worte: de la Cour, hinzu.

Hof-Junker, Gentilhomme à la Cour de N.

Hofmeister eines jungen Herrn, Gouverneur de Monfieur etc.

Hof-Dame, Dame d'honneur.

Hof-

Hof-Prediger, Prédicateur ordinaire du Roi, du Duc. etc.
Ober-Hofprediger, Premier Prédicateur etc.
Hoheit, Altesse, Königl. Hoheit, Altesse Royale.
Holz-Verwalter, Inspecteur de la Provision de bois.
Hütten-Bereuter, Garde la fonderie.
Hütten-Schreiber, Secrétaire de la fonderie.

J.

Jägermeister, Grand-Veneur.
Jagd-Junker, Gentilhomme de Chasse.
Jagd-Page, Page de Chasse.
Ingenieur-Hauptmann, Capitaine et Ingénieur de (pour) la Compagnie des gentils-hommes, Cadets etc.
Ingenieur-Lieutenant, Lieutenant du Corps des Ingénieurs.
Inspector, Inspecteur.

K.

Kaiser, Empereur.
Kaiserinn, Imperatrice.
Kaiserlich, Imperial.
Kaiserlicher Reichs-Hofrath, Conseiller de Justice du Saint Empire de S. M. Imperiale.
Kirchen-R.-h, Conseiller pour les Affaires Eccléfiastiques.
König, Roi.
Königinn, Reine.
Königlich, Royal.
Königl. Statthalter, Vice-Roi-Statthalter.
Korn-Schreiber, Ecrivain oder Commis au Magazin de Blé.
Kriegs-Cassierer, Caissier de Guerre.
Kriegs-Rath, Conseiller de Guerre.
Kriegs-Raths-Präsident, Président du Conseil de Guerre.

Kriegs-Zahlmeister, Trésorier de l'Armée.

Küchenmeister, Maitre, ober Intendant de la Cuisine.

Küchenschreiber, Ecrivain de Cuisine.

Kunst-Cämmerer, Inspecteur du Cabinet de Raretés.

Kupferstecher, Graveur en taille-douce.

L.

Land-Baumeister, Architecte provincial.

Land-Kammerrath, Conseiller de la Chambre du pays.

Land-Drost oder Hauptmann, Gouverneur de la Province ober du Pays.

Landgraf le Landgrave. Landgräfinn, la Landgrave.

Land-Hauptmann, Intendant Provincial de S. M.

Land-Jägermeister, Grand-Maitre de Chasse du pays.

Land-Physikus, Médecin ober Physicien Provincial.

Land-Rath, Conseiller Provincial, ober du Cercle de N.

Land-Rentmeister, Trésorier des Finances du Pays.

Land-Richter, Juge provincial.

Landschafts-Einnehmer, Receveur Provincial de N.

Landschreiber, Greffier de la Province de N.

Legations-Rath, Conseiller d'Ambassade.

Legations-Secretarius, Secrétaire d'Ambassade.

Lehns-Rath, Conseiller des fiefs, ober des affaires féodales.

Leib-Chirurgus, Chirurgien ordinaire du Roi, du Duc. etc.

Leib-

in den französischen Aufschriften. 499

Leib=Jäger, Véneur du Corps de S. A. S.

Leib=Medicus, Médecin ordinaire du N. oder Premier-Médecin.

Leib=Page, Page du Corps.

Leichen=Schreiber, Ecrivain de funérailles.

Licentiat, Licencié.

Licent=Einnehmer, Receveur de Licence.

Lieutenant, Lieutenant

M.

Magister, Maître ès Arts, oder en Philosophie.

Major, Major.

Maltheser=Ritter, Chevalier de l'Ordre de Malte.

Majestät, Majesté.

Marggraf, Marggrave.

Marggräfinn, Maggrave.

Marschall, Maréchal.

Mathematikus, Mathématicien.

Mechanikus, Fabricateur d'Instruments.

Medaillen=Verfertiger, Feseur de Médailles.

Medicus, Médecin.

Metropolitan Premier-Pasteur & Métropolitain du Diocèse &c.

Minier=Capitain, Capitaine de la Compagnie des Minières.

Minister, Ministre.

Monarch, Monarque.

Mühlen=Gegenschreiber, Contrôleur des Moulins.

Mühlen=Voigt, Administrateur des Moulins, Prévôt des Moulins.

Münzmeister, Maître des Monnoies.

Musik=Director Directeur de Musique.

Musterschreiber, Greffier de la Compagnie de Monf. le Capitaine N.

N.

I. Verzeich. d. vorneh. Titel

N.

Nonne, Religieuse du Couvent de N.
Notarius Publ. Notaire Public Imperial.
Nuncius, Nonce.

O.

Oberamtmann, Grand-Bailli.
Ober-Appellations-Gerichts-Advocat, Avocat de la Chambre oder du Tribunal des Appellations.
Ober-Appellations-Gerichts-Procurator, Procureur au Tribunal, oder à la Chambre des Appellations.
Ober-Appellations-Gerichts-Rath, Conseiller du Tribunal des Appellations.
Ober-Arzt, Premier Médecin.
Ober-Auditeur, Grand-Auditeur.
Ober-Aufseher, Premier Inspecteur.
Ober-Baumeister, Premier-Architecte.
Ober-Bereiter, Premier-Ecuyer.
Not. Ober, kann durch Grand, oder durch Premier füglich übersetzet werden, wenn es vor den Bedienungen stehet, welche eben nicht die größten, und der Bedienten nicht gar viele sind.
Ober-Vorsteher, Ancien oder Grand-Préfet de N.
Obrist, Colonel, zu Fuß d'un Regiment d'Infanterie, zu Pferde, de Cavalerie, Cürassierer, de Cuirassiers, Dragoner, de Dragons, leichte Reuterey, de la Cavalerie legere. der Artillerie, de l'Artillerie).
Obrist-Lieutenant, Lieutenant-Colonel.
Organist, Organiste.

P.

P.

Papſt, Pape, le Pontife.

Päbſtliche Heiligkeit, Sa Sainteté.

Pagen-Hofmeiſter, Gouverneur des Pages.

Pfalzgraf, Comte Palatin.

Pfarrherr, Paſteur, Miniſtre de la Parole de Dieu.

Pfennig-Steuer-Einnehmer, Receveur des Tailles.

Platz-Major, Major de Place.

Policey-Director, Directeur de Police.

Pontons-Capitain, Capitaine de la Compagnie des Pontonniers.

Poſt-Cammerſchreiber, Secrétaire du Bureau général des Poſtes.

Poſtmeiſter, Maitre des Poſtes.

Poſtſchreiber, Commis de Poſte.

Prälat, Prélat.

Präſident, Préſident.

Prediger, Prêcheur, Prédicateur, Miniſtre de la Parole de Dieu.

Prinz, Prince.

Prinzeſſinn, Princeſſe.

Prior im Kloſter, Prieur du Couvent.

Priörinn, Prieure du Couvent.

Probſt, Prévôt.

Pro-Cancellarius, Prochancellier.

Profeſſor Juris, Profeſſeur en Droit.

Profeſſor Medic. Profeſſeur en Médecine.

Profeſſor Theol. Profeſſeur en Théologie.

Profeſſor Philoſ. Profeſſeur en Philoſophie.

Profeſſor Eloqu. Profeſſeur d'Eloquence.

Profeſſor Hiſtor. Profeſſeur d'Hiſtoire.

Protonotarius, Protonotaire.

Procurator, Procureur

Pro-

Proviant-Commissarius, Commissaire des Vivres.

Q.

Quartiermeister, Quartier-Maître, oder Maître de logis des Trouppes.

R.

Rath, Conseiller.

Accisrath, Conseiller de l'Accise.

Amts-Cammerrath, Conseiller de la Chambre des Domaines.

Kirchen-Rath, Conseiller Ecclésiastique

Ober-Gerichts-Rath, Conseiller de la Justice Superieure.

Ober-Rath, Conseiller au Conseil supréme.

-Schatz-Rath, Conseiller des Finances.

Steuer-Rath, Conseiller des Tailles.

Stifts-Rath, Conseiller du Chapitre de N.

Vormundschafts-Rath, Conseiller de Tutelles.

Not. Die übrigen Titel der Räthe kann man in der Ordnung des Alphabets suchen.

Raths-Cämmerer, Trésorier du Magistrat de la Ville de N.

Rathsherr, Sénateur de la Ville de N.

Rathsschreiber, Greffier du Magistrat de la Ville de N.

Rechenmeister, Arithméticien.

Rechnungs-Schreiber, Greffier des Régistres.

Rechtsgelehrter, Jurisconsulte, ICte.

Rector, Recteur (einer Universität, Recteur de l'Académie, eines Gymnasii, du Collége,

ge, einer Schule, de l'Ecole de N.)

Referendarius, Référendaire, (geheimer Referendarius, Référendaire privé.)

Regierend, Regnant.

Regiments = Feldscheer, Chirurgien Major au Régiment de Monſ. le Colonel de N.

Regiments = Quartiermeiſter, Maitre des Logis au Régiment.

Regiſtrator, Régiſtrateur.

Reichsgraf, Comte du Saint Empire.

Reichs-Freyherr, Baron du Saint Empire.

Reichs-Fürſt, Prince du St. Empire.

Reichs-Poſtmeiſter, Grand-Maitre des Poſtes de Sa Majeſté Impériale etc.

Reichs-Schaßmeiſter, Grand Tréſorier de Sa Majeſté Impériale.

Reiſe-Prediger, Prédicateur ſur les Voyages de la Cour etc.

Rentmeiſter, Financier, Tréſorier des Finances, Intendant des Finances.

Rentſchreiber, Greffier de la Chambre des Revenues.

Requeten = oder Suppliquen-Meiſter, Maitre de Requêtes.

Reſident, Réſident.

Rheingraf, Rhingrave.

Ritter, Chevalier, Ordens-Ritter, Chevalier de l'Ordre de l'Eléphant, de Toiſon d'or, de Jarretiére etc.

Rittmeiſter, Capitaine des Cuiraſſiers au Régiment de Monſ. le Colonel N. au Service de N.

S.

Saalmeiſter, Maitre d'Hôtel

Salz-Caßierer, Caissier des Salines.
Salz-Factor, Facteur des Salines.
Salz-Inspector, Intendant des Salines.
Salz-Schreiber, Greffier des Salines
Salz-Commissarius, Commissaire des Salines.
Schatz-Rath, Conseiller des Finances.
Schichtmeister, Contrôleur des Mines.
Schiff-Capitain, Capitaine de Vaisseau.
Schloß-Hauptmann, Surintendant du Château.
Schöppen-Schreiber, Greffier de l'Echevinage.
Schultheiß, Prévôt.
Schulze, Maitre
Secretarius, Secrétaire.
Senior, Sénieur.
Silber-Meister, Garde de l'Argenterie.

Sprachmeister, Maitre de langue e. gr. Françoise, Italienne, Espagnole, Angloise etc.
Stabs-Secretarius, Secrétaire auprès du Généralat de Sa Majesté etc.
Staats-Minister, Ministre d'Ftat.
Staats-Rath, Conseiller d'Etat.
Staats-Secretarius, Secrétaire d'Etat.
Stadt-Arzt, Médecin de la Ville de N.
Stadt-Commendant, Commendant de la Ville.
Statthalter, Gouverneur, Statthalter etc.
Stadt-Physikus, Médecin ordinaire de la Ville de N.
Stadtschreiber Greffier de la Ville de N.
Stallmeister, Ecuyer.
Stallmeister beym König :c. Ecuyer ordinaire

In den französischen Aufschriften. 505

naire du Roi, du Duc etc.
Steiger, Premier-Mineur des Métaux.
Steuer-Director, Directeur des Tailles.
Steuer-Einnehmer, Receveur des Tailles.
Steuer-Rath, Conseiller des Tailles.
Steuer-Revisor, Reviseur des Tailles.
Steuer-Secretarius, Secrétaire des Tailles.
Stifts-Kanzler Chancelier du territoire de l'Eglise Cathédrale.
Stifts-Hauptmann, Intendant du Chapitre Grand-Bailli du tertoire de l'Eglise Cathedrale.
Stifts-Rath, Conseiller du Chapitre.
Stifts-Syndicus, Syndique du Chapitre de l'Eglise Cathédrale.
Student, Etudiant (en Droit, en Médecine, en Philosophie, en Théologie.)
Stück-Hauptmann, Capitaine d'Artillerie.
Stück-Junker, Gentilhomme ober Enseigne d'Artillerie.
Sub-Prior, Sous-Prieur
Superintendent Surintendant et Premier-Pasteur etc.
Syndicus, Syndique.

T.

Tanzmeister, Maitre de Danse.
Theologus, Théologien.
Trabanten-Hauptmann, Capitaine des Trabants etc.
Trank-und Steuer-Einnehmer, Receveur des Tailles & Impôts.
Truchseß, Porte-Plat, Senechal.

V. U.

Verordneter, Député.
Verschickter, Envoyé.

Stockhausens Grundsätze. Y. Ver-

Verwalter, Procureur, Administrateur.
Vestungs-Bau-Schreiber, Sécretaire des Fortifications.
Vestungs- und Land-Magazins-Inspektor, Inspecteur Général de tous les Magazins pour les Forteresses.
Vestungs-Proviant-Verwalter, Administrateur du Magazin des Vivres pour la Forteresse.
Vicarius, Vicaire.
Vice-Kanzler, Vice-Chancelier.
Universitäts-Buchdrucker, Imprimeur de l'Université.
Unterrichter im Gericht, Lieutenant de Juge.
Unüberwindlich, Invincible.
Voigt, Baillif, Prévôt.
Volontair, Volontaire.
Vorfechter, Prévôt de Salle des Armes.

Vormundschafts-Rath, Conseiller au Conseil des Tuteles.
Vormundschaftsschreiber, Actuaire de la Chambre de Tutele.
Vorsteher, (Administrateur) Président etc.
Vortrefflich, Excellent.

W.

Wachtmeister, Major, (General Wachtmeister, Général-Major.)
Wagenmeister im Kriege, Commissaire de Chariots de Guerre.
Wallmeister, Inspecteur des Remparts.
Wasser-Bau-Meister, Architecte des Fontaines.
Wechsler, Marchand-Banquier.
Weinhändler, Marchand de Vin.
Weltweiser, Philosophe.
Weyhbischoff, Initiateur.
Wildgraf, Wildgrave.

Wild-

In den französischen Aufschriften. 507

Wildmeister, Maitre de la Venaison Garde-Chasse.

Wittwe, Douairiere, (wird nur bey Standespersonen gebrauchet, Veuve bey Personen gemeinen Standes.)

Witthum-Rath, Conseiller des Domaines du Veuvage, oder du Douairierie.

Wohlehrwürdig, Réverend, bien Réverend.

Woywod, Palatin.

Wundarzt, Chirurgien.

Z.

Zahlmeister, Payeur.

Zehend-Gegenschreiber, Contrôleur de la Dime des Revenues des Mines.

Zehnder, Receveur de la Dime des Revenues des Mines.

Zeug-Auditeur, Auditeur de l'Artillerie.

Zeug-Hauptmann, Capitaine d'Arsenal, oder d'Artillerie.

Zeug-Lieutenant, Lieutenant d'Arsenal, auch d'Artillerie.

Zeugmeister, Maitre d'Arsenal, Maitre de l'Artillerie.

Zeugschreiber, Ecrivain de l'Arsenal, oder de l'Artillerie.

Zeugwärter, Inspecteur oder Garde d'Artillerie.

Zinsenmeister, Maitre de la Caisse.

Zollbereuter, Contrôleur des Gabelles.

Zolleinnehmer, Receveur des Gabelles.

Zollschreiber, Greffier du Péage.

Zollverwalter, Inspecteur de la Douane.

gemeiniglich bey den trassirten Wechseln gegeben, damit solchen derjenige, auf den sie gezogen worden, desto eher Glauben beymessen möchte.

Afrikanische Waaren, sind Gold, Perlen, allerhand Materialien, Früchte, vieles Korn, wilde Thierhäute, Straussenfedern, Elephantenzähne, ja so gar Menschen und meistentheils Mohren, die wie das Vieh aufgekauft und nach America in die Dienstbarkeit verführet werden. Die dagegen nach Africa gehende Waaren sind vielerley Europäische Manufacturen von Seide, Wolle, Leinen, Eisen und Holz, die mit gutem Profit an die Wilden vertauschet werden.

Agio, Aufwechsel, ist das Geld, welches man zu einem schlechten zulegen muß, wenn man besseres dafür haben und einwechseln will.

Alligatio, Regula alligationis, eine Vermehrungsrechnung, welche in gewisser Vermeng- und Zusammensetzung unterschiedener und im Preise oder Gestalt ungleicher Waaren lehret, wie viel in einer etwa begehrten Quantitæ̈t von einer jeden Gattung solcher Waaren das Schiffpfund oder die Last, durcheinander gelten soll.

Alloi, ist der Zusatz in der Münze, oder der Gehalt derselben, wird auch die Lige genennet. Man sagt: Die Münze ist von guter Alloi, von gutem Gehalt.

Al

Al pari oder au pair, ist Geld um Geld, wenn nämlich kein agio, gerechnet oder gegeben wird. Als wenn mir einer für ein Pf. Sterl. so ich ihm in Engelland geliehen, 4½ Rthlr. oder 3⅓ ßl. wieder bezahlet. So bald er mir aber 34. oder 35. ß. geben muß, so ist es über pari, und so er mir unter 33⅓ giebt, ist es unter pari.

Alterum tantum, wenn die Zinse dem Kapital gleich hoch aufgewachsen ist.

Americanische Waaren, sind ausser verschiedenen Specereyen, unterschiedene Arten von Holz zur Arznep und zum Färben, Varinas-Knasters-Virgin- und Brasilischen Toback, Indigo, Cacao, Cochenille, Vicogne-Wolle, Campeßholz, trockene und gesalzene Küh- und Ochsenhäute, Demanten, Schmaragden, Silber, Gold und Perlen; wogegen allerhand Europäische Waaren mit grossem Gewinn, insonderheit von den Schleichhändlern, eingetauschet werden.

Anatocismus, wenn Zins auf Zins gerechnet wird.

Apalto, Pacht, Verpachtung eines Gutes, Zolls ꝛc.

Arabische Waaren, sind Weirauch, Myrrhen, und viele andere Arten Gummi, Caffee, Balsam, Aloe, Drachenblut ꝛc. welche die Araber den Europäern gegen Gewürz, englische Tücher ꝛc. verhandeln.

Arr-

Arrha, Kauffchilling, oder was man einem Advocaten bey seiner Annehmung zum ersten Handgelde giebt.

Arrentiren, verpachten, in Pacht nehmen. **Arrentator,** der Pachtsmann.

A Salvo, wohl behalten.

Aſiatiſche Waaren, ſind meiſtentheils vielerley Arten von Gewürz, herrliche Früchte und Materialien, welche die Oſtindiſche Compagnie in Holland aus Japan, China, Ceylon, Pegu, und andern Orten und Inſeln mehr heraus bringet: desgleichen, viele Elephantenzähne, Seide, türkiſch Garn, eine groſſe Menge Cottun, ſeidene Atlaſſe und andere Stoffen, koſtbare Tapeten, Kamelhaare, Biſam, Bezoar, Edelſteine, Perlen ꝛc. wogegen die Europäer Wein, Bier und andere Getränke, feine Locken, allerhand Kramwaaren, inſonderheit baar Geld geben.

Aſſecuriren, verſichern, das iſt, Güter die über See gehen, für eine gewiſſe Belohnung verſichern, daß, wenn ſie zu Grunde gehen, oder genommen werden, man ihren Werth bezahlten wolle.

Aſſigniren, anweiſen; Geld auf dieſen oder jenen aſſigniren.

Aſſortiren, ausſondern, durchs Loos auslosen: **Aſſortirung,** die Ausſonderung.

Avance, heiſſet bey den Kaufleuten der Gewinn der ihnen in ihrer Handlung zuflieſſet.

B.

Ballon, Ballat, Collo, allerley Kaufmannswaaren, die man in Matten oder Leinwand einschlägt, und über Land und Wasser verschicket.

Banco, ist ein bequemes gewisses Haus, wohin die Kaufleute in den größten Handelsstädten ihre Gelder bringen, solche daselbst auf ihre Rechnung schreiben lassen, den, welchem sie hernach schuldig sind, darauf anweisen, und, wer ihnen zu bezahlen hat, auflegen, solches Geld nur auf ihre Rechnung in Banco schreiben zu lassen. Denn hierdurch werden sie von der Sorge befreyet, daß sie sich mit vielem Geldzählen aufhalten müssen, oder daß sie bös Geld empfangen, oder daß es ihnen gar in ihren Häusern gestohlen werde.

Bancogeld, ist dasjenige, welches nur in Banco angenommen wird, und in gewissen bestimmten Sorten bestehen muß.

Barattiren, heißt tauschen, eine Waare gegen die andere verstutzen. Baratto, ein Tausch.

Bausch und Bogen, heisset beym Verkauf dieses, wenn man für alles und jedes überhaupt eine gewisse Summe bezahlet, und keine besondere Taxe auf jedes Stück insonderheit eingehet.

Bilanz, eine Schlußrechnung, oder Waagschaale, da Debet und Credit, wenn recht übergetragen ist, gleich aufgehn muß.

Böh=

Böhmische Waaren, sind meistentheils Korn, Vieh und Hopfen, Garn, Wolle, allerhand Metalle und köstliche Steine, worunter die sogenannten Böhmische Demanten, Smaragden, Amethisten, Saphiren, Jaspis und Granaten, welche letztere fast besser, als die Orientalischen sind.

Bonificiren, gut thun und ersetzen.

Brutto wird eine Waare genennet, wie sie noch in Sack und Fässern stehet, oder so lange sie noch nicht rein gemacht ist.

C.

Calculo, Rechnung, calculiren, rechnen, Ueberschlag machen. Salvo errore calculi, das ist, mit Vorbehalt, wenn ich mich sollte verrechnet haben, daß ichs wieder verändern darf.

Camblo, oder Change, ein Wechsel.

Cancelliren, aus und durchstreichen.

Capitalbuch, ist bey den Kaufleuten ein besonderer Auszug aus dem Journal oder Tagebuche, darinn ein jeder Punkt mit kurzen, jedoch deutlichen Worten getragen wird.

Captur, Befehl, ist ein von der Obrigkeit ausgebrachter Befehl, einen flüchtigen oder nicht pfandbaren Schuldner ohne fernere rechtliche Erkenntniß in Verhaft zu nehmen, und bis zu geschehener Bezahlung darinn zu behalten.

Carte blanche, eine Vollmacht, auf einem unbeschriebenen Bogen mit der bloßen Unterzeichnung des Namens und kurzer Anführung desjenigen, weswegen man sich unterschreibet. Darauf der andere hernach die Sache, worüber ihm Vollmacht gegeben wird, mehr ausdehnen und ausführlicher beschreiben kann.

Cassiren, aufheben, abschaffen.

Cadastra, die Steuerbücher, was ein jeder von seinen Gütern versteuren muß.

Careling, Gabelung, bedeutet am Rheinstrome das Sortiment der Rheinischen Weine, welche in öffentlichem Ausrufe durchs Loos sollen verkaufet werden.

Certificat, ein gerichtliches und durch einen Notarius ausgestelltes Zeugniß über versendete oder beschädigte Güter und Waaren.

Chalant, ein Kundsmann mit dem man gewohnt ist zu handeln.

Chinesische Waaren, welche ausgeführet werden, sind Seiden, seidene Stoffen, Kupfer, Stahl, Eisen, und allerley aus diesen Metallen gearbeitetes Handwerszeug und Geschirr, Baumwolle, Cottunen, schöne Camelotten, Hanf, Leinewand von Hanf, sehr feines Gold in grosser Menge, kostbare Edelsteine, schöner Marmel, Adler, Rohes und Färbholz, desgleichen Ebenholz, Zucker, Mosch, Thee, eingemachter Ingber, Radix Chinæ, Rhabarbar, Bernstein, röthlicher Amber, Porzellain und andere Gefässe, von feiner Erde, Schränke, Schabollen, und andere lackirte Arbeit.

und üblichsten fremden Handelsw. 515

Ciuilegium, ist ein Beweis, den die Stadtobrigkeit ihren Kaufleuten giebt, daß solche Bürger und Einwohner ihrer Stadt sind.

Clabberbuch, ein Buch, darinn man alles untereinander und obenhin einschreibet.

Chariren, heißt eine Rechnung mit jemand richtig machen; oder auch den Zoll für die Schiffe entrichten.

Compraes, der Mitbürge.

Compromittiren, es auf den Ausspruch guter Männer ankommen lassen.

Connollsement, ist ein Frachtbrief zur See der dem Schiffer über die in sein Schiff geladene Güter gegeben wird.

Consigniren, an einen überschreiben, adbreßiren, abgehen lassen, sein Zeichen darauf machen.

Consort, ein Compagnon, der mit einem in gleicher Handlung stehet ꝛc.

Contant, baar, contant, kaufen, für baar Geld kaufen und keine Zeit dazu bedingen.

Conto, eine Rechnung. Es giebt derselben verschiedene als z. E. Conto courant, eine baare Geldrechnung; Conto oder Compagnie, der Zeit, der Wechsel, und dergleichen.

Contoir, eine Schreibstube.

Contrebande, verbotene Waaren.

Copie-Buch, Copeybuch, ist bey Kaufleuten ein Buch, darinn alle Briefe copiret und eingeschrieben werden.

Costi, s. a Costi.

Cours, ist insonderheit der Lauf der Wechselgelder.

Courant-Geld, ist die kleine Münze, die man in einer Stadt auf dem Markte, in den Kramsbuden, Wirthshäusern ꝛc. ausgiebt.

Credit-Briefe, sind Schreiben, womit die Kaufleute jemand bey andern empfehlen, daß ihm entweder Geld oder Waaren, allezeit offene Cassa ꝛc. gegen Vorzeigung einer Handschrift und Siegel, eines Reverses ꝛc. oder auch schlechterdings möchte abgefolget werden.

Curländische Waaren, sind Korn, Holz und Leinsamen.

D.

Deballiren, auspacken.

Debit, Abgang der Waare.

Decourtiren, abkürzen, abdingen.

Dediren, etwas in der Rechnung austhun, oder das Debit vorsetzen.

Defalciren, abziehen, abkürzen.

Designation, ein Verzeichniß der Waaren, die man einem geschicket hat.

Deualuiren, absetzen, die Münze verrufen.

Discontiren, Diskontriren, ist so viel als rabattiren oder abziehen, von einer vor der Zeit bezahlten oder zu hoch angesetzter Rechnung etwas abkürzen.

Discretion, eine Erkenntlichkeit, Verehrung.

Dispesciren, streitige Rechnungen von einander theilen, und jedem das seine zusprechen. Ein Mann

Mann, der dazu geordnet wird, pfleget Dispascheur genennet zu werden.

Dito, eben dasselbe, derselbe Tag, oder dieselbe Person; die schon eben genennet worden.

E.

Emballiren, einpacken, Emballage, das ist, Matten, Stroh, Strick, Wachsthum ꝛc. Emballeur, Einpacker.

Endossiren, einen Wechsel an einen andern übertragen. Solchen Transport hinten auf den Rücken zeichnen, heißt ein Endossement, drauf machen.

Euinciren, einem Kaufmann ein Gut mit Recht abgewinnen, welches zuvor auch dem Euincenten zugestanden.

Excheßer, ist die Banco in Londen.

F.

Fabrique, Verfertigung einer gewissen Waare.

Facit, bedeutet den Belauf und die Summe einer gewissen Rechnung, wie auch das Absehen und den Ausgang eines Dinges.

Façon, der Arbeitslohn, wie auch die Art und Gestalt eines Dinges.

Factor, ein Kaufmann, der einen andern für die Provision bedienet, daher kömmt Faktoreyhandlung, wenn man anderer Leute Waaren ein- und verkauft.

Factura, ist die Rechnung, die ein Faktor über die auf Befehl seines Committenten eingekauften Güter sendet.

Falliment, ein Austritt, Banquerot; daher sagt man: er ist Fallit.

Fidiren, trauen, Credit geben.

Fracht, heißt die Ladung der Schiffer und Fahrleute, daher der Brief, welcher einem Fuhrmann über solch aufgeladenes Gut mitgegeben wird, ein Frachtbrief heisset.

Fustl, das Unreine an einer Waare.

G.

Gespanschaft, wenn etliche Fuhrleute mit einander fahren.

Gouverno, Macht, Gewalt, Nachricht; per Gouverno, zur Nachricht.

I.

Incourant, ungebräuchlich; incourante Waaren.

Indoßiren, einen Wechsel an einen andern an Zahlungs statt überschreiben.

In natura, eigentlich in der Beschaffenheit und in dem Stande, wie man ein Ding, und welches man empfangen, wiedergegeben.

In solidum, einer für alle und alle für einen.

In solutum, anstatt Zahlung etwas annehmen.

In sortem computiren, zur Hauptsumme schlagen.

Interessent, der an einer Sache Theil hat.

Inventarium, ein Verzeichniß über Effekten und Güter, die ein Kaufmann in seinem Handel und Wandel hat.

Iournal, das Buch, aus welchem man die Handelsposten in das Hauptbuch überträgt.

Irrländische Waaren, sind eingesalzen Rindfleisch in Tonnen, Butter, Unschlitt, Ochsen=

und Kuhleder, Frieß, Ratin, wollene Stoffe und Leinwand.

K.

Kurze Sicht heißt bey den Kaufleuten, wenn ein Wechsel dergestalt gezogen wird, daß er nur zween bis drey Tage, nachdem er präsentirt und acceptiret worden, dem Präsentanten oder Innhaber bezahlet werden soll.

L.

Lager nennen die Kaufleute ihre anderwärts in Commißion gesandte Waaren. Daher kömmt Lager-Conto.

Lagio, s. Agio.

Largo, weitläuftig.

Laus Deo, die gewöhnliche Ueberschrift der Rechnungen.

Leonisch Gold oder Silber, das falsch und unächt ist.

Licet, Auflage auf Waaren.

Liefländische Waaren, bestehen in Hanf, Flachs, Leinsaat, Leder, allerhand Holzwaaren, Korn, Grütze, Talch, Theer, viele rußische Waaren, Pelzwerk und Juchten.

Liquidiren, richtig machen, abrechnen.

Lombart, Lommart, Pfand-Leih- oder Accidenz-Haus, Lehn-Banco.

Lorrenbreyer, heißt man diejenigen, welche sich heimlich durchschleichen, ohne Paß oder ohne berechtiget zu seyn, auf verbotene Länder fahren oder handeln.

M.

M.

Malversation, Untreue, Verbrechen.

Mandatarius, Befehlhaber, Anwald.

Manuale, ein Handbuch, kann die Klabbe oder Memorial genennet werden, welches man gebraucht, um dasjenige, was täglich in der Handlung vorgehet, einzuschreiben.

Manufactur, allerhand durch Menschenhände verfertigte Waaren.

Mascopey, bedeutet einen Contract, da zween oder mehrere einig werden, ihr Vermögen oder auch ihre Mühe und Arbeit auf gemeinen Gewinnst oder Verlust zusammenzusetzen.

Massiv, dicht und dicke.

Materialia, allerhand Specerey.

Monopolium, da einer allein eine Waare zu verkaufen Freyheit hat.

Mundiren, rein abschreiben.

N.

Netto, lauter, bebungen.

Niederlage, ist in Seestädten ein bequemer und sicherer Ort, um die Waaren aus den Schiffen dahin zu bringen.

Norwegische Waaren, sind Mastbäume und allerhand Holz, Eisen, Kupfer, Pech, Harz, trockene und gesalzene Fische, Pelzwerk, Bocksleder, Asche, Butter, Salz ꝛc.

Notiz, heisset bey Kaufleuten ein schriftlicher Aufsatz, welchen derjenige Mäkler, durch welchen ein Wechsel, mit beyderseits Contrahenten Genehm-

und üblichsten fremden Handelsw. 521

nehmhaltung geschlossen worden, unter seinem Namen von sich giebt.

O.

Octroyren, erlauben, Freyheit geben; daher Octroy, ein Privilegium, eine octroyrte oder privilegirte Handels-Compagnie.

P.

P. P. bedeutet praemissis praemittendis, wenn man etwa einen Titel in einem wiederholten Brief oder Rechnung nicht ganz ausschreiben oder wiederholen will.

Parere, ein Kaufmännisches Gutdünken, welches über einen vorgegebenen Fall (in welchem die interessirten Personen nicht bey Namen genennet, sondern mit A. B. C. ꝛc. bezeichnet werden) die Kaufleute, denen solcher Fall zu erwägen vorkömmt, und ihre Meynung schriftlich darüber zu geben, zugesendet wird.

Pari s. Al pari.

Partcipanten, Hauptparticipanten, werden in den Ost- und West-Indischen Compagnien diejenigen genennet, welche das meiste Geld darzu herschiessen, aus welchen nachgehends die Häupter derselben, welche man Directores oder Bewindhebber nennet, erwählet werden.

Partie, Partey wird in der Kaufmannschaft von Waaren und Gelde, das abgeredet oder bedungen worden, gebraucht.

Part, Theil; a parte, insonderheit.

Pas-

Paſſato, verwichenen Tag oder Monat.

Patron, iſt der Herr oder Principal in der Handlung ꝛc.

Percelen ſind in einer Rechnung jede Poſten oder Reihe, die aufgezeichnet, und davon die Summe ausgeworfen iſt.

Per Poſta, auf der Poſt.

Per Saldo, an baarem Ueberſchuß.

Perſianiſche Waaren ſind Myrrhen, Weihrauch, Manna, Arabiſcher Balſam, Bezoar, Gold, Perlen, Edelſteine, Seide, feine Stoffe und Teppiche, Gold-und Silber-Brocade, Elfenbein, Tiger-und Löwen-Felle.

Placat, ein öffentlicher Anſchlag, obrigkeitlich Mandat.

Placidiren, gut heiſſen, ſich gefallen laſſen.

Plantagien, die Pflanzungen, wird gemeiniglich von dem Anbauen der unbewohnten Länder geſagt.

Polniſche Waaren beſtehen in Korn, Gerſte, Hafer ꝛc. Wolle, Hanf, Hopfen, Häute, Pelzwerk, Honig, Wachs, Agtſtein, Maſten, Bauholz, Salz und andern Mineralien, wie auch Pferden, Ochſen ꝛc.

Police, iſt die Verſchreibung, welche diejenigen, die anderer Leute Güter zur See für eine gewiſſe Belohnung verſichern, von ſich ſtellen.

Polipollum, heiſt, wenn viele in einer Stadt mit einer Waare handeln, von welcher ſich
doch

doch kaum einer daselbst ernähren kann, dadurch denn einer den andern verdirbt.
Pommerische Waaren sind Korn, Leder, Wolle, Mastbäume, Bauholz, und allerhand Fische.
Post, eine Summe Geldes ꝛc.
Præjudiciren, nachtheilig seyn ꝛc.
Præsentiren, wird von Wechselbriefen gesaget, wenn dieselben von dem Innhaber des Briefes, demjenigen, der die Zahlung thun soll, zur Acceptation vorgezeiget werden.
Prævaliren, heißt bey der Handlung sich zum voraus und besserer Sicherheit wegen, Geld, übermachen lassen.
Preußische Waaren sind Stabholz, Korn, Leder, Pelzwerk, Reiß, Honig, Bernstein, Wachs ꝛc.
Priorität, ist in Concursachen der Vorgang, welcher Gläubigern vor dem andern solle bezahlet werden.
Prise, ist ein erbeutetes Schiff.
Procuriren, verschaffen, für andere handeln.
Product, heisset bey den Kaufleuten der Belauf oder die Summe welche heraus kömmt.
Profit, ein Gewinn.
Proper-Handlung, da man allein für sich handelt, ohne jemand in Commißion zu bedienen.
Propolium, ein Vorkauf, vermittelst dessen gewinnsüchtige Kaufleute vor den andern die

Waare

Waare weglaufen, daß dieselben nichts davon bekommen, sie aber als Vorläufer solche hernach desto theurer verkaufen mögen.

Prouidiren, versehen, einen mit frischem Gute prouidiren.

Prouision, die Belohnung, die man einem giebt, ein oder mehr von Hundert, daß er Waaren für uns eingekauft oder verkauft, für das Geld Bürge geworden, oder für uns Gelder empfangen und wieder ausbezahlt.

Q.

Quantum, die Summe des Belaufs.

Quinquennellé, ein Eisern-Anstand oder Fristungsbriefe.

Quittiren, lossprechen, loszählen.

Quota, ein Theil.

Quotieus, ist in der Rechnung die dritte Zahl, die herauskömmt, wenn ein Zahl durch eine andere abgetheilet wird.

R.

Rabatt, ein Abschlag, da man auf eine Waare am Gewicht oder Preise nachläßt, daher rabattiren, abziehen, abkürzen.

Raffiniren, ins Feine bringen; daher heissen Raffineurs diejenigen, welche den Puderzucker oder die Mascovade läutern, und Hutzucker daraus machen.

Rata, die Zulage, der gebührende Antheil oder Beytrag.

und üblichsten fremden Handelsw. 525

Recepisse, ist ein Schein, der dem Boten gegeben wird, zum Zeugniß, daß er etwas eingeliefert habe.

Reclamiren, einen Anspruch auf etwas, z. E. aufgebrachte Schiffe ꝛc. machen.

Recta, gerade zu.

Redhibiren, das Gekaufte dem Käufer gegen Erlegung des Kaufgeldes wiedergeben.

Redrosiren, wiedererseßen ꝛc.

Reder, der Eigenthümer eines Schiffes, dem dasselbe zugehört.

Registriren, jede Briefschaften ordentlich an ihre Stelle setzen.

Regreß, eine Wiedersuchung eines erlittenen Schadens.

Reliqua, prästiren, heißt bey Kaufleuten beweisen, wie man ein anvertrautes Gut verwaltet habe, um das noch vorhandene, der Rechnung gemäß, ohne Betrug und List, seinem Committenten und Principalen herauszugeben und wieder zu erstatten.

Remittiren, Geld übermachen, daher Remisse, ein übermachter Wechsel, Remittent, einer der Geld durch Wechsel übermacht.

Renten, jährliche Einkünfte.

Rescondriren, gegeneinander abrechnen, oder im Journal nachsehen, ob alle Posten wohl übergetragen seyen.

Respit, Respect- oder Discretionstage, ist die Zeit nach dem verfallenen Wechselbriefe, so

we-

wegen der Bequemlichkeit des Schuldners, demselben die Zahlung des Briefes zu erleichtern, gesetzt wird.

Restanten heissen bey Kaufleuten sowohl die ausstehenden Schulden, als noch unverkauften Waaren Resto, pro Resto, der Ueberschuß des Geldes oder einer Rechnung, nach geschehenem Abzuge.

Retour Waaren, sind diejenigen, die man für andere in fremde Länder versagte Waaren, wieder zurück bekommt. Mit Protest retourniren, wird gesagt, wenn ein Wechsel an dem Orte, wo er hingezogen worden, nicht acceptiret wird, sondern mit Protest zurück kömmt. Es werden auch auf Wechsel gegebene Gelder retourniret, wenn sie demjenigen, der sie bezahlen soll, auf einen neuen Wechsel wieder zurück gegeben werden.

Revaliren heißt in Wechselsachen, sich wegen der gethanen Acceptation und Zahlung eines Wechsels, an seinem Trassanten oder Indossenten, wegen Kapital, Interesse, Unkosten und Rückwechsel wieder erholen.

Revers, eine Gegenverschreibung, daß man dasjenige, was einem zugemuthet oder aufgeleget worden, leisten wolle.

Ricapitiren, einen Brief oder Packet überantworten, überliefern.

Risco, die Gefahr, Wage, der Hazard. Daher risquiren, etwas wagen.

Ritrato, das Einnehmen der Rückwechslung bey den Kaufleuten.

Rouliren, wechseln, umlaufen.

Rußische Waaren bestehen hauptsächlich in kostbarem Pelzwerk von Zobeln, Hermelin ꝛc. Juchten, Wachs, Pech, Mastbäumen ꝛc.

S.

Saldiren, richtig machen; eine Rechnung saldiren.

Schiffpfund, ein Gewicht, wornach schwere Lasten gerechnet werden, und hält ungefähr 300. Pfund in Holland.

Schiffsladung hält 100. Last, deren jede 12. Schiffpfund ausmachet.

Schiffspart, das Antheil, welches ein Reeder an einem Schiffe hat.

Schlesische Waaren sind allerhand Flachs und Hanf, Leinewand, Damast, Tuch, Wolle, Korn, Gold, Silber, Kupfer, Eisen, Bley, Steinkohlen.

Schlupkauf, Schleichhandel, ungewöhnliche, verdächtige Kaufmannschaft, dergleichen mit Contrabanden oder verbotenen Waaren geschiehet.

Schwedische Waaren bestehen meistens in Eisen, Meßing, Kupfer, und allerhand aus dergleichen Materialien verfertigten Sachen; in Pech, Theer, Fischen, Leder von Rennthieren und Elenden.

Schweizerische Waaren bestehen größtentheils in seidenen und wollenen Manufacturen, Flöhren, Crepon, Wollwaaren, Leinewand ꝛc.

Secret-Buch, ein geheimes Buch, in welches ein Kaufmann allein einschreibet, was sein Buchhalter, Frau und Diener, nicht wissen sollen.

Secunda, der andere Wechselbrief.

Sola, ein einiger Wechsel, da kein prima und secunda ist.

Sortement, eine auserlesene Parthey Waaren; da alles, was zusammen gehöret, beysammen ist. Er ist wohl sortirt, d. i. mit allerhand frischen Waaren versehen.

Sordiren, ausschliessen, die Waaren oder Gelder nach ihren Gattungen legen, und in Ordnung bringen, daß man solche bald finden könne; desgleichen sich mit Waaren versehen.

Spallier, die Auskleidung eines Zimmers.

Spanische Waaren sind ausserdem bekanntlich, als die aus America kommenden Gold, Silber, Edelsteine, Cacao ꝛc. die spanischen Weine, Wolle, Oel, Oliven, Mandeln, Feigen, Rosinen ꝛc.

Spargiren, ausbreiten, ein Gerücht aussprengen.

Species, sind insonderheit die groben, guten und nach des Reichs-Fuß Schrot und Korn geschlagene Rthlr.

Spediren

Spediren, ein Gut weiter weg und absenden.
Spesen, Unkosten, Aufwand.
Stab, ein gewisses Ellenmaß.
Stabholz, werden die Tauben genennet, aus welchen die Weinfässer zusammengesetzt werden. Man hat desselben dreyerley Gattung, als Pipenstäb, Oxhoftstäb, und Tonnenstäb.
Sranti, der instehende Monatstag.
Stapel, ist das Recht, daß die vorbeyfahrenden Waaren an einer Stadt, die das Stapelrecht hat, gewisse Tage zum Kauf müssen ausgeleget werden.
Strandrecht, Grundrecht, heisset das Recht, vermöge dessen der Landes=oder Strandesherr von den Gütern derer, die Schiffbruch erlitten haben, ein Gewisses bekommt.
Stylo novo, nach dem neuen Kalender, Stylo veteri, nach dem alten; wird auch in Briefen nur so bezeichnet: S. N. und S. V.
Succumbenzgelder, eine gewisse Summe, die ein Appellant zum voraus erlegen, und wenn er sachfällig wird, zur Strafe verlieren muß.
Super-Interesse, Zins von Zins.
Syndiciren, tadeln, beflügeln.

T.

Tablettrdger heissen solche Leute, welche allerhand Waaren zum feilen Kaufe am Halse herum tragen.
Taille, eine Schaßung.

Stockhausens Grundsätze.   3   Ta-

Tara, die Abzugsrechnung, lehret, wie man das Gewicht der Fässer und anderer Emballage, nebst dem guten Gewicht, wenn die Waare noch eingepacket ist, gebührend abziehen, und den Werth des übrigen ausrechnen solle.

Tariff, eine Zollrolle.

Tergiveesiren, hinter dem Berge halten, Zeit und Ausflüchte suchen.

Tourniren, ausfallen, gelingen. Es tournirt nicht a Cento, heißt, es giebt schlechte Rechnung, es fällt nicht nach Wunsch aus.

Trafic, Handlung.

Trassiren, stutzen, Waaren gegen Waaren vertauschen.

V.

Valuta, der Werth eines Dinges.

Vidimiren, die Abschrift eines Briefes durch einen Notarius bekräftigen lassen.

Vista à Vista, auf Sicht, d. i. den Wechsel gleich bezahlen, sobald er präsentiret worden.

Usance, Gebrauch, A uso auf 14. Tage Sicht, auf weit entlegene Oerter, 4. Wochen ꝛc.

W.

Wardein, ein geschworner Münzprobierer.

Wardiren, schätzen.

Inhalt
des ganzen Buches.

Die **Einleitung** zeiget
1. Was ein Brief und ein Briefsteller   S. 9
2. Die bekanntesten Briefsteller
    a) Die Anweisung zum Briefschreiben gegeben
       a. Unter den Deutschen   11
       b. Unter den Franzosen   12
    β) Die Muster guter Briefe enthalten
       a. Unter den Franzosen   12
       b. Unter den Italiänern   14
       c. Unter den Deutschen   15

Inhalt des ganzen Buches.

3. Den allgemeinen und besondern Nutzen der Briefe. S. 16
4. Die Verbindlichkeit gute Briefe zu schreiben 20
5. Die Hülfsmittel dazu 24
 α) Gute Muster von Briefen fleißig zu lesen, ebendas. 24
 β) Wie man dergleichen aus fremden Sprachen übersetzen müsse 27
 γ) Wie man sie nachahmen soll 47
 Daß man sich einen Entwurf von dem Zusammenhang der Gedanken mache 53
 ε) Daß man sich ein ordentliches Concept von dem ganzen Briefe mache 54
 ζ) Daß man auf die Fehler in fremden Briefen Achtung gebe 55
9. Ordnung des Werkes, welches aus drey Theilen bestehet 57

Der erste Theil, welcher von den allgemeinen Eigenschaften wohlein=

Inhalt des ganzen Buches.

eingerichteter Briefe handelt, fasset fünf Hauptstücke in sich.

I. Von der Erfindung eines Briefes überhaupt, dazu gehöret
1) ein ordentliche und zusammenhängende Art zu denken S. 63
2) daß man der Sprache mächtig sey 67
3) daß man die allgemeinen Regeln der Redekunst verstehe 69
4) eine gute Einsicht in die Sittenlehre und Bewegungen des menschlichen Herzens 70
5) eine deutliche und lebhafte Vorstellung der Absicht oder Gelegenheit 73
6) Exempel von der alten Einrichtung nach den Weisianischen Chrien, und eine Beurtheilung derselben 76

Worinn die Kunst Briefe zu schreiben bestehe 89

Inhalt des ganzen Buches.

   α) die verschiedenen Regeln
      derselben   S. 89
   β) worinn das innere und
      äussere derselben bestehe   91
II. Von dem Eingang eines
    Briefes, wobey bemerket
    wird
  1) dessen Nothwendigkeit   93
  2) dessen innere Beschaffenheit 95
  3) dessen Länge und Ausdehnung   97
  4) dessen Einkleidung   99
  5) dessen Vollkommenheit   104
III. Von dem Inhalt und Beschluß eines Briefes.
  1) Der Inhalt ist entweder
     einfach oder vielfach   106
  2) Die Verbindung desselben
     mit dem Eingang und Beschluß   107
    α) Bey Briefen von einfachem
       Inhalt   109
    β) Bey Briefen von vielfachem
       Inhalt   111
  3) Einrichtung des Beschlusses 114

Inhalt des ganzen Buches.

IV. Von der Schreibart in Brie=
   fen. Hier kommt vor
   1. Der Ausdruck, und zwar
      a) die Erklärung derselben S. 115
      b) die Eigenschaften desselben
         als
         α) er muß deutlich seyn   117
         β) er muß vernünftig seyn   122
         γ) er muß lebhaft seyn   123
         δ) er muß edel seyn   126
   3) Die Schreibart,
      α) Ihre guten Eigenschaften
         bestehen darinn
         a) daß sie rein sey   129
         b) vernünftig und wohl
            verknüpft   ebendas.
         c) durch Unterscheidungs=
            zeichen wohl abgetheilt 133
         d) periodisch   134
      β) Ihre Eintheilung
         a. in Ansehung der Wort=
            fügung in die lakonische,
            attische, asiatische, und
            rhodische Schreibart   138
         b. in Ansehung des Aus=
            drucks, in die erhabene,

Inhalt des ganzen Buches.

    niedrige, und mittelmä-
    ßige Schreibart   S. 139
  γ) Welche die beste unter
    denselben   141
  δ) Wie man zu einer guten
    gelange   ebendas.
  ε) Sie sind zur Vollkommen-
    heit eines Briefes nöthig 143
  ζ) Wie weit sich die Schreib-
    art nach der mündlichen
    Unterredung richten müsse 143

V. **Von der Courtoisie und
Eintheilung der Brie-
fe überhaupt.**
1. Erklärung der Courtoisie 147
   Wobey man zu bemerken hat
  a) die Titulatur   149
    α) den gehörigen Gebrauch
      derselben überhaupt   150
    β) in den auswendigen Auf-
      schriften   155
    γ) in andern Wörtern der
      Höflichkeit   156
  b) andere äußerliche Bestim-
    mungen nach dem Wohlstande 158
2. Mittel zu ihrer Erlernung 159

Inhalt des ganzen Buches.

3. Ihre Regeln sind zufällig, und ändern nichts in dem Wesentlichen eines Briefes S. 160
4. Die Eintheilung der Briefe ist verschieden
   a) in Ansehung der Personen, an welche man schreibet 162
   b) in Ansehung des verschiedenen Inhalts 162

Der zweyte Theil, welcher von den verschiedenen Arten der Briefe handelt, fasset neun Hauptstücke unter sich, als

I. Von Complimentschreiben und scharfsinnigen Briefen
  1. Allgemeine Grundsätze derselben 171
  2. Verschiedene Gattungen derselben 177
    α) Glückwunschreiben 178
    β) Beyleid-oder Condolenzschreiben 184
    γ) Danksagungsschreiben 197
    δ) Liebesbriefe 203
    ε)

Inhalt des ganzen Buches.

e) Scharfsinnige oder galante
 Briefe S. 216
 α) Erklärung derselben ebendas.
 b) Ursprung ihrer Benennung 220
 c) Ob sie überall Platz finden
  ebendas.
 d) Welche Muster davon zu lesen 221
 ζ) die sogenannten Charakterbriefe 234
II. Von geschäfftlichen Briefen 235
 1. Bittschreiben,
  a) Ihre Grundsätze und Erläuterungen 236
  β) Arten derselben
   a) Suppliquen 238
   b) Memoriale 239
  γ) Exempel 240
 2. Einladungsschreiben 243
  a) Ihre Grundsätze und Erläuterungen 244
  b) Exempel 245
 3. Anwerbungsschreiben 249
 4. Empfehlungsschreiben 250
  a) Ihre Grundsätze und vornehmste Anmerkungen ebendas.
 5. Fürbittschreiben 253
  a) Grundsätze derselben ebendas.

Inhalt des ganzen Buches.

 b) Exempel   S. 254
6. Ermahnungsschreiben
 a) Grundsätze und Anmerkungen derselben   256
7. Verweisschreiben
 a) sind entweder ernsthaft oder scherzhaft   258
 b) Was dabey zu bemerken   259
8. Entschuldigungsbriefe
 a) Was dabey zu bemerken.   261
 b) Exempel   262
9. Berichtschreiben
 a) Worauf man dabey hauptsächlich sehen müsse   266
 b) Exempel   268
III. Von scherzhaften Briefen
 a) Ihre Grundsätze   270
 b) Woraus der Scherz entstehe   272
 c) Von der Zuläßigkeit der satyrischen Briefe   274
 d) Exempel   275

IV. Von gelehrten, moralischen, poetischen vermischten Schreiben.
 1. Gelehrte Schreiben.

Inhalt des ganzen Buches.

    a) Ihre Grundsätze und Erläuterungen   283
    b) Exempel   287
    c) Gelehrte Streitbriefe   309
2. Moralische Schreiben
    a) Nöthige Anmerkungen darüber   311
    α) wenn es anständig sey, solche Briefe zu schreiben   313
    β) was bey ihrer inneren Einrichtung zu bemerken   314
    γ) wer dazu Exempel hinterlassen   315
    b) Exempel eines moralischen Briefes   316
3. Poetische Schreiben   328
    a) Was bey ihrer Einrichtung zu bemerken   329
    b) Ein Exempel davon   331
4. Vermischte Schreiben.
    a) Was dabey zu erinnern   336
    b) Kurze Anmerkung von kleinen Handbriefen oder Billets   337
V. Von verdrüßlichen und gefährlichen Briefen   338

Inhalt des ganzen Buches.

1. Verdrüßliche Briefe. S.
   a) Welche Umstände dabey zu überlegen seyn 339
   b) Einige besondere Regeln der Klugheit 341
2. Gefährliche Briefe, und was man bey gefährlichen Briefen zu bemerken 345
3. Einige Exempel von beyden 346

VI. Von Staats= und obrigkeitlichen Briefen.

1. Staatsschreiben 352
   a) Ihre vornehmste Materien, und wo davon Exempel zu suchen 354
   α) Ueberlegungen ebendas.
   β) Warnungen 355
   γ) Ermahnungen ebendas.
   δ) Abmahnungen ebendas.
   ε) Ansuchung um Hülfe 356
   ζ) Einladungen zu einer Allianz ebendas.
   η) Fürschriften ebendas.
   θ) Vermittelungen 357
   ι) Remonstrationen 357

Inhalt des ganzen Buches.

 ϰ) Klagen und Beschwerungen   S. 358
 λ) Erklärungsfoderungen   ebendas.
 μ) Protestationen   359
 ν) Entschuldigungen   ebendas.
 ξ) Stillstands- und Friedenshandlungen   ebendas.
 b) Eigenschaften ihrer Verfasser   ebendas.
2. Obrigkeitliche Briefe   364
 a) Ihre mancherley Gattungen
 α) Notificationen   366
 β) Verordnungen oder Edicte   ebendas.
 γ) Citationen   367
 δ) Advocatorien   368
 ε) Zeugnisse   ebendas
 ζ) Abschiede   369
 η) Pässe   ebendas.
 θ) Freyheits- und Gnadenbriefe   ebendas.
 ι) Commißionen   370
 ϰ) Instructionen   ebendas.
 λ) Widerrufungen   371
 μ) Gutheissungen   ebendas.

b)

Inhalt des ganzen Buches.

    b) Ihre Schreibart   S.   371
    c) Exempel   ebendaſ.

VII. Von gerichtlichen Briefen   373
    a) Klageschriften   375
    b) Vertheidigungen   376
    c) Contracten   380
    d) Obligationen   ebendaſ.
       α) Nöthige Erinnerungen
           darüber   ebendaſ.
       β(Exempel   383
    e) Quittungen   387
    f) Wechselbriefe   388
       α) ihre verschiedene Arten   389
       β) Fürsichtigkeit, so dabey
           zu bemerken   390
       γ) einige Exempel davon   392
    g) Anmerkung von Kauf-
        mannsbriefen   396

VIII. Von Dedicationsschriften. 400

  1. Ihre Grundsätze   ebendaſ.
    a) Einige Regeln der Klug-
       heit, welche dabey zu be-
       merken, als

Inhalt des ganzen Buches.

α) ob man dem Verdacht des Eigennutzes und der Schmeicheley entgehen könne S. 402
β) Welcher Perſon man etwas zuſchreibe 403
γ) ob die Schrift einer ſolchen Perſon verſtändlich und angenehm ſey 405
b) Die innere Einrichtung einer guten Dedication 406
c) Die äußerliche Einrichtung derſelben 409
2. Ein Exempel 411

IX. Von Antwortſchreiben 415

a) Ihre Erfindung ebendaſ.
b) Ihre Grundſätze ebendaſ.

Der dritte Theil, welcher von den äußerlichen Beſtimmungen der Briefe inſonderheit handelt, begreift drey Hauptſtücke unter ſich

I.

Inhalt des ganzen Buches.

I. Von der Rechtschreibung und äußerlichen Zierde eines Briefes nach dem Wohlstande.
1) Nothwendigkeit der Rechtschreibung   S. 421
   a) einige Hauptregeln der Rechtschreibung   423
   b) einige Fehler bey der Unterrichtung junger Leute   427
   c) einige Schriftsteller, die man mit Nutzen gebrauchen kann   428
2) Zierlichkeit und Deutlichkeit der Schrift   429
   a) einige Anmerkungen zur Anleitung im Schreiben ebendas.
   b) die Beschaffenheit des Papiers   434

II. Von der Titulatur.
1. Vorerinnerungen wegen der Titel   436
   a) die geistlichen Titel   438
   b) die weltlichen   439
   c) die gelehrten   442
   d) die bürgerlichen   444
   e)

Inhalt des ganzen Buches.

  e) an Frauenzimmer S. 444
2. Abstracta in der Titulatur 446
3. Zueignungs- und Ehrenworte in der Titulatur 448
4. Die Submißion in der Titulatur 452
5. Alles dieses wird in einer Tabelle vorgestellet 458
6. Die auswendige Auffschrift des Briefes 468

III. Von der Unterschrift, Siegelung und äußerlichen Einrichtung eines Briefes.

1. Bey der Unterschrift,
  a) sie muß von dem Titel tief abgerücket seyn 473
  b) der Vorname des Briefstellers wird ganz ausgeschrieben ebendas.
  c) ob man seine eigene Ehrentitel mit beyfügen müsse. ebendas.
  d) wo das Datum zu stehen komme 475
  e) wie ferne ein Post Scriptum oder Inserat zu machen sey 476

Inhalt des ganzen Buches.

2. der Brief muß von dem Sande abgerieben seyn S. 477
3. Anmerkung von dem äussern Umschlag oder Couverte des Briefes 478
4. Was man bey dem Siegellack zu beobachten habe 479
5. Anmerkung von der Brechung und Lage des Briefes 480
6. Erinnerungen wegen des Pettschafts 481
7. ob das cito, und wenn das franco auf den Briefen stehen müsse 482
8. Unter vertrauten Freunden sind gewisse Nachläßigkeiten erlaubt 483

Verzeichniß der vornehmsten Titeln in französischen Aufschriften 485

Verzeichniß der vornehmsten fremden Handelswörter 508

Register

der vornehmsten Wörter und Sachen.

A.

	Pag.
Abschiede, wie sie abzufassen	369
Abschnitte, muß man in Briefen von vielfachem Inhalt machen	118
Absicht des Briefes, giebt den Stoff zu seiner Erfindung	73
Abstract, muß kein Brief geschrieben werden	65
Abstracta, in der Titulatur, wie sie einzurichten	156, 157
Abtheilung, der Schrift durch Unterscheidungszeichen ist nöthig	133
Affect, des Urstücks, muß man beym Uebersetzen in Acht nehmen	38
Akademie, ob es schicklich sey, darauf Anleitungen zum Briefschreiben zu geben	23
Alciphron,	208
Allegorische, Redensarten müssen behutsam gebraucht werden	206
Alter, der Person, an die man schreibt, warum es zu bemerken	71
Anfänger, was man mit ihnen beym Uebersetzen vorzunehmen	38

An-

Register der vornehmsten ꝛc.

Anfangskompliment, wie man sich darinn
glücklich ausdrücken könne.
Annehmlichkeit, in Briefen 24. Und in
Uebersetzungen   30
Anreden, an Vornehmere, werden in Plu-
rali gesetzet   156
Antwortschreiben 415. Grundsätze der-
selben ebendas. wenn sie nöthig 416.
Erfindung derselben   417
Anweisungen, zu Briefen, warum sie ei-
nige verwerfen 21. sind nicht überflüßig
ebendas. welches die vornehmsten sind   11
Anwerbungsschreiben, deren Inhalt ge-
hören unter die Komplimentbriefe 249.   250
 : Schreibart dabey   251
Aristänet   208
Aeußere der Briefe 91. S. Courtoisie.
Auffschriften, ob die Französischen gänzlich
abzuschaffen 155. wie sie einzurichten
468 Exempel von lächerlichen   471
Ausarbeitung, der Briefe, muß vollkom-
men seyn 20. wie sie zu erleichtern   73
Ausbildung der Briefe, gehöret nicht in
ihren Entwurf   74
Ausdruck, Erklärung davon 115. dessen
gute Eigenschaften   117 u. f.
 ‒ ‒ ein edler, worinn er bestehe   126

B.

Babet   13. 208
Balzac   13. ff. 29. 112. 223

Belles-

Bellegarbe 176
Berichtschreiben 264. was bey deren Verfertigung zu beobachten 265. ff. Exempel. 268. ff.
Beschluß eines Briefes gehöret zu dem Inneren desselben 93. seine Absicht 114. seine Eigenschaften und Einrichtung ebendas.
Bewegungsgründe in Bittschriften, wie sie beschaffen seyn müssen 136. Klugheit dabey 237.
Beyleidschreiben, s. Condolenzschreiben.
Beywörter müssen nicht zu sehr gehäufet werden 132. in der Titulatur 451
Billets 337. werden nur an gute Freunde geschrieben ebendas. wie sie zu verfertigen ebendas. Exempel 338
Bindewörter dürfen am gehörigen Orte nicht ausgelassen werden. 129
Bittschreiben 236. Regeln dabey 237. ff. Exempel 240 ff.
Bödiker 428
Bohn 399
Boileau 283
Bonfadio 14. 30
Bourdalou 275
Brechung der Briefe muß nicht gekünstelt seyn 480
Briefe, derer allgemeine Erklärung 1. wer dazu unter den Deutschen Anleitung gegeben, ebendas. ff. im Lateinischen 12. im Französischen eben-

Wörter und Sachen

ebendaſ. Muſter davon unter den Römern ebendaſ. unter den Franzoſen ebendaſ. unter den Engelländern 14. unter den Italiänern ebendaſ. unter den Deutſchen ebendaſ. ihr Nutzen iſt ſowohl allgemein, als beſonders 15. 18. f. koſten mehr Mühe, als eine mündliche Unterredung 16. ihr Vorzug für der mündlichen Unterredung ebendaſ. warum man ſie nothwendig vollkommen ausarbeiten müſſe 21. ob man darinn ohne Wahl der Ausdrücke die Gedanken ſagen dürfe ebendaſ. f. Anweiſungen dazu, die einige verwerfen ebendaſ. ff. ſind nicht überflüßig 21. ſo gar auf hohen Schulen 23. Hülfsmittel dazu 24 ff. bey der Wahl der lateiniſchen kann man geſchickte Schullehrer zu Rathe ziehen 25 f. welcher Rath man ſich bey den Deutſchen bedienen könne 25. ob junge Leute alle Briefe ohne Unterſchied überſetzen dürfen 27. an vornehme Perſonen, darinn darf man nichts ausſtreichen 54. warum man von denſelben ein ordentlich Concept machen müſſe ebendaſ. Fremde muß ein Anfänger fleißig prüfen 55. ihre Erfindung 63. ff. Nutzen der Weltweisheit bey denſelben ebendaſ. ff. müſſen nicht zu abſtract noch eine Demonſtration ſeyn 65. ſind unvollſtändige Reden 65. Zweck derſelben 69. Nutzen der Redekunſt dabey ebendaſ. wie fern nicht ein jeder redneriſch ſeyn muß ebendaſ. ob ſie viel Regeln verlangen 89. das Innere und Aeußere derſelben 92. Eingang derſelben 92. ihr Innhalt 106.

Register der vornehmsten

106 Beschluß derselben 114. die darinn nöthige Schreibart 116 ff. Vollkommenheit derselben 143. worinn ihre sogenannte Courtoisie bestehe. 147. Eintheilung derselben 162. ob man alle ohne Unterscheid nach der galanten Schreibart einrichten dürfe 220. müssen orthographisch geschrieben seyn 429. Hauptregeln davon 422. müssen leserlich geschrieben seyn 429. was bey der Titulatur in denselben zu bemerken 436. f. ihre äußerliche Einrichtung   471

Briefe Komplimenten- und scharfsinnige
  Briefe.   171
- - geschäftliche, und deren verschiedene
  Arten   235 ff.
- - scherzhafte   270 ff.
- - gelehrte, moralische und poetische 283 ff.
- - Vermischte Schreiben und kleine Handbriefe   336 ff.
- - verdrüßliche und gefährliche   338 ff.
- - Staats- und Obrigkeitliche   352 ff.

Briefe Gerichtliche, und verschiedene Arten derselben   373 f.
- - Dedicationsschreiben, was dabey zu
  beobachten   400 ff.
- - Antwortschreiben, ihre Grundregeln
  und Exempel   415 ff.

Briefsteller 1. was in demselben zu lehren   64
Bürgerliche, deren Titulatur   444. 460
  Bußy Rabutin   13. 30

C.

Wörter und Sachen.

C.

Caro 14. 30

Character des Autors, den man überſetzet, muß nicht aus den Augen gelaſſen werden, 31 ff.

Characterbriefe 234

Chrie, Theile derſelben 77 ff. per antecedens & conſequens ebendaſ. iſt die gewöhnlichſte im gemeinen Leben 83. per theſin & hypotheſin 78. gehöret zu gröſſern Schreiben 83. ob darnach die Erfindung eines Briefes einzurichten 78 ff.

Chrien, Weiſſianiſche, ſind inſonderheit zur Erfindung des Briefes vorgeſchlagen 76. verſchiedene Arten und Exempel derſelben 77 ff. was davon zu halten 78 f.

Cicero 18. 52. 98. 139. 273. ſeine Briefe, warum ſie vielen jungen Leuten nicht gefallen 26. 30. was aus ihnen nachzuahmen 52. 101 wer einige von ihnen überſetzet 45. müſſen beym Ueberſetzen die Hauptoriginale ſeyn 30

Citationen 367

Cito auf die Briefe zu ſchreiben iſt überflüßig 432

Clariſſa 14

Complimenten müſſen im Eingange des Briefes nicht zu weit ausgedehnet werden 98. die gekünſtelten woher ſie kommen. 174

Complimentenbücher, was davon zu halten 176

Complimentenſchreiben 171. deren Einrichtung ebendaſ. müſſen nicht leicht an Vornehmere

Stockhauſens Grundſätze. A a ge-

Register der vornehmsten

geschrieben werden 176. ihre verschiedene Arten 177. u. f.
Concept muß sich ein Anfänger von seinem Briefe machen 54
Condolenzschreiben 184. worauf man bey ihrer Einrichtung zu sehen habe ebendas. Schreibart in denselben 186. Exempel dazu 189. ff. öffentliche und grössere 187. 188
Connexio Realis und Verbalis, wie sie zu gebrauchen 107
Contrakte, was dabey zu bemerken 380
Copierer des Originals, in wie fern es ein Uebersetzer nicht seyn müsse. 30
Courtoisie in den Briefen ist etwas zufälliges 147. was dazu gehöre ebendas. verträgt sich mit der Natur der Briefe ganz wohl 148. ist schon in den ältesten Briefen gebräuchlich ebendas. man muß sich dabey nach dem ältesten Gebrauche richten ebendas. ist nicht allgemein noch unveränderlich 159. es gehört dazu eine Erkenntniß des Wohlstandes ebendas. ausführliche Anzeige derselben 157
Couvert, des Briefes, was dabey zu beobachten 478
Critik einer Uebersetzung, wie sie einzurichten 32

D.

Danksagungsschreiben, worinn sie bestehen 137 was dabey zu beobachten ebendas. ff. Schreibart darinn 198. Exempel dazu 200 ff.

Wörter und Sachen.

Datum des Briefes, wie es müsse gesetzt werden 475

Dedication 400. Grundsätze derselben 401. Regeln der Klugheit, welche dabey zu bemerken 402 ff. wem man was zuschreiben dürfe 403 Regeln ihrer innern Einrichtung 406. was bey der äußern Einrichtung zu beobachten 409 Exempel 411

Demonstration, eine förmliche, darf in keinen Brief geführet werden 65

Denken, das vernünftige, geschieht nach der Philosophie 64. worinn es bestehe ebendas.

Denkungsart des andern lernt man aus Uebersetzungen 27. muß derjenige nachahmen, der übersetzen will 30. die ordentliche, warum sie einem guten Briefe unentbehrlich 53. wie die Jugend zu einer vernünftigen angewiesen werden müsse 64 ff.

Deutlichkeit des Ausdrucks, worinn sie bestehe 117. wie sie zu erhalten ebendas.

Deutsche Briefe, die wohl geschrieben sind, müssen Anfänger bey Zeiten lesen, 26. wie sie zu lesen ebendas.

Dispositionen des Neukirchs und Talanders, was sie für eine Absicht haben 64. ob man sich daran gewöhnen dürfe ebendas. per antecedens & consequens, ob sie zur Erfindung eines Briefes unentbehrlich 67. 77

A a 3   E.

Register der vornehmsten

E.

Eigennutz der Personen, an die man schreibt, ist zu bemerken 71. solchen darf man in Dedicationen nicht verrathen 403

Einbildungskraft, wird durch das Lesen guter Briefe bereichert 24. verfälscht die Gedanken leicht 104

Einfälle, gute, ob man dazu Anweisung geben könne 218. woraus sie zu entstehen pflegen 271

Eingang der Briefe, gehöret zu dem Innern der Briefe, 93. worinn er bestehe ebendas. wie fern er nothwendig sey 93. Innhalt desselben 94. muß mit der zu berichtenden Sache und unserer Absicht zusammenhängen 95. muß nicht zu weitläuftig seyn 97. und einen guten Gedanken in sich fassen 99. wenn er vollkommen ist. 104

Einkleidung, die rednerische, wann eher sie zu machen s. Ausbildung 74

Einladungsschreiben 243. was dabey in Acht zu nehmen 244. s. Exempel dazu 245 ff.

Einrichtung der Briefe s. Entwurf.

Einsyllbige Wörter, viele machen eine Periode unansehnlich 137

Eintheilung der Briefe 162. in Ansehung der Personen, an die man schreibe ebendas. und in Ansehung ihres Inhalts ebendas.

Empfehlung, wie sie im Eingange des Briefes zu machen sey 95. ist mehr nach ihrer Güte

als

Wörter und Sachen.

als nach ihrer Weitläuftigkeit zu schätzen 98
muß einen guten Gedanken in sich faſſen. 99
Empfehlungsſchreiben 250. gehören theils zu
Complimentbriefen, theils zu Bittſchreiben
ebendaſ. wie ſie auszuarbeiten und was man
zu vermeiden hat 251 ff.
Engelländer, ihre Briefe 259
Entſchuldigungsſchreiben 259. Beſchaffenheit
der Entſchuldigungsgründe 260. f. ob man
dieſe allezeit anzuführen nöthig habe ebendaſ.
Exempel 262
Entwurf der Gedanken, iſt ein gutes Hülfsmittel zum Briefſchreiben für Anfänger 53.
warum er nicht beſtändig gemacht werden müſſe und könne 54. muß ohne Ausbildung gemacht
werden 74. ein philoſophiſcher, wenn eher er
von einem Briefe zu machen ebendaſ. Exempel
dazu ebendaſ.
Erasmus von Rotterdam 12
Erfahrung des menſchlichen Herzens, muß ein
guter Briefſteller haben 70
Erfindung eines Briefes, Hülfsmittel dazu 63
muß durch die Abſicht und Gelegenheit beſtim-
met werden 73. wie ſie nach der Lehre der ältern Briefſteller vorgetragen worden 76. nach
den rationibus dubitandi und decidendi 85 f.
Erkenntniß von Sachen, erhält man durchs
Briefleſen 24. warum ſie beym Briefſchreiben nöthig iſt ebendaſ. ſeiner ſelbſt muß man

Register der vornehmsten

bey der Erfindung eines Briefes haben 70
ingleichen des menschlichen Herzens ebendas.
Ermahnungsschreiben 256. bey welchen Personen sie statt finden ebendas, wie sie an Vornehmere einzurichten ebendas. Beschaffenheit der Ermahnungsgründe ebendas. ob und wie Einwürfe in demselben zu widerlegen 257. erfodern ein eigenes gutes Verhalten ebendas.
Erniebrigung seiner selbst in Danksagungsschreiben, muß nicht ausschweifend seyn. 198
Erzählende Briefe S. Berichtschreiben 373
Erziehung, gute, trägt zur Ausbesserung des Witzes viel bey 176
Estor (J. G.) 372. 396
Exempel der Briefe sind allemal bey den besondern Aufschriften der Briefe in diesem Register mit angezeiget.

F.

Fehler, in wie ferne sie ein Anfänger bey fremden Briefen benutzen kann 55. 57
Figürliche Redensarten, wenn eher sie erlaubt 124. müssen keine leere Worte seyn 125 nicht gar zu oft vorkommen, und in die poetische und oratorische Ausbildung gebracht werden ebendas.
Fleschier 14
Fontenelle 223. 224. 286
Formeln, alte, darf der Eingang nicht in sich fassen 101. können in dem Beschlusse vorkommen

Wörter und Sachen.

men 131. wie man sie verneuern könne 111
in Einladungsſchriften 243
Formula initialis, S. Anfangscompliment.
Frachtbrief, ein Exempel davon 398
Franco, wenn es auf den Briefen ſtehen müſſe
482
Franzoſen, Muſter ihrer Briefe 12. ihre Frey‑
heit in der galanten Schreibart 222
Franzöſiſche Briefe, welche unter ihnen Anfän‑
ger nicht ohne Aufſicht überſetzen dürfen 19
welche zu überſetzen 30
Frauenzimmer, ob ſie geſchickt ſind, gute Briefe
zu ſchreiben 66. ihre Titulatur 444
Freunde, an gute, kann man ſcherzhaft ſchrei‑
ben 173
Freundſchaft wird durch Briefe befördert 17. ob
ſie ohne Briefe dauerhaft ſeyn könne 18. wird
durch gute Briefe eher unterhalten als geſtiftet
ebendaſ.
Freundſchaftliche Briefe vertragen einige Nach‑
läßigkeit im Ceremoniel 483
Freude über des andern Glück, davon muß man
ihn in Glückwunſchſchreiben überzeugen 178
Klugheit dabey ebendaſ.
Freyer (Hieron.) 133. 429
Fürbittſchreiben 253. was dabey zu beobachten
253. Exempel dazu 254

G.

Galante Briefe 216. was dabey zu bemerken
ebendaſ. an welche Perſonen ſie können ge‑
ſchrie‑

Register der vornehmsten

schrieben werden 217. müssen im Ausdruck nicht ärgerlich seyn ebendas. warum ihre Erklärung schwer sey ebendas. haben das Vergnügen zum Zweck ebendas. sind nicht eigentlich Scherzbriefe 218. woher ihre Benennung entstanden 220. ihre Schreibart 221. Hülfsmittel dazu ebendas. ob sie an jedermann geschrieben werden dürfen 220. Muster davon unter den Ausländern 228. warum unter den Deutschen wenig Sammlungen solcher Briefe anzutreffen 224

Gedanken, diese schriftlich ausdrücken können ist eine grosse Wohlthat Gottes 16. werden durch die Briefe andern mitgetheilet ebendas. vernünftige, worinn sie bestehen 65. sind philosophische ebendas. muß ein Briefsteller verständlich auszudrücken wissen 66. müssen bey einem Anfänger in ihrem Zusammenhange kurz entworfen werden 53. müssen in dem Eingange lebhaft und richtig seyn 100. die allzubekannten müssen in einer neuen Einkleidung vorgetragen werden 103. müssen nicht gekünstelt seyn ebendas. 172. die schönen fordern schöne Ausdrücke 116. schlechte verlangen niedrige Worte ebendas. müssen in den Complimenten kurz ausgedrückt werden 98. 172

Gefährliche Briefe 339. 345. Regeln der Klugheit, welche dabey zu bemerken ebendas. wer dazu besondere Anleitung gegeben 246 Exempel dazu ebendas.

Wörter und Sachen.

Geheimschreibekunst, kann in gefährlichen Briefen gebrauchet werden 246. was dabey zu bemerken ebendas.

Geist des andern, denselben lernet man aus der Uebersetzung seiner Schriften kennen 27

Geistliche, deren Titulatur 439. 462

Gelegenheit zu schreiben giebt den Stoff zum Briefe 73

Gelehrt, ob jemand dieses sey, wenn er Latein verstehet 25

Gelehrte, ihre Vortheile aus Briefen 18. deren Titulatur 442

Gelehrtscheinende Schreibart 129

Gelehrsamkeit, ihr Unterscheid von der Belesenheit 284. worinn sie bestehe ebendas. f.

Gelehrte Briefe 283. was dabey zu merken 284. ff. dazu gehören die Streitbriefe ebendas. Exempel davon 287

Gellert 12. 15. 163. 219. 225

Gemüthsneigungen muß ein guter Briefsteller sorgfältig kennen lernen 71. f. 176. f. 185 236. f. wo dazu Anleitung gegeben wird 72

Gerichtliche Briefe, verschiedene Bedeutung derselben 373. verschiedene Arten davon 374 Erläuterung ihrer verschiedenen Arten, nebst zugefügten Exempeln ebendas. ff.

Geringere, gegen solche darf man in Briefen keinen Scherz gebrauchen 173

Geschäffte, unsere, leiden ohne Briefwechsel 17 derer, an die man schreibt, muß man wissen 68

Register der vornehmsten

Geschäfftliche Briefe 235. Arten derselben ebendas.

Geschichtschreiber, ihre Vortheile aus Briefen 18

Geschicklichkeit, eigene, im Briefschreiben muß man besitzen, wenn man fremde beurtheilen will 56

Geschmack, kann durch schlechte Briefe verdorben werden 25. ein guter, wird erfodert, wenn man fremde Briefe prüfen will 56. anderer Personen, wie ferne man demselben nachgeben müsse.

Gewohnheiten, nach denselben muß man die Jugend in Sprachen nicht allein unterweisen 68. müssen nebst dem Wohlstande in den äußerlichen Bestimmungen der Briefe sorgfältig bemerket werden. 159

Glückwunschschreiben 178. Einrichtung derselben ebendas. Beurtheilung derer zum neuen Jahre 180. Exempel davon 181

Gottsched 45. 68. 117. 429

Grammatik, nach derselben muß man die Jugend in Sprachen unterrichten 68

Grandison 14

Grundriß der Gedanken, S. Entwurf.

H.

Hallbauer (Friedr. Andr.) 155
Handelswörter, Verzeichniß davon 508
Harsdörfer 11
Hayme 396

Wörter und Sachen.

Seyne 399
Höflichkeitswörter in Briefen dürfen nicht zu oft
 gebraucht werden 157
Hülfsmittel zum Briefschreiben. 24. ff.

J.

Jenichen (Doct.) 437
Inhalt des Briefes, wenn eher man denselben
 zur Nachricht anmerken soll 54. worauf man
 bey demselben zu sehen, wenn man fremde
 Briefe beurtheilen will 55. denselben muß
 man beständig vor Augen haben 73. wird
 durch die Absicht und Gelegenheit bestimmt
 ebendas. gehöret zu dem Inneren der Briefe 92. des Eingangs 95. ist entweder einfach,
 oder vielfach 106. muß mit dem Eingang und
 Beschluß der Briefe wohl übereinstimmen 107
 muß nicht in einer einzigen Periode vorgetragen werden. 109
Innere der Briefe 95. was dazu gehöre 92
Instrat, wie und wo es statt finde 476
Insinuationsschreiben S. Complimentbriefe.
Italiener, ihre vornehmsten Briefsteller 14
Junker (Christ.) 11. 160
Juristische Schreibart S. Schreibart.

K.

Kalender, nach welchem man den Tag in dem
 Briefe bezeichnen muß 475
Kaufmannsbriefe, ob sie als Arten von gerichtlichen Schreiben anzusehen 396. ihre Erkenntniß ist nothwendig, 397. Exempel davon
 ebens-

ebendas. wie man darinn eine Fertigkeit erlangen könne 399. wer davon Sammlungen heraus gegeben ebendas. gehören zur Handlungswissenschaft ebendas.

Kinder muß man nicht zu frühe anstrengen, schön schreiben zu lernen 317

Kindische Nachahmung, was sie sey 47. warum man Anfänger davon abhalten müsse 48

Klagschriften, wie sie einzurichten 375. Exempel ebendas.

Klugheit eines Briefstellers, was dazu erfodert werde 72. muß absonderlich gebraucht werden, wenn wir im Namen eines andern schreiben ebendas.

Kürze muß in Danksagungsschreiben beobachtet werden 199

Kunst, Briefe zu schreiben, was dadurch verstanden werde 88

L.

Lachen, wodurch es erreget werde 272. ob es beständig nur aus der Vorstellung einer Ungereimtheit entstehe ebendas.

Lage der Briefe, was dabey zu bemerken 480

Lateinisch, wer darinn Anweisung zum Briefschreiben gegeben 12

Lateinische Briefe, davon können Schullehrer Muster vorschlagen 25. welche junge Leute übersetzen dürfen, und welche nicht 27. 29

Leben, wie man es dem Briefe geben könne 74

Wörter und Sachen.

Lebensart der Person, an die man schreibt, ist
 zu bemerken 71
Lebhaftigkeit im Ausdrucke, was sie sey 123
 ihre Gränzen 124 ff.
Lehrer der Beredsamkeit, in wie fern sie die
 Nachahmung gebilliget 52
Leibniz 303
Leitung der Sätze, die natürliche und schöne
 wird durch Uebersetzung erlernet 27
Leti 14
Lettres choisies de Mess. de l'Academie fran-
 çoise 13
- - de la Marquise de M*** 208
- - d'une Portugaise ebendas.
Liebesbriefe, was sie seyn 203. sind entweder
 scherzhafte, oder ernsthafte ebendas. was dabey
 zu bemerken ebendas. wer darinn geschrieben
 208. Exempel dazu 212
Lindner 70
Litterae a Maboeo. Litteræ procerum Europæ
 364
Livius 310
Lob muß in Complimentbriefen nicht übertrieben
 seyn 176. in Dedicationen 406
Logik muß ein guter Briefsteller verstehen 65

M.

Männliche Nachahmung, worinn sie bestehe, ihr
 Vorzug für der kindischen ebendas. warum man
 sich nicht zu lange dabey aufzuhalten ebendas.

Register der vornehmsten

Marperger 411
Materien, wovon man schreibt, muß man wohl verstehen, wenn man schön schreiben will 142
Mauvillon 12
Meier (Georg.Friedr.) 272. 330
Melmoth 222
Memorial 236. ob sie mit Suppliquen für einerley zu halten 239. sind Bittschreiben ebendas. wie sie einzurichten ebendas. Exempel dazu 240
Metaphysik, Nutzen derselben beym Briefschreiben 65
Moliere 275
Moralische Briefe 311. worauf man dabey zu sehen 311. ff. Briefsteller die dergleichen hinterlassen 315. Exempel 316 ff.
Mosheim (Joh. Lor. von) 315
Muster von guten Briefen, warum sie zu lesen 24 f. wie ihre Wahl anzustellen ebendas. f. wenn eher man dabey anderer Rath gebrauchen müsse 25. müssen in der Sprache gelesen werden, die uns am bekanntesten ist 26. f. wie sie zu lesen 26
Muttersprache, ob man darauf die mehreste Mühe zu wenden habe 25. dafür muß man der Jugend beyzeiten eine Hochachtung beybringen 68

N.

Wörter und Sachen.

N.

Nachäffende Schreibart   189
Nachahmung, ein gutes Hülfsmittel zum Briefschreiben 47. Eintheilung derselben   47
Naive Schreibart   220
Natürlich muß eine Ueberſetzung ſeyn   30
Natur der Sprache, in der man ſchreibt, muß man wiſſen   67
Nebengedanken in einem Briefe, muß man Anfänger ſelbſt zu erfinden lehren 74. Hülfsmittel dazu   ebendaſ.
Neujahrsbriefe, was davon zu halten 180. Exempel dazu   181
Neukirch (Benj.) 11. 71. 204. 217. 224. 417
 ‧ ‧ (Joh. Georg.)   11
Niederträchtigkeit im Ausdruck 126. in Complimenten 175. im Dankſagen 199. in Deticationen   406
Noble, le   176
Noyer, Mad.   13

O.

Oblaten; ihr Gebrauch bey Briefen   480
Obligation, wie ſie einzurichten 380. f. verſchiedene Arten derſelben 381. worauf man dabey beſonders Achtung zu geben ebendaſ. Exempel 383. als Wechſel eingerichtet   392
Obrigkeitliche Perſonen, deren Titel   463
Obrigkeitliche Briefe, ihre Erklärung 364. verſchiedene Arten derſelben, nach den verſchiedenen Materien, oder Abſichten, und was dabey

Regiſter der vornehmſten

ten zu bemerken 365. ff. Ihre Erfindung 365. Ihre Schreibart 371. Exempel ebendaſ.

Oratoriſche Nachahmung, was ſie ſey 47. warum ſie die beſte ebendaſ.

Ordnung im Denken, ob ſie aus Diſpoſitionen zu erlernen 64 ff.

Orthographie, ſiehe Rechtſchreibung.

Ovidius 208

P.

Päſſe, wie ſie abzufaſſen 369

Pamela 14

Papier, in welchem Formate es müſſe genommen werden 435. was dabey ſonſt nach dem Wohlſtande zu bemerken ebendaſ.

Paquetbriefe, was dabey zu bemerken 483

Parentheſes müſſen in der Schreibart verhütet werden 132. unter welchen Bedingungen ſie erlaubt ebendaſ.

Pasquille darf man nicht mit ſatyriſchen Schreiben vermengen 274

Pays, le 29. 224

Pedantiſche Schreibart 129

Perioden, wie man ſie einzurichten habe 129 ff.

Periodiſch muß die Schreibart ſeyn 134. worinn dieſes beſtehe 135. Regeln dazu ebendaſ.

Perſon, an welche man ſchreibet, muß man ſorgfältig kennen lernen 70. 71. imgleichen ſeine eigene 71. 73

Pett-

Wörter und Sachen.

Petſchaft zur Siegelung des Briefes, was dabey zu bemerken 481
Phantaſtiſche Schreibart 129
Philoſophen, warum ſie nicht allezeit die beſten Briefe ſchreiben 66 ff.
Philoſophie, die natürliche, richtet oft in Briefen mehr aus, als die kunſtmäßige 66
Philoſophiſch denken muß man in Briefen 65 kann man ohne im engern Verſtande ein Phi- loſoph zu ſeyn ebendaſ.
Phyſik, ihr Nutzen beym Briefſchreiben 65
Placitus 11
Plinius 12. 30. 46. 58. 98. 139. 221
Pöbel hat ſeine eigene Sprache 126
Pöbelhaft darf der Ausdruck nicht ſeyn ebendaſelbſt.
Poetiſche Stücke, warum man ſie in Proſa über- ſetzen müſſe 143
Poetiſche Schreiben 328. ihre Grundſätze ebend. darinn darf das Poetiſche nicht zu hoch ſeyn ebendaſ. müſſen aus der Dichtkunſt erlernet werden ebendaſ. wie fern ſie poetiſch genennet werden ebendaſ. welches Sylbenmaß dazu am ſchick- lichſten ſey 329. Exempel 331. ff. halbpoe- tiſche 335
Politiſche Briefe, ſiehe Staatsſchreiben.
Poſtfrey müſſen gewiſſe Briefe gehalten werden 482
Poſt ſcriptum, ob es in Briefen ohne Unterſchied Platz finde. 476

Pro-

Prosaische Stücke, alte, muß man neu einkleiden 143
Provincialwörter stehen der Deutlichkeit im Wege 121
Prüfung fremder Briefe ist einem Anfänger nöthig 54. wie sie geschehen müsse 55. Exempel davon 56. wer dazu geschickt ist. ebend.
Psychologie, ihr Nutzen im Briefschreiben 65

Q.

Quintilian 46. 52
Quittungen, Grundsätze und Exempel davon 387

R.

Rabener 275
Racine 13. 211
Rechtschreibung muß in Briefen beobachtet werden 421. vornehmste Regeln davon 422. ff. Vorzüge der Leipziger 425. ob eine allgemeine unter den Deutschen möglich sey 427. Fehler, die in dem Unterrichte zu derselben zu verhüten 428. wer davon Lehren gegeben. ebendas.
Redekunst ist beym Bittschreiben nothwendig und nützlich 69. warum einige Lehrer in den Anweisungen zu derselben der Briefe gedacht, ebendas. hat besonders in Staatsschreiben einen grossen Einfluß 360 f.
Reden, zu den unvollständigen gehören die Briefe 62
Redensart, siehe Ausdruck oder Schreibart.

Wörter und Sachen.

Rednerisch, in wie fern nicht ein jeder Brief also geschrieben seyn müsse 70 f.
Regeln der Briefe, ob viele nöthig 89. sind entweder allgemeine oder besondere 90. gehen auf das Innere und Aeussere derselben 91. die auf das Innere gehen sind nothwendig und unveränderlich 160
Reichthum an Wörtern ist zur guten Schreibart unentbehrlich 142. denselben muß man nicht aus Phrasesbüchern ꝛc. ꝛc. sammeln ebendas.
Reinigkeit der Schreibart, ihre Nothwendigkeit 129. worinn sie bestehe ebend. der Uebersetzung, was sie sey 30
Religion, ob sie die Satyren verwerfe 275
Rickelt 13. 405
Richtigkeit der Uebersetzungen, worinnen sie bestehe 30
Römer, derselben Muster in Briefen 12
Rollin 117
Romanenmäßig dürfen die ernsthaften Liebesbriefe nicht seyn 203
Row, Madame. 404

S.

Sätze, ihre natürliche und schöne Leitung lernet man durch Uebersetzungen 27
Sand, was dabey in Ansehung des Briefes zu bemerken 477
Sartorius 222

Satyrische Schreib. ihre Erklärung 271. Zuläßigkeit derselben 274. wird angefochten und vertheidiget ebendas. f. wer dazu Anleitung gegeben 275. wo man Exempel dazu antrifft ebend. Hülfsmittel dazu ebend.

Scharfsinnigkeit in der Schreibart muß behutsam seyn 144. 187. 218. woher sie zu erlernen 337

Scherz, wie fern er in Briefen anzubringen 173 wie er beschaffen seyn müsse ebend. f. woraus er zu entstehen pfleget 271. Arten desselben 272. f. Eigenschaft desselben nach dem Cicero 273

Scherzschreiben 270. dürfen nur an besonders gute Freunde geschrieben werden ebend. ihr Innhalt muß sich zum Scherze schicken 271. dürfen nicht mit der Tugend streiten ebend. Schreibart darinn ebendas. dazu gehören auch satyrische Schreiben, ebend. Exempel 276 ff.

Schmeicheley muß man nicht zu offenbar in Complimentbriefen verrathen 193. noch weniger gegen sich selbst 199. f. in Dedicationen 406

Schneedorf 364

Schönheiten des Urstücks muß ein Anfänger wissen, ehe er dasselbe übersetzen will 31 ff. in fremden Briefen, warum sie ein Anfänger bemerken solle 55

Schottel 429

Schreib=

Wörter und Sachen.

Schreibart, Erklärung davon 115. die spruchreiche lernt man leicht aus des Seneca Briefen 27. die scherzhafte, wie man sich diese angewöhne 30. wird bey den Deutschen nicht gut aufgenommen 29. wohl aber bey den Franzosen ebendas. derer, an die man schreibt, verdienet unsere Aufmerksamkeit 70. deren gute Eigenschaften 128. muß der mündlichen Unterredung nahe bleiben, und dem Charakter der Personen gemäß seyn 143. Schönheit derselben muß mit Behutsamkeit gesuchet werden 146. in Glückwunschschreiben 180. in Condolenzschreiben 184. in Danksagungsschreiben 199. in Bittschreiben 237. in Staatsbriefen 361. die beste, welche diese sey, kann nicht schlechterdings gesagt werden 174. die gute, wie sie zu erlangen ebendas. es kömmt bey dieser vornehmlich auf den Geschmack an, und nicht auf Regeln 142. dazu wird Fleiß und Klugheit erfodert ebendas. f.

- - die attische, worinn sie bestehe 138. wer darinn geschrieben 139. schickt sich gut zu Briefen und kleinen Abhandlungen ebendas.
- - erhabene, worinn sie bestehe 139. ihre Absicht und Gebrauch 140
- - galante, was dabey zu bemerken 216. ob sie in Empfehlungsschreiben statt finde 253
- - juristische, wird in Suppliquen beybehalten 243. schicket sich nicht zur galanten und freyen Denkungsart 224. 361

Schreib-

Register der vornehmsten

Schreibart lakonische, ihre Eigenschaften 138
= = die mittelmäßige, oder geschmückte, ihre Eigenschaften 138. ihre Beschreibung nach dem Quintilian 140. Klugheit, die dabey zu beobachten 141
= = niedrige, ihre Eigenschaften 140. wer darinn geschrieben ebend. ist für die meisten Briefe die zuträglichste 145
= = Rhodische, worinn sie bestehe 139. wer darinn geschrieben 140. ist in größern Schreiben zu gebrauchen 139
Schriften, gute, muß man lesen 148. 216
Schulen, auf den niedrigen wird die Anweisung zum Briefeschreiben versäumet 23
Schullehrer, ihrem Rath kann man bey lateinischen Briefen folgen 25. ob man ihrem Geschmack allezeit in deutschen Aufsätzen trauen könne 26
Schwülstige Schreibart 129. darf sich in galanten Liebesbriefen nicht finden 206
Schwung der Gedanken macht einen Brief angenehm 24. woher man ihn erkennen kann, ebend.
Seckendorf 222
Secretäre, Erinnerung für dieselben 345
Sendschreiben, die Danziger, (eine Wochenschrift.) 15
Seneca 27. 30. 139. 315
Sevigne (Madame von) 18. 30. 211. 220
Siegellack, was dabey zu bemerken 479

Sie=

Wörter und Sachen.

Siegelung der Briefe, was dabey nach dem Wohlstande zu beobachten 481
Sitten der Personen, an die man schreibt, muß man bemerken 70
Sittenlehre, warum sie ein Briefsteller zu wissen nöthig 65. 72. 237
Spate 429
Sprache, ob jemand dieselbe recht verstehe, ist aus einem Briefe zu sehen 21. darinn übt man sich durch Uebersetzungen 27. welche derjenige verstehen muß, der übersetzen will 30. aus fremden müssen keine Wörter in die deutsche gebracht werden 68. wie man in derselben die Jugend unterweisen müsse, ebend. wie fern ein guter Briefsteller derselben mächtig seyn müsse 67. warum derselben einige nicht mächtig sind 68. ihre Natur muß man wissen ebend.
Sprachlehre, muß man wissen um gut zu schreiben 160
Staatsmänner, haben grosse Vortheile von Briefen 18
Staatsbriefe 352. mancherley Innhalt derselben und was bey iedem besonders zu bemerken 354 wer davon Sammlungen gegeben ebend. 364 417 f. Eigenschaften ihrer Verfasser 359 Betrachtungen über die Schreibart derselben 361 ff.
Stand der Personen an die man schreibt, muß man bemerken 70
Standspersonen, ihre Titel 458 ff.
Steganographia, siehe Geheimschreibekunst.

Stilus Curiæ, siehe Juristische Schreibart.

Streitbriefe gelehrte 284. ob man sie an jedermann schreiben dürfe 309. ihr Unterschied von öffentlichen Streitschriften ebendas. Schreibart darinn 285. wer schöne Beyspiele davon gegeben. 309. 311

Submißion, siehe Unterschriftscompliment.

Suppliquen, ihre Einrichtung 238. siehe Memorial.

Syllogismus oratorius, siehe Chria per thesin & hypothesin.

T.

Temperament, ob es aus einem Briefe zu erkennen sey 19. muß ein Briefsteller wohl erforschen 70. 342

Titel, dürfen in Briefen nicht gänzlich abgeschaffet werden 148. in dem Briefe selbst, dazu nimmt man Abstracta 156. sind entweder veränderlich oder unveränderlich 436. Verzeichniß derselben in französischen Aufschriften 495. ob man seine eigene in der Unterschrift des Briefes anhängen müsse 473

Titularbücher, alte, deren Gebrauch ist nicht anzurathen 150. was überhaupt davon zu halten 160

Titulatur in den Briefen ist keine verwerfliche Gewohnheit 147. worinn sie bestehen 149 verschiedene Verhältnisse derselben 150. richtet sich nach der Gewohnheit der Zeit 151 man muß nicht in eine gar zu alte gerathen,

noch

Wörter und Sachen.

noch sie übertreiben ebendas. ihr Mißbrauch, woher er entstehe ebendas. der Franzosen vernünftige Gewohnheit in Ansehung derselben 154. ob sie bey den Deutschen nachzuahmen sey 155. Eintheilung derselben und Verzeichniß nach den verschiedenen Ständen 437. bey dem Frauenzimmer 444. in dem Texte selbst 448. Zueignungs- und Ehrenwörtern ebendas. in Beywörtern der Höflichkeit ebendas. in der Submißion 452. wird in einer Tabelle vorgestellet 453 ff. in der auswendigen Aufschrift 468

Trostgründe in Verleidschreiben 185. wie sie beschaffen seyn müssen ebendas.

Trostschriften öffentliche, wie sie einzurichten 187. 188

Touffaint 72

Tugend darf in Briefen nicht beleidiget werden 126. 207. 217. 371

U.

Uebelklingende Wörter schicken sich nicht in die periodische Schreibart 137

Ueberlegen muß man das Concept seines Briefes 54

Uebersetzung, warum sie ein nöthiges Hülfsmittel zum guten Briefschreiben 27. wie sie geschehen müsse 27. 29. Fehler bey den bisherigen Uebersetzungen 31. Exempel dazu 33. 45

– – freye, wegen derselben wird viel gestritten 32

Stockhausens Grundsätze.   Db   Um-

Register der vornehmsten:

Umgang, der persönliche, kann aus einem schlechten Brief beurtheilet werden 81. mit scharfsinnigen Leuten, ist ein Hülfsmittel zum Briefschreiben 216

Umschlag des Briefes, was dabey zu bemerken 478

Umstände der Person, an die man schreibt, sind zu bemerken 70. 74. 342. wie viele bey einem Briefe in Acht zu nehmen 71

Ungelehrte, warum sie zuweilen einen bessern Brief schreiben, als ein Philosoph 65. ob es ihnen nützlich, wenn sie ein philosophisches System lesen können 67

Unterredung, die mündliche, ihr Vorzug vor dem Briefschreiben 16. in derselben sind schlechte Ausdrücke zu entschuldigen 21

Unterricht, wie die französischen Titel einzurichten 154

Unterscheidungszeichen müssen um der Deutlichkeit willen richtig beobachtet werden 133. ob man ihre Nothwendigkeit einsehen könne, ohne ihren Gebrauch zu wissen ebendas. darinnen giebt es verschiedene Meynungen 134

Unterschrift wie sie in dem Briefe einzurichten 473. ob man seine Titel derselben beyfügen müsse ebendas. oder das Zeichen des manu pr. 474

Unterschriftscompliment 452. mancherley Arten desselben. 453 ff.

Wörter und Sachen.

Unvernünftige Schreibart, worinn sie bestehe 129. Gattungen derselben ebendas.

V.

Vaterland der Person, an die man schreibt, muß man bemerken 71

Verbindung der Sätze, gehöret zu der Annehmlichkeit in Briefen 24. woher man sie kennen lerne ebendas. muß nicht auf einerley Art, noch beständig ausdrücklich geschehen 97. ist entweder logisch oder grammatikalisch 107. jene ist beßer als diese 109

Verbindungswörter müssen nicht ganz ausgelassen werden 199

Verdrüßliche Briefe, 338. man muß ihren Innhalt wohl überlegen 341. erfodert eine Erkenntniß der Person, an die man solche schreibt 342. und ihres Gemüths ebend. einen Reichthum der Sprache 343. Klugheit dabey ebendas. der obrigkeitlichen Personen, und der Vornehmen 344. verschiedene Arten derselben 347. Exempel 346

Vergleichung der Uebersetzung, die wir gemacht mit einer andern, warum sie nützlich. 32

Verhältniß unser zu den Personen, an die wir schreiben, ist zur Erfindung der Nebengedanken in einem Briefe nöthig zu wissen 72. der Ausdrücke zu den Gedanken: worinn es bestehe 115. Nothwendigkeit desselben 116

Vermischte Briefe 336. erfodern keine besondere Regeln ebendas. ihre verschiedene Sätze müssen

kurz abgefaſſet werden 337. ob man ſie an
  Vornehmere ſchreiben dürfe 336
Vernünftiger Ausdruck, worinn er beſtehe 122
  Schreibart worinn ſie beſtehe 129
Verſtand, die Beſchaffenheit derſelben läſſet ſich
  aus einem Briefe erkennen 21. ein hurtiger
  iſt ein Hülfsmittel zum Briefſchreiben 216
  der Perſon, an die man ſchreibt, iſt zu be-
  merken 70
Verſtand der Worte auslegen, wer dieſes kann,
  iſt noch nicht gleich der Sprache mächtig 67
Verſtellung darf ſich in einem ernſthaften Lie-
  besbriefe nicht finden 205
Vertheidigungen, wie ſie einzurichten 376.
  Exempel 377
Verweisſchreiben 258. Arten derſelben ebendaſ.
  Regeln bey den ernſthaften ebendaſ. f. und
  bey den ſcherzhaften 259. Schreibart in denſelben ebendaſ. f.
Voiture 13. 29. 222
Vollkommenheit des Eingangs, wie ſie zu erfinden 104. der Ausdrücke, worinn ſie beſtehen 117. der Briefe 143
Vornehme, warum es ihnen nachtheilig, wenn
  ſie ſchlechte Briefe ſchreiben 21. ob man ihnen ſich ſelbſt in Briefen nothwendig nachſe-
  tzen müſſe 157. gegen dieſelben darf man keinen Scherz gebrauchen 173
Vorſchriften zum Schreiben, was davon zu behalten 317

Wörter und Sachen.

Vorurtheile der Person, an die man schreibet, sind zu bemerken 71

W.

Wahl der Ausdrücke ist bey Briefen nöthig 21 der Briefe, die man übersetzen will, wird erfodert 27. der Gedanken wird in einem Briefsteller gelehret 63. 92

Wechselbriefe können verschieden abgefasset werden 388. Erklärung der darin vorkommenden Stücke, wie auch einiger fremden Wörter, die dabey gewöhnlich sind 389 f. Eintheilung derselben in eigene und trassirte Wechsel ebendas. was zu einem trassirten Wechsel gehöre 390. Fürsichtigkeit, so dabey zu bemerken ebendas. f. 393. wer davon geschrieben 392. Exempel ebendas. f.

Wechselgläubiger, der fürsichtige 392
Wechselrecht, das Leipziger 392
Wedekind (Rud.) 426
Weise (Christ.) 11. 76. f. 346
Weitläuftigkeit in dem Eingange ist tadelhaft 98
Weltliche, deren Titulatur 439
Weltweisheit, ob sie einigen Nutzen im Briefschreiben habe 63. ff. die kunstmäßige ist nicht dazu nöthig 65
Wertheim (H. B. von) 11
Wiederholungen eben gebrauchter Wörter muß in den Perioden vermieden werden 137

Register der Vornehmsten

Witz wird durch das Lesen guter Briefe bereichert 24. ein geunder ist zum Briefschreiben nöthig 70. 216. muß besonders in Complimenten seyn 173. aber nicht allzu studiert aussehen 172 wird durch das Lesen guter moralischer Schriften ausgebessert 176

Wohlklang in den Perioden ist eine Zierde der Schreibart 137. worinn er bestehe ebendas. Regeln dazu ebendas. wie man ihn lerne ebendas.

Wohlredenheit muß aus der Redekunst erlernet werden 69

Wohlstand in der Schreibart 164. 159

Wohlthaten, wie man dafür zu danken habe 197. f.

Wohlverknüpfte Schreibart 128. ihre Eigenschaften 129.

Wörter, müssen beym Uebersetzen nicht gezählet, sondern zugewogen werden 31. Beschreibung derselben 63. Wahl derselben in der Deutlichkeit 117

Wörter, fremde, in wie fern sie beyzubehalten 120

– – neue, woher sie kommen 118. was dabey zu bemerken ebendas.

– – provincial, müssen wegbleiben 121. woran sie zu erkennen ebendas.

– – zweydeutige, sind verwerflich 122. und nur in scherzhaften Briefen zu gebrauchen ebendas.

Wörter und Sachen.

Wörter die mit den vorhergehenden einerley Endigung haben, müſſen in Perioden vermieden werden 137
Wortfügungen müſſen richtig ſeyn 67. 131. dürfen nicht um der Courtoiſie willen verworfen werden 156
Wortſpiele dürfen in zweydeutigen Ausdrücken nicht ſeyn 217
Wunſch in Glückwunſchſchreiben wie er einzurichten 180

Y.
Young 315

Z.
Zärtlichkeit der Ausdrücke, iſt von gedoppelter Art 209
Zergliederung eines Briefes iſt zur Prüfung deſſelben nöthig 50
Zeugniſſe, Inhalt derſelben und wie ſie abzufaſſen 368
Zierlichkeit der Schrift, iſt eine äuſerliche Vollkommenheit des Briefes 429. Mittel zur Erlernung derſelben 430
Zubereitung der Gedanken zur Abſicht eines Brieſes, gehört in einen Briefſteller 27 f.
Zueignungsſchrift, ſ. Dedication.
Zuſammengeſetzter Inhalt, wenn ſeine Gedanken von einerley Art, wie ſeine Einrichtung zu machen 111. und wie dieſe einzurichten, wenn ſie von verſchiedener Art ebendaſ.

Register der vornehmsten ꝛc.

Zusammenhang der Gedanken muß ein Anfänger kurz entwerfen 74. der Wörter und Redensarten ist nothwendig   129

Zwang, warum er bey Uebersetzungen nicht gebraucht werden müsse 32. noch in Briefen 218. f, woher er bey Nachahmungen entstehe   52

Zweydeutigkeit im Ausdruck, wie ferne sie zu dulden sey   122

www.ingramcontent.com/pod-product-compliance
Lightning Source LLC
Chambersburg PA
CBHW031935290426
44108CB00011B/558